域外个人破产典型案例

深度解析与实务指引

刘崇理 / 主编

LEADING FOREIGN CASES ON PERSONAL INSOLVENCY

IN-DEPTH ANALYSIS AND PRACTICAL GUIDANCE

法律出版社 LAW PRESS · CHINA

北京

图书在版编目(CIP)数据

域外个人破产典型案例深度解析与实务指引 / 刘崇理主编. -- 北京 : 法律出版社, 2024
(赛达破产法丛书 / 李曙光总主编)
ISBN 978 -7 -5197 -8404 -1

Ⅰ. ①域… Ⅱ. ①刘… Ⅲ. ①个人－破产法－案例－研究 Ⅳ. ①D912.290.4

中国国家版本馆 CIP 数据核字(2023)第 190500 号

域外个人破产典型案例深度解析与实务指引
YUWAI GEREN POCHAN DIANXING ANLI SHENDU JIEXI YU SHIWU ZHIYIN

刘崇理 主编

策划编辑 薛 晗
责任编辑 薛 晗 田 浩
装帧设计 臧晓飞

出版发行 法律出版社
编辑统筹 法商出版分社
责任校对 王晓萍
责任印制 胡晓雅
经　　销 新华书店

开本 710 毫米×1000 毫米 1/16
印张 26 **字数** 401 千
版本 2024 年 2 月第 1 版
印次 2024 年 2 月第 1 次印刷
印刷 保定市中画美凯印刷有限公司

地址:北京市丰台区莲花池西里 7 号(100073)
网址:www.lawpress.com.cn
投稿邮箱:info@lawpress.com.cn
举报盗版邮箱:jbwq@lawpress.com.cn
销售电话:010－83938349
客服电话:010－83938350
咨询电话:010－63939796

书号:ISBN 978－7－5197－8404－1
定价:98.00 元

编委会成员

（以姓氏笔划为序）

序

李曙光*

2021年3月1日,《深圳经济特区个人破产条例》开始施行,在地方层面开始我国境内个人破产的司法探索,为改变我国“半部破产法”的状态迈出了实质性的一步。浙江、江苏、山东等部分沿海经济发达地区法院,也以个人债务清理等方式积极探索建立我国个人破产制度。我国《国民经济和社会发展第十四个五年规划和2035远景目标纲要》在全面提升构建高水平社会主义市场经济体制部分,也要求“建立健全企业破产和自然人破产制度”,作为提升政府经济治理能力,构建一流营商环境的重要内容。

党的二十大报告明确提出,坚持深化改革开放。深圳的个人破产就是全面深化改革的产物。目前我国正在研究推动建立国家层面的个人制度,在这个过程中,秉持开放而不是封闭的心态,学习借鉴国际经验无疑是必要的。通过具体生动的域外典型案例来学习借鉴,比起单纯的理论学习,更加直接,并有助于了解掌握域外的法官是如何将法律条文转化成裁判结果,如何理解个人破产制度的,更可以知道域外在个人破产制度实施的过程中遇到了哪些问题,有哪些经验值得我们借鉴。

域外个人破产案例的中文材料难找,是个人破产学习和研究者共同的痛点。《世界银行自然人破产问题处理报告》专门论述了各国法律制度下自然人破产处理的差异,制度的差异,语言的差异,造成了母语为中文的中国读者学习研究的困难。即使是学者,也难以通晓多国语言。这本《域外个人破产典型案例深度解析与实务指引》荟集了不同个人破产制度模式下具有

---

* 李曙光,中国政法大学教授,博士生导师,破产法与企业重组研究中心主任。

代表性的德国、法国、美国、英国等 8 个国家 51 个案例。每个案例都是作者从大量原汁原味的案例中精挑细选而来，案例由裁判要旨、基本案情、裁判理由、案例分析组成。前三部分，是各位作者，准确说是译者，根据原始材料翻译而来，案例评析部分主要是作者的分析。案例分析中专有对我国的借鉴之处的内容，这自然代表了作者的意见。我想，各位读者根据前三部分的内容，有可能会有自己的分析，有新的观点和认识。这 51 个案例涉及个人破产程序的适用范围、破产程序的启动、破产财产、免责制度、破产欺诈等在建立我国个人破产制度中值得深入研究的问题。有些问题也是很有趣的，比如何为破产中的“浪费”？我注意到有不同国家的两个案例都涉及这个问题，说明是关注度比较高的。

书中有各位作者的介绍，他们主要是学者，还有法官，均自相关国家法学专业取得硕士、博士学位，或有相关国家的访学经历，且均精通相应语言。翻译是件苦差事，有几位作者我很熟悉，看到这么多年轻的学者和法官积极地为推动建立我国个人破产制度而努力，我非常高兴，他们代表着未来。

崇理法官是我 2021 年开始指导的应用型法学博士研究生，当年他向我说起自己在学习和工作中发现域外个人破产案例的中文材料难找这个痛点，萌生了编这本书的想法。他在法大与我一起研习破产法，工作中承担研究推动建立我国个人破产制度的任务。本书的作者都是他在学习工作中遇到的学者、法官，他们有比较深厚的破产法功底，有推动建立我国个人破产制度的共同目标。崇理的提议得到大家的赞成，定框架、选案例，字斟句酌翻译，深度解析，并结合我国实际提出建议，最终荟聚为这本有份量的书。薛晗和崇理请我为这本书作序，我欣然应允，并很高兴能把这本书作为赛达破产法丛书之一。

深圳的个人破产制度探索已经初见成效。建立我国国家层面的个人破产制度，其意义不仅是完善我国的破产制度，更有助于克服当下的困难，调动市场主体创业的积极性，有利于债权人债权的公平受偿，整体上有利于社会，有利于深化改革开放，有利于我国经济社会的进一步繁荣。愿更多读者能读到这本书，学习研究个人破产法，了解个人破产法，助力我国早日建成国家层面的个人破产制度。

是为序。

目 录

第一章　澳大利亚个人破产典型案例

第二章　德国个人破产典型案例

第三章　法国个人破产典型案例

第四章 韩国个人破产典型案例

第五章 美国个人破产典型案例

第六章　日本个人破产典型案例

第七章　英国个人破产典型案例

第一章

澳大利亚个人破产典型案例

—作者简介—

金春，日本京都大学法学博士，现任同志社大学法学院教授。东亚破产与重组协会创始理事/日方副秘书长。

本科毕业于中国人民大学法学院，毕业后曾在沈阳市中级人民法院经济庭工作，赴日留学获得日本京都大学法学硕士、博士学位。2015年至2017年赴澳大利亚墨尔本大学法学院任访问学者，2018年任新加坡国立大学法学院客座研究员。

专业和研究领域：破产法、仲裁法、民事诉讼法。精通语言：中文、日文、韩文。

付建荣，澳大利亚国立大学法学博士，现任澳大利亚堪培拉大学法学院高级讲师。澳大利亚公司法学者协会成员，破产法学者论坛成员。

本科毕业于北京外国语大学英语系，毕业后在全国人大常委会法制工作委员会研究室工作，负责英国及澳大利亚法律翻译研究。赴澳留学后获得法律硕士、法学学士，法学博士学位。2006年起在澳大利亚堪培拉大学法学院任讲师，后升任为高级讲师。

专业和研究领域：公司法、破产法、商法。精通语言：中文、英语。

—作者荐语—

本章选取了有关《澳大利亚1966年（个人）破产法》（Bankruptcy Act 1966）的六个典型案例。这些案例的争议焦点包括个人破产清算程序的非法院主导与法院主导、未来收入的破产财产归属性、经营工具类财产与豁免财产，破产人上诉权的行使权限人、自动免责与免责异议、非法院主导的债务重组协议等问题，案例介绍与评析对我国个人破产制度的构建和实践探索具有借鉴意义。本章案例1、案例6，第一作者付建荣，第二作者金春；案例2至案例5，第一作者金春，第二作者北京市破产法学会会员冷帅达。

— 第一章目录 —

CASE 01

案例 1

法院无权在债务人自愿破产已被官方接管人受理后再对其启动强制破产程序，但可以以滥用为由宣布自愿破产程序无效

——Clyne 诉税务总局副专员案*

付建荣（澳大利亚国立大学法学博士、堪培拉大学法学院高级讲师）

金　春（日本京都大学法学博士、同志社大学法学院教授）

一、裁判要旨

债务人不能就同一债务被宣布破产两次。债权人向法院申请对债务人进行强制破产（compulsory bankruptcy）后法院在对债务人下达财产扣押令（sequestration order）之前，债务人向官方接管人（Official Receiver）申请自愿破产（voluntary bankruptcy）并已被受理、宣告为破产人的，法院无权通过下达扣押令使其进入强制破产。但是，如果债务人的自愿破产申请构成程序滥用，法院可以作出宣布该破产程序无效之命令（an order annulling the bankruptcy），并在此基础上对债务人财产下达扣押令，进入强制破产程序。

* Clyne v. Deputy Commissioner of Taxation［1984］HCA 44.（审理法院：澳大利亚高等法院。主审法官：Gibbs 首席大法官，Murphy，Brennan，Dawson 和 Deane 大法官）。

二、基本案情

1983年1月4日，本案第一被上诉人，澳大利亚的税务总局副专员（Deputy Commissioner of Taxation）向澳大利亚联邦法院（Federal Court of Australia）申请对债务人Clyne先生进行强制破产清算。申请中称，根据新南威尔士州最高法院（Supreme Court of the New South Wales）判决，债务人拖欠被上诉人税款共计1,300,844.68澳元。因该判决未被债务人履行，依据被上诉人请求，官方接管人向债务人发出破产通知（bankruptcy notice）。[①] 但债务人并未于法定期限内（1982年12月24日前），按破产通知的要求缴纳所欠税款，而是向联邦法院提起多起诉讼，诉求法院撤销通知或延长其履行期限。在债务人上述诉求被驳回后，税务总局副专员向联邦法院提出针对债务人的强制破产申请。与此同时，债务人对联邦法院维持破产通知有效的判决向联邦高等法院（High Court of Australia）提出上诉，但于1983年9月2日被驳回。1983年9月6日，债务人向官方接管人（Official Receiver）提出自愿破产申请并因申请被受理而成为破产人。由此，债务人正式进入自愿破产程序，官方接管人开始以管理人名义履行职责。但是，1983年10月7日，联邦法院Beaumont法官依据被上诉人强制破产申请对债务人财产下达扣押令，并指定了新的管理人。被上诉人就Beaumont法官裁决中指定管理人的部分向联邦法院合议庭提出上诉。债务人就该裁决全部结果向联邦法院合议庭进行了交叉上诉（cross appeal）。因对联邦法院合议庭判决不满，被上诉人和债务人均上诉至联邦高等法院。联邦高等法院最终以4∶1的多数意见裁决撤销原判决，并将本案交回联邦法院按照本判决中所表述的意见重新审理。

三、裁判理由

本案的争议焦点为：债权人向法院申请对债务人进行强制破产后，在法院对债务人财产下达扣押令之前，如果债务人根据《澳大利亚1966年（个人）破产

① 《澳大利亚（个人）破产法》第41条，详见后述案例评析部分。

法》[①]（以下简称《澳大利亚（个人）破产法》）第55条之规定向官方接管人递交自愿破产申请并被受理，那么债务人已经进入自愿破产这一事实是否可以剥夺法院通过下达财产扣押令，迫使债务人进入强制破产程序的权力。如果对这一问题的答案是肯定的，那么，根据本案审理当时《澳大利亚（个人）破产法》的相关规定，债务人的破产开始日（commencement of bankruptcy）就会推迟，并且与破产撤销权的行使有关的破产临界期（relation-back period）也会缩短，这样有可能会导致原本可以用于向债权人清偿的债务人的财产不能再用于此目的。

关于个人破产清算，源于英国早期破产制度，《澳大利亚（个人）破产法》中仍保留着"正式破产日"（date of bankruptcy）和"破产开始日"的区分。"正式破产日"决定债务人何时成为破产人（bankrupt），而"破产开始日"影响破产临界期和破产财产的范围的确定。这是因为，一方面，破产临界期是从"破产开始日"倒推的一段法定期间。[②] 另一方面，根据《澳大利亚（个人）破产法》第116条（1）规定，破产人可供向债权人分配的财产（property divisible among creditors）包括破产人在"破产开始日"所拥有的或应归属于破产人的全部财产以及破产人在"破产开始日"之后直至被免责前所取得的（除豁免财产外的）全部财产。

"正式破产日"和"破产开始日"的确定因破产程序种类而异。《澳大利亚（个人）破产法》中规定的个人破产清算程序有两种，即自愿破产和强制破产。自愿破产是一种由债务人通过向官方接管人递交破产申请而发起，并由官方接管人主导的程序。官方接管人是在《澳大利亚（个人）破产法》中规定的一个负责个人破产事宜的行政职务。该职务由司法部长任命，[③]其职能现由澳大利亚金融安全管理局（Australian Financial Security Authority，以下简称金融安全管理局）[④]协

---

① 该法第7条明确本法只适用于个人。为便于中国读者阅读，本部分中文翻译使用《澳大利亚（个人）破产法》。

② 《澳大利亚（个人）破产法》第115条。

③ 《澳大利亚（个人）破产法》第16条。

④ 澳大利亚金融安全管理局于1999年设立，其前身机构是澳大利亚破产和管理人服务局（Insolvency and Trustee Service Australia）。参见澳大利亚政府机构索引 https://www.directory.gov.au/portfolios/attorney-generals/australian-financial-security-authority/australian-financial-security-authority。

助行使,并向由金融管理局最高负责人兼任的监察总长①报告工作。因此,自愿破产是一种行政程序。强制破产是一种由债权人向法院提出申请而发起,并由法院主导的司法程序。

根据本案审理时的《澳大利亚(个人)破产法》规定,债务人申请自愿破产时,向官方接管人递交破产申请当日为"破产开始日"②,破产申请被官方接管人受理之日为"正式破产日"。③ 债务人因债权人申请而进入破产,法院对其财产作出扣押令之日为"正式破产日",④"破产开始日"要追溯到债权人向法院提出申请前的6个月内,债务人的第一次破产行为发生之日。⑤

在本案中,"破产开始日"的确定会对被上诉人的利益产生一定影响。如果债务人的自愿破产程序被法院确认有效,则其"破产开始日"应为1983年9月6日。如果债务人经法院裁判进入强制破产程序,则其"破产开始日"会提前至1982年12月24日(破产通知到期而未被债务人履行之日)。

笔者认为应当指出的是,为避免类似本案情形的再次发生,《澳大利亚(个人)破产法》第115条(2)已经作出修订。修订后的条文增加规定,债权人向法院申请债务人破产,当该申请未被法院裁判之前,债务人提出自愿破产申请并被受理的,"破产开始日"为债权人的破产申请所依据的债务人第一次破产行为发生之日。因此,在本案中,如果债务人向官方接管人申请自愿破产只是为了推迟"破产开始日",按照现行《澳大利亚(个人)破产法》第115条(2)的规定,其向联邦高等法院提交的上诉已经失去意义。然而,如下所述,法院就本案争议焦点,特别是关于法院对自愿破产程序有权宣布无效的论述对相关司法实践具有重要指导意义。

---

① 监察总长,亦称破产监察总长,是《澳大利亚(个人)破产法》中规定的另一由司法部长任命的法定官职。根据《澳大利亚(个人)破产法》第12条的规定,其职权包括负责监督《澳大利亚(个人)破产法》的实施,对破产管理人和债务重组协议管理人进行监管,对破产管理人的决定进行复议以及对可能构成违反《澳大利亚(个人)破产法》的犯罪行为进行调查等。监察总长目前由金融安全管理局的最高负责人兼任。

② 《澳大利亚(个人)破产法》第115条(2)。根据该条规定,如果债务人在递交破产申请前6个月内有过破产行为(act of bankruptcy),"破产开始日"为第一次破产行为发生之日。最为常见的破产行为是债务人未按破产通知要求向债权人归还欠款[《澳大利亚(个人)破产法》第40条(1)(g)]。

③ 《澳大利亚(个人)破产法》第57A条。

④ 《澳大利亚(个人)破产法》第43条(2)。

⑤ 《澳大利亚(个人)破产法》第115条(2)。

本案法院认为,债权人向法院申请对债务人进行强制破产的,《澳大利亚(个人)破产法》并未禁止债务人在法院就其财产作出扣押令之前,提出自愿破产申请。同时,《澳大利亚(个人)破产法》也未禁止官方接管人在法院作出扣押令之前,受理债务人的自愿破产申请。[①] 在本案中,债务人已经因其申请被官方接管人受理而成为一个自愿破产程序中的破产人。在此情形下,法院通过下达财产扣押令,迫使债务人进入另一(强制)破产程序没有法律依据。

第一,根据《澳大利亚(个人)破产法》第 52 条(1)(c)规定,债权人向法院申请债务人破产,必须出具其申请所依据的"债务"为"仍欠债务"(still owing)的事实。本案中所涉及的债务的性质已经因债务人进入自愿破产而发生变化。随着债务人进入自愿破产,债务人的财产被管理人接管,债权人对其所持有的债权也由"要求清偿的权利"转化为向管理人申报可证明债务的权利。这一转化使得本案中所涉及的债务不再符合第 52 条(1)(c)中关于"仍欠债务"的要求。第二,如果债务人因法院就其财产下达扣押令被置于两个不同的破产程序,则会出现两个管理人同时存在的情形。而法院在撤销管理人方面的权力是非常有限的。第三,即使法院有权就债务人的财产下达扣押令,法院也无权通过倒填财产扣押令的日期,使债务人在两个程序中的"正式破产日"达成一致。第四,财产扣押令的下达并不能成为终止自愿破产程序的合法依据。根据《澳大利亚(个人)破产法》第 43 条(2)和第 55 条(8)规定,终止一项破产程序的合法依据只有两个,一是破产人获得债务赦免;二是该程序被法院宣布无效。

然而,法院同时指出,本案中,法院虽不能通过下达财产扣押令使债务人就同一债务进入两个不同的破产程序,或者以后一程序取代前一程序,但这并不等于法院不可以根据被上诉人的请求,对前一程序宣布无效。如果债务人的自愿破产申请构成滥用程序,则法院可以根据《澳大利亚(个人)破产法》第 153B 条规定宣布该自愿破产无效,并同时向债务人下达财产扣押令。

《澳大利亚(个人)破产法》第 153B 条规定,如果法院有理由相信债务人不应当向官方接管人提交破产申请或其所提交的申请不应当被官方接管人受理,

---

① 但是,根据现行《澳大利亚(个人)破产法》第 56C 条和第 57 条规定,如债务人构成债权人向法院所提交的申请中的一组债务人(如共同债务人或合伙人)之一,官方接管人需将该债务人的申请提交法院裁判。

则可以对该自愿破产作出无效令。但是，该条并未对法院可以作出自愿破产无效令的具体情形予以明确规定。法院认为，如果债务人根据《澳大利亚（个人）破产法》第 55 条规定提交的自愿破产申请构成对该程序的滥用，那么这一申请就不应当被提交。在此情形下，法院有权就基于该申请的自愿破产程序作出无效令。在确立这一法律原则时，法院引用了英国判例法中类似的原则，肯定了澳大利亚联邦法院在 Re Mottee（1977）16 ALR 129 案中提出的相同原则，并指出："如果债务人申请自愿破产的目的仅在于使债权人无法向法院申请就债务人财产下达扣押令，并因此导致与行使破产撤销权有关的破产临界期被缩短，债务人的财产被置于破产管理人所能及的范围之外，则该自愿破产申请的目的并不符合《澳大利亚（个人）破产法》本意，并构成对破产程序的滥用。"①

法院还指出，无论是在初审，还是在向联邦法院合议庭及联邦高等法院的上诉过程中，本案被上诉人均未请求法院对债务人的自愿破产作出宣布无效的命令。故债务人的自愿破产申请是否构成对破产程序的滥用并不在本案审理范围之内。但这并不意味着法院在拒绝针对债务人的财产下达扣押令的同时应驳回被上诉人的诉讼请求。否则，这样的判决结果将会导致法院对债务人可能存在的滥用破产程序的行为予以默许。

据此，法院准许了当事人双方的上诉，并决定将案件交回联邦法院，使其根据被上诉人是否将向法院申请宣布债务人的自愿破产无效而按本判决所表述的意见进行审理。

四、案例评析

（一）澳大利亚的个人破产制度与个人破产清算

澳大利亚的法律制度包括破产制度主要源自英格兰和威尔士，公司和个人破产分别规定在不同的法律中。公司破产由现行的澳大利亚联邦《2001 年公司法》[Corporations Act 2001（Cth）]作出规定。有关个人破产的现行基本法规是《澳大利亚（个人）破产法》。该法第 2 附则——《（个人）破产实务附则》[Insolvency Practice Schedule（Bankruptcy）]②对管理人等个人破产从业人员的

① Clyne v. Deputy Commissioner of Taxation（1984）154CLR 58, p. 11.

② Insolvency Practice Schedule（Bankruptcy）, Sch 2 of the Bankruptcy Act 1966（Cth）.

注册、惩戒、报酬的确定与审查等事项作出专门规定。《澳大利亚2021年(个人)破产规则》(Bankruptcy Regulations 2021)对个人破产的实施细则作出规定。

《澳大利亚(个人)破产法》为过度负债的自然人提供了两大类四种集体管理程序。第一类是个人破产清算程序,包括《澳大利亚(个人)破产法》第四章规定的由债务人自行申请的自愿破产和债权人申请的非自愿(involuntary bankruptcy)或强制破产。第二类是非破产清算(alternatives to bankruptcy)程序,包括《澳大利亚(个人)破产法》第九章规定的债务重组协议(debt agreements)和第十章规定的个人破产重组协议(personal insolvency agreements)[①]。

本案的争议焦点涉及个人破产清算中的自愿破产和强制破产的区别,以及自愿破产的申请滥用问题。

本案中,澳大利亚联邦高等法院对债务人是否可就相同债务被同时置于两个不同的破产清算程序作出了明确的阐述。如前所述,自愿破产和强制破产是《澳大利亚(个人)破产法》中规定的两种不同的个人破产清算程序。前者为一个目前由金融安全管理局管辖的行政程序,后者为一司法程序。由于其收费低廉,简便快速等优势,自愿破产在澳大利亚各种针对个人破产的集体管理程序中,在案件数目上一直保持遥遥领先地位,并占全部个人破产清算案件的90%左右。[②] 澳大利亚司法改革委员会在1998年所作的《全面调查澳大利亚破产制度报告》[③]中指出,自愿破产程序"……在当前的信用经济中,服务于一个基本的、很大程度上是出于人道的目的。因为在许多情况下,它是一次性了断破产人债务的唯一可行手段。有足够证据表明,许多破产的人没有资产,没有收入,或者无法从其收入中提供任何可用于清偿债权人的资金"。

(二)自愿破产

在收到不能偿还到期债务的债务人提交的自愿破产申请及个人资产负债

---

① 关于澳大利亚的个人破产制度,详见[澳]Rosalind Mason:《澳大利亚个人破产制度与未来改革方向:应对债务人的不幸与不端行为》,金春、张效锁译,载《民事程序法研究》2019年第2期。

② Michael Murray & Jason Harris, *Keay's Insolvency: Personal and Corporate Law and Practice*, 11th edition, (2022 Lawbook Co., Australia), p. 31.

③ Australian Law Reform Commission ("ALRC"), *General Insolvency Inquiry* (Report No. 45, 1998) available at: http://www.austlii.edu.au/au/other/lawreform/ALRC/1988/45.html., p. 425.

说明(statement of affairs)后,官方接管人可基于若干理由拒绝该申请。例如,债务人的资产负债说明显示其有偿还债务能力而债务人不愿偿还债务,或者债务人在过去至少曾 3 次被法院宣告破产或在过去的 5 年中至少一次使用过自愿破产程序。① 一般情况下,自愿破产申请会在 48 小时内被处理。② 实践中,很少出现申请被官方管理人拒绝的情形,③除非破产人已事先指定在金融安全管理局注册的私人破产管理人(registered trustee),官方管理人(实际上由官方接管人在金融安全管理局工作人员的协助下代为行事)管理并负责清算及分配。在澳大利亚,约 80% 的个人破产清算案件由官方管理人管理。④ 由于受到政府限制,相对私人破产管理人,官方管理人收取的管理费用较低,债务人向官方管理人提交破产申请不需要支付任何费用。⑤

(三)强制破产

相对于自愿破产,由债权人发起的强制破产在程序上显得过于正式、烦冗且成本较高。首先,债权人向法院申请债务人破产的唯一法律依据只能是债务人在该申请前 6 个月中有过"破产行为",而未遵守破产通知是证明债务人有过破产行为的最常用方式。⑥ 源于英国早期个人破产制度,"破产通知"是由官方接管人应债权人请求向债务人发出的要求其于法定期限内(21 日)向债权人归还确定金额债务(至少 10,000 澳元)的正式、最终通知,⑦类似于一种督促令。请求官方接管人发送破产通知的前提条件是债权人需提交一份债务证明。而可以作为有效债务证明的,只能为一份由债权人所获得的关于债务人向其所欠债务的胜诉法院判决或裁定。作为债权人申请债务人破产的一个前置程序,证

① 《澳大利亚(个人)破产法》第 55 条(3AA)。

② 澳大利亚金融安全管理局官方网站,https://www.afsa.gov.au/sites/default/files/forms/personal_insolvency_information_booklet_for_debtors.pdf。

③ Michael Murray & Jason Harris, *Keay's Insolvency: Personal and Corporate Law and Practice*, 11th edition, (2022 Lawbook Co., Australia), p. 63.

④ 据澳大利亚金融安全管理局官方网站显示,在 2020—2021 年财政年度,85% 的个人破产清算案件由官方管理人管理。2021—2022 年财政年度,76% 的个人破产清算案件由官方管理人管理,https://www.afsa.gov.au/about-us/statistics/annual-administration-statistics/bankruptcies-and-temporary-debt-protections。

⑤ 澳大利亚金融安全管理局官网,https://www.afsa.gov.au/i-cant-pay-my-debts/bankruptcy/am-i-eligible-bankruptcy。需要指出的是,根据《澳大利亚(个人)破产(财产收费)法》规定,政府从所有个人破产财产的变价总额中提取一定比例(目前为 7%)用于维持个人破产体系的运行。

⑥ 《澳大利亚(个人)破产法》第 40 条(1)(g)。

⑦ 《澳大利亚(个人)破产法》第 41 条。

明债务人“破产行为”曾被前述1998年《全面调查澳大利亚破产制度报告》批评为“不必要的复杂,冗长,高成本”,并建议予以取消。但破产通知在《澳大利亚(个人)破产法》中被保留至今。如果债务人未按破产通知要求向债权人归还欠款,则债权人可以就该破产行为向法院申请债务人破产。法院在听取当事人双方陈述后,认为情况属实的,可以就债务人的财产下达扣押令(此时债务人成为破产人),并同时指定管理人。

(四)自愿破产的滥用与归于无效

从上观之,对于急于摆脱债务困扰的个人债务人,与其等待被债权人申请强制破产,不如主动选择自愿破产。但是,作为一种人性化和普遍使用的个人破产程序,自愿破产也面临被债务人滥用的风险。如果债务人申请自愿破产的目的只是将其财产置于债权人无法获得的境地,法院可以滥用程序为由宣布该自愿破产无效。澳大利亚联邦高等法院在本案中所确立的这一法律原则,已经在多个相关案件中被适用,由联邦法院维多利亚州地方审判庭于2004年审结的BWK Elders (Australia) Pty Ltd诉White案[①]就是其中一例。BWK Elders (Australia) Pty Ltd案是一起针对个人债务人的自愿破产要求宣布无效的诉讼。该案中的第一被申请人Clyde White为第二至第四被申请人(Peter Joseph Anderson,Matt Illmari Kaine及Graeme John Moyle)的管理人。在该案之前,第二至第四被申请人已成为由申请人提起的另一起诉讼的被告。在该诉讼中,因三被告涉嫌违反《澳大利亚1974年联邦贸易惯例法》第52条、第53条、第58条规定,申请人请求法院判决其支付超过180万澳元的损害赔偿。庭审在2004年6月7日开始。三被告当庭表示放弃辩护。

然而,2004年6月8日,第二至第四被申请人向官方接管人提出自愿破产申请,并在当日因申请被受理而宣告为破产人。申请人的赔偿之诉并未因三被告进入自愿破产程序而中止。根据《澳大利亚(个人)破产法》第60条(1)(b)规定,债务人申请自愿破产后,任何因债务人未履行由法院就一项“破产中可证明债务”(provable debt)所作出的支付令而启动的针对债务人或其财产的法律程序,法院可予中止。同时,《澳大利亚(个人)破产法》第82条(2)规定,对非因违反合同、承诺或信托义务而产生的未确定赔偿金(unliquidated damages)不

---

① BWK Elders (Australia) Pty Ltd v. White [2004] FCA 1611.

属于破产中可证明的债务。该案中,申请人提出的索赔要求并非基于违反上述三种义务,且案件还在审理当中,赔偿金额尚未确定,因此并不属于破产中可证明的债务。

对该赔偿之诉,法院于 2004 年 6 月 25 日作出判决。要求三被告向 BWK 支付共计 1,833,609 澳元的损害赔偿及利息,并负担全部诉讼费。随后,BWK 根据该判决向法院申请对被申请人进行强制破产清算,并同时请求法院对三被申请人在此之前所启动的自愿破产程序宣布无效。法院最终支持了 BWK 的申请,并于 2004 年 10 月 19 日向三被告下达了财产扣押令。

在 BWK Elders(Australia)Pty Ltd 诉 White 案判决中,主审法官援引了联邦高等法院在本案中所确立的有关法院可以以滥用程序为由宣布一个破产程序无效的原则,并认为该案中第二至第四被申请人的自愿破产申请已构成滥用破产程序。其主要原因有两个。第一,第二至第四被申请人在提出自愿破产申请时均不符合不能清偿债务(insolvent)这一前提条件。的确,法院在赔偿损害之诉中对三被申请人作出的巨额赔偿判决使三人最终陷入不能偿债的境地。但是在提出自愿破产申请时,因法院还未对赔偿之诉作出判决,每一被申请人并未具备不能清偿债务这一申请自愿破产的前提条件。第二,三位被申请人申请自愿破产的目的仅是将其财产置于即将因赔偿之诉胜诉而成为其债权人的申请人无法获得的范围之外。本案第二至第四被申请人的自愿破产程序如果维持有效,每一破产人的财产将会归其唯一债权人(破产人的配偶)所有(每一申请人的诉讼费用都是由其配偶垫付),而不能支付对 BWK 所欠的损害赔偿。该案的特别之处在于,在三被申请人提交自愿破产申请时,BWK 并不是破产中可证明债权的债权人。但是,法院认为,《澳大利亚(个人)破产法》不能允许债务人将自愿破产用于阻挠或推翻债权人即将获得的损害赔偿胜诉判决效力。

(五)结语

综上所述,在澳大利亚,相对于由债权人申请并由法院主导的强制破产,由行政部门主导的自愿破产是一种更具人性化和广为适用的个人破产清算程序。澳大利亚联邦高等法院在本案中阐明了自愿破产与强制破产的关系。同时,本案所确立的法院有权以滥用程序为由,宣布一个已经启动的自愿破产程序无效这一法律原则,也会对债务人对自愿破产的滥用起到一定遏制作用。

CASE 02

案例 2

破产人以豁免限额内新获得收入购买的股票是否构成可供向债权人分配的财产

——Rodway 诉 White 案*

金　春（日本京都大学法学博士，同志社大学法学院教授）
冷帅达（北京市破产法学会会员）

一、裁判要旨

破产人在获得免责前通过豁免限额内新获得的收入（after-acquired income）购买的公众公司股票，构成 1966 年《澳大利亚（个人）破产法》第 116 条①可供向债权人分配的财产。

二、基本案情

1999 年 7 月 9 日，个人债务人 Rodway 自愿申请破产清算。在随后的两年，Rodway 从其雇主 Jiffy Foods 处获得约 155,440 澳元的总收入。2000 年 11 月 27 日至 2002 年 6 月

---

* Rodway v. White，[2009] WASC 201［审理法院：西澳大利亚州最高法院（Supreme Court of Western Australia），主审法官：Em Heenan］。

① 《澳大利亚（个人）破产法》第 116 条是关于"可供向债权人分配的财产"的规定，根据该条，破产开始日后、免责前新获得的财产，除豁免财产外均属于可供向债权人分配的财产。

3 日，Rodway 以豁免限额内新获得的收入，通过股票经纪公司购买多家公司的股份，且这些购买行为均未向管理人进行披露。2002 年 7 月 10 日 Rodway 获得免责。但是，Rodway 因未向管理人披露其通过证券交易获得的收益，违反了《澳大利亚（个人）破产法》第 265 条（1）（a），[①]被提起 21 项指控，于 2009 年 1 月 27 日被宣告有罪，被处以 5700 澳元的罚金并承担被告 4000 澳元的诉讼费。为此，Rodway 向西澳大利亚洲最高法院（Supreme Court of Western Australia）上诉，最终法院驳回了其上诉请求。

三、裁判理由

本案的争议焦点在于：破产人以豁免限额内新获得的收入所取得的财产（股票）是否构成《澳大利亚（个人）破产法》第 116 条可供向债权人分配的财产。[②]

上诉方认为：破产人新获得的收入由《澳大利亚（个人）破产法》第六部分第 4B 章超额收入缴纳制度调整，该制度由管理人负责的调查、评估、确定等一系列环节构成，一旦破产人未及时足额缴纳，管理人可依据《澳大利亚（个人）破产法》第 139ZG 条（3）追究破产人责任。上诉方据此认为破产人的缴纳义务本质上系一种负债（debt）而不是财产性权利（right of property），应区别于破产前取得的收入和财产。

法院认为：一方面，收入形式［货币或其他有价对价（or other valuable consideration）］本身就构成一种财产。以工资为例，工资作为一种收入通常以现金或银行账户余额的方式存在，此时它属于一种财产。而当工资从初始银行账户转移到第二、第三家银行账户时，每一次转移在严格意义上都构成《澳大利

① 《澳大利亚（个人）破产法》第 265 条（1）（a）规定，破产人应当向管理人充分、真实地披露破产人的全部财产及其价值。

② 本案还对案件管辖权和破产人信息披露问题进行论述，因无关本案核心争议焦点未归纳。

亚(个人)破产法》第116条(1)[①]规定的新获得财产(after acquired property)。但是,考虑到超额收入缴纳制度的存在,收入形式并不会被认定为新获得财产,但这两种制度(新获得财产与超额收入缴纳制度)在客观上形成了概念上的冲突。

另一方面,根据《澳大利亚(个人)破产法》第58条(2),破产人在破产开始日后所新获得的大多数财产均应转移至管理人,除非这些财产属于《澳大利亚(个人)破产法》第116条(2)所规定的豁免财产(exempted property)或依据第116条(3)破产人使用保护资金(protected money)所购买的资产。因此,如抛开前述概念的冲突,法院认为破产人将豁免限额内的新获得收入转换为一种截然不同的财产形式时(如本案中的股票),除非属于前述豁免的财产类别,否则应依据《澳大利亚(个人)破产法》第58条(1)(b)、第116条(1)将该财产归属于管理人(vest in the trustee),并作为可供向债权人分配的财产。

四、案例评析

(一)本案的争议焦点

本案的争议焦点在于,破产人以破产清算程序开始后新获得的收入中豁免限额部分所购买的财产是否应被认定为可供向债权人分配的财产,即破产财产。

这一问题的争议源于澳大利亚个人破产中对新获得收入与新获得财产不同处理方式所导致的概念冲突。在澳大利亚现行法未对该问题正面回应的情

---

① 《澳大利亚(个人)破产法》第116条(1)规定,可供向债权人分配的财产包括:(1)在破产开始日属于或转移至破产人的所有财产,或在破产开始日后至其获得免责前已经获得或将要获得,已经移交或将要移交给破产人的全部财产;(2)在破产程序开始至破产人获得免责前的任何一个时点,破产人为了自身利益行使或通过诉讼程序行使,或可能正在行使的就财产相关的权利;(3)法院根据第139D条或第139DA条作出命令要求破产人实际控制实体或实际获得收益的主体向管理人转移的财产;(4)法院根据第139E条或第139EA条法院作出命令要求破产人实际控制实体或实际获得收益的主体向管理人支付属于破产人部分的净值和增值;(5)法院根据第128K条(1)(b)作出的命令要求退休金计划的受托人(trustee of the plan)向管理人支付的因破产人使用养老金账户实施欺诈债权人转让(第128B条和第128C条)的部分;(6)官方接管人根据第139ZQ条作出通知(notice)要求向在一定期限内向管理人支付通过养老金计划(破产人为受益人时)欺诈债权人向第三方分配被认定为无效的转让部分;(7)法院依据第139ZU条作出的命令要求接受转结(roll over)养老金利益的其他适格养老金计划的受托人向管理人支付不超过受益人从第一个养老金计划少支付或存在实施欺诈债权人转让(第128B条和第128C条)被认定为无效的转让部分。

况下,本案法院在既有法律制度框架内对新获得财产与新获得收入两个概念进行区分,并给出将本案股票不作为豁免对象的处理方案。为此,本案法院审查了个人破产清算程序中的可供向债权人分配的财产及豁免财产的范围(《澳大利亚(个人)破产法》第116条)以及超额收入缴纳机制(《澳大利亚(个人)破产法》第六部分第4B章)。此外,本案还涉及案件管辖和破产人对管理人的信息披露义务等问题,但并不在本评论的主要论述范围。

(二)澳大利亚个人破产采用膨胀主义立法例

基于破产人对程序开始后取得财产的归属划分,个人破产法立法实践中存在“膨胀主义”和“固定主义”之分。膨胀主义不仅将破产程序开始前破产人全部财产(除豁免财产)纳入破产财产,而且把破产人在进入破产程序后新获得的财产,包括新获得的超额劳动收入,以及基于继承、赠与等原因取得的财产也归入破产财产。[①] 固定主义则以破产程序开始为分界点,将破产人在破产程序开始以前取得的财产作为破产财产,将程序开始后新获得的财产(包括收入)均不纳入破产财产,破产人可以自由使用。[②] 通常认为,固定主义更倾向于保护破产人的利益,而膨胀主义更倾向于保护债权人的利益。但采取哪一种立法原则,最终取决于各国政策性的考量。

根据《澳大利亚(个人)破产法》第58条、第116条(1)(a),破产财产,即对债务人的可供向债权人分配的财产包括在破产开始[③]时属于或归属于破产人的所有财产,以及在获得免责前由破产人取得或获取的所有财产。[④] 通常,债务人成为破产人后至获得免责的期间是3年。[⑤] 因此,可供向债权人分配的财产不

① 胡利玲:《论个人破产中豁免财产的构成与限制》,载《东方论坛》2020年第3期。

② 采取固定主义立法例的国家有日本和美国。参见[日]山本和彦:《日本倒产处理法入门》,金春等译,法律出版社2016年版,第60页;[美]查尔斯·J.泰步:《美国破产法新论》,韩长印、何欢、王之洲译,中国政法大学出版社2017年版,第449页。

③ 一般而言,选择自愿申请破产清算的债务人向金融安全管理局的官方接管人递交破产申请当日为“破产开始日”(债务人向官方接管人递交破产申请前6个月内有过未按破产通知要求向债权人归还欠款等破产行为时,以该行为日为准),债务人申请被官方接管人受理之日为“正式破产日”(《澳大利亚(个人)破产法》第5条、第115条);债权人申请破产时,法院就债务人财产作出财产扣押令之日为“正式破产日”,“破产开始日”则要追溯到债权人向法院提出申请前的6个月内债务人发生的第一次破产行为之日。详见本书澳大利亚个人破产案例1。

④ 《澳大利亚(个人)破产法》第58条、第116条(1)(a)。

⑤ 《澳大利亚(个人)破产法》第149条(4)。

限于在破产开始时破产人已经持有的财产,还包括之后至少 3 年期间新获得的财产,甚至延伸至管理人因存在低价转让,偏颇性清偿等原因撤销先前交易等而追回的财产。[①] 由此可见,澳大利亚个人破产采取的是膨胀主义的立法例。

采用膨胀主义并不意味着否定对破产人生存权和发展权的保护。《澳大利亚(个人)破产法》第 116 条(2),基于政策性或其他特殊理由,[②]将一些财产排除于可供向债权人分配的财产,作为豁免财产(又称为自由财产),给予破产人一定空间以获得重新开始的机会。豁免财产具体包括:(1)破产人以信托形式代另一人持有的财产;[③](2)特定种类和数量的家庭财产(household property)如家具、厨房用品等;[④](3)对破产人有特殊感情价值、非货币性的体育、文化、军事及学术奖励、或在管理人变现财产之前,由债权人通过的特别决议确认的财产;[⑤](4)一定限额内,破产人通过个人劳动赚取收入所使用的财产(详见本书澳大利亚个人破产判例 3);[⑥](5)一定限额内,破产人主要用作运输工具的财产;[⑦](6)破产人自己、配偶和事实婚姻伴侣的人寿、养老保险及相关分红;[⑧](7)破产人在养老基金,经批准的存款基金和公共部门养老金计划中的权益;[⑨](8)破产人退休储蓄账户的款额;[⑩](9)基于破产人、配偶和家庭成员人身伤害(personal injury)、不当行为(wrong done)或死亡所形成的赔偿金或补偿金(详见本书澳大利亚个人破产案例 4);[⑪](10)破产人依据各类计划[如农村支持计划、国家残疾保险计划(national disability insurance scheme)]等获得的支

---

① 《澳大利亚(个人)破产法》第 120—122 条。参见[澳]Rosalind Mason:《澳大利亚个人破产制度与未来改革方向:应对债务人的不幸与不端行为》,金春、张效锁译,载《民事程序法研究》2019 年第 2 期。

② See Michael Murray, Jason Harris, *Keay's Insolvency: Personal and Corporate Law and Practice*, 11th edition(2022 Lawbook Co., Australia), p. 174.

③ 《澳大利亚(个人)破产法》第 116 条(2)(a)。

④ 《澳大利亚(个人)破产法》第 116 条(2)(b),《澳大利亚 2021 年(个人)破产规则》第 27 条。

⑤ 《澳大利亚(个人)破产法》第 116 条(2)(ba),《澳大利亚 2021 年(个人)破产规则》第 28 条。

⑥ 《澳大利亚(个人)破产法》第 116 条(2)(c),《澳大利亚 2021 年(个人)破产规则》第 29 条。

⑦ 《澳大利亚(个人)破产法》第 116 条(2)(ca),《澳大利亚 2021 年(个人)破产规则》第 30 条。

⑧ 《澳大利亚(个人)破产法》第 116 条(2)(d)(i)—(ii)。

⑨ 《澳大利亚(个人)破产法》第 116 条(2)(d)(iii)—(iv)。

⑩ 《澳大利亚(个人)破产法》第 116 条(2)(d)(v)。

⑪ 《澳大利亚(个人)破产法》第 116 条(2)(g)。

付;[①](11)破产人使用保护资金购买的资产;[②](12)根据《澳大利亚1975年家庭法》、《澳大利亚1997年家事法庭法》管理人需要向配偶、前配偶、前事实婚姻伴侣转移的财产。[③]

(三)超额收入缴纳制度

《澳大利亚(个人)破产法》第六部分第4B章第139J—139ZI条通过一套完整的收入评估分配机制对破产人获得免责前的新获得收入进行规制,破产人有权保留从债务人成为破产人之后新获得的劳动收入,并无须缴纳给管理人,但收入超过法定数额时,将被要求缴纳至管理人。[④] 采用这种新获得收入中的限额部分由破产人保留,超额部分缴纳制度的理由有如下几个方面:一是从个人生存权的角度,保留一定限额收入,以满足破产人及其家庭的合理日常生存需要;[⑤]二是从个人破产法"重新开始"(fresh start)的立法目的来看,个人破产及其附带的限制不应是永久性的,无论是允许商自然人从事必要的商业行为,还是允许个人消费者持续工作角度使其获得一定限额的收益,均对社会经济的整体发展产生正向影响;[⑥]三是从有益债权人的视角,在保护破产人生存权和发展权的前提下,对超额收入进行二次分配平衡了债权人的利益。[⑦]

具体而言,破产人的收入超过真实收入上限(actual income threshold amount),其必须从该收入中按照一定比例缴纳至管理人用于分配债权,真实收入上限以下的破产人可以保留。如破产人不能按期缴纳超额收入,将根据《澳大利亚(个人)破产法》第十五章规定进行处理。[⑧] 根据《澳大利亚(个人)破产法》第139ZL条、第139ZK条规定,管理人也可以直接向破产人的雇主要求接

① 《澳大利亚(个人)破产法》第116条(2)(k)、(l)、(m)、(ma)、(s)。

② 《澳大利亚(个人)破产法》第116条(2)(n),第116条(3)。

③ 《澳大利亚(个人)破产法》第116条(2)(q)、(r)。

④ Adrian Garfield Barwick v. Ross Ian Goodridge [2011] NSWSC 1233.

⑤ Di Cioccio v. Official Trustee in Bankruptcy,[2015] FCAFC 30,at 39.

⑥ See Christopher Symes, David Brown & Mark Wellard, *Australian Insolvency Law: Cases and Materials*,(2015,LexisNexis),p. 90.

⑦ Christopher Symes & Mark Wellard, *After-acquired Income and Contributions by Australian Bankrupts: Can Pay, Should Pay, Making Them Pay*, QUT Law Review, Vol. 14, p. 53(2014).

⑧ Christopher Symes & Mark Wellard, *After-acquired Income and Contributions by Australian Bankrupts: Can Pay, Should Pay, Making Them Pay*, QUT Law Review, Vol. 14, p. 53(2014).

受收入。根据第 139K 条,从债务人成为破产人[①]至获得自动免责(一般为 3 年[②])或法院宣布破产程序终止期间,管理人通常每年评估一次破产人的缴纳义务[根据第 139WA 条,如有特殊事由(如需要抚养人数增加)管理人可在任何时点重新开启评估],这一年也被称为缴纳评估期(contribution assessment period)。根据《澳大利亚(个人)破产法》第 139U 条,破产人必须在上一评估期结束后 21 日内向管理人提交关于其收入的说明和证据。

《澳大利亚(个人)破产法》第 139S 条规定了破产人承担责任的计算公式:破产人缴纳义务 =(评估收入 - 真实收入上限)÷2,或简称为超出真实收入上限部分的 1/2 标准。这里评估收入是指破产人所有收入总和扣除所得税、医疗保险、医疗保险征收附加费,根据《1975 年家庭法》支付的抚养费、赡养费以及根据法院批准命令进行扣除后的结果。真实收入上限则是在基本收入上限(base income threshold amount)的基础上,考虑到被抚养人对于破产人产生的负担,根据其需要抚养的人数进行调整,需要抚养的人数越多,真实收入上限的基数就越大。如果没有抚养人则直接采用基本收入上限,上限的标准将根据养老金率动态调整,确保破产人食、住、穿方面基本需求得到保障。[③] 截至目前澳大利亚最新的收入上限标准见表 1:[④]

表 1　收入上限标准

收入上限	金额/澳元
基本收入上限	64, 264. 20
真实收入上限(考虑需抚养人数)	
0 人	64, 264. 20
1 人	75, 831. 76
2 人	81, 615. 53

① 当债务人自愿申请破产清算时,申请被受理时债务人自动被视为破产人[《澳大利亚(个人)破产法》第 55 条(4)];当债权人申请时,申请被法院受理并发出财产扣押令时,债务人被宣告为破产人[《澳大利亚(个人)破产法》第 52 条(1)]。

② 《澳大利亚(个人)破产法》第 149 条(4)。

③ Di Cioccio v. Official Trustee in Bankruptcy,[2015] FCAFC 30,at 39.

④ 数据源自澳大利亚金融安全管理局官方网站,https://www. afsa. gov. au/resource-hub/indexed-amounts。

续表

收入上限	金额/澳元
3 人	84,828.74
4 人	86,114.03
>4 人	87,399.31

(四)膨胀主义下"新获得财产"与超额收入缴纳制度下"新获得收入"的冲突

如前所述,《澳大利亚(个人)破产法》第 116 条规定,破产开始后获得免责前的新获得财产,除豁免财产外均属于可供向债权人分配的财产。另外,《澳大利亚(个人)破产法》第六部分第 4B 章规定,除非属于超额收入,获得免责前的新获得收入可以由破产人保留,无须供给债权人分配。《澳大利亚(个人)破产法》对"新获得财产"与"新获得收入"两种近似内容的不同规定引发了解释论上的冲突。

第一层冲突在于新获得收入能否被《澳大利亚(个人)破产法》第 116 条定义的"可供分配债权人的财产"所包含。对于这一点各方观点较为一致。在定义上,本案法官认为收入的体现形式本身就是财产的一种,当破产开始后收入以现金或账户余额形式存在的那刻起,这些钱便已经构成一种可供向债权人分配的财产,但基于对《澳大利亚(个人)破产法》第六部分第 4B 章的立法政策考量,除非属于超额收入,新获得收入的初始形态将不会作为可供向债权人分配的财产向债权人分配。① 在 Ex parte the Official Trustee in Bankruptcy v. Gilles (1993)案中,法官通过目的解释和体系解释,认为破产人对破产开始后形成的超额收入缴纳义务来自《澳大利亚(个人)破产法》第六部分第 4B 章而非《澳大利亚(个人)破产法》第 116 条。② 尽管该法第 58 条(1)(b)及第 116 条对新获得财产进行规定,但对于新获得收入则由第六部分第 4B 章的条文作为补充性

① Rodway v. White, [2009] WASC 201, at 51.

② Ex parte the Official Trustee in Bankruptcy v. Gilles [1993] 42 FCR 571, cited in Rodway v. White [2009] WASC 201, at 33.

守则进行规定。[①] 这一观点也得到后续司法判例的承认。[②]

第二层冲突在于对破产人通过豁免限额内新获得收入所购买的财产能否同样保留其"豁免"的特性,还是应归属于可供向债权人分配的财产。

如本案中被告在提交意见中认为,如破产人所获得超额收入无法获得豁免,则使用超额收入购买《澳大利亚(个人)破产法》第 116 条(2)所列举的豁免财产(比如食物、工具)等同样应归属于管理人并且破产人应该履行相关披露义务。[③] 对此,本案法官认为使用豁免限额内的收入购买《澳大利亚(个人)破产法》第 116 条(2)所列举的豁免财产,该财产应该获得同《澳大利亚(个人)破产法》第 116 条(2)同样的豁免保护,并认同如 Ex parte the Official Trustee in Bankruptcy v. Gilles, Sheahan v. O'Brien 案中[④]法官的观点,即认为《澳大利亚(个人)破产法》第六部分第 4B 章仅对收入分配作出了规定,而对于收入的转化物或所购买的资产,除非属于豁免财产,仍然要按照《澳大利亚(个人)破产法》第 116 条向债权人分配,虽然如此将造成对《澳大利亚(个人)破产法》第 116 条(3)保护资金概念的扩大解释,但法院认为这种扩大解释是避免前述冲突的必然结果。[⑤]

值得关注的是,在本案之后出现的 Di Cioccio v. Official Trustee in Bankruptcy 案中,法官对该问题进行了明确的阐述,对处理同类问题具有重要意义。该案中,上诉人主张应遵循特殊优于普通的原则,《澳大利亚(个人)破产法》第 116 条应让位于超额收入缴纳制度,由破产人保留购买的股票。然而,法官认为在使用新获得收入购买财产性质尚无明确规定的情况下,应适用《澳大利亚(个人)破产法》第 58 条(1)(b)、(6)和第 116 条对破产人财产的一般性规定,也就是说法官将不考虑收入形态的转换,而统一按照转换后的实际形态进行划分,如一项财产无法被《澳大利亚(个人)破产法》第 116 条(2)所列举的豁

---

① Ex parte the Official Trustee in Bankruptcy v. Gilles [1993] 42 FCR 571, cited in Rodway v. White [2009] WASC 201, at 29. Also see Trustee of the Property of O'Reilly v. Law Society (NSW) [2001] 110 FCR 574; [2001] FCA 701.

② Bar wick v. Goodridge [2011] NSWSC 1233; [2011] 255 FLR 245 at 24.

③ Rodway v. White [2009] WASC 201, at 59.

④ Ex parte the Official Trustee in Bankruptcy v. Gilles [1993] 42 FCR 571, Sheahan v. O'Brien [2002] FMCA 25., cited in Rodway v. White [2009] WASC 201, at 35 – 36.

⑤ Rodway v. White [2009] WASC 201, at 61.

免财产明确涵摄，那么就应该按照《澳大利亚（个人）破产法》第 116 条（1）的规定作为可供向债权人分配的财产归属于管理人。① 应当注意的是，考虑到目前经济活动中收入的取得方式往往不是现金，而是通过一系列账户转账获得，即新获得收入在形态上从货币变成了数字化的金融凭证，如机械地适用上述原则，则会出现将银行储蓄账户认定为可供向债权人分配的财产的怪诞现象。因此，后续判例包括 Gittins v. Field，Devine v. State of Queensland 案在一定程度上对 Di Cioccio v. Official Trustee in Bankruptcy 案确立的原则进行了修正，即以金融机构账户或标准定期存款账户的形式持有的新获得收入，同样应按《澳大利亚（个人）破产法》第六部分第 4B 章进行认定。②

（五）学理反思

从上文分析可知，目前，澳大利亚司法观点趋近统一：对于新获得收入，无论破产人以金融机构账户还是以标准定期存款账户的形式持有，依据超额收入分配机制豁免保留的部分均由破产人留存。但是，被宣告为破产人后获得免责前使用新获得收入购买财产时，除非这些财产属于《澳大利亚（个人）破产法》第 116 条（2）所明确豁免的财产类型，否则属于可供向债权人分配的财产。

但也有学者认为上述观点处理方法可能与《澳大利亚（个人）破产法》超额收入缴纳制度的初衷背道而驰。其理由在于：第一，英国、新西兰与澳大利亚的相悖观点③所反映的是，破产人不应该成为管理人或债权人的“奴隶”（Slaves），特别是在国家采取降息鼓励自然人消费的情况下，限制破产人的消费并不利于经济的整体发展；④第二，根据《澳大利亚（个人）破产法》第 139M 条（1）（b）规定，即使破产人没有收到实际收入，而是将这部分收入再投资（reinvested）、积累

---

① 来源于澳大利亚金融安全管理局官方网，https://www.afsa.gov.au/resource-hub/practices/practice-guidance/treatment-property-bankruptcy#_ftn2。Also see Di Cioccio v. Official Trustee in Bankruptcy［2015］FCAFC 30，at 32－34.

② AFSA：After-acquired property or income? Di Cioccio revisited，PIR Newsletter-September 2021，available at https://www.afsa.gov.au/newsroom/pir-newsletter-september-2021. Also see Gittins v. Field（Trustee）［2018］FCA 976，at 59；Devine v. State of Queensland［2020］QSC 229，at 36－38.

③ Leach v. Official Assignee［1975］1 NZLR 73，Also see UK Insolvency Service Technical Manual，Chapter 31.8.32，available at https://www.insolvencydirect.bis.gov.uk/freedomofinformation/technical/TechnicalManual/Ch25-36/Chapter31/part8/part3/part%203.html.

④ Christopher Symes & Mark Wellard，*After-acquired Income and Contributions by Australian Bankrupts：Can Pay，Should Pay，Making Them Pay*，QUT Law Review，Vol. 14，p. 69（2014）.

(accumulated)或资本化(capitalised)也应视作收入,这与破产人先获得实际收入再进行投资产生了相同的效果。①

在采取膨胀主义的澳大利亚现行个人破产制度下,一种实际的解决方式是通过提高超额收入分配的数额,限缩破产人的购买能力,但这种处理方式同样治标不治本,比如破产人购买一张10澳元的彩票赚了100万美元,按照现行司法审判的思路,应属于事后获得的财产并向债权人进行分配。② 另外一种处理方式则是将《澳大利亚(个人)破产法》第六部分第4B章(超额收入缴纳机制)作为一个独立的法规(code),并将豁免效果及于允许保留范围内新获得收入所购买的财产。③

---

① Christopher Symes & Mark Wellard, *After-acquired Income and Contributions by Australian Bankrupts: Can Pay, Should Pay, Making Them Pay*, QUT Law Review, Vol. 14, p. 69(2014).

② See Christopher Symes, David Brown & Mark Wellard, *Australian Insolvency Law: Cases and Materials*, (2015, LexisNexis), p. 128.

③ Christopher Symes & Mark Wellard, *After-acquired Income and Contributions by Australian Bankrupts: Can Pay, Should Pay, Making Them Pay*, QUT Law Review, Vol. 14, p. 68 - 69(2014).

CASE 03

案例 3

以开设品酒培训课程创收的破产人收藏的酒能否作为“经营工具”，成为豁免财产

——Ben Vaughan 诉官方破产管理人案*

金　春（日本京都大学法学博士，同志社大学法学院教授）

冷帅达（北京市破产法学会会员）

一、裁判要旨

本案中破产人收藏的 110 余瓶葡萄酒系经营活动中的“消耗品”（consumables），而非一般意义上的“经营工具”（tools of trade），因此，不能对其进行豁免。

二、基本案情

Vaughan 是一位葡萄酒和烈性酒的零售商，也是一名葡萄酒评审。在进入个人破产清算程序后，官方管理人对其财产进行接管。Vaughan 依据当时的《澳大利亚（个人）破产法》第 116 条(2)向法院主张其中三项财产不属于可供向债权人分配的财产，应属于豁免财产，分别包括：(1)包含 115

* Ben Vaughan v. Official Trustee in Bankruptcy，(1996) FCA 1053.［审理法院：澳大利亚联邦法院塔斯马尼亚注册处（The Federal Court of Australia Tasmania District Registry, General division），主审法官：Burchett，Carr and Kiefel］。

瓶整装、部分半装和部分空瓶的一系列葡萄酒收藏品（未超过法定限额）；（2）一把电锯和相关的配件；（3）一辆箱式拖车。

本案的主要争议焦点围绕葡萄酒收藏品能否构成本案当时适用的《澳大利亚（个人）破产法》第116条（2）（c）规定的“经营工具”。（本条表述在1996年立法修正时变更，详见后文评析）。经查证，Vaughan依靠葡萄酒品鉴课程、参与研讨会获得收入，为此其需要消耗一系列葡萄酒，才可以与他人解释、讨论这些酒的质量、起源和发展。一审法院判决认为第2项和第3项两项财产均属于《澳大利亚（个人）破产法》第116条（2）（c）项下的豁免财产，管理人应予以退回，而葡萄酒藏品不能认定为经营工具，不属于豁免财产。Vaughan不服一审判决，提起上诉，最终二审法院维持原判。

三、裁判理由

本案的争议焦点为：破产人以开设品葡萄酒培训课程作为其收入来源，那么其收藏的葡萄酒能否认定为经营工具，从而作为豁免财产保留？

一审法院判决认为，Vaughan的部分收入来自主持葡萄酒鉴赏课程及参加葡萄酒研讨会，法院认同这些葡萄酒对于参加上述两项活动的重要性。法院拒绝豁免这一系列葡萄酒的主要理由在于，这些葡萄酒无论是用于品鉴课还是研讨会，均属于消耗品而非一般意义上的“工具”。根据麦考瑞词典（Macquaric Dictionary）关于“工具”一词的定义，经营工具的固有特点在于，由经营者永久保留使用而非消耗品。比如对于一个裁缝而言，剪刀或缝纫机属于贸易工具，但布和线则不属于；再如对于一个肖像画家而言，画笔和画架属于经营工具，但画漆和画布则不属于。①

二审法院判决认为，从判例法角度来看，纵观对经营工具的历史判决，鲜有法院会将消耗品认定为经营工具。例如，汽油虽然对于出租车必不可少，但其在性质上不能被定性为工具或设备。再如，相较于相机和镜头，胶卷尽管重要，但其同样为消耗品而非工具。从文义角度来看，根据《新简编牛津英语词典》（1993）第2卷，工具是指“为手工活动中的某种特殊机械功能而设计的装置，如锤子、锯子、叉子等工具；或用于从事某种职业或追求具体的或抽象的事物，以

① 一审法院对不予认可其贸易工具属性的论述更加明确，因此将一审法院的部分观点纳入。

及实现某种目的或促进某种活动的手段”。经营工具则是指“特定职业、工作所需的基本装备”。从文义表述到豁免限制金额都不难看出，豁免财产制度的功能是有限的，无法肆意将经营工具扩大解释为包含本案所涉的葡萄酒收藏品。

四、案例评析

（一）澳大利亚个人破产制度中的豁免财产制度

本案的争议焦点涉及个人破产清算程序中的豁免财产制度与对经营工具类财产的豁免问题。豁免财产（或称为自由财产）制度是指在个人破产清算程序中，为破产人保留特定的财产，不作为供债权清偿的破产财产之范围。豁免财产制度的核心理念在于给予破产人“足够的资产以满足自己和家人在破产后的最低生活需求，必要时包括最低的业务需求”，[①]满足破产人生存权的同时保障其发展权。对破产财产的范围无论是采用固定主义还是膨胀主义，都需要建立豁免财产制度。《澳大利亚（个人）破产法》在第 116 条（2）基于政策性理由或其他特别理由对豁免财产作出详细的规定，[②]主要将日常生活所需的家庭财产、一定限额内破产人通过个人劳动赚取收入所使用的财产、交通工具等财产排除于第 116 条（1）规定的可供向债权人分配的财产（关于该条文内容，详见本书澳大利亚个人破产案例 2 的案例评析部分）。从条文规定来看，澳大利亚所采取的方式与目前多数国家所采用的方式相似，即对“破产人特定财产”进行“类型 + 限额”的双重限制。[③]

（二）澳大利亚个人破产制度对经营工具类财产的豁免

在豁免的各类财产中，对经营工具类财产的豁免更突出为破产人提供“全新开始”的机会与企业家精神的激励。[④] 对于立法者而言，对经营工具类财产的豁免相较于拍卖这部分财产，破产人可以依靠这些财产（工具）继续创造财富，

---

① 自然人破产处理工作小组起草：《世界银行自然人破产问题处理报告》，殷慧芬、张达译，中国政法大学出版社 2016 年版，第 92 页。

② See Michael Murray & Jason Harris, *Keay's Insolvency: Personal and Corporate Law and Practice*, 11th edition (2022 Lawbook Co., Australia), p. 174.

③ 其他两类方法参见自然人破产处理工作小组起草：《世界银行自然人破产问题处理报告》，殷慧芬、张达译，中国政法大学出版社 2016 年版，第 96 – 97 页。

④ See Christopher Symes, David Brown & Mark Wellard, *Australian Insolvency Law: Cases and Materials*, (2015, LexisNexis), p. 118.

使破产财产的增值高于拍卖所回收的价款。① 因此,各国立法例一方面各对经营工具类财产豁免的限制在种类上和金额上逐渐宽松,但另一方面鉴于豁免特定财产对债权人权益有着直接影响,也促使豁免财产边界的规范更加明确、清晰。②

目前,《澳大利亚(个人)破产法》在第116条(2)(c)作出规定,破产人通过个人劳动获取收入所使用的财产(property that is for use by the bankrupt in earning income by personal exertion)(以下简称劳动所需财产)可以作为豁免财产,但需满足以下三类情形之一:(1)财产价值总额不高于《澳大利亚2021年(个人)破产规则》规定的限额;(2)由债权人会议决议通过;③(3)依据破产人申请并获得法院命令批准。④

值得注意的是,现有的《澳大利亚(个人)破产法》第116条(2)(c)的表述是经《澳大利亚1996(个人)破产法修正法》后形成的,修改前的《澳大利亚(个人)破产法》第116条(2)(c)的原有表述是,总价值不超过规定金额的一般贸易工具(ordinary tools of trade)、厂房及设备(plant and equipment)、专业工具(professional instruments)及参考书(reference books),可以作为豁免财产。⑤ 表述上最为重要的修改是,原有的"经营工具"被"财产"一词所替代。本案当时因《澳大利亚1996(个人)破产法修正法》尚未实施,通过对修改前法条及其中"经营工具"的适用和解释,得出了本案结论。下文将进一步探讨,放在现有的条文框架之下,对本案的处理或许有不同的结果。

(三)对经营工具类财产豁免的扩大趋势及对本案的评价

1. 金额和财产类别方面的放宽

澳大利亚个人破产制度对于此类金额的限制上限呈逐年上升的趋势。《澳大利亚1924年(个人)破产法》制定之初对经营工具的豁免限额仅为50磅,⑥现

① 自然人破产处理工作小组起草:《世界银行自然人破产问题处理报告》,殷慧芬、张达译,中国政法大学出版社2016年版,第100页。

② UNCITRAL, Legislative Guide on Insolvency Law, p. 80.

③ 《澳大利亚2016年(个人)破产实务规则》(Insolvency Practice Rules 2016),第75–115条。

④ See Michael Murray & Jason Harris, *Keay's Insolvency: Personal and Corporate Law and Practice*, 11th edition(2022 Lawbook Co., Australia), p. 174.

⑤ 《澳大利亚1996(个人)破产法修正法》第199条。

⑥ 《澳大利亚1924(个人)破产法》第5条、第91条(d)。

行的《澳大利亚(个人)破产法》第116条(2)(c)对劳动所需财产的初始豁免限额达到500澳元,[①]后续该限额随着消费物价指数或基本养老金率进行指数化调整,在近20年以50—100澳元/年的速度逐年递增,2021年的标准为3950澳元。[②]

对于经营工具类财产的类别,澳大利亚个人破产司法实践同样体现出整体放宽的趋势。表现之一是对工具定义的外延逐渐扩大。在《澳大利亚1924年(个人)破产法》中,法院对经营工具的解释一度仅限于手工工具(hand tool)。[③]随后法院在一系列判例中逐渐扩大经营工具定义的外延,如钢琴老师的钢琴、非手工缝纫机、出租车司机的汽车等。[④] 而后考虑到随着社会发展,越来越多的破产人个人劳动所需财产难以简单地用"工具"来概括。因此,《澳大利亚1996(个人)破产法修正法》也对工具这一稍显口语化的表述进行移除,改为更加宽泛的"财产"进行定义。

本案法院认为,无论是从判例法角度还是文义角度来看,消耗品难以被认定为经营工具,因此,判决以开设品葡萄酒培训课程作为其收入来源的破产人收藏的葡萄酒不属于豁免财产。但是,结合上述澳大利亚司法实践和立法对经营工具类财产豁免呈现的扩大趋势,如果放在现行法之下,以消耗品为由"一刀切"地否定本案财产豁免性的结论似乎不能站得住脚。因为从现有的《澳大利亚(个人)破产法》第116(2)条(c)来看,即使是葡萄酒,打印机墨水这类消耗品,根据案情,也有可能被认定为是破产人通过劳动赚取收入时所需要的财产,从而成为豁免财产。关于这一点,仍待进一步考察。

2. 放宽对职业、技术的依附性

澳大利亚对经营工具类财产豁免的扩大还体现在对职业、技术的依附性逐

---

① 《澳大利亚(个人)破产法》(实施时间为1995年12月16日—1996年10月24日)第116条(2A)(a)。

② 《澳大利亚(个人)破产法》第116条(2)(c)(i),《澳大利亚2021年(个人)破产规则》第29条,另见澳大利亚金融安全管理局官方网站,https://www.afsa.gov.au/resource-hub/indexed-amounts。

③ 《澳大利亚1924(个人)破产法》第5条、第91条(d)。Also see Re Gurr; Ex parte Official Receiver [1947] 14 ABC 53; Re Schiller [1961] 19 ABC 271; Re Van Houwelingen; Toledo-Berkel Pty Ltd. v. Official Receiver in Bankruptcy [1953] 56 WALR 21 cited in Vaughan v. Official Trustee in Bankruptcy [1996] 71 FCR 34.

④ Boyd Ltd. v. Bilham [1909] 1 KB 14, Gonsky v. Durrell [1918] 2 KB 71, Lavell v. Richings [1906] 1 KB 480.

渐放宽。1932 年 Re Belcher 案中，法官确立了一项原则，即一项财产能否被认定为经营工具获得豁免取决于破产人是否具备相应的职业/技能，即在管理人接管财产当日前或在其他特定时间曾使用该工具，并且依靠该工具获得一定水平的收入。① 在该案中，尽管破产人对油漆厂的工具享有所有权，但法官认为破产人不具备相应的使用技能，因此未给予这些工具豁免。

在本案中，尽管结论上否定了案涉葡萄酒的豁免财产性，但是一审法官在判决的论述中突破了破产人职业技能与工具间的专属联系，认为经营工具豁免的目的在于保留破产人重新开始的机会，即使这项工具很少甚至从未使用，也应允许破产人保留适当价值的工具。②《澳大利亚 1996（个人）破产法修正法》对“经营”表述的移除也反映了上述论证。③

现行《澳大利亚（个人）破产法》第 116 条（2）（c）对经营工具类财产的表述更加突出其使用属性（use by the bankrupt），强调了此类财产与以劳动赚取收入间的稳定联系，而不是仅依靠财产的自有属性取得收入。④ 比如，对于一个法律从业者而言，尽管其没有利用法律工具书进行价值直接产出，但法律工具书与其赚取收入的关系是稳定且明确的，而如破产人依靠商业资产收取租金，该商业资产则不属于经营工具类财产或劳动所需财产豁免的范畴。⑤

---

① In Re Belcher; Ex parte The Trustee [1932] 6 ABC 35.

② Vaughan v. Official Trustee in Bankruptcy [1996] 66 FCR 121.

③ Tiver v. the Official Trustee in Bankruptcy [2010] FCA 620 at 52.

④ Explanatory Memorandum for the Bankruptcy Legislation Amendment Bill 1996 (Cth), cited in Tiver v. The Official Trustee in Bankruptcy [2010] FCA 620.

⑤ MIAO v. Michell [2015] FCCA 2910.

CASE 04

案例 4

破产人的上诉权是否构成可供向债权人分配的财产

——Cummings 诉 Claremont 石油公司及第三方案*

金　春（日本京都大学法学博士，同志社大学法学院教授）
冷帅达（北京市破产法学会会员）

一、裁判要旨

（1）上诉权本身并不构成《澳大利亚（个人）破产法》第5条（1）项下定义的“财产”（property）；（2）破产人被受理破产后丧失诉讼地位，本案中破产人对上诉事项并不具备额外的利害关系，在未经管理人允许的情况下无权继续上诉。

二、基本案情

1993年5月20日、21日，个人债务人 Cummings 和 Fuller 经债权人申请破产后分别被法院作出财产扣押令而进入破产程序。同年6月10日，Cummings 和 Fuller 作为 Beach 石油公司的董事因涉嫌同谋、欺诈，违反《（南澳大利

---

* Cummings v. Claremont Petroleum N. L. & another, Bankruptcy (1996) 185 CLR 124.（审理法院：澳大利亚高等法院，主审法官：Brennan 首席大法官，Dawson，Toohey，Gaudron Mchugh 大法官。）

亚)公司法》[Companies (South Australia) Code]第 229 条(1)和《澳大利亚 1987 年公平交易法》[Fair Trading Act 1987 (SA)],被判处赔偿 Claremont 石油公司和其他原告相关损失合计 44,450,000 澳元。

同年 7 月 1 日,Cummings 和 Fuller 分别向澳大利亚联邦法院合议庭(Full Court of Federal Court)提出上诉,同年 9 月 14 日,合议庭以多数意见(Gummow 法官和 Whitlam 法官同意,Hill 法官保留意见)认为上诉人并不具备上诉事由,理由是《1976 年澳大利亚联邦法院法》[Federal Court of Australia Act 1976 (Cth)]第 24 条赋予的上诉权利属于《澳大利亚(个人)破产法》第 5 条(1)所定义的"财产",因此,该财产随着进入破产程序应转移至管理人。Cummings 和 Fuller 向澳大利亚联邦高等法院上诉,联邦高等法院认为上诉权不属于财产,但最终以破产人被申请破产后丧失诉的利益为由驳回了上诉人请求。

三、裁判理由

本案核心争议焦点有:一是上诉权是否构成《澳大利亚(个人)破产法》第 5 条(1)所规定的"财产"①? 如果上诉权构成一项财产,能否依据《澳大利亚(个人)破产法》第 116 条(2)(g)②排除《澳大利亚(个人)破产法》第 58 条③有关财产归属于管理人规则的适用? 二是如果上诉权并不是一项财产,在上诉人对上诉判决已丧失诉的利益前提下,在未经管理人许可的情况下能否继续上诉程序?

针对第一项争议,本案中上诉人援引澳大利亚联邦法院合议庭持少数保留意见法官的观点,认为上诉权本身并不是一种可供分配给债权人的权利。④ 被上诉人则与联邦法院合议庭的多数观点类似,即上诉人真正希望行使的是诉讼程序中的一种选择权,尽管这种选择权并不具备一般财产的可转让性,但鉴于

---

① 《澳大利亚(个人)破产法》第 5 条(1)规定,财产包括"位于澳大利亚境内外的不动产和个人财产以及由此产生的,无论是现有还是将来产生的,无论是既有的还是或有的任何财产(estate)、利益(interest)或利润(profit)"。

② 《澳大利亚(个人)破产法》第 116(2)条 g 规定,基于破产人、配偶(事实婚姻伴侣)和家庭成员人身损害、不当行为或死亡所形成的赔偿金或补偿金不属于可供向债权人分配的财产,属于豁免财产。

③ 《澳大利亚(个人)破产法》第 58 条(1)规定,当债务人变成破产人时,其财产原则上归属于管理人。

④ Cummings v. Claremont Petroleum N. L. & another, Bankruptcy [1996] 185 CLR 124, at 17.

《澳大利亚(个人)破产法》第5条对财产的定义足够宽泛,且这种上诉选择权未被《澳大利亚(个人)破产法》第116条(2)所明文排除,仍应将其作为一项特殊的财产。[①]

本案法官认为如果上诉权属于财产,则只能构成新获得财产,因为针对两个上诉人的判决是在财产扣押令下达后作出的,在这种情况下根据《澳大利亚(个人)破产法》第116条(1)(b)[②],上诉权应移交至管理人。但是,法官又认为,上诉权所针对的是包含金钱给付的判决,两位上诉人希望实现的目标是由被上诉方支付相关费用,免除赔偿损失,实现责任的减免,但这些诉求实现的前提是上诉成功。由于上诉人对被上诉人的责任依据法院已作出的判决已转化一类可证明的债务,并按照《澳大利亚(个人)破产法》相关规定停止执行,这种情况下即使上诉成功也不会导致破产财产因此增值,可清偿给债权人的财产也不会增加。另外,如果上诉成功,原判决所确定的相关债务将不再由上诉人承担,进而使债权人有可能获得更多比例的分配。对于能否胜诉,法院并未掌握更多细节,但是对上诉能否成功的考虑并不能决定上诉权本身是否构成一项财产。过分关注上诉意图取得的结果而忽视其本身的性质,偏离了本案所关注的核心。基于此,多数法官认可了上诉方关于上诉权并不构成一项财产的观点。

针对第二个争议焦点,尽管在前述焦点的讨论中多数法官认为上诉权不能构成一项财产,但《澳大利亚(个人)破产法》第60条(4)允许破产人继续以自己的名义在其成为破产人之前已经开始的关于破产人、配偶(事实婚姻伴侣)和家庭成员人身损害、不当行为或死亡的民事程序。回到本案中,有关破产人的相关判决并不构成前述“对破产人作出的损害或不当行为”。尽管上诉人拟上诉的判决中法院调查认定上诉人具有同谋、欺诈等行为的判断可能损害到破产人的声誉,但该判决本身并不是基于“对破产人作出的损害或不当行为”的另案

① Taxation v. Official Receiver [1956] 95 CLR 300 at 327, cited in Cummings v. Claremont Petroleum N. L. & another, Bankruptcy [1996] 185 CLR 124, at 23. 本案中,法官认为破产法概念项下可转让性并不是一个必要条件。

② 《澳大利亚(个人)破产法》第116条(1)(b)规定,“在破产程序开始至破产人获得免责前的任何一个时点,破产人为了自身利益行使或通过诉讼程序行使,或可能正在行使的就财产相关的权利属于管理人”。

诉讼,而是依据《澳大利亚(个人)破产法》无法向上诉人追索的财产给付之诉。本案裁判通过援引英国案例 Heath v. Tang,认为破产人在被受理破产申请后,除豁免财产外其他财产和财产性权利均归属于管理人,破产人对上诉判决已实质丧失诉的利益,因此上诉人没有资格以自己的名义提起上诉。

四、案例评析

(一)本案的争议焦点

本案中关于上诉权是否属于可供向债权人分配的财产的争论,澳大利亚联邦法院和联邦高等法院持不同的观点。联邦高等法院的分析似乎更符合《澳大利亚(个人)破产法》的制度设计,因为上诉权作为一项专属于败诉方的程序性权利,即使成功也只能减免上诉人的责任而不能作为一项财产性权利为破产财产带来额外的增量供债权人分配。

鉴于联邦法院合议庭驳回上诉人的申请的逻辑前提是上诉权构成一项财产,因此联邦高等法院也主要围绕这一问题进行论述,但本案还涉及另外一个破产程序中的重要制度:个人破产程序中诉讼的处理(公司破产中存在同类问题)。在个人破产程序中,给予破产人经济再生的机会,同时应避免滥诉导致的资源浪费损害债权人的权益,破产案件中有关诉争须在破产程序的监督和控制下有序进行,具体体现在对破产人各类诉讼和执行措施的中止,以及对管理人对未决诉讼处置的监督权。

(二)诉讼程序及其他法律程序的禁止与中止

当法院受理破产人破产后,法院严格禁止针对破产财产提起新的债权救济措施。根据《澳大利亚(个人)破产法》第 58 条(3)规定,债权人无权就可证明的债务对破产人及其财产采取任何救济措施(除非获得法院许可并在法院认为适当的条件下,就可证明的债务展开任何法律程序或在该程序中采取任何新的步骤的除外)。针对已经开始的诉讼或其他强制性命令,法院同样给予对法律程序冻结的保护(stay of legal proceedings)。根据《澳大利亚(个人)破产法》第 60 条(1)(a)-(b),法院可在递交破产申请后任意时点,在其认为合适的情况下:(1)解除针对破产人及其财产的任何有关监禁(imprisonment)和扣押(拘留)的命令;(2)任何针对破产人及其财产的法律程序,无论该程序为民事程序还是刑事程序，无论开始于破产程序前还是破产程序后，均予以中止。关于管辖法院，联邦法院及联邦巡回法院（Federal Circuit Court of Australia）对此类命令具有排他的管辖权。[①]

（三）管理人对未决诉讼的选择权

对破产前由破产人启动的未决诉讼，管理人享有选择权。具体而言，在管理人以书面形式选择继续或终止该诉讼之前，法院对于在破产受理前提起的诉讼将予以中止，[②]如果管理人在被告或相关方向其送达诉讼通知后28日内未作出选择则被视为放弃诉讼。[③] 管理人决定是否提起诉讼取决于若干因素，包括可能获得财产的多少、证明难度等。除此之外，为启动该程序管理人还将考虑以下筹资程序：（1）债权人融资垫款；（2）《澳大利亚（个人）破产法》第305条共益费用的支付（payment of expenses by commonwealth）；（3）申请由破产财产支付（如可供向债权人分配的财产按照正常程序可分配至债权人，管理人将会向债权人提供相关信息，并征询债权人是否同意将这笔钱用于追讨债权人的财产）。[④]

（四）管理人的诉讼适格与破产人的地位、救济

破产人是否有权自行提起上诉是高等法院重点讨论的核心问题。管理人无论是选择继续诉讼还是在进入破产程序后提起新的诉讼，都将以自身的名义参加相关程序。[⑤] 根据《澳大利亚（个人）破产法》第60条（4）规定，如果该诉讼是关于（1）对破产人、其配偶（及事实婚姻伴侣）或其家庭成员所作的任何人身伤害或不当行为，（2）其配偶（及事实婚姻伴侣）或其家庭成员的死亡，破产人可以以其个人名义提起或继续诉讼，且两类诉讼获得的赔偿根据《澳大利亚（个人）破产法》第116条（2）（g）将不作为可供向债权人分配的财产，属于豁免财产。[⑥]

以管理人名义诉讼的理由在于，破产程序将破产人的财产与责任及时与破

① 《澳大利亚（个人）破产法》第27条。
② 《澳大利亚（个人）破产法》第60条（2）。
③ 《澳大利亚（个人）破产法》第60条（3）。
④ 来源于澳大利亚金融安全管理局官方网站，https://www.afsa.gov.au/resource-hub/practices/practice-guidance/choses-action。
⑤ 《澳大利亚（个人）破产法》第18条（1）、（2）。
⑥ 《澳大利亚（个人）破产法》第116条（2）（g）。

产人自身剥离，相关财产和权益已移交至管理人处置，[1]因此破产人不再对相关诉讼具有诉的利益。在本案所援引的 Heath v. Tang 案中，法官认为进入程序后破产人对相关法律程序基本没有利害关系，除非在极端情形下，比如上诉请求获得支持所带来的财产增加/负债减少将导致全体债权人获得全额受偿后仍有盈余留存至破产人。[2] 此外，继续诉讼所产生的成本很大概率将由破产财产承担，而法院不会允许破产人以牺牲债权人的利益(诉讼带来的相应成本)为代价追求其个人利益。正如 Manning 法官在 Want v. Moss 案中认为，法律不允许破产人进入破产程序后在没有办法支付相关费用，并且管理人拒绝的情况下继续诉讼，这将会为相对方带来麻烦和成本。[3]

综上，在澳大利亚的法律框架下，因本案中原审判决所涉及的财产给付已与破产人没有直接利害关系，为了保护其个人声誉而对该判决进行上诉，为此所支出的诉讼费用等相应成本不应由其他债权人去承担。本案判决认为在管理人拒绝上诉的情况下，破产人不能以自己的名义提起上诉的结论是合理的。

值得关注的是，当管理人拒绝起诉或对特定判决上诉时，破产人并不是完全没有救济途径的。根据《澳大利亚(个人)破产法》第 178 条，如破产人、债权人及其他主体因管理人作为或不作为的决定所影响，可在知悉该决定之日起 60 日内向法院提出申请，法院将根据案件情况自由裁量作出“其认为公正及公平的命令”。[4] 不过，在本案中，尽管申请人未依据《澳大利亚(个人)破产法》第 178 条提起救济，法官仍在判决中指出，法院的自由裁量权很大程度上是根据每个案件的具体情况行使的，而法院需要扮演屏障的角色，确保破产财产不会浪费在毫无希望的上诉中，同时保护债权人免受破产人不断的无理挑战。[5]

---

① 《澳大利亚(个人)破产法》第 18 条(2)。

② Heath v. Tang,[1993] 1 WLR 1421 at 1427; [1993] 4 All ER 694, cited in Cummings v. Claremont Petroleum N. L. & another, Bankruptcy [1996] 185 CLR 124, at 25.

③ Want v. Moss[1889] 10 NSWR (L) 274, at 279, cited in Cummings v. Claremont Petroleum N. L. & another, Bankruptcy [1996] 185 CLR 124., at 3.

④ 《澳大利亚(个人)破产法》第 178 条。

⑤ Heath v. Tang,[1993] 1 WLR 1421 at 1427; [1993] 4 All ER 694., at 701.

CASE 05

案例 5

破产人满足破产免责异议规定的情形，是否一定准许管理人提出免责异议

——破产监察总长诉 Nelson 案 *

金　春（日本京都大学法学博士，同志社大学法学院教授）
冷帅达（北京市破产法学会会员）

一、裁判要旨

破产人在破产程序期间（period of bankruptcy）届满后自动获得免责是一种表见权利（prima facie）。法院认为，有证据证明破产人存在《澳大利亚（个人）破产法》第 149D 条所列举的作为提出免责异议通知（notice of objection）依据的特定行为，仅是管理人提出免责异议通知的"门槛"（threshold）；提出免责还必须要有理由证明管理人决定的正当性，管理人在决定是否提出免责异议通知时，应充分权衡《澳大利亚（个人）破产法》的立法目的性、效用性和相关性。

* Inspector-General in Bankruptcy v. Nelson, Robert Leslie [1998] FCA 684; 168 ALR 340. [审理法院：澳大利亚联邦法院西澳大利亚注册处（The Federal Court of Western Australia District Registry），主审法官：Wilcox, Lindgren, R. D. Nicholson]

二、基本案情

1970 年至 1980 年，Nelson 在西澳大利亚州（Western Australia）的城市珀斯（Perth）为客户提供避税服务，1982 年，澳大利亚税务总局副专员根据《澳大利亚 1936 年所得税评定法》第 167 条对 Nelson 和其实际控制实体进行评估，并要求其支付所得税约 250 万澳元。Nelson 认为自己无力清偿，依据《澳大利亚（个人）破产法》第十章个人破产重组协议寻求救济，并指定了管理人（controlling trustee），在管理人的同意下，Nelson 在海外寻求工作，往返于新加坡与珀斯之间。1984 年，Nelson 在管理人同意下定居英国。其间，Nelson 配合澳大利亚税务总局对其事务进行调查，并向税务总局提出了 4 年展期支付所得税的方案，但该方案在债权人会议上被一票否决（税务总局占有 75% 的债权）。1985 年 4 月，税务总局副专员向法院提交了对 Nelson 的强制破产清算申请，5 月 27 日法院受理，作出财产扣押令，并指定 G. Totterdell 担任该案的管理人。破产程序开始时 Nelson 正居住在澳大利亚境外，自 1984 年 9 月后再未回国。

根据《澳大利亚（个人）破产法》第 149 条（1），破产人自破产程序开始后 3 年后自动获得免责，本案中，Nelson 应在 1988 年 5 月 27 日获得免责。但管理人在 1987 年 3 月 17 日根据当时的《澳大利亚（个人）破产法》第 149 条（3）（c）[①] 提交免责异议通知，将破产程序期间延长至 5 年，即 1990 年 5 月 27 日。1990 年 5 月 7 日，管理人再次依据当时的《澳大利亚（个人）破产法》第 149 条（12）[②] 向澳大利亚联邦法院西澳大利亚州注册处提出不予免责的申请，法院驳回了管理人的请求。1990 年 11 月 6 日，管理人向澳大利亚联邦法院合议庭上诉，合议庭撤销了原审法院的裁定并判令 Nelson 不能获得免责。[③] 1992 年 7 月 1 日，《澳大利亚 1991（个人）破产法修正法》正式施行，该修正法第 27 条对原《澳大

---

① 当时的《澳大利亚（个人）破产法》第 149 条（3）规定法院注册官（Registrar）、监察总长、管理人或经法院许可的债权人依据本法规定的形式和方式提出异议，且在破产人获得自动免责前该异议未被撤回或失效。

② 当时的《澳大利亚（个人）破产法》第 149 条（12）规定，法院可以在破产人获得免责前的任何时点，依据法院注册官、监察总长、管理人或债权人的异议认为根据该章破产人不应该获得免责。（该条现已经被删除）

③ Totterdell v. Nelson［1990］26 FCR 523.

利亚（个人）破产法》第 149 条进行了修订，新增第 149D 条对管理人提出免责异议通知的 14 项依据作出规定，第 149 条（1）（a）规定，“破产人曾在正式破产日[①]前后离开澳大利亚且未返回”，第 149D 条（1）（h）规定，“当破产人不在澳大利亚时，管理人要求其在特定日期或特定期间内返回澳大利亚，但破产人未能返回”。同时，该修正法第 54 条（2）废止了在修正法施行后依据原第 149 条执行法院的命令。[②] 依据修订后的《澳大利亚（个人）破产法》第 149 条（2），Nelson 先生的破产程序期间的起算点应为其提交资产负债说明或《澳大利亚 1991（个人）破产法修正法》第 27 条施行日的孰晚之日，因此本案破产人免责日变更为 1995 年 7 月 1 日。

1995 年 6 月 28 日，管理人依据修改后的《澳大利亚（个人）破产法》第 149D 条（1）（a）提出了免责异议通知，认为其破产程序期间应延长至从破产人归国之日起 8 年。1996 年 10 月 29 日监察总长（inspector-general）同意了管理人的免责异议。[③] 1996 年 12 月 12 日，Nelson 请求行政上诉法庭（administrative appeals tribunal）复审监察总长的决定，在行政上诉法庭正式听证前，适逢《澳大利亚 1996（个人）破产法修正法》于 1996 年 10 月 25 日施行，该修正法在原第 149B 条的基础上增加第（2）款，该款要求管理人决定是否提出免责异议通知时应确定该行为有助于使破产人履行尚未履行的责任，且无其他替代性方案使破产人履行尚未履行的责任。1997 年 8 月 15 日行政上诉法庭撤销了（set aside）监察总长的决定，并要求其取消（cancel）对破产人免责的异议通知。监察总长不服行政上诉法庭的判决并上诉至联邦法院，最终联邦法院驳回了监察总长的上诉请求。

三、裁判理由

本案中，法院主要关注两点：（1）法律解释层面上是否合理；（2）行政上诉法庭的决策程序是否有瑕疵。[④]

---

① 债务人申请自愿破产时，申请被官方接管人受理之日为“正式破产日”，参见《澳大利亚（个人）破产法》第 115 条（5），详见本书澳大利亚个人破产典型案例 1。

② 《澳大利亚 1991（个人）破产法修正法》第 54 条（2）。

③ 管理人最开始提出异议通知的依据共 6 项，后续其撤回了其中 5 项依据。

④ 本文不对决策程序问题进行展开分析。

法院认为：第一，现行法律制度下破产人获得免责是一种表见权利，因此《澳大利亚（个人）破产法》所规定的免责异议这一章应遵循相同的政策。根据《澳大利亚（个人）破产法》第149C条（1），管理人提出免责异议通知时必须同时具有相应的依据（grounds）、支持的证据（evidence）和反对的理由（reasons），且在符合条件时需要受到监察总长的审查。

第二，管理人在行使自由裁量权决定是否使破产人在一定期限后仍然保持破产的状态，其需要考虑的因素应与同实现个人破产法的目标一样。《澳大利亚（个人）破产法》第149N条（1）（c）规定，监察总长复审管理人作出异议通知的决定时，如“依据或支撑依据的理由不能证明管理人所提异议的正当性”，则必须取消该项异议。由此可见，有证据证明破产人存在符合提出免责异议通知条件的特定行为仅是管理人提出免责异议通知的“门槛”，必须要有理由证明管理人决定的正当性。因此，对破产人获得免责权利提出异议通知，除了有充分证据支持异议依据外，还必须有理由证明管理人决定异议的正当性。

第三，修改前的《澳大利亚（个人）破产法》第149条（4）规定了管理人提出免责异议通知的4种情形，分别为：“（a）破产人有能力或自正式破产日五年内大概率对破产人财产作出重大贡献；（b）依据本章节强行对破产人免责将不利于对其财产的管理；（c）破产人拒绝就管理人管理其财产事宜提供合作；（d）破产人在正式破产日之前或之后一段时间内的行为是不尽如人意的。"《澳大利亚1991（个人）破产法修正法》第27条对前述4种情形进行修订，新增《澳大利亚（个人）破产法》第149D条（详见下文）。法院认为原有4项规定均明确阐明管理人提出异议通知依据的合理性，而新增的第149D条中的14项提出免责异议的依据虽然更具体，但缺少对管理人异议动机的表达。尽管如此，结合对相关修正法的二读发言（second reading speech），法院认为修正法并未对原法的立法目的进行改变，即管理人决定时仍应考虑目的性、效用性和相关性。

第四，作为提出免责异议通知的依据之一，新增的《澳大利亚（个人）破产法》第149D条（1）（a）规定，“破产人曾在正式破产日前后离开澳大利亚且未返回”，第149D条（1）（h）规定，“当破产人不在澳大利亚时，管理人要求其在特定日期或特定期间内返回澳大利亚，但破产人未能返回”。上述条文均对破产人在海外的情形作出了规定，其主要区别在于管理人是否要求破产人返回澳大利亚。本案中管理人依据《澳大利亚（个人）破产法》第149D条（1）（a）提出免责异议通知，也就是说本案中并不存在要求破产人回来的事由。事实上，即使管理人要求破产人返回澳大利亚，对于破产人而言也存在正当理由拒绝返回国内。

由此，澳大利亚联邦法院驳回监察总长的上诉请求。

四、案例评析

（一）澳大利亚个人破产程序中的自动免责制度

个人破产免责制度的功能在于：一是终止对破产人附加的限制，重建债务人完整的经济能力和行为能力，包括完整的获取收入、购买并保留资产的权利，使破产人拥有一个“全新的开始”（fresh start）；[①]二是规范破产人的行为，即一旦破产人在破产程序期间作出不当行为，该行为将被视为对信用社会的持续威胁，破产人的破产程序期间则相应延长，变相促进破产人积极合作。[②]

澳大利亚对个人破产免责制度采取的是较为宽松的“自动免责”模式，即债务人待法定破产程序期间届满后，就可以自动从破产程序中获得免责。具体而言，依据《澳大利亚（个人）破产法》第149条（4），自债务人向金融安全管理局的官方接管人提交资产负债说明之日起3年将会自动终止破产程序并获得免责，而当管理人对该破产人免责提出有效的异议时，破产程序期间将从3年延长至5年或8年。[③]

（二）免责异议

任何类型的管理人均可以根据《澳大利亚（个人）破产法》第149B条（1）在破产人获得免责前的任意时点内向官方接管人提交书面的异议通知书。但应注意的是，自动免责制度是一项有利于债务人的推定，因此管理人在决策时应充分衡量反对的原因，[④]并考虑延长破产程序期间对实现个人破产法的立法目标的效用、目的和相关性。《澳大利亚（个人）破产法》第149B条（2）条要求管理人决定提出异议通知时需满足：（1）管理人确信该行为将有助于使破产

---

① 自然人破产处理工作小组起草：《世界银行自然人破产问题处理报告》，殷慧芬、张达译，中国政法大学出版社2016年版，第140页。

② Michael Murray & Jason Harris, *Keay's Insolvency: Personal and Corporate Law and Practice*, 11th edition（2022 Lawbook Co., Australia）, p. 316.

③ 《澳大利亚（个人）破产法》第149A条。

④ Michael John Fuller and Hugh Jenner Wily [1998] AATA 577, p. 85 – 86.

人履行尚未履行的责任;(2)管理人没有其他方法促使破产人履行其尚未履行的责任。根据金融安全管理局年报数字,2021—2022 年度管理人提出 5 年延长期的案件共 20 宗,其中官方管理人提出 2 宗,注册管理人提出 18 宗;提出 8 年延长期的案件共计 843 宗,其中官方管理人提出 422 宗,注册管理人提出 421 宗。[①]

管理人在提出免责异议通知时必须基于一定依据、理由和证据。[②]《澳大利亚(个人)破产法》第 149D 条对依据进行了列举式规定,并按照行为严重程度分为特殊依据(special grounds)和一般依据(general grounds)。特殊依据是指破产人为了阻碍债权人受偿或管理人的管理而故意采取的一系列经过深思熟虑后的行为,[③]且该行为通常已经发生。因此,根据特殊依据所提出的免责异议通知对破产程序期间延长时间为 8 年,[④]且管理人在提交异议时无须另行解释理由(reasons)。[⑤] 特殊依据以外的其他依据为一般依据,其对应的破产程序期间延长时间通常为 5 年,[⑥]管理人依照一般依据提出异议通知则需要概括解释其反对的理由。[⑦] 无论管理人依据何种依据提出异议通知,都需要向金融安全管理局提供足够的证据,证明破产人本有机会履行《澳大利亚(个人)破产法》规定的义务,但在没有合理事由的情况下未能履行,或者发生了符合"特殊依据"所列举的行为。

依据《澳大利亚(个人)破产法》第 149D 条(1),特殊依据[⑧]包括:(1)破产人曾作出《澳大利亚(个人)破产法》第 121 条规定的欺诈性转让的行为

① 澳大利亚金融安全管理局官方网站,https://www.afsa.gov.au/about-us/statistics/ending-bankruptcies。

② 《澳大利亚(个人)破产法》第 149C 条(1)。

③ Paragraph 51 of the Explanatory Memorandum to the Bankruptcy Legislation Amendment Act 2002, cited in https://www.afsa.gov.au/resource-hub/practices/practice-guidance/objections-discharge-bankruptcy#annexure%20A. Also see Michael Murray & Jason Harris, *Keay's Insolvency: Personal and Corporate Law and Practice*, 11th edition, (2022 Lawbook Co., Australia), p. 319.

④ 《澳大利亚(个人)破产法》第 149 条(2)(i)。

⑤ 《澳大利亚(个人)破产法》第 149C 条(1A)。

⑥ 尽管《澳大利亚(个人)破产法》第 149D 条(1)(ac)、(ad)同样可以将破产程序期间延长至自破产人提交资产负债说明之日起 8 年,但他们并不属于特殊依据。

⑦ 《澳大利亚(个人)破产法》第 149C 条(1)(c)。

⑧ 《澳大利亚(个人)破产法》第 149N 条(1A)。

(transfers to defeat creditors);[①](2)管理人要求破产人书面提供有关破产财产、收入或预计收入的信息时,破产人未按要求提供;[②](3)在正式破产日后,破产人故意向管理人提供虚假或误导的信息;[③](4)破产人未能按照《澳大利亚(个人)破产法》第6条A(1)或第139条要求披露关于收入或预计收入;[④](5)破产人未能按照《澳大利亚(个人)破产法》第139ZG条向管理人支付相关分配费用;[⑤](6)在破产开始前5年或在破产期间的任何时间内,破产人花钱但未能向管理人充分解释花钱的目的或处置财产但未能向管理人充分解释为何处置财产后没有收到款项或者未能解释如何处理这笔款项;[⑥](7)破产人不在澳大利亚时,管理人要求其在特定日期或特定期间内返回澳大利亚,破产人未能返回;[⑦](8)破产人故意不向管理人披露截至正式破产日的负债;[⑧](9)破产人没有遵守《澳大利亚(个人)破产法》第77条(1)(a)(ii)向管理人提交护照或其他旅游所需文件;[⑨](10)破产人未按照管理人要求依法签署文件;[⑩](11)破产人故意不向管理人披露其在任何财产上的受益权。[⑪]

一般依据包括:(1)破产人作出《澳大利亚(个人)破产法》第120条、第122条规定的低价转让(undervalued transactions)和偏颇性清偿(preference payments);[⑫](2)破产人在临近破产前通过《澳大利亚(个人)破产法》第128B条养老金转让欺诈债权人(破产人为转让人);[⑬](3)破产人在临近破产前通过《澳大利亚(个人)破产法》第128C条养老金转让欺诈债权人(破产人为第三方受益人);[⑭](4)破产人未向管理人披露破产人在任何财产上获得的利益(无论有意或无意);[⑮]

---

① 《澳大利亚(个人)破产法》第149D条(1)(ab)。
② 《澳大利亚(个人)破产法》第149D条(1)(d)。
③ 《澳大利亚(个人)破产法》第149D条(1)(da)。
④ 《澳大利亚(个人)破产法》第149D条(1)(e)。
⑤ 《澳大利亚(个人)破产法》第149D条(1)(f)。
⑥ 《澳大利亚(个人)破产法》第149D条(1)(g)。
⑦ 《澳大利亚(个人)破产法》第149D条(1)(h)。
⑧ 《澳大利亚(个人)破产法》第149D条(1)(ha)。
⑨ 《澳大利亚(个人)破产法》第149D条(1)(ia)。
⑩ 《澳大利亚(个人)破产法》第149D条(1)(k)。
⑪ 《澳大利亚(个人)破产法》第149D条(1)(ma)。
⑫ 《澳大利亚(个人)破产法》第149D条(1)(aa)。
⑬ 《澳大利亚(个人)破产法》第149D条(1)(ac)。
⑭ 《澳大利亚(个人)破产法》第149D条(1)(ad)。
⑮ 《澳大利亚(个人)破产法》第149D条(1)(n)。

(5)破产人曾在正式破产日前后离开澳大利亚且未返回;[①](6)在正式破产日后,破产人曾参与(单项或合计)金额超过 3000 澳元的隐藏行为(misleading conduct);[②](7)破产人未能向管理人披露截至正式破产日的负债(无论有意或无意);[③](8)未能向管理人进行合理解释的情况下,破产人未接受为实现破产法目的问询和检查;[④](9)正式破产日后,破产人违反了《澳大利亚 2001 年公司法》第 206A 条(取消管理公司的资格);[⑤](10)破产人未能遵守《澳大利亚(个人)破产法》第 77 条(1)(bb) - (bc)或第 80 条(1)的规定(破产人有重大事项变动时通知管理人联络方式、地址变动等)。[⑥]

(三)对免责异议的救济

依据《澳大利亚(个人)破产法》第 149K 条(1),监察总长有权主动依破产人的申请(具有充足理由使监察总长相信)或在澳大利亚联邦调查员(commonwealth ombudsman)的要求下,对管理人所提出的免责异议通知进行复审(review)。破产人作为申请人必须在其收到异议通知之日起 60 日内以书面的形式向监察总长提出申请,[⑦]监察总长在收到申请后必须在 60 日内决定是否进行复审,如果其已经决定复审,则必须作出相关决定。[⑧] 如下述情况满足其一,监察总长必须撤销这一异议通知:一是管理人异议不具备《澳大利亚(个人)破产法》第 149D 条(1)所列明的依据;二是证明依据存在的证据不充分;三是依据或支撑依据的理由不能证明管理人所提异议的正当性;四是管理人异议通知所援引的依据已经被取消。[⑨] 但是,如果管理人异议是根据一项或数项特别依据提出;且有证据证明破产人做出特殊依据所规定行为;且破产人对其所做出的特殊依据所规定行为没有合理的解释,这些情形同时满足则监察总长不得撤销管理人提出的异议通知。[⑩] 如破产人或管理人对监察总长所作出的决定不

① 《澳大利亚(个人)破产法》第 149D 条(1)(a)。
② 《澳大利亚(个人)破产法》第 149D 条(1)(c)。
③ 《澳大利亚(个人)破产法》第 149D 条(1)(i)。
④ 《澳大利亚(个人)破产法》第 149D 条(1)(m)。
⑤ 《澳大利亚(个人)破产法》第 149D 条(1)(b)。
⑥ 《澳大利亚(个人)破产法》第 149D 条(1)(j)。
⑦ 《澳大利亚(个人)破产法》第 149K 条(3)。
⑧ 《澳大利亚(个人)破产法》第 149K 条(5)。
⑨ 《澳大利亚(个人)破产法》第 149N 条(1)。
⑩ 《澳大利亚(个人)破产法》第 149N 条(1A)。

满意,或监察总长拒绝对免责异议通知进行复审的,相关方可在接到相关决定28日内向行政上诉法庭申请复审。[①]

除此之外,破产人还可以根据《澳大利亚(个人)破产实务附则》[②]第90-15、90-20条直接向法院申请复审管理人所提异议。相较于前两种救济方式,法院可审查的范围更大。与监察总长复审的情形不同,即使管理人以特殊依据提出异议而不需要提供理由,法院依旧可以审理并决定是否有必要对破产人破产程序期间进行延长。[③] 并且,相比行政上诉庭只能对监察总长的行为进行审查,法院既可审查监察总长的行为,也可以审查管理人是否滥用对破产人免责的异议制度。[④]

（四）未来立法:破产程序期间从3年改为1年

澳大利亚联邦议会于2017年曾起草了一项《澳大利亚(个人)破产法修正(创业激励)法案》[Bankruptcy Amendment (Enterprise Incentives) Bill 2017],提出将标准破产程序期间从3年缩短到1年,[⑤]但因多种原因未获通过,法案于2019年失效。[⑥] 2021年,为对应新冠疫情带来的经济危机,澳大利亚司法部(Attorney-General's Department)公布了破产法修改征求意见稿,重新将缩短个人的破产程序期间作为重要议题之一[⑦]。尽管到今天立法改革尚未实现,但体现出澳大利亚立法者希望使破产人尽快走出困境,重新回归经济常态的改革趋势。当然,为了防止破产免责被不道德的破产人滥用,完善、具体的制约措施也应同步建立。

---

① 《澳大利亚(个人)破产法》第149Q条。

② Insolvency Practice Schedule (Bankruptcy), Sch 2 of the Bankruptcy Act 1966 (Cth).

③ Michael Murray & Jason Harris, *Keay's Insolvency: Personal and Corporate Law and Practice*, 11th edition (2022 Lawbook Co., Australia), p. 324.

④ Michael Murray & Jason Harris, *Keay's Insolvency: Personal and Corporate Law and Practice*, 11th edition (2022 Lawbook Co., Australia), p. 324.

⑤ [澳]Rosalind Mason:《澳大利亚个人破产制度与未来改革方向:应对债务人的不幸与不端行为》,金春、张效锁译,载《民事程序法研究》2019年第2期。

⑥ See https://www.aph.gov.au/Parliamentary_Business/Bills_Legislation/Bills_Search_Results/Result?bId=s1097.

⑦ Attorney General's Department (Australian Government), The bankruptcy system and impacts of coronavirus (January 2021). 参见澳大利亚金融安全管理局官方网站,https://www.ag.gov.au/sites/default/files/2021-01/discussion-paper-bankruptcy-system-and-the-impact-of-coronavirus.pdf。

(五)对中国破产法的借鉴意义

相较澳大利亚、英国等对个人破产免责制度采取自动免责的模式,我国深圳《深圳经济特区个人破产条例》采用许可免责制度,[①]即在考察期届满后,由人民法院裁定许可免除其未清偿的债务,目前德国、日本等国均采用类似制度,一些学者也认为该路径是符合我国当前社会基础的选择。[②] 在许可免责制下,免责许可要件和免责不许可事由的设定具有关键意义。《深圳经济特区个人破产条例》第98条列举规定了一系列免责不许可事由。虽然澳大利亚个人破产法采用了自动免责机制,但是仍然通过合理的免责异议机制,包括规定极为详细的异议依据,给予作出不当行为的破产人相应的惩罚措施,以避免制度滥用,实现债权人利益保护。澳大利亚的个人破产免责制度为我国未来个人破产制度的构建也提供了一定的参考。

① 《深圳经济特区个人破产条例》第100—102条。
② 徐阳光:《个人破产免责的理论基础与规则构建》,载《中国法学》2021年第4期。

CASE 06

案例 6

债务重组协议与法院的司法监督（宣布协议无效）

——Tolhurst 公司诉 Thomas 案 *

付建荣（澳大利亚国立大学法学博士，澳大利亚堪培拉大学法学院高级讲师）
金　春（日本京都大学法学博士，同志社大学法学院教授）

一、裁判要旨

个人债务人在《澳大利亚（个人）破产法》第九章规定的债务重组协议中对重要细节（material particular）包括对所欠债务隐瞒，法院可以根据《澳大利亚（个人）破产法》第 185T 条（2）宣布该协议无效（void），并对债务人财产下达扣押令，以启动强制破产清算。

二、基本案情

本案申请人 Tolhurst 公司为一家证券经营机构。被申请人 Thomas 先生通过与申请人订立客户服务协议，在申请人处开设一期权交易账户。截至 2004 年 4 月 13 日，被申请

* Tolhurst Ltd. v. Thomas [2007] FMCA 1111.［审理法院：澳大利亚联邦地方法院（Federal Magistrates Court of Australia），现已更名为澳大利亚巡回和家庭法院（Federal Circuit and Family Court of Australia），主审法官：McInnis FM］

人交易账户显示其对申请人欠款总金额为 86,900 澳元。

为追讨欠款,申请人向维多利亚州一县级法院(County Court of Victoria)对被申请人提起诉讼。后经调解,双方达成还款协议。根据协议,被申请人需于 2005 年 10 月 13 日前向申请人支付 86,900 澳元的欠款本金。由于协议未被遵守,申请人根据协议中保留的权利恢复了欠款诉讼。2005 年 12 月 1 日法院作出判决,要求被申请人向申请人支付 86,900 澳元欠款本金、16,322.94 澳元利息及 860.20 澳元诉讼费用,共计 104,083.14 澳元。该判决执行未果,后申请人于 2007 年 3 月 2 日向被申请人发出破产通知。被申请人未于规定期限内按破产通知要求向申请人归还所有欠款,也未对破产通知提出异议。于是,申请人请求法院对被申请人财产下达扣押令,以启动强制破产清算程序。在此过程中,申请人通过查询澳大利亚全国个人破产索引(national personal insolvency index)发现了一份由被申请人提交的根据《澳大利亚(个人)破产法》第九章订立的债务重组协议。该协议已于 2006 年 11 月由债权人表决通过并已生效。申请人提出,自己作为被申请人的主要债权人之一,从未收到与订立该协议有关的任何通知。该协议中也未提及申请人的债权。经法院查明,除申请人外,该债务重组协议还忽略了某些有担保的债权。由于未被被申请人履行,该协议已于 2007 年 6 月由债权人提议而终止(terminate)。2007 年 5 月 24 日,申请人向法院递交申请,要求宣告该债务重组协议无效,并对被申请人财产下达扣押令,以启动强制破产清算。

在本案审理过程中,被申请人对其是否对申请人欠有债务质疑,并声称其并未试图向申请人隐瞒债务重组协议的事实。法院认为被申请人的上述抗辩意见与证据不符,故未予采纳。

三、裁判理由

在本案中,被申请人在根据《澳大利亚(个人)破产法》第九章提交的债务重组协议中隐瞒了其对申请人(及其他有担保债权人)所欠的债务。并且,该协议订立时,被申请人不符合《澳大利亚(个人)破产法》第九章中有关对适用债务重组协议的债务人无担保债务总额的限制性规定。

本案的争议焦点在于:第一,被申请人的上述情形是否构成《澳大利亚(个人)破产法》第 185T 条(2)规定的向法院申请宣布债务重组协议无效的理由。

第二,在该情形下,法院是否应通过行使自由裁量权对被申请人财产下达扣押令。

关于"宣布债务重组协议无效的命令",《澳大利亚(个人)破产法》第九章第185T条(1)规定:债务人(或如果债务人已经死亡,债务人的遗产代理人)、债权人或官方接管人可以向法院提出申请,宣布一份债务重组协议全部或部分无效。第185T条(2)规定:具备以下任一情形,第185T条(1)中提到的人可以向法院申请该命令:(a)有特定理由怀疑该债务重组协议的全部或部分未根据该法第九章规定而订立或不符合本章规定;(b)债务人随债务重组协议提交的资产负债说明因遗漏了某一重要细节或在某一重要细节上出现错误而具有缺陷;(c)债务重组协议管理人在有关该协议的履职上有违反义务的行为。第185T条(3)规定:如果一份债务重组协议所产生的全部义务已被履行完毕,任何人不得就该协议向法院申请宣布其无效。第185T条(4)规定:债权人向法院提出申请宣布一份债务重组协议全部或部分无效的,可以同时请求法院作出针对债务人财产的扣押令。第185T条(5)规定:为本法之目的,债权人根据第185T条(4)请求法院作出财产扣押令,应被视为申请对债务人进行破产清算。

同时,《澳大利亚(个人)破产法》第185U条规定,法院在决定是否作出"宣布债务重组协议无效的命令"和"扣押令"时,可以行使自由裁量权,但受到如下限制:其一,一份债务重组协议实质上(substantially)符合该法第九章规定的,法院不得以不符合该法第九章规定为由宣布其全部或部分无效[第185U条(2)];其二,以有缺陷的资产负债说明为依据宣布一份债务重组协议无效的,法院必须有充分理由相信宣布该协议全部或部分无效符合债权人利益[第185U条(3)]。

在本案中,法院认为可以根据第185T条(2)(a)、(b)中任一项理由宣布被申请人提交的债务重组协议无效。第一,该债务重组协议并未根据《澳大利亚(个人)破产法》第九章订立,或并不符合该章规定。作为个人破产清算的替代选择之一,《澳大利亚(个人)破产法》第185C条(4)对可以适用债务重组协议的债务人的财产、收入以及所欠无担保债务总额作出严格限制。如后所述,在以上任一方面超出限额的债务人,为避免破产清算,需按《澳大利亚(个人)破产法》第十章规定选择适用个人破产重组协议。法院认为,即使不将被申请人在债务重组协议中所隐瞒的、对申请人的欠款计算在内,被申请人所负无担保债务金额(债务重组协议提案中显示为 64,690 澳元)已超过当时约为 49,000 澳元的上限。据此,被申请人所提交的债务重组协议并未根据《澳大利亚(个人)破产法》第九章规定而订立,或者并不符合该章规定。第二,被申请人随债务重组协议提交的资产负债状况说明是不完整的。该说明遗漏了一个重要细节,即被申请人所欠申请人的债务及其他附担保的债务。法院认为,被申请人隐瞒向申请人所欠债务这一事实,足以使申请人有权根据前面提到的《澳大利亚(个人)破产法》第 185T 条(2)(b)之规定请求法院宣布该债务重组协议无效。对此,法院特别指出,第 185T 条(2)中规定的任一项理由均可单独构成法院作出宣布债务重组协议无效的依据,该条并不要求每一项理由都必须满足。

关于根据《澳大利亚(个人)破产法》第 185T 条(2),宣布由被申请人订立的债务重组协议无效是否与债权人的利益相符的问题,法院认为,考虑到申请人为使该协议归于无效所采取的步骤,其通过其他方式追讨债务所作出的种种努力,并考虑到被申请人滥用《澳大利亚(个人)破产法》第九章规定的具体情形(如在订立债务重组协议时隐瞒重要债务),以及其拒绝履行生效协议(包括还款协议及债务重组协议)的种种行为,作出该命令显然符合债权人的利益。

法院还认为,鉴于被申请人的上述行为和其已明显不能偿还所有到期债务的事实,对被申请人财产作出扣押令,启动强制破产清算并无不当。

四、案例评析

在澳大利亚,债务重组协议是除自愿破产外最为广泛使用的一种针对个人破产的集体管理程序。该程序由经司法部长任命,其职能由金融安全管理局协助行使的官方接管人主导,具有很强的行政色彩。但是,法院在必要时行使司法监督。比如,本案中法院根据当事人申请作出宣布债务重组协议无效的命令。法院对债务重组协议的司法监督在保障该程序的公平性和正当性方面具有重要作用。

(一)澳大利亚的个人破产清算程序的替代选择:债务重组协议

《澳大利亚(个人)破产法》为过度负债的自然人提供了两大类集体管理程序。第一类是以破产清算为目的的程序,分为由债务人发起的自愿破产和由债权人发起的非自愿或强制破产。①

第二类是作为破产清算的两个替代选择,《澳大利亚(个人)破产法》第九章规定了债务重组协议,第十章规定了个人破产重组协议。② 这两种协议皆允许陷入不能清偿债务境地的自然人通过与其债权人达成妥协安排,避免进入破产清算并承担与之有关的大部分负面后果(包括破产以及《澳大利亚(个人)破产法》对破产人施加的各种限制)。③

与清算型的自愿破产相似,债务重组协议和个人破产重组协议均由官方接管人处理或协助处理。其中,债务重组协议的订立由官方接管人处理。个人破产重组协议则通常由在金融安全管理局注册的私人管理人协助订立并向官方接管人备案。这两种程序也存在一些重要区别。作为个人破产重组协议的简易程序,债务重组协议被《澳大利亚1996(个人)破产法修正法》所创设。债务重组协议程序的创设,是为负债较低,资产、收入较少而不愿选择破产清算的债务人提供一种比个人破产重组协议更为快捷、简单、成本更为低廉的替代方案。④

(二)债务重组协议程序的适用条件

债务重组协议只适用于同时满足以下三种门槛且陷入不能清偿债务境地

① 关于澳大利亚的个人破产清算程序,详见本书澳大利亚个人破产典型案例1。在破产清算程序中,破产人均可与债权人根据《澳大利亚(个人)破产法》第四章第六节规定达成债务和解或安排。

② 关于债务重组协议与个人破产重组协议,参见[澳]Rosalind Mason:《澳大利亚个人破产制度与未来改革方向:应对债务人的不幸与不端行为》,金春、张效锁译,载《民事程序法研究》2019年第2期;Michael Murray & Jason Harris, *Keay's Insolvency: Personal and Corporate Law and Practice*, 11th edition (2022 Lawbook Co., Australia), Chapters 8 – 9.

③ 订立债务重组协议和个人破产重组协议可以使债务人避免承担与破产清算有关的大部分,但并非全部负面后果。向官方接管人提交债务重组协议提案的债务人的姓名将在全国个人破产索引及个人信用评级报告中保留5年或直至其债务免除之日(以较晚日期为准)。订立个人破产重组协议的债务人的姓名将在索引中永久保留。所以,订立这两种协议会在不同程度上对债务人的授信产生一定影响。另外,根据《澳大利亚2001年公司法》第206B条规定,订立个人破产重组协议的债务人在协议未履行完毕之前不能担任董事或以其他形式参与公司管理。

④ 参见《澳大利亚1996(个人)破产法修正法》解释性备忘录(Bankruptcy Legislation Amendment Bill 1996 (Cth) Explanatory Memorandum), http://classic.austlii.edu.au/au/legis/cth/bill_em/blab1996344/memo_0.html。关于债务重组协议程序,参见Vivien Chen, Lucinda O'Brien & Ian Ramsay, *An Evaluation of Debt Agreements in Australia*, Vol. 1, Monash University Law Review p. 44 (2018)。Mary Wyburn, *Debt Agreements for Consumers under Bankruptcy Law in Australia and Developing International Principles and Standards for Personal Insolvency*, 2014, 23(2), International Insolvency Review, p. 101 – 121.

的债务人,见表2:

表2 债务重组协议适用的条件

门槛	上限/澳元	《澳大利亚(个人)破产法》和《澳大利亚2021年(个人)破产规则》相关条文
无担保债务总额	128,528.40	《澳大利亚(个人)破产法》第185C条(4)(b)、(5)
如债务人进入破产程序,可供向债权人分配财产总额	257,056.80	《澳大利亚(个人)破产法》第185C条(4)(c)、(5)
本年度税后收入总额	96,396.30	《澳大利亚(个人)破产法》第185C条(4)(d)、(5)

为避免程序被滥用,债务人在提交债务重组协议提案前的10年中,曾被宣告破产或者订立过债务重组或个人破产重组协议的,不能适用该程序。①

由于以上三种门槛的限制,债务重组协议的受益人主要为普通工薪层消费者。《澳大利亚(个人)破产法》第十章个人破产重组协议仅被高收入、高债务的企业经营者或其他商自然人所使用。② Ian Ramsay 教授和 Cameron Sim 教授的研究还表明,信用卡债务为债务重组协议债务人的主要债务种类,其主要债权人为银行及其他金融机构。③

根据金融安全管理局年报数字,在2021—2022财政年度,澳大利亚启动的个人破产程序共有9545件。④ 其中,5986件为破产清算(其中91%为自愿破产程序),3414件为债务重组协议。相比之下,个人破产重组协议只有130件。⑤在该财政年度提交的债务重组协议提案中最常见的预估清偿率为41%到

① 《澳大利亚(个人)破产法》第185C条(4)。

② Ian Ramsay & Cameron Sim, *The Role and Use of Debt Agreements in Australian Personal Insolvency Law*, Insolvency Law Journal, Vol. 19:3, p. 168 – 201(2011).

③ Ian Ramsay & Cameron Sim, *The Role and Use of Debt Agreements in Australian Personal Insolvency Law*, Insolvency Law Journal, Vol. 19:3, p. 168 – 201(2011).

④ 受联邦政府在新冠疫情下所采取的各种救济措施的影响,个人破产案件数在过去3年中较疫情前减少了近一半。参见澳大利亚金融安全管理局官方网站,https://www.afsa.gov.au/newsroom/annual-bankruptcies-30-year-low#:~:text=In%202019%E2%80%9320%2C%20bankruptcies%20fell,in%20all%20states%20and%20territories。

⑤ 其余15件为已死亡自然人财产清算程序。参见澳大利亚金融安全管理局官方网站,https://www.afsa.gov.au/about-us/statistics/annual-administration-statistics。

50%,远远高于当年结案的个人破产程序2%的平均清偿率。[①] 这可能是绝大多数债务重组协议被债权人表决通过的主要原因。[②]

（三）债务重组协议程序的流程

如前所述,《澳大利亚(个人)破产法》第九章债务重组协议是一种由官方接管人主导,由金融安全管理局协助执行的行政程序。有意订立债务重组协议的债务人需向官方接管人提交一份符合特定格式的协议提案(debt agreement proposal)、协议说明[③]以及债务人资产负债说明。[④] 协议提案内容包括债务人可按协议处置的财产情况及财产处置方案等。提案还需授权指定人员作为协议管理人以指定方式处置上述财产。[⑤] 该指定人员可以为官方管理人、在金融安全管理局注册管理人或债务重组协议管理人(registered debt agreement administrator,资质要求比破产管理人低)。债务人向官方接管人提交的债务重组协议提案也一般由其指定的协议管理人协助起草。与个人破产重组协议不同,选择适用债务重组协议的债务人不需要将其财产交由协议管理人管理。

在收到债务重组协议提案之后,官方接管人负责将提案提交给作为协议另一方当事人的债权人投票表决。除非协议提案因法定原因被拒绝,[⑥]官方接管人必须以书面形式与已知的受到协议影响的债权人取得联系。[⑦] 债权人需在收到提案5周内以邮寄方式对提案进行投票表决。持有参与投票的债权人的债权总额过半数的债权人投赞成票的,提案表决通过,并于官方接管人将协议的详情录入全国个人破产索引后即可生效。[⑧] 与债务重组协议相比,个人破产重

---

① 澳大利亚金融安全管理局官方网站,https://www.afsa.gov.au/about-us/statistics/annual-administration-statistics/rate-return。

② 澳大利亚金融安全管理局官方网站显示,在2021—2022财政年度提交的4250份债务重组协议提案中,有约3400份被债权人批准。

③ 《澳大利亚(个人)破产法》第185C条。

④ 《澳大利亚(个人)破产法》第185C条。

⑤ 《澳大利亚(个人)破产法》第185C条。

⑥ 如提案未满足《澳大利亚(个人)破产法》第185C条有关债务人的三种门槛的规定,随协议提案提交的债务人财产债务状况说明不完整或协议的订立明显会对债权人不利等(《澳大利亚(个人)破产法》第185E条)。实践中被官方接管人拒绝受理的协议提案非常少见。

⑦ 《澳大利亚(个人)破产法》第185EA条。官方接管人在受理一份债务重组协议提案后,在规定期限内发现债务人在财产负债状况说明中有隐瞒其他债权人的行为,也可以取消该提案(《澳大利亚(个人)破产法》第185ED条)。

⑧ 《澳大利亚(个人)破产法》第185H条(2)。

组协议的订立程序更为复杂。个人破产重组协议草案需经出席债权人会议的债权人过半数(且其所持有的债权占所有参与表决的债权人债权总额的3/4以上)投票表决通过,方可生效。

债务重组协议订立期间,除附担保的债权外,所有针对债务人的救济措施均需暂停行使。[①] 有担保的债权人,担保物不足以清偿全部欠款金额的,债权人可以就担保物不能清偿部分参与投票表决。[②]

债务重组协议的执行期一般为3年。债务人名下有未还清自住房贷款,并有意继续缴纳房贷的,执行期最长可延至5年。[③] 在执行期内,债务重组协议的履行由协议管理人负责监督。管理人的职责包括向债务人收取并向债权人发放分期还款等事项。受债务人委托,协议管理人也可对债务人的财产进行变价处置。债务人拖欠还款超过3个月的,协议管理人要在10日内以书面形式向债权人通报。[④] 超过6个月的,要在10日内向官方接管人报告。[⑤] 另外,协议管理人在每个财政年度初,要就其在上个年度的履职情况向监察总长报告工作。协议管理人在履职过程中发现可能构成违反《澳大利亚(个人)破产法》规定的犯罪行为时,应当向监察总长举报。[⑥]

债务重组协议执行过程中,在官方接管人的主持下,可以经持有协议订立时投赞成票的债权人持有的债权总额过半数的债权人提议,变更(vary)[⑦]或终止(terminate)协议。[⑧] 协议终止的,债权人可以恢复针对债务人的追偿行为或发起对债务人强制破产清算程序。

债务重组协议所产生的全部义务履行完毕的,协议终结。[⑨] 协议管理人须在5日内通知官方接管人。协议终结,与破产清算程序期间结束相似,除法定

① 《澳大利亚(个人)破产法》第185F条。

② 《澳大利亚(个人)破产法》第185EC条(5)。

③ 《澳大利亚(个人)破产法》第185C条(2AB)。个人破产重组协议的执行期限取决于债务人与债权人之间的协商结果。

④ 《澳大利亚(个人)破产法》第185LB条。

⑤ 《澳大利亚(个人)破产法》第185LC条。如情况属实,官方接管人可以下令终结债务重组协议(《澳大利亚(个人)破产法》第185QA条)。

⑥ 《澳大利亚(个人)破产法》第185LA条(1)(d)和第185LA条(1)(e)。

⑦ 《澳大利亚(个人)破产法》第185MC条。

⑧ 《澳大利亚(个人)破产法》第185PC条。

⑨ 《澳大利亚(个人)破产法》第185N条。

豁免债务(如因欺诈行为导致的债务、子女抚养费、罚款、罚金及其他法院判决必须由债务人支付的费用),债务人大部分无担保债务,包括欠缴税款,均可被免除。①

(四)法院对债务重组协议的司法监督

作为一个行政程序,法院一般不参与债务重组协议的订立和执行。但是,通过对由协议产生纠纷的审理,法院对债务重组协议的订立和执行起到重要的司法监督作用。法院的监督体现在如下方面:

第一,如本案所示,根据《澳大利亚(个人)破产法》第185U条,法院可以依债务重组协议当事人(或官方接管人)的申请,宣告一个债务重组协议无效。在实践中,法院审理的绝大多数有关债务重组协议案件涉及债务人在债务重组协议中隐瞒重要事项。② 除本案涉及情形,一份债务重组协议也可由于其他原因,包括协议管理人的失职行为,而被宣告无效。③

第二,在提前终止一份债务重组协议方面,《澳大利亚(个人)破产法》第185Q条赋予法院极为宽泛的权力。根据该条规定,如债务人未履行协议某一条款并由此对债权人利益造成损害,或协议管理人在协议的制定和执行中存在某些特定违法行为,或法院认为协议的继续履行会对当事人一方显失公平或者导致不合理延误的,或出于保护债权人利益目的其他情形,法院均可依协议当事人或官方接管人的申请,命令提前终止一份债务重组协议。④

第三,法院可以依债务重组协议当事人或官方接管人的申请,就官方接管人有关权力的行使,以命令的形式作出指示(direction)。⑤

第四,法院可以依据监察总长或参与债务重组协议债权人的申请,对违反与债务重组协议有关的任何职责的协议管理人作出包括赔偿令、吊销管理人注册令等任何法院认为公平公正的命令。⑥

第五,法院可以行使对债务重组协议管理人履职行为的调查权。依监察总

---

① 《澳大利亚(个人)破产法》第185NA条。

② Christopher Symes, David Brown& Mark Wellard, *Australian Insolvency Law: Cases and Materials*, (2015, LexisNexis), p. 240.

③ 《澳大利亚(个人)破产法》第185T条。

④ 《澳大利亚(个人)破产法》第185Q条(4)。

⑤ 《澳大利亚(个人)破产法》第185W条。

⑥ 《澳大利亚(个人)破产法》第185ZCA条。

长或协议当事人的申请,法院可以对管理人的履职行为进行调查,并根据调查结果作出免职令或其他法院认为适当的命令。[①]

(五)《2018 年债务重组协议改革法》

作为一种破产清算的替代程序,澳大利亚的债务重组协议以其成本较低、步骤简单、快捷的优势深受过度负债的个人债务人青睐。但随着债务重组协议的数目飞速攀升,出现了这一程序易被从业人员滥用的现象。例如,一些债务重组协议管理人为收取管理费用,鼓励收入过低的债务人订立不切实际的协议,导致债务人偿债压力不能得到改善,反而陷入新的财务困境。为了加强对债务重组协议的监管,澳大利亚联邦议会通过了《2018 年债务重组协议改革法》[Bankruptcy Amendment (Debt Agreement Reform) Act 2018]。通过该法案,对债务重组协议管理人有了更为严格的注册和执业要求(《澳大利亚(个人)破产法》第 186D 条)。对管理人的失职行为,赋予监管机关更为广泛的调查权,并规定了更加严厉的处罚措施。该法案还明确规定,官方接管人认为遵守一份债务重组协议会给债务人造成不必要的艰难处境的,可以拒绝受理协议提案。[②]

(六)对中国破产法的借鉴意义

作为个人破产清算程序的可替代选择,《澳大利亚(个人)破产法》第九章规定的债务重组协议是一个非法院主导的行政程序。该程序为那些由于种种原因不幸陷入债务危机的自然人,特别是资产、债务较少且具有较稳定收入的工薪层消费者提供了一个简便、灵活、高效、低成本的并可以最大限度降低破产清算负面影响的个人债务整理机制。[③]

需要指出的是,正如本案,法院虽然不直接参与债务重组协议的制定和执行的全过程,但并不意味着法院对债务人及其协议管理人滥用程序、损害债权人利益的行为束手无策。通过对有关协议纠纷的审理,法院对债务重组协议程序起到重要的司法监督作用,从而使债权人利益得到保障。

包括澳大利亚在内的多国个人破产法实践证明,个人破产制度一经建立,

---

① 《澳大利亚(个人)破产法》第 185ZCB 条。

② 《澳大利亚(个人)破产法》第 185E 条(2AB)。

③ Ian Ramsay & Cameron Sim, *The Role and Use of Debt Agreements in Australian Personal Insolvency Law*, Insolvency Law Journal, Vol. 19:3, p. 168 – 201(2011).

无财产或财产少、收入低的个人债务人往往会成为该制度的主要受益者。我国人口众多而司法资源相对缺乏,在我国建立一套完全以法院为主导的个人破产制度,势必会对法院的工作量带来难以承受的压力。为提高整体效率和降低成本,在优化以法院为主导的个人破产程序的同时,应当积极探索灵活多样的庭外和法院司法监督相结合的个人债务整理的简易程序。澳大利亚的债务重组协议制度为此可以提供有益的参考。

第二章

德国个人破产典型案例

—作者简介—

葛平亮，山东人，中国政法大学法学学士、硕士，德国汉堡大学法学硕士、博士，现任教于中国政法大学民商经济法学院，主要研究领域为商法、公司法、破产法和德国商法。

何旺翔，南京财经大学法学院副教授，德国慕尼黑大学法学博士，德国柏林洪堡大学、马克斯·普兰克比较法研究所访问学者。主持完成国家社科基金项目 1 项，出版德文专著 1 部、中文专著 2 部，著有《德国联邦最高法院典型判例研究·破产法篇》，发表论文十余篇，曾获中国商法学研究会"中青年优秀论文奖"二等奖，"中国破产法论坛"优秀论文一等奖。

—作者荐语—

本章选取了德国联邦最高法院有关个人破产的六个典型裁决，意图从比较法视野出发，介绍德国个人破产法律制度，进而结合德国 2014 年《剩余债务免除程序优化法》和 2020 年《进一步缩短剩余债务免除程序法》改革，反思德国相关规定的可移植性和实践经验的可借鉴性，从而推动我国个人破产立法和司法的完善。

— 第二章目录 —

CASE 01

案例1*

一人有限责任公司执行董事股东不适用消费者破产程序**

葛平亮（中国政法大学民商经济法学院副教授）

一、裁判要旨

(1)一人有限责任公司的执行董事股东从事的是独立性经济活动。

(2)根据直索责任原则对曾是一人有限责任公司执行董事股东的债务人主张社会保险金和工资税收债权的，这些债权属于《德国破产法》第304条意义上的源自劳动关系的债权。

二、基本案情

曾担任破产的L一人有限责任公司执行董事的股东申

* 本部分选取了两则案例，均是对担任有限责任公司执行董事的多数股东不适用消费者破产程序，一则是关于担任一人有限责任公司执行董事的股东的破产，另一则是关于担任执行董事的多数股东的破产。选取这两则案例的原因是前者的裁判说理更加详尽，后者对前者有所发展，故而同时选入并译介，以期作全面展示。

** BGH, Beschluss vom 22. September 2005 – Ⅸ ZB 55/04. 本裁定由德国联邦法院第九民事审判庭作出，合议庭成员为审判庭庭长Fischer博士法官、Raebel法官、Vill法官、Cierniak法官和Lohmann法官(女)。

请启动普通破产程序、余债免除和延期支付破产费用。初级法院拒绝了启动普通破产程序和延期支付破产费用的申请，申请人对此提起即时抗告(sofortige Beschwerde)，但是无果而终。申请人遂提起法律抗告(Rechtsbeschwerde)，并继续主张其原本的请求。

抗告人，即初审申请人陈述指出，其全部债务——产生于保证责任和针对未支付的社会保险金、营业税以及工资税的直索责任，都成立于经营公司的活动。其中部分是源自劳动关系的债权。因此，不应启动消费者破产程序。德国联邦法院第九审判庭裁定撤销初级法院和州法院的裁定，并发回破产法院(初级法院)重新审理。

三、裁判理由

下级法院拒绝申请人申请的启动普通破产程序和延期支付破产费用的理由是，根据《德国破产法》第304条的规定，本案应当启动消费者破产程序而不是普通破产程序。在进行法律审查后，这一观点不被支持。

根据《德国破产法》第304条第1款，当债务人是自然人并且不或不曾从事独立性经济活动时，应当适用消费者破产程序(第1句)。债务人从事独立性经济活动的，当他的财产关系清晰并且不存在源自劳动关系的债权时，亦应当适用消费者破产程序(第2句)。

1. 与下级法院的观点不同，担任一人有限责任公司执行董事的股东从事的是独立性经济活动。

a)原则上，当以自己的名义、以自己的责任、为了自己的利益和自担风险地从事营业活动或依法实施根据传统不属于营业活动的自由职业活动时，成立从事独立性职业活动(MünchKomm-InsO/Ott, § 304 Rn. 46 f; FK-InsO/Kohte, InsO 3. Aufl. § 304 Rn. 6; Kübler/Prütting/Wenzel, InsO § 304 Rn. 10; Fuchs ZInsO 1999,185)①。非独立性职业活动包括从属性的雇员和不从事营利经济活动的自然人。与之不同的是，普通商事合伙中的普通合伙人因从事营业经营而属于商人(BGHZ 45,282,284)，并因此从事独立性职业活动，因

① 德国判决原文中的文献都在正文中，和德国判决原文保持一致，所引文献未以脚注形式体现，下同。

为普通合伙人是实际上的企业主（MünchKomm-InsO/Ott，§ 304 Rn. 50；Uhlenbruck/Vallender, InsO 12. Aufl. § 304 Rn. 12；HK-InsO/Landfermann, 3. Aufl. § 304 Rn. 5；Fuchs NZI 2002,239,240）。

b）资合公司的股东和有限责任公司的执行董事原则上不从事独立性经济活动（BGHZ 104,95,98；MünchKomm-InsO/Ott，§ 304 Rn. 49；Uhlenbruck/Vallender, aaO § 304 Rn. 8,13；FK-InsO/Kohte, aaO § 304 Rn. 18）。因此，有观点认为，他们总是适用消费者破产程序（Fuchs NZI 2002,239,240）。不同的观点认为，当股东持有公司多数股权时，上述观点不能成立（Häsemeyer, Insolvenzrecht 3. Aufl. Rz. 29.14；Uhlenbruck/Vallender, aaO § 304Rn. 13；Hess in Hess/Weis/Wienberg, InsO 2. Aufl. § 304 Rn. 28），特别是当其同时是公司的执行董事时（HK-InsO/Landfermann, aaO § 304 Rn. 5；Kübler/Prütting/Wenzel, aaO § 304 Rn. 25；LG Köln ZIP 2004,2249）。

在本案中，即一人有限责任公司的股东同时担任执行董事时，无论如何都应当遵循上述第二个观点。

a）立法者在 2001 年 11 月 30 日之前适用的《德国破产法》第 304 条中，将小营业经营者与消费者等同视之。然而，破产法的实践表明，小营业经营者与其他企业主难以区分，小规模的独立性经济活动的财产关系如同消费者的一样简单清晰的观点被证明是错误的（BT-Drucks. 14/5680 S. 13）。

因此，修订《德国破产法》第 304 条的目的是，原则上仍应排除活跃的小企业主和曾经的小企业主适用消费者破产程序。唯一的例外是那些在负债结构（Verschuldungsstruktur）上与消费者实质类似的小企业主。本案中适用的修订《德国破产法》第 304 条的目的是，仅将那些可以利用消费者破产程序优势的小企业主纳入消费者破产程序中。当不存在即便债务人从事经营性活动但是应当例外地适用消费者破产程序的事实时，法院应当直接启动普通破产程序（BT-Drucks. 14/5680 S. 14,30）。

b）回答一人有限责任公司的执行董事股东应当适用消费者破产程序抑或普通破产程序这一问题的关键是，他的负债结构是否类似于消费者的负债结构。如果经法院审查，从事的活动导致了一个与消费者的负债结构不相匹配的负债结构，那么这些活动应当构成《德国破产法》第 304 条意义上的独立性经济活动。

在此意义上，担任一人有限责任公司执行董事的股东的工作应当被视为独立性经济活动。他虽然不是直接以自己的名义、以自己的责任、为了自己的利益和自担风险地行为。但是鉴于他对公司成功和失败的参与，从经济上看，他如同以自己的名义行为。这一点在公司失败时得以彰显。一人公司的执行董事股东，如同在本案中的一样，可以在满足直索责任的特定前提下被追索。此外，一人公司的执行董事股东在公司订立信贷合同和供货合同时通常必须加入债务或者提供保证。因此，股东承担了清偿大量的债权的责任，这样的情况典型地存在于独立的企业主，而不存在于消费者。这对于工资税收和营业税或者社会保险金尚未获得支付的公共债权人而言尤其合理。对查明确定一人公司的执行董事股东对公司的哪些债务承担责任而言，起决定性的是公司的债务状况本身，其只有通过审查公司的文件特别是公司的会计账簿予以确定。

不同于抗告法院的观点，有限责任公司的执行董事股东不能因其对有限责任公司的全部债务不直接承担个人责任而得出其应被视为消费者。这个问题只是涉及股东负债的原因和规模，而不是负债的结构。只要该股东必须承担公司的债务，那么他的负债结构就不能类比于消费者的负债结构。

2. 起决定性作用的是，在个案中财产关系是否简单清晰以及是否不存在源自劳动关系的债权。

a）当债务人的债权人数量多于 19 人时，不适用消费者破产程序（《德国破产法》第 304 条第 2 款）。然而，不同于债务人在即时抗告程序中的主张，本案中并不存在这样的情形。申请人虽然在债权人和债权名册中列明了 20 项。但是，起决定性的不是债权的数量，而是债权人的数量（HKInsO/Landfermann，aaO § 304 Rn. 7）。本案中，申请人只列出了 19 名债权人。

b）然而，这些债权中存在源自劳动关系的债权，它们排斥适用消费者破产程序。抗告人陈述，他主要被保险机构要求对未支付的社会保险金和被财税局要求对未支付的工资税收承担直索责任。在此，通过必要的扩张解释，这些债权属于《德国破产法》第 304 条第 1 款第 2 句意义上的源自劳动关系的债权。

对“源自劳动关系的债权”（Forderung aus Arbeitsverhältnissen）的概念有不同的理解。一种观点认为，因劳动关系产生的社会保险机构的债权和财税局的债权，不属于该条规范意义上的源自劳动关系的债权（HK-InsO/Landfermann，aaO § 304 Rn. 10；FK-InsO/Kohte，aaO § 304 Rn. 43；LG Düsseldorf ZInsO

2002,637；LG Köln,NZI 2002,505；LG Dresden ZVI 2004,19）。另一种观点认为,应当对这一概念作扩张解释,因此其不仅包括劳动者享有的民法上的债权,而且涵盖支付社会保险金和税收的债权（MünchKomm-InsO/Ott, § 304 Rn. 66；Hess/Weis/Wienberg, InsO-Änderungsgesetz 2001, § 304 Rn. 7；Kübler/Prütting/Wenzel,aaO § 304 Rn. 16；Uhlenbruck/Vallender,aaO § 304 Rn. 23；BMF-Schreiben vom 11. Januar 2002,ZVI 2002,138；Graf-Schlicker WM 2000,1984,1986；Pape ZVI 2002,225,229；Fuchs NZI 2002,239,241；Schmerbach ZVI 2002,38,40；AG Dresden ZVI 2005,50；LG Halle DZWiR 2003,86）。

在此支持第二个观点,其更符合清晰无异议的立法者意图和该条规范的目的。

根据修订《德国破产法》第 304 条的立法草案,适用消费者破产程序的前提是,存在的劳动关系已经完全被清算并且不存在从中产生的债权（BT-Drucks. 14/5680 第 30 页左侧栏）。在此,对“源自劳动关系的债权”这一术语应当作扩大解释,因此不仅包括劳动者自身的债权,也包括社会保险机构和财税局的源自劳动关系的债权（BT-Drucks. 14/5680 第 14 页左侧栏。）例如,也包括根据《德国第三社会法典》（SGB Ⅲ）第 187 条转移至联邦劳动局的请求权（BT-Drucks. 14/5680 第 30 页左侧栏）。联邦参议院赞同这一观点,但是要求为了避免解释问题而应对法律条文进行明文补充（Nr. 6 der Stellungnahme des Bundesrates,BT-Drucks. 14/5680S. 38）。这一提议获得联邦政府的赞同（BT-Drucks. 14/5680 S. 41 zu Nr. 6）。然而联邦参议院修改的表述最终未成为法律,其原因是联邦议院的法律委员会在其议会决议建议中认为不需要进行相应的澄清,因为联邦政府草案理由书中已有明确说明（BT-Drucks. 14/6468 S. 18 Nr. 7）。

因此,所有参与立法程序的立法机关都希望对“源自劳动关系的债权”作扩大解释。这一背景使得对这一法律概念在广义上进行解释并且也涵盖源自劳动关系的公法上的债权具有了正当性。

无关紧要的是,所涉的请求权是否是财税局或法定保险机构针对雇主的原生请求权,抑或是针对一人公司执行董事股东的直索请求权。将这些案件排除适用消费者破产程序的决定性原因是,这些案件实质上不同于典型的消费者案件（BT-Drucks. 14/5680 S. 14）。涉及直索责任的案件也不外乎如此。

CASE 02

案例 2

担任有限责任公司执行董事的多数股东不适用消费者破产程序*

葛平亮（中国政法大学民商经济法学院副教授）

一、裁判要旨

当有限责任公司是一个有限责任两合公司的无限股东时，担任该有限责任公司执行董事的多数股东从事的也是消费者破产程序规范意义上的独立性经济活动。

二、基本案情①

2007 年 8 月 2 日，债务人针对其财产申请启动消费者破产程序，并附上《德国破产法》第 305 条第 5 款规定的表格。2007 年 10 月 17 日，破产法院决定针对债务人财产启动普通

* BGH, Beschluss vom 12. Februar 2009 – Ⅸ ZB 215/08. 本裁定由德国联邦法院第九民事审判庭作出，合议庭成员为审判庭庭长 Ganter 博士法官、Raebel 法官、Kayser 教授博士法官、Lohmann 法官（女）和 Pape 博士法官。

① 在本案中，债务人还在法律抗告中提出了辅助性的启动普通破产程序的申请，即如果被裁定不能启动消费者破产程序，就申请启动普通破产程序。德国第九民事审判庭对债务人的这一申请也作出了裁判，并认为其受到 2008 年 1 月 28 日的第一次抗告裁定的拘束，因此拒绝审查债务人在法律抗告中提出的这一法律问题，并整体上驳回了债务人的法律抗告。由于这属于纯粹的诉讼程序问题，与消费者破产适用主体范围无关，故而在翻译本判决时省略了这一案件事实和法院对此拒绝审查的裁判理由。

破产程序。债务人对此提出即时抗告,并要求启动消费者破产程序。抗告法院撤销了启动普通破产程序的裁定并发回破产法院重新审理。第一次抗告裁定的理由是,破产法院受到申请启动消费者破产程序的拘束,其要么启动消费者破产程序,要么驳回启动申请;在特定情形下,应当给予债务人改变其申请的机会。在发回重审后,破产法院于2008 年5 月8 日作出不予受理债务人申请破产的裁定。希望启动消费者破产程序的债务人提起的即时抗告无果而终。在法律抗告中,债务人继续要求启动消费者破产程序。2009 年2 月12 日,联邦法院第九审判庭裁定驳回债务人的法律抗告。

三、裁判理由

案件所涉法律问题不具有原则性意义,也不存在为法律续造或保障司法统一需要法律抗告法院作出裁判的事实(《德国民事诉讼法》第574 条第2 款)。在法律抗告理由中提出的法律问题在初审中已经获得解答,而且制定法即可回答这一问题,本无须最高法院的澄清。

1. 抗告法院认为债务人从事独立性经济活动(《德国破产法》第304 条第1 款第1 句),这是因为债务人在申请破产时是M 有限责任公司持股96% 的股东并担任该公司执行董事。债务人的法律抗告反对这一观点,并指出债务人曾经持有的全部股权在2008 年5 月8 日破产法院作出裁定前已经被变价。根据债务人的这一观点,应当以裁定作出的时间为准。然而,这一观点是否正确,无关紧要。《德国破产法》第304 条第1 款第1 句明确规定,自然人不或"不曾"从事独立性经济活动。立法者有意地使用这一表述,旨在清晰地表明不以当下从事的活动为准(BT-Drucks. 14/5680,S. 30)。

2. 债务人的法律抗告反对抗告法院的观点并进一步指出,联邦法院的判决——一人有限责任公司的执行董事股东从事的是一个独立的职业性活动(BGH,Beschl. v. 22. September 2005 – Ⅸ ZB 55/04,NZI 2005,676 f),不能适用于仅持股96% 的债务人,而且该有限责任公司只是作为一个有限责任两合公司的无限股东,债务人本身未持有该两合公司的份额,并且债务人持有的有限责任公司的股权已经被质押。审判庭认为,单一股东和持股96% 的股东之间并不存在实质上的差异(同样观点见 AG Duisburg ZVI 2008,114,115; FK-InsO/Kohte,5. Aufl. § 304 Rn 18 ff; Graf-Schlicker/Sabel, InsO § 304 Rn. 9;

Uhlenbruck/Vallender, InsO12. Aufl. § 304 Rn. 13; Braun/Buck, InsO 3. Aufl. § 304 Rn. 17; HmbKomm-InsO/Streck, 2. Aufl. § 304 Rn. 5; HK-InsO/Landfermann, 5. Aufl. § 304 Rn. 6; Wenzel in Kübler/Prütting/Bork, InsO § 304 Rn. 25; Häsemeyer, Insolvenzrecht 3. Aufl. Rn. 29. 14)。法律抗告中援引的2005年9月22日联邦法院判决受到个别学者的批评(参见 Heinze DZWiR 2006,83 f)。法律抗告主张只适用于单一的股东而不适用于多数股东的观点,从所援引的文献来看,已经不再被支持。有限责任公司的经营范围同样不重要。是否应当启动消费者破产程序抑或普通破产程序,必须有赖于一个清晰且简单的标准进行判断。根据《德国破产法》第304条第1款第2句可能会有一些修正。如果担任执行董事的多数股东的负债结构不同于独立经营者的负债结构,特别是不再有超过20名债权人和不存在源自劳动关系的债权的,则适用消费者破产程序(《德国破产法》第304条第1款第2句和第2款)。

3. 抗告法院认为,债务人的财产关系具有《德国破产法》第304条第1款第2句意义上的不清晰性。尽管债权人的数量低于20人,但是需要审查撤销请求并在必要时需要撤销。破产法院补充指出债务人持有多数股权、股权被质押以及工资和保险请求权被让与,抗告法院亦对此认可。与此相反,申请人在法律抗告中认为下列法律问题具有原则性,即可能存在争议债权和/或可能存在撤销的案件事实是否阻碍债务人财产关系的清晰性,或者财产结构和成功达成债务清偿方案的前景之间是否必须存在关联。同样地,对于这一问题也可以直接从制定法中获得答案。《德国破产法》第304条不要求在每个案件中详细地审查,是否有成功达成债务清偿方案的前景。该条规范更多地涉及一些类型化的标准(债权人的数量、是否存在源自劳动关系的债权),它们使得消费者破产程序被排除或适用。借此,立法者希望建立法律的安定性,以及降低破产法院的工作量(BT-Drucks. 14/5680, S. 30)。此外,在本案中不仅应只审查债务,还应审查债务人的全部财产关系。根据政府草案的立法理由,即便曾经从事经营活动的债务人的债权人数量低于20人,但是"当多个争议债权金额较高或者可能存在复杂的撤销案件事实时",应当启动普通破产程序。本案即属此种情形。在未有其他规定的情形下,应当适用关于普通破产程序的规则(BGH, Beschl. v. 29. September 2008 – IX ZB 233/07, ZInsO 2008, 1324, 1325 Rn. 6)。

四、案例评析

德国自然人破产程序分为一般自然人破产程序和消费者破产程序，前者与企业破产程序相同亦被称为普通破产程序，后者属于特别破产程序（besonderes Insolvenzverfahren）[①]。德国消费者破产程序于20世纪末德国制定《破产法》（Insolvenzordnung）时被引入。德国立法者起初重点关注自然人破产后的余债免除制度设计，政府草案仅计划引入自我管理制度应对消费者破产，除此之外的程序建构几乎和企业破产程序一致。[②] 这一设计因加重司法负担和不适于消费者而备受批评，有观点建议专门为消费者破产制定简易且节省费用的预审程序（Vorverfahren），也有观点认为应当将整个余债免除从破产法中剔除并补充作为《德国民事诉讼法》的一部分。[③] 最终，直到法案表决通过前夕，德国联邦议会的法律委员会才提议引入三阶层的特别消费者破产程序，[④]该提议最终被采纳且规定在《德国破产法》第十章消费者破产程序第304条以下。

根据《德国破产法》第304条以下的规定，德国消费者破产程序分为庭外债务和解、庭内债务和解和简易破产程序三个阶段。[⑤] 只有第三个阶段才是真正意义上的破产程序，在破产程序前强制置入前两个程序的主要目的是减轻破产法院的司法负担和债务人的费用负担（破产程序费用）。需要注意的是，德国消费者破产程序的经过并不当然导致消费者的债务免除。与美国个人破产清算程序终结后直接免责不同，德国破产法实行许可免责，并在自然人破产程序之外，规定了一个独立的余债免除程序。根据《德国破产法》第287条第1款的规定，无论适用普通破产程序还是适用消费者破产程序的自然人债务人，为获得余债免除，都应当在提起破产申请时提交余债免除申请，或者在提起破产申请后根据法院的提示在两周内提交余债免除申请。在破产程序启动后，经过3年

---

① Sternal, in Uhlenbruck Insolvenzordnung, 15. Aufl. 2019, Vorbemerkung zu § § 304 – 314, Rn. 1.

② 具体见政府草案第347—357条，RegE, BT-Drs. 12/2443, S. 63 – 65.

③ 关于这些批评和争议详见 Vuia, in MüchKomm Inso, 4. Aufl. 2020, § 304, Rn. 9 ff。

④ 详见 Beschussempfehlung und Bericht des Rechtsauschusses（6. Ausschuss）, BT-Drs. 12/7302, S. 189 ff。

⑤ 另根据《德国破产法》第306条第1款第3句的规定，若法院依其自由裁量认为不能达成债务和解时，可以立即启动破产程序。

的考察期,法院可以裁定许可余债免除。① 由是观之,德国自然人破产程序分为普通破产程序和消费者破产程序,自然人破产程序与余债免除程序相互关联又互相独立且并行不悖。

顾名思义,德国消费者破产程序适用于"消费者"。然而,该"消费者"并不同于传统的消费者保护领域中的消费者。根据《德国破产法》第 304 条的规定,德国消费者破产程序原则上只适用于在提出破产申请时不从事并且亦不曾经从事独立性经济活动的自然人,②例外的扩张适用于虽然曾经从事独立性经济活动但是财产关系清晰并且不存在源自劳动关系的债权的自然人,财产关系清晰是指债务人在申请启动破产程序时的债权人数量低于 20 人。《德国破产法》第 304 条规定的独立性经济活动区别于依附性经济活动,是指行为人以自己的名义、以自己的责任、为了自己的利益和自担风险地从事经济活动。③ 对于经济活动应当作广义理解,其不局限于经营性行为,也涵盖如自由职业者实施的自由职业行为。④ 因此,如医生、律师、税务师、审计师、企业咨询师、建筑设计师等不能适用消费者破产程序,除非他们已经不再从事他们的职业,并且根据《德国破产法》第 304 条第 2 款,他们的财产关系清晰以及不存在源自劳动关系的债权。对于同属于自由职业者的作家和艺术家是否可以适用消费者破产程序,学界存有争议。⑤ 从事独立性农业生产活动的农场主,同样也不能适用消费者破产程序。⑥ 另外,如果债务人的主业是依附性工作,但副业从事的是独立性经济活动,那么只要其副业达到一定的规模并且在组织化上稳定时,也不能适用消费者破产程序。⑦

德国联邦法院在上述两个案件中扩大了对独立性经济活动的解释。原则上,资合公司股东与公司严格区分,公司的行为不能被归属于股东,因此资合公

---

① 见《德国破产法》第 287 条第 2 款结合第 300 条第 1 款。另根据第 300 条第 2 款的规定,当在破产程序中没有债权登记或者破产债权已被清偿,并且债务人已经支付破产程序费用和其他的破产财团债务时,法院可以根据债务人的申请提前裁定许可债务人余债免除。

② RegE, BT-Drs. 14/5680, S. 30.

③ Siehe Andres, in Andres/Leithaus, Insolvenzordnung, 4. Aufl. 2018, § 304 Rn. 6; Vuia, in MüchKomm Inso, 4. Aufl. 2020, § 304, Rn. 63; BGH NZI 2005, 676.

④ Stephan, in Karsten Schmidt, Insolvenzordnung, 20. Aufl. 2023, § 304 Rn. 4.

⑤ 支持者见 Sternal, in Uhlenbruck Insolvenzordnung, 15. Aufl. 2019, § 304, Rn. 12; 反对者见 Vuia, in MüchKomm Inso, Rn. 64。

⑥ Vuia, in MüchKomm Inso, 4. Aufl. 2020, § 304, Rn. 64.

⑦ BGH NZI 2011, 410.

司股东仅就其股东身份而言,应当适用消费者破产程序。与此相反,普通合伙企业或有限合伙企业的普通合伙人因在德国被视为商人而应当适用普通破产程序。至于资合公司的董事,他们不以自己的名义、以自己的责任、为了自己的利益和自担风险地从事经济活动,因此原则上也应当适用消费者破产程序。即便是担任资合公司执行董事的多数股东在代表公司对外行为时,虽然可以从经济效果上认为间接为了自己的利益并且因持有份额而间接承担公司经营失败的风险,但是从体系和教义上而言,他们首先是为了公司的利益行为,而且形式上也不是以自己的名义和自己的责任从事经济活动,因此严格意义上不成立《德国破产法》第304条意义上的从事独立性经济活动。德国联邦法院在上述两个案件中承认德国学界的通说,认为担任公司执行董事的多数股东不能适用消费者破产程序。联邦法院在上述第一个案件中给出的基础性理由是:"回答一人有限责任公司的执行董事股东应当适用消费者破产程序抑或普通破产程序这一问题的关键是,他的负债结构是否类似于消费者的负债结构。如果经法院审查,从事的活动导致了一个与消费者的负债结构不相匹配的负债结构,那么这些活动应当构成《破产法》第304条意义上的独立性经济活动。"该案中,股东负债结构不同于消费者负债结构的根本原因是,股东因直索责任而"必须承担公司的债务",并进而导致公司经济活动被归于股东。[①] 换言之,股东此时可以被视为从事独立性经济活动的自然人。除直索责任外,股东还因债务加入或提供保证而对公司债务承担责任。如果公司股东或公司董事仅负有个人债务,那么原则上应当适用消费者破产程序。当公司股东承担公司债务而被视为《德国破产法》第304条意义上的曾经从事独立性经济活动的自然人时,根据该条第1款第2句的规定,若其财产关系清晰且不存在源自劳动关系的债权时,可以适用消费者破产程序。根据该条第2款之规定,财产关系清晰是指在申请启动破产程序时债务人的债权人数量低于20人。在上述第二个案件中,公司股东的债权人数量低于20人,但是依然不能适用消费者破产程序的根本裁判理由是:"在本案中不仅应只审查债务,而且还应审查债务人的全部财产关系。根据政府草案的立法理由,即便曾经从事经营活动的债务人的债权人数量低于20人,但是'当多个争议债权金额较高或者可能存在复杂的撤销案件事实时',应当启动普通破产程序。"由此可见,《德国破产法》第304条第2款规定的债权人数额只是一个原则性示例标准。

① Vuia, in MüchKomm Inso, 4. Aufl. 2020, § 304, Rn. 66.

尽管如此,20 名债权人这一标准是一个非常清晰的标准,即只要债务人有 20 名以上的债权人,则必须适用普通破产程序,而不论债务人的财产关系是否清晰,①也不考虑债务人与债权人是否有达成庭内和解的可能性。② 这一设计的目的主要在于减轻法院在判断是否应当适用消费者破产程序时的司法负担。

德国立法者建构消费者破产程序的根本目的是减轻法院的司法负担,但其方式并非仅仅通过简化破产程序,也强制消费者与债权人进行和解尝试,以期免于破产程序的启动,并进而根本性地减轻法院的司法负担。在德国学者看来,这一目的已经实现,主要因为债权人继续放弃债权。③ 虽然德国消费者破产程序仅适用于《德国破产法》第 304 条意义上的“消费者”,但是其他自然人破产时并非必然适用复杂的普通破产程序。根据《德国破产法》第 5 条第 2 款之规定,当债务人财产关系清晰且债权人的人数少或债务的数额低时,可以适用简易的书面审理程序。由此可见,在德国经营小吃摊的摊主虽然不能适用消费者破产程序,④但是当其财产关系满足《德国破产法》第 5 条第 2 款规定之条件时,可以适用简易破产程序。换言之,法律不强制财产关系清晰的小吃摊摊主在启动破产程序时应先进行庭外和庭内和解。这意味着,德国消费者破产程序作为特殊的破产程序,其特殊之处主要在于强制消费者首先进行庭外和庭内和解,唯二者均无果后,才应启动破产程序。

在我国的自然人破产程序建构中,应当借鉴德国破产法上节省司法资源的做法,特别是引入简易破产程序⑤和庭前债务清理制度⑥。然而,庭前债务清理

---

① BGH NJW 2006,917,918 f.

② BGH NZI 2009,384 Rn. 6.

③ [德]乌尔里希·福尔斯特:《德国破产法》(第 7 版),张宇晖译,中国法制出版社 2020 年版,第 329 - 330 页。

④ Römermann, in Nerlich/Römermann Insolvenzordnung, § 304, Rn. 7.

⑤ 相同的建议见赵万一、高达:《论我国个人破产制度的构建》,载《法商研究》2014 年第 3 期;殷慧芬:《个人破产立法的现实基础和基本理念》,载《法律适用》2019 年第 11 期;殷慧芬:《消费信用与消费者破产制度的建立》,载《河北法学》2009 年第 11 期;葛平亮:《论自然人破产简易程序的体系性引入》,载《经贸法律评论》2020 年第 5 期。关于我国一般性地引入破产简易程序的建议见刘颖:《论我国破产法上简易程序的构建》,载《法学评论》2022 年第 3 期。2021 年 3 月 1 日施行的《深圳经济特区个人破产条例》第十章亦规定了个人破产简易程序。

⑥ 相同的建议见武诗敏:《个人债务清理非正式程序研究》,载《月旦财经法杂志》2020 年第 5 期;卜璐:《诉讼外消费者债务清理制度研究》,载《法律科学(西北政法大学学报)》2014 年第 1 期;王欣新:《个人债务庭外清理机制在中国的意义与实施前提》,载微信公众号“中国破产法论坛”,2018 年 12 月 4 日。

制度是否应当如德国破产法所规定的一样，被强制地适用于部分自然人群体。在此笔者持赞同意见。这是因为，破产程序不仅能够厘清债权债务关系，而且更重要的是能够公平地清偿债权，以及通过破产上的制度和手段发现及追回债务人的财产以使全体债权人最大化地受偿。如果强制所有的自然人庭前和解，一方面，对于复杂债权债务关系的自然人而言和解成本较高；另一方面，由于债务人财产关系的复杂容易导致和解中债务人的道德风险，如其隐匿财产或作出破产撤销行为，特别是破产撤销行为不基于破产程序的启动无法被撤销和追回债务人财产。德国立法者最初将消费者和小营业经营者纳入消费者破产程序，强制他们在启动破产程序前进行庭前和庭内和解。然而，德国的经验表明，小营业经营者与其他企业主难以区分，以及小规模的独立性经济活动的财产关系如同消费者的一样简单清晰的观点被证明是错误的。但是，德国消费者破产程序的适用范围也导致债权债务关系比消费者还清晰的小营业经营者不能适用消费者破产程序，这一结果并非十分合理。正如美国立法者所言："理发师、杂货商或自由职业的除虫师与正式雇员之间的差别其实微乎其微。"[①]消费者一般被认为其债权债务关系简单是因为其债务主要是消费性债务，而非经营性债务。有学者建议，应当通过区分消费债务和经营债务并辅以原则——例外模式的方法确定简易程序的适用，即当自然人债务人的债务不存在经营性债务或与经营性相关的债务时，应当适用简易程序，除非其财产关系和债务关系比较复杂，即在受理阶段不能对债务人的财产、收入和债务有一个可靠的概览，导致破产案件不适合适用简易破产程序。[②] 这一建议也可以用于确定强制性庭前和解适用范围的参考，借此提供清晰的适用范围标准，并进一步节省司法资源和提升司法效率。

---

① [美]查尔斯·J. 泰步：《美国破产法新论》（下册），韩长印、何欢、王之洲译，中国政法大学出版社 2017 年版，第 1327 页。

② 葛平亮：《论自然人破产简易程序的体系性引入》，载《经贸法律评论》2020 年第 5 期。

CASE 03

案例 3

债务清偿计划多数决及强制批准案*

何旺翔（南京财经大学法学院副教授）

一、裁判要旨

a)即便法院在强制批准债务清偿计划审查中通过征询债权人意见可知悉:被认定的债权人中一半以上同意债务清偿计划,并且表示同意的债权人所持债权额超过认定债权总额的一半,法院仍不可依此判定债务清偿计划已获得必要多数同意。

b)异议债权人在审查程序中可主张其享有的债权高于债务清偿计划认定的债权。只有当这一主张不涉及影响该债权人适当参与庭内债务和解程序,且该债权人不会因债权被错误地认定而在经济上被置于相较启动破产程序及剩余债务免除程序更加恶劣处境时,法院才可不虑及异议债权人的上述主张。

c)如若债务清偿计划已认定债权人享有别除权,且并未调整别除权,则别除权人只有就其通过别除权未受偿部分的债权享有表决权。

---

* BGH Ⅸ ZB 142/07,Beschluss vom 17. 01. 2008,NZI 2008,316. 本裁定由德国联邦最高法院第九民事审判庭审判长 Fischer 法官(博士)、Ganter 法官(博士)、Raebel 法官、Kayser 法官(博士)及 Gehrlein 法官(教授、博士)作出。

d)如果无法确信普通债权人将获得足额受偿,劣后债权人只能依提示价值(Erinnerungswert)参与程序。

二、基本案情

债务人在提交个人破产及剩余债务免除申请后,于2006年3月3日向法院提交了债务清偿计划(Schuldenbereinigungsplan)。2006年9月22日,法院裁决认定18个债权人中有12个债权人表决通过债务清偿计划。同意债务清偿计划债权人所持债权额为1,957,564.13欧元,反对债务清偿计划债权人所持债权额为549,413.77欧元。由此,债务人向法院申请强制批准债务清偿计划。本案当事人债权人1及债权人2对此债务清偿计划投了反对票,并提出异议。

据查明,债权人1向债务人提供了631,611.15欧元的自有资本替代贷款(Eigenkapitalersatzdarlehen)。根据该贷款合同,若借方进入破产程序,则贷方的债权将依据《德国破产法》第39条第2款被列为劣后债权。由此,本案债务清偿计划只以1欧元提示价值额列明上述贷款债权。此外,债权人2向债务人提供了1,295,620.62欧元贷款并获得相应担保。本案债务清偿计划对担保债权的规定为:“只要债权人享有担保权,则其担保权不受债务清偿计划影响。”债务人认为,债权人2通过行使担保物权可获得80万欧元清偿,因此其只有495,620.62欧元债权为普通债权。由此,本案债务清偿计划已获得债权人人数及债权额双过半通过。

2006年11月20日,法院基于债务人申请,启动“强制批准(同意拟制)”程序,但最终裁决不可拟制债权人1及债权人2的同意。法院的理由如下:由于债权人1、债权人2在本案中相较于其他债权人被歧视,因此依据《德国破产法》第309条第1款、第3款的规定无法拟制其对债务清偿计划的同意。2007年3月23日,上诉法院亦驳回债务人的上诉,但其理由是:对债权人1、债权人2的债权额应全额认定为享有表决权的债权,因此债务人提交的债务清偿计划并未获得法定多数表决通过,从而债务人无权申请法院强制批准债务清偿计划。就此,债务人提出上诉。

三、裁判理由

法院认为,债务清偿计划在本案中已获得法定多数表决通过,因此债务人有权提出强制批准申请。上诉法院错误地认定了本案债权人1、债权人2拥有表决权的债权数额。

a)《德国破产法》第309条第1款中之“多数”原则上应依据债务清偿计划中所列明债权人进行认定。审判庭曾指出:从《德国破产法》第308条第3款的规定无法推导出“债权额多数仅依债务人在债务清偿计划中列明数额加以认定”之结论;更准确而言,应依据《德国破产法》第309条第3款之规定,审查债权人对债权人人数及债权额之异议,从而判定是否满足《德国破产法》第309条第1款第1句所规定之“双过半”。只要存在可供分配之破产财团,且债权可得到一定比例清偿,则债权额被错误地认定的债权人就相较于其他债权人遭受了不适当歧视。然而,若债务人提出了一个“零受偿”债务清偿计划或者在错误认定债权的情况下给予适当补偿,则对债权的错误认定并未影响债权人适当参与破产财团分配(Ⅸ ZB 427/02,NZI 2005,46 f.)。

b)依据《德国破产法》第309条第3款的规定,若根据相关情况可确信对是否存在某一债权或债权额存在严重疑问,且某一债权人相较于其他债权人是否适当参与程序这一问题取决于上述之争议,则债权人之反对票不可被拟制为赞成票。如此也可反推得出以下之结论:若对债权之争议对判定债权人是否适当参与程序无关紧要,则债权之争议亦无法阻却拟制债权人的赞成票。由此,在债权额被错误地认定的情况下,若这一错误认定并不影响该债权人适当参与程序,则在查明是否达到《德国破产法》第309条第1款第1句规定之多数时亦无必要虑及债权额错误认定这一问题。若不按上述原则判定,则即使债权人无法通过提出异议改变其在程序中法律或经济地位,其也可通过提出异议改变对“多数”的认定,并使法院无法启动强制批准程序,进而阻止债务清偿计划获得通过。有学者认为,有鉴于强制批准程序的存在,倾向于阻止债务清偿计划通过的债权人会出于成本考量而放弃投反对票(Schmidt-Räntsch in Gottwald, Insolvenzrechts-Handbuch,3. Aufl. § 83 Rn. 29)。此观点显然在前述情形下被推翻,因为根本无法启动强制批准程序。

c)学界亦有观点认为,在判定是否达到债权额多数时,应将担保债权额全额计算在内(FK-InsO/Grote,4. Aufl. § 309 Rn. 9; Kübler/Prütting/Wenzel, InsO § 309 Rn. 1; HK-InsO/Landfermann, aaO § 309 Rn. 5; HmbKomm-InsO/Streck,2. Aufl. § 309 Rn. 2; Braun/Buck, InsO 3. Aufl. § 309 Rn. 6;

Fuchs in Kölner Schrift, 2. Aufl. S. 1710 Rn. 92; a. A. wohl Hess, Insolvenzrecht § 309 InsO Rn. 46)。上诉法院采纳了这一观点,并在计算债权额多数时将债权人 2 的 1,295,620.62 欧元债权全额计算在内,而未扣除根据债务人评估获得 80 万欧元担保的部分。审判庭并不认同上述观点。在债务清偿计划未调整异议债权人担保物权,且担保物具有相应价值的情况下,债权人将可就担保物获得优先受偿。就此而言,若在认定表决权享有时仍将债权人获得担保的债权全额认定,则债务清偿计划本欲达成的适当平衡各方利益的目标将无法达成。申言之,一方面,担保债权人将通过行使表决权对债务清偿计划是否获得通过施加影响,而这并不与其理应为法律所保护的利益相一致。对其而言,由于债务清偿计划承认了其担保物权,且未调整担保物权,因此债务清偿计划是否获得通过对其并无影响。另一方面,由于债务清偿计划是否获得通过事关普通债权人的经济利益,因此赋予担保债权人全额认定的表决权将会损害普通债权人的利益。进一步而言,正是债务清偿计划通过与否并不会对担保债权人利益造成影响,其更会通过其表决权行使来获得债务人或利益相关债权人提供的额外利益。

d)就债权人 1 表决权享有问题,上诉法院认为,尽管其债权为《德国破产法》第 39 条第 2 款意义上的劣后债权,但并不影响其拥有债权人之身份,从而认定了 631,611.15 欧元享有表决权。这一观点并未得到任何学界观点及判例的支撑。更准确而言,只要存在符合条件的债权受偿居次协议(eine qualifizierte Rangrücktrittserklärung),在判定资不抵债时就无须考虑劣后债权(BGHZ 146, 264,269,271,学界赞同观点请参见 Achsnick/ Thonfeld EWiR 2007,333 f.)。从此观点出发,劣后债权就不必在债务清偿计划中被全额认定,而只须列明提示价值。在破产程序中,只有当普通债权获得全额受偿,劣后债权才可获得清偿。于实务中,普通债权人极少获得全额受偿。因此,劣后债权在破产程序中通常不具有任何价值。债权人 1 曾主张,债务人尚未进入正式的破产程序,且庭内债务清偿计划正是为了防止其进入破产程序。就此观点,审判庭认为,债权人 1 对债务清偿计划投了反对票,其实际上正是想将债务人引入破产程序,其债权在破产程序中亦将不具有任何价值。正是由于在债务清偿计划中对其债权只列出了 1 欧元的提示价值,且这一做法并不会对其受偿造成不利影响,因此亦无必要就此修正债务人所列出的享有表决权的债权额。

综上所述，在本案中，债权人1所持之劣后债权无须在判定是否达到多数时计算在内。在此情形下，即便债权人2的债权被全额认定享有表决权，债务清偿计划也已得到多数债权人同意。进一步而言，本案中亦不存在依据《德国破产法》第309条第1款第2句排除强制批准的情形，尤其是债权人2并未依照《德国破产法》第309条第3款提供足够证据证明其已相较于其他债权人被不当歧视。债权人2从未提供充分证据证明担保物价值被高估或低估。在无法准确预测担保物变现价款的情况下，亦无法查明债权人2是否相较于其他债权人被不当歧视(《德国破产法》第309条第1款第2句)。此外，本案中亦不存在《德国破产法》第309条第1款第2句规定的“处境恶劣”之情况。由此，审判庭撤销原裁定。

四、案例评析

谈及自然人破产程序，人们首先想到的是自然人破产的免责效果。然而，在德国，自然人破产程序与剩余债务免除程序既相互关联，也相互独立。《德国破产法》在第九章中规定了剩余债务免除程序，而在第十章中规定了自然人破产程序。与此同时，《德国破产法》第287条第1款第1句规定：“剩余债务免除以债务人提交剩余债务免除申请为前提，且该申请应与破产申请同时提交。”①《德国破产法》第304条第1款规定：“如若自然人不从事或不曾从事独立经济活动，则适用本法关于破产程序的一般规定，除非本章另有规定。债务人如曾从事独立经济活动，则其财产关系必须明了清楚，且不得存在针对其的劳动关系债权，本章程序方可适用。”就上述规定看来，《德国破产法》第十章规定的自然人破产程序不适用于从事独立经济活动且债权债务关系复杂的自然人，而这些自然人可申请启动一般破产程序。

《德国破产法》第201条第1款规定：“破产债权人在破产程序终结后可向债务人主张其债权未获清偿部分。”但该条第3款同时规定：“本法有关剩余债务免除的规定不受上述规定影响。”换言之，破产程序的启动并不必然使债务人可获得剩余债务免除，而必须以债务人提交剩余债务免除申请为前提。《德国

① 此外，《德国破产法》第287条第1款第2句规定：“如若债务人未在提交破产申请同时提交剩余债务免除申请，则其须在法院依据本法第20条第2款释明后两星期内提交剩余免除申请。”

破产法》第305条第1款第2项亦明确，债务人必须在递交破产申请的同时或毫不迟延地提交剩余债务免除申请或放弃剩余债务免除机会的声明。若自然人通过《德国破产法》第十章规定的自然人破产程序获得剩余债务免除，则必须经历4个阶段：(1)债务人应尝试与债权人达成庭外和解。(2)在庭外和解失败时，债务人方可依据《德国破产法》第305条提交破产申请，但此时也只是先转入庭内和解程序。庭内和解程序中可采取临时保全措施，但此程序期间不应超过3个月。若债权人一致通过债务清偿方案或者法院依据《德国破产法》第309条拟制异议债权人为同意，则法院将裁定债务清偿方案获得通过，债务人的破产申请及剩余债务免除申请也将被视为撤回。(3)若债务清偿方案未获债权人一致通过，且法院未强制批准此债务清偿方案，则将转入正式的自然人破产程序。[①] 在破产程序正式启动后的3年考察期内，债务人不仅须将自己劳动收入中可扣押部分或替代此收入部分的资金让与法院指定的债务人财产监管人，而且须履行相应的义务。(4)考察期满，破产法院将依据《德国破产法》第300条第1款宣布债务人正式获得剩余债务免除；考察期满前，破产法院亦可依据《德国破产法》第300条第2款的规定提前宣布债务人获得剩余债务免除。从上述程序进程可见，德国正式自然人破产程序与剩余债务免除程序相对独立，却又相互关联，并行不悖。我国学者亦指出，个人破产制度不能以债务豁免作为唯一追求，其集体清偿和按比例分配是较之于破产免责更为悠久、更为根本的价值追求。[②] 申言之，设置自然人破产程序的目的不在于使个人免除或逃避债务，而关键在于保证债权人公平受偿；而剩余债务免除程序中考察期的设置则是为了确保只有诚实正直的债务人才可获得剩余债务免除。

德国自然人破产程序的层次性建构，特别是庭外和解程序和庭内和解程序的设置就是为了减轻破产法院的司法负担，德国也一直在强化并优化庭外和解程序的功能发挥。通过2014年《德国剩余债务免除程序优化及债权人权利强化法案》(Gesetz zur Verkürzung des Restschuldbefreiungsverfahrens und zur Stärkung der Gläubigerrechte vom 15. Juli 2013，以下简称2014年《德国剩余债

① 此外，依据《德国破产法》第306条第1款第3句的规定，若破产法院依自由裁量认定不可能达成庭内债务清偿和解，则可裁定直接进入正式的自然人破产程序。

② 参见徐阳光、韩玥：《个人破产的三重控制机制：基于个人债务集中清理实践的分析》，载《法律适用》2022年第6期。

务免除程序改革法》)的修订,《德国破产法》第 305 条第 1 款第 1 项中增加了"适当个人或机构对债务人收入及财产状况深入调查"的规定。德国立法者认为,缺乏对债务人收入及财产状况深入调查的庭外和解失败证明对程序参与人是毫无意义的,只有通过深入细致调查债务人收入及财产状况才能确保庭外和解失败证明的质量,从而通过发挥强化庭外和解程序作用来减轻司法负担。[①]申言之,多层次程序建构可化解个人破产开放后的案件激增之难题,尤其应通过发挥强化庭外和解程序和庭内和解程序的功能减轻司法负担。

减轻司法负担的另一重要举措是《德国破产法》第 309 条规定的同意拟制(Ersetzung der Zustimmung)。此条第 1 款规定:"如若债务清偿方案获得被认定债权的债权人人数过半,且同意的债权人所持债权额超过认定债权总额一半,则法院可依债权人或者债务人申请拟制异议债权人的同意。但如若有债权人认为其没有适当参与到债务清偿和解程序中,或者其将因债务清偿方案在经济上被置于相较启动破产程序更恶劣处境时,法院则不得行使此拟制同意权。"这一拟制同意权实际上类似于破产重整程序中法院对重整计划草案的强制批准,故也可称为对债务清偿方案的强制批准。同样,破产重整程序中的强制批准在德国亦被称为同意拟制(Zustimmungsersetzung)。犹如破产重整程序中强制批准所具有的震慑性功能,从而产生行为导向,促成各方达成合意,[②]庭内和解程序中的强制批准亦是为了促成和解,从而尽可能减少正式进入自然人破产程序的案件,进而减轻司法负担。相较于《德国破产法》第 245 条对破产重整程序中强制批准的规定,[③]《德国破产法》第 309 条的规定虽相对简单,但其也涵盖了多数表决通过原则、适当参与原则及最大利益原则。

本案的争议点就涉及多数表决通过的认定、适当参与及处境恶劣,且这些问题在本案中互为关联。首先,庭内和解程序中强制批准以债务清偿方案获得"双过半"通过为前提(《德国破产法》第 309 条第 1 款第 1 句),同时《德国破产

---

① Begr. zum RegE InsO, BT-Drucks. 17/11268, S. 33 ff.

② Schiessler, Der Insolvenzplan, S. 171 ff.

③ 该条第 1 款规定:"即使某个表决组未达到法定多数通过破产重整计划方案,在下列前提条件下也可视为该表决组已同意破产重整计划方案:①可以预见到,异议组成员通过破产重整获得的受偿不低于破产清算情况下的受偿。②异议组成员通过破产重整计划获得的价值分配是公平适当的。③多数表决组以所需多数表决通过了重整计划草案。"此外,该条第 2 款还规定了债权人参与价值分配公平适当性的三大衡量标准,该条第 3 款进一步明确了债务人企业出资人公平适当参与价值分配的衡量标准。

法》第309条第1款亦明确："如若债权人对债务人所认定债权是否存在及数额存在严重疑问，并由此会引发'该债权人是否相较于其他债权人适当参与程序'之争议，则该债权人之同意无法被拟制。"换言之，本案的首要争议点是对债权数额及表决权的认定。本案中无争议的是债权人享有的债权额，问题在于基于债权额如何认定表决权的享有。准确而言，表决权的享有应以权益调整为依据。在本案中，债务清偿方案并未调整债权人2所享有的担保物权，因此在债权额过半计算时不应将担保债权全额计算在内，而应扣除通过担保物变价可获得优先清偿的部分。此外，劣后债权只有在普通债权获得全额受偿后才可获得清偿；若普通债权无法获得全额清偿，则劣后债权就是零受偿，除非债务清偿方案另有规定，且获得债权人一致同意。本案中债权人1向债务人提供的贷款(自由资本替代贷款)即按约定在借方进入破产程序后按照《德国破产法》第39条第2款的规定被视为劣后债权。[①] 因此，本案中的债务清偿方案将债权人1债权以1欧元提示价值(只是提示存在此债权，但实际上此债权已无实际价值)列明并无不妥，法院未认定其表决权亦为合理合法。更为关键的是，债务清偿方案并未将债权人1、债权人2在经济上置于比启动破产程序及剩余债务免除程序更加恶劣的处境。

值得注意的是，在美国法上，只要求一个表决组通过重整计划草案即可在破产重整程序中适用强制批准。我国最高人民法院2018年《全国法院破产审判工作会议纪要》第18条亦明确强制批准适用前提之一是"还应当至少有一组已经通过重整计划草案"。以上述规定为鉴，并以强化庭内和解程序，减轻司法负担为考量，立法上值得考虑的是：即便债务清偿方案未获得"双过半"通过，但债权人人数及债权额达到一定比例(如1/3)的债权人仍可申请法院强制批准债务清偿方案。然而，若采纳此种立法，则法院理应强化审查，乃至严格化此情况下强制批准条件，特别是强化听证程序、严格化最大利益原则及适当参与原则审查。相较于最大利益原则所进行的债务清偿方案与启动破产程序时债权人受偿的对比，对适当参与原则的审查则更为复杂。在本案中，德国联邦最高法院认为，若一债权可获得受偿，但被错误认定为较低债权额，则此债权人相较

① 《德国破产法》第39条第2款规定："若债务人与债权人约定债权在破产程序中后位受偿，则该债权被视为后位受偿债权。"

于其他债权人遭受了不当歧视；而若债务人提出的是“零受偿”方案或存有错误认定债权情况下的适当补偿方案，则并未违背适当参与原则。此外，基于《德国破产法》第 309 条第 3 款的规定，[①]德国联邦最高法院反推出如下结论，即若债权之争议对判定债权人是否适当参与程序无关紧要，则债权之争议无法阻却对债权人赞成票之拟制。换言之，在审查适当参与原则时，不仅涉及对债权真实性及准确性的审查，亦须审查同类债权人是否得到公平对待，而这就有赖于法院进行独立于债务清偿方案本身的模拟计算，即在准确确定债权人享有债权额的前提下明确其理应获得的清偿额及享有的表决权。这一机制的运行不仅有赖于法院积极启动听证程序，亦得依靠债权人异议权的行使。然而，在赋予债权人异议权的同时，也必将面临债权人滥用异议权的问题，尤其是担保债权人其受偿已获得一定程度确保，而劣后债权人亦会“破釜沉舟”，两者均会通过滥用异议权来获得额外利益。为了防范滥用异议权，不仅需要立法上的精妙设计，也需要法官的严格审查。由此虽会产生司法负担，但相较于自然人破产程序及剩余债务免除程序启动给法院带来的负担，应是更优之解决方案。

① 若债权人举证证明，对债务人所认定债权是否存在及数额存在严重疑问，并由此会引发“该债权人是否相较于其他债权人适当参与程序”之争议，则该债权人之同意无法被拟制。

CASE 04

案例4

债务人对其经济状况不实书面陈述案*

何旺翔（南京财经大学法学院副教授）

一、裁判要旨

若债务人在（庭外）和解要约中就其经济状况作出了不实书面陈述，且这一不实书面陈述行为发生在债务人申请启动破产程序前3年内，则法院可依据《德国破产法》第290条第1款第2项拒绝债务人的剩余债务免除申请。

二、基本案情

债务人分别于2013年9月13日及10月11日提交了破产申请，法院于2013年11月13日受理破产申请，启动自然人破产程序。然而，债权人S提出，债务人曾对其经济状况作出不实书面陈述，因此请求法院拒绝债务人剩余债务免除申请。本案中并无争议的是，债权人S基于2010年8月9日的缴税通知对债务人享有79,832.59欧元的烟草税债权，并由此查封扣押了债务人若干财产。

在2011年3月11日的律师函中，债务人请求延迟上述

* BGH IX ZB 1/21, Beschluss vom 18. 11. 2021, NZI 2022, 125. 本裁定由德国联邦最高法院第九民事审判庭审判长Grupp法官、Lohmann法官（女）、Schoppmeyer法官（教授、博士）、Röhl法官及Schultz法官（博士）作出。

烟草税债权,并作出如下陈述:“贵单位欲对扣押财产进行变现的申请已获悉。M 先生正尽一切可能偿付 79,832.59 欧元的税收债务。其已多次尝试通过抵押其房产获得贷款,但由于该房产已被查封扣押,上述努力已宣告失败。并且通过获得贷款来(全额)偿付上述税收债务亦难于实现。如若 M 先生获得贷款,其将会毫不迟延地偿付上述税收债务。其亦将以可承受的分期付款方式偿付上述贷款。在 M 先生获得足额贷款用以偿付税收债务之前,其愿意在其房产之上为国库之利益设定土地债,并于其获得贷款之时解除上述土地债。基于上述理由,请允许我提出如下和解建议:(1)M 先生有义务通过每月分期 1000 欧元的方式偿付上述税收债务。(2)为了担保上述税收债务履行,M 先生将在其房产上为了国库之利益设定 8 万欧元的土地债。(3)税务机关在 2011 年 2 月 21 日信函中所提及的财产将予以解押。(4)本和解协议所涉及的所有费用,包括设定土地债所产生的费用,将由 M 先生负担。M 先生意识到,每月分期 1000 欧元的偿付方式并不足够,但更高的分期偿付方式都超出了其现有偿付能力。并且须提请注意的是,上述只是一种过渡期的偿债方式。M 先生将继续努力尝试获得银行贷款,用以偿付税收债务。只要 M 先生房产之上不再存在税务机关的扣押,银行将提升对 M 先生偿付能力的评估。为了不再对 M 先生的财务状况继续造成不利影响,本人特此请求税务机关在对上述和解协议作出决定前,暂停对所扣押的 M 先生的财产进行变现。基于上述土地债之担保,这一暂停执行并不会对国库造成任何不利益。”

此外,上述律师函附上了 M 先生相关财产的评估报告。然而,据法院查明,上述房产并不再为 M 先生所有,其已通过 2010 年 4 月 16 日所签订,并经公证的房屋买卖合同将其出售,买家已于 2010 年 9 月 14 日被登记为房屋所有人。尽管如此,法院驳回了债权人 S 提出的拒绝剩余债务免除的申请,债权人基于此提出的复议亦无果而终。债权人由此提出复议。

三、裁判理由

依据《德国破产法》第 290 条第 1 款第 2 项的规定,若债务人在申请启动破产程序前 3 年内,或者在提交启动破产程序申请后,故意或重大过失对其经济状况作出不实或不完整的书面陈述,以期获得贷款,领取公共资金资助,抑或避免对国库的给付义务,则依破产债权人申请,法院应拒绝债务人的剩余债务免

除申请。依据本案前一诉讼程序中所确定的事实,可确定上述拒绝债务人剩余债务免除申请的前提条件已获得满足:

1. 本案中债权人已申报债权,其享有提出拒绝债务人剩余债务免除申请的权利。

2. 债务人对其经济状况作出了不实书面陈述。

a)债务人在 2011 年 3 月 11 日的律师函中提出要约:为担保其债务履行,可在其不动产之上设定土地债。这一表述可被理解为债务人对此不动产享有所有权。

b)律师函中之陈述应被视为债务人自己所为之陈述。《德国破产法》第 290 条第 1 款第 2 项规定的构成要件并不要求必须由债务人亲手起草书面陈述。只要相关陈述内容依债务人要求由第三人起草,这一类型的陈述即可归为债务人自己的书面意思表示。债务人依照此方式所作出的不实书面陈述在其知悉的情况下,并经其同意传达至意思表示相对人,则构成《德国破产法》第 290 条第 1 款第 2 项所指应受惩罚的不实陈述(BGH, Beschluss vom 11. September 2003 Ⅸ ZB 37/03, BGHZ 156, 139, 144; vom 9. März 2006 Ⅸ ZB 19/05, NZI 2006, 414 Rn. 6; MünchKomm-InsO/Stephan, 4. Aufl., § 290 Rn. 51; K. Schmidt/Henning, InsO, 19. Aufl., § 290 Rn. 37)。本案中,债务人并未主张其律师是自行起草上述律师函,亦未声称其律师在部分细节上偏离了其本来之意。

c)债务人知道其在律师函中所描述之不动产不归其所有,因此是故意为上述不实书面陈述。

3. 债务人分别于 2013 年 9 月 13 日及 10 月 11 日提出破产申请,因此本案中基于 2011 年 3 月 11 日律师函所为之不实书面陈述在提交破产申请前 3 年内。

4. 债务人作出上述不实书面陈述的目的在于领取公共资助,并避免对国库的给付义务。

a)《德国破产法》第 290 条第 1 款第 2 项适用的前提是存在以领取公共资助,并且(或者)避免给付义务为目的的行为。是否最终获得公共资助,抑或否最终避免给付义务则并不重要。由于债务人在上述目的性行为中已显露出非正直性,因此其是否通过其不实陈述实现上述目的无关紧要,只要其不实陈述与构成要件中的获得资助(抑或避免给付)存在客观关联性(BGH, Beschluss vom 20. Dezember 2007 Ⅸ ZB 189/06, NZI 2008, 195 Rn. 10; MünchKomm-InsO/Stephan, 4. Aufl., § 290 Rn. 56; HK-InsO/Waltenberger, 10. Aufl., § 290 Rn. 19)。

b)《德国破产法》第290条第1款第2项中所指“贷款”应从广义角度进行解释。其涵盖任何形式的贷款,包括但不限于延期支付、融资辅助(MünchKomm-InsO/Stephan, aaO Rn. 54; K. Schmidt/Henning, InsO, 19. Aufl., § 290 Rn. 39)。该项中所指“避免给付”亦毫无疑问是指债务人谋求避免支付无争议的税款以及妨碍强制执行措施。在依据《德国税收条例》第222条申请缓交欠缴税款或依据《德国税收条例》第258条暂时停止或限制执行措施的案例中,经常会出现不实或不完整陈述的情况(MünchKomm-InsO/Stephan, aaO Rn. 55)。在《德国破产法》1992年4月15日政府草案本的立法理由中,为避免税款缴纳而进行的不实陈述被列为《德国破产法》第290条第1款第2项规定的典型行为之一(BT-Drucks. 12/2443, S. 190 zu § 239 RegE-InsO; vgl. BGH, Beschluss vom 13. Januar 2011 Ⅸ ZB 199/09, NZI 2011, 149 Rn. 6)。2011年3月11日的律师函表明债务人谋求暂停执行2010年8月9日的缴税通知,并解押财产。

c)上诉法院并未意识到,由于欠缴税款并无争议且已获得担保,所以债务人在2011年3月11日律师函中作出不实陈述的最终目的在于避免税款给付,至少是为了获得延缴税款。缓缴延缴即构成了《德国破产法》第290条第1款第2项意义上的避免给付。此外,正如债务人在和解建议第3项中所提出的,其亦谋求解押财产。《德国破产法》第290条第1款第2项的规定涵盖了债务人通过其不实陈述骗取破产债权人在债权数额、履行期限、实现方式以及担保财产变现等方面所作出的和解。最后,债务人主张不动产的新所有权人同意在其不动产之上设定担保,上诉法院对此亦表示认可,从而认定债务人为其债务履行提供了担保。对此,审判庭认定,债务人并非建议在他人不动产上设定担保,而是主张该不动产归其所有。由此,上诉法院认定事实有误,特此撤销原裁定,发回重审。

四、案例评析

诚实正直的债务人应有机会被免除剩余债务(《德国破产法》第 1 条第 2 句)。相较于通过自然人重整程序获得剩余债务免除,通过剩余债务免除程序获得剩余债务免除不以债权人同意为前提。更准确而言,《德国破产法》第 286 条及以下条款是明确诚实正直的债务人获得剩余债务免除的法定程序。在此程序中,诚实正直的债务人不仅需要履行相应义务,而且随时有可能因为未履行义务、违反义务或因曾从事特定(危害债权人利益的)行为而被拒绝剩余债务免除。针对不同程序阶段,《德国破产法》分别规定了拒绝剩余债务免除的情形,具体包括:《德国破产法》第 287a 条明确了受理申请时法院审查后拒绝的情形,第 290 条规定的是破产程序中依债权人申请的拒绝情形,而第 296 条、第 297 条、第 297a 条规定了破产程序终结至考察期结束之间的拒绝情形,第 300 条则规定了剩余债务免除正式宣告时的拒绝情形。由上述规定可见,德国立法者通过对拒绝剩余债务免除情形的详细规定不断震慑债务人,促使其履行义务,确保真正诚实正直的债务人获得剩余债务免除。

在上述拒绝剩余债务免除规定中,《德国破产法》第 290 条应是核心之规定。其不仅是唯一以“拒绝剩余债务免除”为标题的法条,而且被其他法条多次援引。本案涉及的就是第 290 条第 1 款第 2 项的规定。[①] 德国联邦最高法院通过此裁决明确了适用此项规定拒绝剩余债务免除的构成要件:①本案中债权人已申报债权;②债务人对其经济状况作出了不实书面陈述,且此书面陈述并不要求必须由债务人亲手起草,而只要相关陈述内容依债务人要求由第三人起草即可;③不实书面陈述在提交破产申请前 3 年内或提交破产申请后作出;④债务人作出不实书面陈述的目的在于获取贷款,抑或领取公共资助,抑或避免对国库的给付义务,至于目的是否达成则并不重要。满足上述构成要件的行为即显露了债务人的非正直性,其理应被拒绝剩余债务免除。值得注意的是,依据

① 该项规定:“若债务人在申请启动破产程序前 3 年内,或者在提交破产申请后,故意或重大过失对其经济状况作出不实或不完整的书面陈述,以期获得贷款,领取公共资金资助,抑或避免对国库的给付义务,则依破产债权人申请,法院应拒绝债务人的剩余债务免除申请。”

《德国破产法》第 305 条第 1 款的规定,[①]在庭外和解程序中,不仅适当机构或个人应对债务人财产状况进行深入细致调查,而且债务人对此真实性及完整性也要作出保证声明。由此,债务人在庭外和解程序中对其经济状况作出不实书面陈述的主观恶意性强。

此外,德国立法者亦通过明确债务人在剩余债务免除程序中的义务来促成诚实正直的债务人能获得剩余债务免除。首先,债务人有义务将自己劳动收入中可扣押部分或替代此收入部分的资金在考察期内让与法院指定的财产监管受托人。与此相关,2014 年《德国剩余债务免除程序改革法》新增的《德国破产法》第 287b 条规定了考察期开始之日至破产程序终止之日的就业义务,而《德国破产法》第 295 条第 1 款第 1 项则规定了破产程序终止之日至考察期满之日的就业义务。由于在破产程序中管理人接管了债务人财产,所以《德国破产法》第 295 条还明确了债务人在破产程序终结至考察期届满前应履行的其他一些义务,如继承财产和接受赠与对半给付及中奖财产全额给付义务(第 2 项),住所及工作岗位变更告知义务和不得隐匿财产义务(第 3 项),通过财产监管人公平清偿债权人义务(第 4 项),不得设定不适当债务义务(第 5 项)。此外,基于《德国破产法》第 290 条第 1 款有关拒绝剩余债务免除情形的规定,债务人实际上还承担如实陈述其经济状况的义务(第 2 项、第 6 项)、不得挥霍财产的义务(第 4 项)、信息提供及协助义务(第 5 项)。此外,依据《德国破产法》第 298 条第 1 款的规定,[②]债务人亦有义务向财产监管人支付最低报酬。综上所述,可以获得剩余债务免除的债务人不仅须诚实(如实陈述),亦得正直(积极就业)。

---

① 《德国破产法》第 305 条第 1 款规定:“债务人必须在递交破产申请的同时或毫不迟延地提交如下材料:(1)由适当个人或机构在个别咨询及对债务人收入及财产状况深入调查基础上出具的庭外和解失败证明,且该庭外和解失败证明须载明:在破产申请提交前六个月内债务人试图与债权人就债务清偿达成庭外和解,但无果而终;在此庭外和解失败证明后还应附上债务人建议的债务清偿计划,并解释庭外和解最终失败的主要原因;各州可自行确定哪一些主体是本项规定的适当主体。(2)剩余债务免除的申请或放弃剩余债务免除机会的声明。(3)债务人现存财产目录和收入明细,以及债务人财产一览表、债权人及债权额目录;此外,须附上对这些材料真实性和完整性的保证声明。(4)适当的债务清偿计划,该债务清偿计划可包含任何内容,只要这些内容适当地考虑到了债权人的利益以及债务人的财产收入状况和家庭关系,从而使得债务清偿可以顺利进行;债务清偿计划也应明确是否及怎样调整担保权。”

② 该款规定:“若财产监管人在上一年度获得的报酬未达到最低报酬标准,且其书面告知债务人须在不少于两周的期限内支付差额部分,并告知债务人不支付此款项将面临被拒绝剩余债务免除的法律后果,而债务人仍未支付上述款项,则依财产监管人申请,破产法院拒绝剩余债务免除。”

对于债务人诚实正直性的要求也体现在债务人获得剩余债务免除必须经过庭外和解程序和庭内和解程序两个前置程序。[①] 换言之，只有尽其所能与债权人达成和解的债务人方为诚实而正直。进一步而言，债务人的诚实正直性还体现在将债务人提交破产申请前一系列的行为纳入拒绝剩余债务免除情形，如①债务人在提交破产申请前 11 年内，[②]或者其在提交破产申请前 5 年内依据《德国破产法》第 297 条的规定被拒绝剩余债务免除（第 287a 条第 2 款第 1 项）；②债务人在提交破产申请前 3 年内依据《德国破产法》第 290 条第 1 款第 5 项、第 6 项、第 7 项或第 296 条的规定被拒绝剩余债务免除，或者依据《德国破产法》第 297a 条的规定基于第 290 条第 1 款第 5 项、第 6 项、第 7 项的原因被拒绝剩余债务免除（第 287a 条第 2 款第 2 项）；③债务人在提交破产申请前 5 年内依据《德国刑法典》第 283 条至第 283c 条被判处超过 90 日的日额罚金（Tagessätzen）或超过 3 个月的自由刑（第 290 条第 1 款第 1 项）；④债务人在提交破产申请前 3 年内故意或重大过失对其经济状况作出不实或不完整的书面陈述，以期获得贷款，领取公共资金资助，抑或避免对国库的给付义务（第 290 条第 1 款第 2 项）；⑤债务人在提交破产申请前 3 年内，因故意或重大过失设定不适当债务、挥霍财产，或在无法预期其经济状况将转好的情况下迟延提交破产申请，从而导致债权人利益受损（第 290 条第 1 款第 4 项）。申言之，既要对自然人债务人在破产程序及剩余债务免除程序中进行过程监督，也要对其过往不诚信之行为进行梳理查明，只有真正诚实而正直的债务人方可获得剩余债务免除。诚如学者所言，诚实信用原则为一切市场参加者树立了一个“诚实商人”的道德标准，隐约地反映了市场经济客观规律的要求，是市场经济活动中形成的道德准则。[③] 由此出发，自然人破产程序及剩余债务免除程序的妥当构建也将向社会传递“守信激励、失信惩罚”的司法政策导向，从而有助于诚信社会的建设。

另外，德国在剩余债务免除立法及司法方面也体现出“人性关怀”。首先，债务人行为考察期在 2001 年《德国破产法》改革法修改之前是从破产程序终止日开始计算，在 2001 年修改后则是从破产程序正式启动时就开始计算，并且债务人行

---

① Amtliche Begründung zum Regierungsentwurf eines Insolvenzrechtsänderungsgesetzes, § 287 I, Rdnr. 29. 22, ZIP 2000, 1688, 1701.

② 2020 年《德国进一步缩短剩余债务免除程序法》将原本规定的 10 年延长为 11 年。

③ 梁慧星：《诚实信用原则与漏洞补充》，载《法学研究》1994 年第 2 期。

为考察期也从7年被缩短为6年。进而,2020年《德国进一步缩短剩余债务免除程序法》(Gesetz zur weiteren Verkürzung des Restschuldbefreiungsverfahrens vom 22. Dezember 2020)将债务人行为考察期缩短为3年。考察期起算点的提前和不断缩短体现了剩余债务免除的宽松化趋势,从某种角度而言也是一种对债务人的人性关怀。其次,2014年《德国剩余债务免除程序改革法》新增了《德国破产法》第300条第1款第2句,明确规定了债务人提前获得剩余债务免除的情形。通过2020年《德国进一步缩短剩余债务免除程序法》的修改,《德国破产法》第300条第1款第2句中第2项、第3项的规定被删除,①而第300条第1款第2句第1项被变更为第2款。由此,只要破产程序中无债权人申报债权或已申报债权得到清偿,且债务人亦偿付了破产财团债务及程序费用,则法院即可在考察期满前依债务人申请提前正式宣告债务人获得剩余债务免除。债务人提请获得剩余债务免除情形的简化无疑又体现了对债务人的"人性关怀",而债权、破产财团债务及程序费用得到清偿的前提设置亦体现了对债务人的正向激励。既然诚实正直的债务人能获得剩余债务免除,不幸的债务人从人性关怀角度出发亦应获得剩余债务免除。然而,就效率性角度而言,此类债务人应可直接申请转入正式自然人破产程序及剩余债务免除程序,进而依其申请提前获得剩余债务免除。在我国类个人破产的法律实践中,已有地方法院在基于债务人无收入来源又丧失劳动能力的情况下裁定免除债务。应该说,为特殊人群设置剩余债务免除绿色通道既体现了人性关怀,也可提高程序效率,节约司法资源,同时避免了程序运转却零受偿给债权人带来的不必要时间及金钱消耗。最后,值得一提的是,在司法实践中,德国法院也通过"法官造法"进行人性化的宽松处理。例如,《德国破产法》第290条第5项规定了"债务人故意或重大过失违反本法规定之信息提供及协助义务,不可获得剩余债务免除"。然而,德国联邦最高法院在一判决中指出,若债务人在未履行信息提供义务及被申请拒绝剩余债务免除之前履行了信息提供义务,则由于此时的义务违反最终并未损害债权人利益,因此若此时拒绝债务人的剩余债务免除,则将显得不适当。②

---

① 修订前《德国破产法》第300条第1款第2句第2项规定了于程序满3年时"清偿比例达到35%"情况下剩余债务免除的提前正式宣告,第3项规定了程序费用得到清偿情况下于程序经过5年之时剩余债务免除的提前正式宣告。

② BGH, ZIP 2011, 133.

CASE 05

案例 5

债务人转移财产减损破产财团案*

何旺翔（南京财经大学法学院副教授）

一、裁判要旨

在债务人于破产程序启动前进行财产转移而导致破产财团减损的情况下，破产管理人虽不得依《德国破产法》第92条第1句向债务人主张本应由债权人享有的损害赔偿请求权，但可向第三人主张债务人所享有的交付请求权及造成破产财团损害的赔偿请求权。债务人在破产程序启动前转移其财产，并对债权人隐瞒此情况，这一不实陈述在破产程序启动后亦无法构成独立的新债务偿还请求权。

二、基本案情

2009年6月2日，破产法院启动了本案被告1的破产程序，本案原告被指定为破产管理人。基于2015年7月6日的裁定，被告1获得了剩余债务免除。2017年11月6日，破产管理人向被告1、被告1的妻子（被告2）及被告2作为法定代表人的公司（被告3）提起诉讼，要求三被告支付570万

---

* BGH Ⅸ ZR 265/20, Urteil vom 21. 10. 2021, NZI 2022, 118. 本判决由德国联邦最高法院第九民事审判庭审判长 Grupp 法官、Lohmann 法官（女）、Möhring 法官（女）、Schultz 法官（博士）及 Selbmann 法官（女、博士）作出。

欧元的赔偿,其后又追加150万欧元赔偿的诉讼请求。

被告1分别于2008年4月15日、5月6日及9日向被告2账户汇入共计499.8万欧元,2008年5月20日被告2向被告3账户汇入540万元。破产管理人主张,被告1在知悉其陷入行将支付不能境地时,为避免其财产为债权人所获取,捏造事由进行了上述转账。在破产程序启动后,其又对上述转账事由作出了不实陈述,从而转移了本应属于破产财产的上述资金。上诉法院认为,被告1向被告2的转账行为及被告2向被告3的转账行为实际上是故意以违背善良风俗的方式侵害全体债权人利益,并使供债权人受偿的破产财产减少。基于上述事实的损害赔偿请求权并未超过诉讼时效,被告方亦未提供证据证明原告在2014年之前已获知或因重大过失不知上述转账行为。据此,上诉法院判决被告1、被告3赔偿499.8万欧元。被告1就此提出上诉。

三、裁判理由

审判庭撤销原判决,发回重审。具体理由如下:

破产管理人不得向债务人主张本应由债权人享有的、基于债务人破产程序启动前有损破产财团行为而产生的损害赔偿请求权。

1.行为人若故意转移债务人财产以期逃避债务清偿,则可构成《德国民法典》第826条意义上以违背善良风俗方式的故意侵害行为(对此可参阅BGH, Urteil vom 24. Oktober 1973 – Ⅷ ZR 82/72, WM 1973, 1354, 1355 unter Ⅱ.; vom 8. Mai 2003 – Ⅸ ZR 334/01, WM 2003, 1178, 1179 unter Ⅱ.2; vom 16. November 2007 – Ⅸ ZR 194/04, BGHZ 174, 228 Rn. 16; vom 8. Februar 2018 – Ⅸ ZR 103/17, BGHZ 217, 300 Rn. 55 ff, 58。对股东内部责任可参阅BGH, Urteil vom 16. Juli 2007 – Ⅱ ZR 3/04, BGHZ 173, 246 Rn. 16 ff, 22 ff)。在破产程序启动后,破产管理人有权主张基于上述行为所产生的、本应由债权人所享有的损害赔偿请求权。破产管理人这一权利的法律依据是《德国破产法》第92条第1句。依此规定,若于破产程序启动前存在破产财产减少而导致债权人整体利益受损的情况,在破产程序启动后,只有破产管理人有权向导致破产财产减少的责任人请求损害赔偿。导致债权人整体利益受损之情况亦可基于债务人转移财产的行为(BGH, Urteil vom 9. Dezember 1999 – Ⅸ ZR 102/97, BGHZ 143, 246, 251)。

2. 然而,《德国破产法》第 92 条第 1 句赋予破产管理人的上述权限无法扩展于债务人在破产程序启动前所为的侵害破产财团的行为。

a)《德国破产法》第 92 条第 1 句的适用情形是:基于导致破产财团减损的行为,债权人依侵权责任法而享有损害赔偿请求权,但在破产程序启动后这一请求权不再由个别债权人所享有,而是应由破产管理人主张。基于这一请求权行使所获得的赔偿归于破产财团,侵权者亦应向破产财团履行赔偿。通过上述方式可避免某一债权人获得个别清偿,从而确保债权人公平清偿这一基本原则(BT-Drucks. 12/2443, S. 139 zu § 103; Jaeger/Müller, InsO, § 92 Rn. 3; vgl. auch BGH, Urteil vom 21. März 2013 – Ⅲ ZR 260/11, BGHZ 197, 75 Rn. 45)。此外,由破产管理人集中行使各个债权人享有的请求权亦可简化这一请求权的行使(BGH, Urteil vom 22. April 2004 – Ⅸ ZR 128/03, BGHZ 159, 25, 29)。单个债权人往往不会行使这一请求权,因为这一请求权的行使费用往往高于债权人行使此请求权可获得的收益(MünchKomm-InsO/Gehrlein, 4. Aufl., § 92 Rn. 1; BGH, Urteil vom 6. Juni 1994 – Ⅱ ZR 292/91, BGHZ 126, 181, 197 f.)。《德国破产法》第 92 条第 1 句规定的目的在于,确保破产程序高效运行,并确保破产财产完整充实(BGH, Urteil vom 21. März 2013, aaO)。

b)上述考量并不适用于债权人对债务人所享有的损害赔偿请求权。基于债务人破产程序启动前的财产转移行为,可依据《德国民法典》第 823 条第 2 款以及《德国刑法典》第 283 条第 1 款第 1 项(BGH, Urteil vom 25. September 2014 – Ⅸ ZR 156/12, WM 2014, 2175 Rn. 6),抑或依据《德国民法典》第 826 条成立损害赔偿请求权。在破产程序启动后,债权人所享有的上述损害赔偿请求权无法在破产程序外行使,而是作为破产债权根据《德国破产法》第 87 条依照破产程序之规定获得清偿,也即依据《德国破产法》第 174 条及以下规定申报债权。任何有违债权人公平清偿原则的个别清偿都被禁止,由此亦不必援引《德国破产法》第 92 条第 1 句之规定。正是基于此,在现行《德国破产法》生效实施之前,破产管理人(仅)享有基于损害破产财团行为而产生的对第三人之请求权(BGH, Urteil vom 9. Dezember 1999 – Ⅸ ZR 102/97, BGHZ 143, 246, 251),以前的《德国破产法》中并无现行《德国破产法》第 92 条之类似规定。尽管如此,当时理论及判例均认为,应由破产管理人向第三人主张造成破产财团损害的赔偿请求权(BGH, Urteil vom 8. Mai 2003 – Ⅸ ZR 334/01, WM 2003, 1178,

1180)。因此,现行《德国破产法》第 92 条之规定只涉及债权人对债务人出资人、债务人组织机构及第三人所享有的请求权(BGH,Urteil vom 8. Mai 2003 – Ⅸ ZR 334/01),而不涉及对债务人所享有之请求权。上述规则尤其适用于对破产财团造成损害之行为发生在破产程序启动前的情况。

c)若以恢复破产财团为目的而使管理人对债务人享有支付请求权,则这一请求权无法融入《德国破产法》规定的破产程序架构中。

aa)在破产程序启动后,债务人通常不再拥有资金,从而满足管理人为债权人之利益所主张的支付请求权。

其一,依据《德国破产法》第 35 条第 1 款之规定,债务人在破产程序启动之时所拥有的以及其在破产程序期间取得的财产均归于破产财团。被豁免而可被强制执行的债务人财产通常并不存在。债务人可供执行的财产往往已依据《德国破产法》第 80 条第 1 款的规定由管理人支配处分。

其二,即便债务人在破产程序启动后基于特殊情况取得不归于破产财团的豁免财产,这类财产也并不用于清偿破产债权。

aaa)若破产管理人依据《德国破产法》第 35 条第 2 款、第 3 款明确债务人从事自由职业而取得的某些收入可自由支配,则这些收入即为豁免财产,管理人对这些收入也不拥有支配处分权。这些财产在管理人的可豁免声明生效后只用于清偿新债权(BGH,Urteil vom 13. März 2014,aaO Rn. 13 mwN),而不可用于清偿破产债权。

bbb)上述规则亦适用于债务人在获得剩余债务免除宣告后在破产程序中新取得的财产。若债务人获得剩余债务免除宣告,则债务人在考察期满或者在依据《德国破产法》第 300 条第 2 款第 1 句提前获得剩余债务免除后新取得的财产就不属于破产财团,而应为债务人所拥有。这些新取得的财产也不得用于清偿破产债权(BGH,Beschluss vom 3. Dezember 2009 – Ⅸ ZB 247/08,BGHZ 183,258 Rn. 36)。

bb)对于破产程序启动前已存在的对债务人之支付请求权,《德国破产法》也并未设置由管理人在破产程序中主张的程序。破产债权必须申报并列入债权表(《德国破产法》第 174 条及以下规定)。破产管理人本身并无权申报债权,其职责在于接受债权申报并登记入册(《德国破产法》第 175 条第 1 款第 1 句),以及审查债权(《德国破产法》第 176 条第 1 句)。除了例外地依据《德国破产法》第295条第2款向债务人主张其从事相关行业可获得的收入金额，破产程序中针对债务人的支付之诉通常并无实际意义，其理由在于：在破产程序中并不存在为满足上述诉讼请求可供执行的债务人财产（BGH, Urteil vom 3. November 2011 – Ⅸ ZR 46/11, NZI 2011, 979 Rn. 6）。

cc）为了避免债务人财产在破产程序中为债务人所操控，破产法规定了管理人接管债务人财产的程序。依据《德国破产法》第148条第1款，管理人应将所有归于破产财产的债务人财产纳入其管理控制之下。债务人亦有义务向管理人交付上述财产。若债务人未履行上述协助义务，则管理人可基于法院受理破产申请的裁定，并依据《德国破产法》第148条第2款第1句的规定要求强制执行接管程序。受理破产申请的裁定就是《德国民事诉讼法》第794条第1款第3项意义上要求债务人交付财产的执行依据。《德国破产法》第148条只涉及为债务人所控制的财产，因此该条无法适用于第三人（MünchKomm-InsO/Jaffé, 4. Aufl., § 148 Rn. 60; HK-InsO/Depré, 10. Aufl., § 148 Rn. 14; K. Schmidt/Jungmann, InsO, 19. Aufl., § 148 Rn. 13）。尽管如此，管理人仍可向第三人主张债务人所享有的交付请求权及其他请求权（《德国破产法》第80条第1款）。若破产管理人依其职权代表债务人向债务人主张对其自身的请求权，则这一请求权则会由于权利人和义务人的一致性而消灭。

d）针对本案所涉及的程序启动前的减损破产财团的行为，破产法早已规定了其他规制方法。本案原告指责被告1转移其资金至第三人。只要本案被告1基于上述转移资金行为对第三人享有请求权，则管理人即可依据《德国破产法》第80条第1款向第三人主张上述请求权。作为破产管理人，本案原告亦可依据《德国破产法》第129条及以下规定行使破产撤销权。若第三人与债务人共谋转移财产以逃避债务，则管理人还可依据《德国破产法》第92条第1句向第三人主张《德国民法典》第826条意义上的损害赔偿请求权（BGH, Urteil vom 8. Februar 2018 – Ⅸ ZR 103/17, BGHZ 217, 300 Rn. 55 ff, 58.）。

有关破产法评注指出，债务人违反《德国破产法》第97条、第101条规定的告知和协助义务所产生的责任亦由破产管理人来进行追责（Jaeger/Müller, InsO, § 92 Rn. 9）。然而，由于这一义务违反行为发生在破产程序启动之后，因此并不构成《德国破产法》第38条意义上的破产债权，而是产生新债务，且这一新债务应在破产程序外获得履行。在破产程序启动后，由于债务人自身行为,且这一行为既非履行对管理人之义务,亦非应管理人之要求而作出,则由此产生的损害赔偿请求权只能通过债务人的豁免财产获得清偿。在本案中,原告所主张之损失是基于被告1在破产程序启动前的行为而产生,被告1在破产程序启动后所为之不实陈述并未造成任何独立之损失。破产财团减损赔偿请求权之成立并不取决于债务人在破产程序启动后对此是否有所隐瞒,其不实陈述只是导致已产生的破产财团减损未得到赔偿。

四、案例评析

《德国破产法》第304条第1款第1句规定:“若自然人不从事或不曾从事独立经济活动,则适用本法关于破产程序的一般规定,除非本章另有规定。”换言之,满足该前提条件的自然人破产程序原则上适用《德国破产法》中一般规定,例外适用该法第十章有关自然人破产的特别规定,特别是有关庭外及庭内和解程序的规定;而对于不满足《德国破产法》第304条第1款第1句规定的前提条件的其他自然人仍适用《德国破产法》的一般规定。于此值得一提的是,2014年《德国剩余债务免除程序改革法》取消了原先《德国破产法》第312条、第313条、第314条的简易自然人破产程序的规定。其原因在于这一简化程序在实践中从未达到当初降低程序费用成本、减轻法院司法负担的立法设想。①

破产程序重要原则之一是债权人公平清偿原则。在破产程序中,一方面,债权人有权向管理人申报债权,从而获得公平清偿;另一方面,针对造成债权人整体利益受损的行为,只有管理人才有权行使损害赔偿请求权(《德国破产法》第92条第1句)。② 无论是向管理人申报债权,还是由管理人统一行使本应由债权人享有的损害赔偿请求权,其目的均在于确保债权人公平清偿。为了实现债权人公平清偿,亦为了避免债务人在破产程序中操控财产,《德国破产法》第80条第1款规定了破产程序启动后由管理人接管债务人财产。就此角度而言,若相关主体对债务人财产(或者说破产财团)造成损失,亦理应由管理人求偿。由管理人统一行使这一损害赔偿请求权亦可避免债权人单独行使的无序低效,

① Begr. zum RegE InsO,BT-Drucks. 17/11268,S. 35 ff.

② 《德国破产法》第92条第1句规定:“若于破产程序启动前后存在破产财产减少而导致债权人整体利益受损的情况,在破产程序启动后,只有破产管理人有权向导致破产财产减少的责任人请求损害赔偿。”

从而提升破产程序中对外求偿、对内分配的效率性和公平性。然而,在债务人破产情况下,管理人若向债务人求偿,则由于此时权利人和义务人的一致性将使得此求偿毫无意义。因此,《德国破产法》第 92 条第 1 句赋予破产管理人的上述权限只涉及对债务人出资人、债务人组织机构及第三人所享有的请求权,而不涉及对债务人所享有之请求权。在本案裁决中,德国联邦最高法院对上述规定的详细解析无疑也体现出破产法一般规定适用于自然人破产程序的基本法理。同样,《德国破产法》第 97 条规定的债务人信息提供及协作义务亦适用于自然人破产,所以在该法第十章自然人破产程序中对此并未规定,而只是在第九章剩余债务免除程序第 295 条第 1 款第 3 项中规定了破产程序终结至考察期满债务人的相关信息提供义务。实际上,在《德国破产法》第十章自然人破产程序的 9 条规定中,第 304 条是适用范围,第 305 条至第 310 条是有关庭外和庭内债务清偿程序,而只有第 311 条规定了庭内和解失败转入正式自然人破产程序。概言之,在取消简易自然人破产程序之后,德国自然人破产程序更多适用的是《德国破产法》中有关破产程序的一般规定。

在企业破产情况下,企业已由管理人接管控制;在自然人破产情况下,管理人显然无法完全控制债务人,而只是对依法属于破产财产的债务人财产进行管理和支配,且为了保证自然人基本生活,自然人还享有一些可豁免财产。德国联邦最高法院在裁决中又详细论证了这些可豁免财产并不可用于承担对管理人之责任。这些不被纳入破产财团的债务人财产,抑或为了保障债务人及被其抚养者的基本生活,抑或在债务人从事自由职业情况下依据《德国破产法》第 35 条第 2 款、第 3 款被列为可自由支配收入。对于这些豁免财产,管理人并不拥有支配处分权,而自然人债务人却可用这些财产清偿新债权。此外,在债务人获得剩余债务免除正式宣告后,若破产程序尚未终结,则债务人新取得的财产也不再归于破产财团,而是为债务人所独有。这一通过“法官造法”所创立的规则通过 2014 年《德国剩余债务免除程序改革法》的修订在新增的《德国破产法》第 300a 条中被加以明确。该条第 1 款第 1 句规定:“若债务人正式获得剩余债务免除,则其在考察期满之后或提前获得剩余债务免除宣告后取得的财产将不再归入破产财团。”在 2014 年修订之前,于实务中即存在考察期满但破产程序尚未终结的情况,而 2014 年缩短考察期后这一情况亦会增多,因此有必要立法将判例法发展起来的规则明确下来。[①] 而在 2020 年《德国进一步缩短剩余债务免除程序法》将考察期缩短为 3 年后,这一情况必然会更多。此规定实际上也印证了德国自然人破产程序与剩余债务免除程序的相对独立性。

进一步而言,于自然人在破产程序启动前后转移隐匿财产的情况下,管理人若无法向债务人求偿,则其应该向谁求偿?德国联邦最高法院在裁决中指出,管理人不仅可向第三人主张债务人对第三人所享有的请求权,而且可行使破产撤销权,乃至基于恶意共谋转移财产向第三人主张损害赔偿请求权。依据我国《企业破产法》第 33 条的规定,债务人为逃避债务而隐匿、转移财产,抑或虚构债务或者承认不真实债务的,均属无效行为。在统一破产法的框架下,这一规定应同样适用于自然人破产和企业破产。我国学者进而指出,对于转移财产、隐匿财产的债务人,如果出现了个人破产的原因,也应当允许其进入个人破产程序,然后通过参照破产撤销权、无效行为制度等手段打击逃废债务的债务人,并且可以在集体清偿和按比例分配破产财产之后,不批准债务人免责。[②] 由此,防范自然人不履行相关义务或恶意转移财产行为最有效的手段应是拒绝剩余债务免除申请。《深圳经济特区个人破产条例》第 98 条第 5 项即明确债务人"隐匿、转移、毁损财产"情况下不得免除未清偿债务。然而,值得注意的是,德国拒绝剩余债务免除事由必须由债权人提出,而不能由法院依职权查明,这也体现了对债权人意思自治的尊重。本案中,被告 1 之所以获得剩余债务免除,应该就是债权人(在不知情的情况下)未提出拒绝剩余债务免除申请。即便如此,《德国破产法》还规定了剩余债务免除正式宣告的其后撤销。该法第 303 条第 1 款第 3 项定:"若债务人在获得剩余债务免除正式宣告后未在仍继续进行的破产程序中履行应尽的告知及协作义务,则依债权人申请,可撤销对其剩余债务免除的正式宣告。"同时,依据该条第 2 款的规定,若依本条第 1 款第 3 项申请撤销剩余债务免除宣告,则申请至迟须在破产程序终结后 6 个月内提出。然而,笔者认为,若债务人为逃避债务而隐匿、转移财产,抑或虚构债务或者承认不真实的债务,则债权人亦有权申请撤销剩余债务免除正式宣告。对于破产

---

① Begr. zum RegE InsO, BT-Drucks. 17/11268, S. 31 ff.

② 参见徐阳光、韩玥:《个人破产的三重控制机制:基于个人债务集中清理实践的分析》,载《法律适用》2022 年第 6 期。

免责撤销期间，我国最高人民法院第二民事审判庭认为："撤销免责的期间设置应既回应社会现实，又兼顾法律关系的稳定，目前五年左右的破产免责撤销期间应更为合适。"[①]其理由在于此时债务人的非正直性已毋庸置疑，此类债务人不应获得剩余债务免除。不仅如此，法院在审查受理破产申请及剩余债务免除申请时，亦应依职权强化对此情况的审查。《深圳经济特区个人破产条例》第14条第1款第2项将"申请人基于转移财产、恶意逃避债务"列为不予受理情形。最高人民法院第二民事审判庭亦指出"隐匿、转移财产，虚构债务"应属不予免责事由。[②] 进而，任何债权人以及进入破产程序后的管理人亦应有权在发现此情况时向法院申请拒绝债务人剩余债务免除。

---

① 最高人民法院第二民事审判庭课题组等：《司法实践视野下自然人破产免责制度的构建》，载《法律适用》2022年第2期。

② 最高人民法院第二民事审判庭课题组等：《司法实践视野下自然人破产免责制度的构建》，载《法律适用》2022年第2期。

CASE 06

案例 6

分居扶养费债务人无启动消费者破产程序义务案*

——对债务人行为自由的尊重

葛平亮（任教于中国政法大学民商经济法学院）

一、裁判要旨

在分居扶养费情形下，扶养费债务人原则上不负有启动消费者破产程序的义务（不同于联邦法院判决 BGHZ 162，234 = FamRZ 2005，608①）。

二、基本案情

双方当事人对从 2004 年 1 月至 2005 年 8 月 23 日离婚

* BGH，Urteil vom 12. 12. 2007 – Ⅻ ZR 23/06. 本判决由德国联邦最高法院第十二民事审判庭作出，合议庭成员包括审判庭庭长 Hahne 博士法官（女）、Sprick 法官、Weber-Monecke 法官、Wagenitz 教授博士法官和 Dose 法官。

① BGHZ 162，234 判决的案件编号是 BGH，Urteil vom 23. 2. 2005 – Ⅻ ZR 114/03，其索引除 BGHZ 162，234 和 FamRZ 2005，608 外，还包括 NJW 2005，1279 和 NZI 2005，342。BGHZ 162，234 判决明确抚养费债务人负有启动消费者破产程序的义务，关于该判决的中文译本详见何旺翔：《德国联邦最高法院典型判例研究：破产法篇》，法律出版社 2019 年版，第 238 页以下。本次选取的联邦法院判决区别于这一先前判决，并在裁判要旨中予以明示强调。

生效之日期间的分居扶养费[①]存有争议。

被告在此期间因病残每月从法定养老金保险以及联邦和州补充养老机构(Versorgungsanstalt des Bundes und der Länder)[②]获得总计1345欧元的养老金。从这些养老金中,他每个月偿还在婚姻期间订立的后被优化还款的部分贷款408欧元。原告(女)在2002年11月经历膝关节手术后,只能很有限地继续她之前的服务员工作,并在2004年9月因企业停业而丢掉工作,之后没有任何收入。自2003年1月起,她获得社会救济金——起初是补充性的;自2005年年初,她获得二级失业金。二者都超过了她起诉时主张的金额。

双方当事人的争议有二:其一,被告为偿还婚姻期间成立的贷款而分期支付的金额是否应当被纳入扶养费的计算;其二,被告是否为了确保支付持续性的分居扶养费用而负有提起消费者破产申请的义务。

初级法院驳回了原告的大部分诉求,并判决被告自2005年5月起向原告每月支付96欧元的分居扶养费。[③] 原告提起上诉后,州高等法院判决被告从2004年1月至2005年6月每月支付扶养费440欧元,从2005年7月至2005年8月23日每月支付扶养费466欧元,并将以上从2004年1月至2004年12月的扶养费向社会救济机构以及将剩余期间的扶养费向求职者基本保障金机构支付。针对上诉法院判决,被告提起上告。联邦法院第十二民事审判庭书面审理了初审被告的上告,判决撤销州高等法院的判决,并将初审判决改判如下:判决被告向原告支付从2004年1月至12月的分居扶养费共计1152欧元,可向卡塞尔市民政局支付;从2005年1月至2005年8月23日的分居扶养费共计743欧元,可向卡塞尔市劳动促进有限责任公司支付;驳回原告其他请求。

三、裁判理由

上告大部分获得支持,并导致初审被告所负担的分居扶养费减少。

---

① 在德国无论是夫妻之间的扶养费还是父母对子女的抚养费均使用"Unterhalt"一词,为了翻译之方便,就涉及德国法部分不区分扶养和抚养而一律使用广义的扶养。

② 联邦和州补充养老机构为公职人员提供补充养老金,其前身是于1929年在柏林成立的帝国和州补充养老机构(Zusatzversorgungsanstalt des Reichs und der Länder),1951年更为现名。

③ 初审法院判决得出这一数据的基础是被告的月收入1345欧元扣除每月偿还贷款的408欧元和被告的自留生活费840欧元。参见初审判决书AG Kassel,Entscheidung vom 07. 04. 2005 – 540 F 91/03 –。

上诉法院认为,被告负有为支付更高扶养费而启动消费者破产程序的义务。联邦法院至少在与未成年扶养权利人之间的关系中认可了这一义务,只要该义务基于整体衡量对于扶养债务人而言可被合理期待(zumutbar)。当履行能力因负担债务而显著地受到限制导致无法支付扶养费或者只能支付非常少的数额、债务负担因负债的金额而将长时间地持续、可能获得余债免除以及不存在需要保护债务人的特殊事由时,成立这一义务。这些前提要件在本案中皆获满足。虽然这些债务早已用于当事人之间的婚姻生活,而对启动消费者破产程序的义务存有疑问,但是双方当事人之间争议的不是根据婚姻生活状况所做的扶养费计算,而是被告的履行能力。这是因为,原告应得的扶养费在扣除每月从养老金中支付的信贷债务后为468欧元[正确的金额是:(1345欧元-408欧元)÷2],超过了(一审)判决的扶养费。被告因与本案相关的履行能力而针对与他分居的妻子负有启动消费者破产程序的义务。因此,所负扶养费债务的金额为不可扣押之财产和必要的自留生活费用——2005年6月30日前为840欧元之后为890欧元——之间的差额。

上诉法院的上述说理在上告中不被采纳。

上诉法院认为,根据《德国民法典》第1361条,被告在分居期间对原告负有给付扶养费的义务成立。原告仅在2004年9月之前的这段时间有自己的收入,并且收入很低。根据《德国民法典》第1361条第2款,考虑到原告在婚姻期间只有很低的收入、她的膝关节手术和因企业停业而丢掉工作等因素,不能合理地期待原告以自己的收入完全覆盖其生活需求。与此相反,被告每个月获得总计1345欧元的养老金。扣除每个月应偿还的源自当事人婚姻期间的信贷债务408欧元后,被告每个月剩余的应当被纳入扶养法考量的收入为937欧元。

根据联邦法院最新的判决(BGHZ 166,351,356 ff. = FamRZ 2006,683,684),扶养债务人在支付分居扶养费时应当保留夫妻一方自留生活费用,这一费用通常处于适当的自留生活费用(《德国民法典》第1603条第1款)和必要的自留生活费用(《德国民法典》第1603条第2款)之间。鉴于此,被告若不启动消费者破产程序,则无论如何也不能支付高于初级法院判决的扶养费用。

然而,不同于上诉法院观点的是,上告审判庭认为,被告在其负担的本案分居扶养费用的范围内不负有启动消费者破产程序的义务,以使得原告的扶养费请求权优先于用于婚姻生活的信贷债务。

a)虽然联邦法院认为,只要消费者破产程序能够确保持续性未成年人扶养费优先于其他的适用余债免除的债务获得支付,则存在一个启动消费者破产程序的义务。仅当扶养费债务人陈述事实并证明这样一个义务在个案中不能被合理期待时,不负有该义务(BGHZ 162,234,240 ff. = FamRZ 2005,608,609 ff.)。联邦法院以父母对其未成年子女和被优待的成年子女的加重扶养义务为基础作出这一司法裁判。鉴于未成年子女的费用请求权,父母比在其他扶养费事实构成的情形下付出更多的努力是可以被合理期待的,这使得对《德国基本法》第2条第1款保护的行为自由的干涉具有正当性。

aa)消费者破产程序的启动以及可能的余债免除必然导致持续性扶养费请求权优先于其他破产债权,包括尚未支付的生活费用(BGH Beschluss vom 27. September 2007 – IX ZB 16/06 = FamRZ 2008,142①)。这是因为,《德国破产法》第36条第1款规定,不能被强制执行的收入不属于破产财产。根据《德国民事诉讼法》第850条第2款和第850c条,这同样适用于不能被扣押的持续性工资收入,只要该收入优先为了个人生活或者为了履行法定的扶养请求权(Senatsurteil vom 31. Oktober 2007 – XII ZR 112/05 = FamRZ 2008,137)。

bb)主张民事诉讼法规定的扣押限制也不能使启动消费者破产程序的义务归于消灭,这是因为,根据联邦法院一贯的司法判决,不能支付情形下的扶养义务只在破产程序中可能的余债免除的基础上被予以考虑。《德国民事诉讼法》第850c条规定的扣押限制不仅不能单独导致扶养债务人的其他债务的消灭,而且相反地会导致债务的累积,根据联邦法院的惯常司法判决,这是不能被合理期待的,并且会妨碍扶养费的支付(BGHZ 162,234,240 = FamRZ 2005,608,609)。只有在附带可能的余债免除的消费者破产程序中,在计算扶养费时对不能强制执行的债权不予考虑才是正当的(参见 Wohlgemuth FamRZ 2006,308;不同观点见 Hauß FamRZ 2006,306 f. 和 Melchers/Hauß Unterhalt und Verbraucherinsolvenz Rdn. 106 ff.)。因此,审判庭认为,扶养债务人因其对未成年子女和被优待的成年子女负有加重的扶养义务而承担启动消费者破产程序的义务。主张《德国

---

① 该份判决之出处为译者所加,皆因该判决在当时尚未公开,故而原文为"公开待定"(zur Veröffentlichung bestimmt),为方便读者查阅所引判决,译者加入该份判决的公开索引。下文亦对几份于2007年作出的判决的公开索引进行了补充,不再额外说明。

民事诉讼法》第850a条以下规定的扣押限制的义务，不能取代启动消费者破产程序的义务。

cc）此外，需要扶养债务人自己申请启动消费者破产程序，这是因为只有如此，才能确保持续性的扶养费优先于其他破产债权。虽然根据《德国破产法》第13条第1款第2句，原则上债务人和债务人的债权人都可以提起破产申请。但是，根据《德国破产法》第305条第1款和306条第3款，对不计算信贷义务起决定性的余债免除强制性地以债务人自己申请启动破产程序为前提（BGHZ 162，181，183 = FamRZ 2005，703）。仅当扶养债务人因其扶养义务而自己申请消费者破产时，余债免除才有可能，并且因此优先于其他所有债务履行持续性的扶养义务对债务人而言是可被合理期待的。破产程序的启动将导致扶养义务人在不属于破产财团的收入（《德国破产法》第36条第1款，《德国民事诉讼法》第850条以下）与针对扶养请求而保留的自留生活费之间的差额上具有履行能力（Senatsurteil vom 31. Oktober 2007 – XII ZR 112/05 = FamRZ 2008，137）。

b）然而，有争议的是，当扶养债务人不是针对子女生活负有加重扶养义务而是针对分居或已经离婚的夫妻一方负有扶养义务时，扶养债务人是否也可以被判决负有启动消费者破产程序的义务。

aa）部分观点认为，当存在持续性的过度负债——债务与收入相比过高并且债务将持续很长时间时，扶养债务人启动消费者破产程序一般是可被合理期待的（Koblenz FamRZ 2004，823，824；Melchers/Hauß Unterhalt und Verbraucherinsolvenz Rdn. 260 ff.）。当债务人根据这一标准启动附带余债免除的消费者破产程序是可被合理期待时，将导致他在扶养法上也不能再主张已存的债务。因此，这一观点优先考虑扶养法上的法律后果——启动附带余债免除的消费者破产程序之义务，这一义务也适用于夫妻扶养债务人。根据这一观点，仅当在进行一般性的合理期待衡量时，才考虑债务人享有受《德国基本法》第2条第1款保护的宪法上的一般行为自由。

bb）与此相反，绝大多数观点认为，仅当存在《德国民法典》第1603条第2款第1、2句的针对未成年子女或被优待的成年子女的加重扶养义务时，扶养债务人负有启动消费者破产程序的义务才具有正当性。特别是在请求分居扶养费时，不存在一个与未成年子女的扶养费请求相类似的境况，这是因为在请求分居扶养费时通常存在作为扶养权利人的夫妻一方必须分担的在夫妻婚姻生活中产生的债务[OLG Celle FamRZ 2006,1536；OLG Koblenz NJW-RR 2005,1457(支持依据是《德国民法典》第1615l条第1款、第2款的请求权)]。

cc)审判庭原则上支持后一个观点。前一个观点错误地理解了受宪法保护的扶养债务人的一般行为自由的辐射范围。因此,只有存在比扶养债务人的经济自我决定更优先的重大事由时,启动消费者破产程序的义务才是正当的。

这样的情形通常见于《德国民法典》第1603条第2款规定的针对未成年子女和被优待的成年子女的加重扶养义务。这是因为,这一扶养义务的基础是《德国基本法》第6条第2款、第5款规定的扶养和教育子女这一宪法基本原则,因此原则上高于仅在一般法框架下的由《德国基本法》第2条第1款保障的扶养债务人的一般行为自由。此外,未成年子女和被优待的成年子女原则上没有自己获得生活费的机会。审判庭因此认为,在加重扶养义务的情形中扶养债务人额外更加努力是可被合理期待的。

这一理由不能被同样地适用于分居或已离婚的夫妻之间的扶养请求权。鉴于分居或已离婚的夫妻双方原则上都有自己获得生活费的可能,因此立法者并没有将《德国民法典》第1603条第2款规定的加重扶养义务扩展适用于夫妻之间的扶养。此外,2006年6月15日德国联邦议院和参议院已经通过的《德国扶养法修订法案》(BT-Drucks. 16/830)也改变了夫妻扶养请求权与未成年子女或被优待的成年子女的扶养请求权之间的顺位。如今《德国民法典》第1609条仅将未成年子女和被优待的成年子女的扶养请求权排在第一顺位,第二顺位才是扶养子女的父母和(以前的)配偶。

与上诉法院的法律观点不同的是,在本案中原告没有能力充分地照顾自己的生活的事实并不具有决定性。这是因为,立法者在夫妻扶养的框架下并未将必要的扶养需求与子女扶养等同视之。相应地,联邦法院在一贯的司法裁判中都拒绝了分居的或已离婚的夫妻的最低扶养需求(Senatsurteil vom 22. Januar 2003 – XII ZR 2/00 = FamRZ 2003,363,364)。与此相反,联邦议院和参议院已经通过的2006年6月15日的《德国扶养法修订法案》在《德国民法典》第1612a条中规定了未成年子女的最低扶养费,标准是《德国个人所得税法》第32条第6款第1句的满足子女实质性最低生活水平的免税金额(子女免税额)的两倍。根据《德国民法典》第1614条第1款,在扶养近亲属时,不得就将来而抛弃扶养请求权;与此相反,《德国民法典》第 1585c 条明文允许协议约定离婚之后的扶养。因此,对夫妻扶养费的保护不能与对未成年子女和被优待的成年子女的扶养请求权特别强的保护相提并论。

因此,分居扶养债务人或离婚后扶养债务人因享有宪法上保护的一般行为自由而通常不负有启动消费者破产程序的义务。这是因为,所负担的信贷通常早已用于婚姻生活,并且享有扶养权的夫妻一方也根据这一支出调整了其生活。即便夫妻双方在离婚/分居后不再负有《德国民法典》第 1360a 条规定的家庭扶养义务——夫妻双方共同为扶养家庭提供资金,也未有任何不同。与此相反,分居扶养义务和离婚后扶养义务以负有扶养义务的夫妻一方具有履行能力为前提,该履行能力仅当其能够维持他的自留生活费时存在(Senatsurteil BGHZ 166,351 = FamRZ 2006,683)。因此,在当事人分居后,不仅应当在根据婚姻生活状况计算扶养费时,也应当在判断履行能力时,考虑信贷负担;对此上诉法院判断错误。

c)根据前述基本原则,被告在其法定的扶养义务范围内对分居的原告不负有因每月承担婚姻中的信贷债务 408 欧元而启动消费者破产程序的义务。

消费者破产程序对于只有失去劳动能力养老金收入的被告而言,将会产生重大影响。这是因为,根据《德国破产法》第 313 条第 1 款和第 292 条,在破产程序中委任的托管受托人(Treuhänder)将会严重限制被告的经济自主性。与根据《德国破产法》第 97 条以下针对破产管理人一样,债务人也针对托管受托人负有广泛的告知义务和协作义务(参见《德国破产法》第 305 条第 1 款、第 2 款)。因此,破产程序的启动将对被告造成特别重的负担,这是因为,他对属于破产财团的财产的管理处分权将交由破产管理人和托管受托人享有(《德国破产法》第 21 条第 2 款、第 80—82 条、第 313 条第 1 款)。此外,《德国破产法》第 287 条第 2 款的余债免除的前提是,债务人将其在破产程序持续期间的可被扣押的劳动收入债权让与托管受托人。这将不仅在咨询机构约 6 个月准备程序(《德国破产法》第 305 条第 1 款第 1 句)的期间内,也包括根据《德国破产法》第 287 条第 2 款和第 299 条第 1 款在破产程序之后的 6 年考察期[①]内限制作为破产债务人的被告的处分可能。另外,启动消费者破产程序也会对扶养债务人

① 新法第 287 条第 2 款将考察期缩短至 3 年。

的一般信用等级产生不利影响。

原告对扶养债务人享有的分居扶养请求权在制定法上并未获得如同《德国民法典》第 1603 条第 2 款规定的加重扶养义务而对未成年子女和被优先保护的成年子女的请求权的强保护。

d)根据一般原则,原告的扶养请求权的计算应当以被告实际获得的退休收入扣除在婚姻期间即已存在的信贷负担作为基础。考虑到需要保留夫妻自己的生活费用,被告承担的扶养费无论如何也不高于初级法院判决的每月 96 欧元。但是,由于不利益变更禁止原则(Verschlechterungsverbot),也不应支付更低的扶养费,这是因为只有原告,而不是被告对初级法院的判决提起了上诉。因此,在 2004 年 1 月到 12 月的扶养费欠款为 1152 欧元(96 欧元 ×12),基于原告的申请,因《德国第十二社会法典》第 94 条第 1 款规定的请求权移转而应当向社会救济机构支付。对于 2005 年 1 月至 8 月 23 日期间,被告负有的分居扶养费债务总计 743 欧元[(96 欧元 ×7 +96 欧元 ×23) ÷31],在根据《德国第十二社会法典》第 33 条第 1 款规定的请求权移转后应当向求职者基本保障机构支付。

四、案例评析

德国破产法奉行破产申请主义,即破产程序依当事人申请方可启动,法院不能依职权启动。申请人可以为债务人,抑或债务人的债权人,但是债务人本身不负有提起破产申请的义务。如果债权人可因破产程序启动而获益,如防止债务人恣意浪费财产和适用破产法上的撤销权追回财产等使债权人利益最大化,其自然会积极申请启动破产程序。然而,根据《德国破产法》第 287 条第 1 款第 1 句的规定,与自然人破产程序衔接但又相互独立的余债免除的申请只能由债务人提起,全部的包括因余债免除而可能获益的债权人均无权申请债务人的余债免除。[①] 这一规定旨在尊重债务人的自由意志和自由决定,防止强迫债务人履行余债免除中的义务。不仅如此,余债免除申请只能在债务人申请破产时提出,如果债权人提交了破产申请,债务人必须指出,其还要自行

① Stephan, in MünchKomm InsO, 4. Aufl. 2020, § 287 Rn. 27.

申请余债免除。①

德国联邦法院在2005年2月23日的"未成年子女扶养费债务人负有启动消费者破产程序和余债免除程序义务案"(以下简称"未成年子女扶养费案")中认为,《德国民法典》第1603条第2款规定的对未成年子女的加重扶养义务要求扶养义务人尽一切可能的方式来满足其子女的生活需要,包括启动破产程序和余债免除从而使扶养义务人待履行的扶养费债务相较于其他债务具有优先清偿的地位。当扶养债务人缺乏清偿能力,且这一状况将长时间地持续,但债务人可以获得余债免除,并且启动破产程序和余债免除程序对债务人而言是可被合理期待时,成立扶养债务人启动破产程序和余债免除程序的义务。德国联邦法院在未成年人扶养费案中引入这一义务是对扶养费债权人、扶养债务人和其他债权人的利益进行综合衡量的结果。根据《德国破产法》第38条的规定,在破产程序启动前成立的扶养费债权属于破产债权,其在破产程序中按比例获得清偿,未被清偿的部分亦可以因余债免除而被免于支付。唯在扶养债务人故意违反义务未支付扶养费时,根据《德国破产法》第302条之规定,该扶养费破产债权不适用余债免除。在破产程序启动之后到期的扶养费债权既不属于破产债权,也不属于破产财团债权,其只能在破产程序之外从债务人免予扣押的财产中获得清偿。根据《德国破产法》第36条的规定,债务人免于扣押的财产不属于破产财产。换言之,其他债权人的债权不能从债务人免予扣押的财产中获得清偿,持续性的扶养费债权因此优先于其他破产债权被清偿。另外,其他债权只能从债务人的破产财产中按比例获得清偿,未获得清偿的部分将通过余债免除程序予以免责,如此一来,可以极大地改善债务人未来支付扶养费债权的能力。其他债权人在破产程序中只能按份获得清偿并且适用余债免除,但是在德国联邦法院看来,这并没有实质损害他们的利益,因为这是立法者创设自然人破产及剩余债务免除程序的必然结果。② 德国联邦法院认为,《德国民法典》第1603条第2款规定的加重扶养义务的制度基础是《德国基本法》第6条第2款、第5款规定的扶养和教育子女宪法基本原则,其在价值位阶上高于

① [德]乌尔里希·福尔斯特:《德国破产法》(第7版),张宇晖译,中国法制出版社2020年版,第291页。

② BGHZ 162,234 = NJW 2005,1279,1282,参见何旺翔:《德国联邦最高法院典型判例研究:破产法篇》,法律出版社2019年版,第244页。

由《德国基本法》第2条第1款保障的扶养债务人的一般行为自由。因此,扶养债务人额外更加努力是可被合理期待的,其负有启动破产程序和余债免除程序之义务。

德国联邦法院在本案即分居扶养费债务人无启动消费者破产程序义务案中,一方面继续认可在涉及未成年人扶养费时债务人负有启动消费者破产程序的义务,另一方面为这一义务划定了一个清晰的边界,[①]即仅涉及夫妻扶养费时扶养债务人不负有启动破产程序的义务。德国联邦法院在本案中指出,夫妻之间的扶养与对未成年子女的扶养在法律上评价并不相同,夫妻通常具有独自获得生活费的能力。即便在夫妻一方丧失生活能力的情形下,也不能改变法律这一基本评价。换言之,法律对夫妻扶养的保护强度远远低于对子女扶养的保护强度。在这样一个低的扶养强度下,特别是不存在一个高于债务人一般行为自由的价值判断时,应当更加尊重行为人的自我决定,而不能强迫其启动破产程序和余债免除程序。

从这两份判决中可以推导出的一般规则是,原则上扶养债务人只针对未成年子女或被优待的成年子女的扶养费债权承担启动消费者破产程序和余债免除程序的义务,除非基于整体衡量这是不可被合理期待的;扶养债务人针对其他扶养债权原则上无启动消费者破产程序和余债免除程序的义务。[②] 这一规则要求需在个案中衡量所有可能的情形,以判断这一义务对扶养债务人而言是否可被合理期待。对于需要衡量的情形,德国学界和实务界作了进一步的补充[③]:第一,如果不能期待债务人获得余债免除时,债务人不负有启动破产程序和余债免除的义务。例如,根据《德国破产法》第302条第1项之规定,债务人因故意侵权行为承担的债务不能被免责。第二,破产程序、扶养债务和第三人债务的持续时间。鉴于破产程序和余债免除程序将严重限制债务人的经济自主性,故而当债务人即将因子女达到法定年龄而无须继续承担扶养费时,不负有启动

① Martin Ahrens, Antragsobliegenheit und Unterhalt in der Insolvenz, NZI 2008, 159, 159.

② Vgl. Gunnar Melchers, Obliegenheit des Unterhaltsschuldners zur Einleitung eines Verbraucherinsolvenzverfahrens, in NJW 2008, 806, 807.

③ Peter Weber, Unterhaltsrechtliche Behandlung von Schulden in den Leitlinien der Oberlandesgerichte, FPR 2006, 468, 471; Martin Ahrens, Antragsobliegenheit und Unterhalt in der Insolvenz, NZI 2008, 159, 159; Birgit Niepmann, Die Rechtsprechung zur Bedeutung der Verbraucherinsolvenz im Unterhaltsrecht, FÜR 2006, 91, 93.

破产程序的义务。第三,需要衡量启动破产程序和余债免除对债务人所欠扶养费的影响。这是因为根据《德国破产法》的规定,破产程序启动前所欠扶养费属于破产债权并且适用余债免除。因此,当债务人可被期待在将来获得额外财产能够清偿所欠扶养费时,债务人不负启动破产程序之义务。第四,债务人自身因素,如破产程序的启动将导致债务人丧失职业资格或者债务人营业的停止。第五,费用因素,如债务人不被允许延期和免于支付破产费用。第六,严重损害其他人的利益。通常而言,其他债权人的利益不被考量,但是当破产程序的启动会严重损害如债务人父母的居住权时,债务人启动破产程序可能不可被合理期待。

德国联邦法院的这两份判决虽然获得了理论界和实务界的普遍认同,但也有学者质疑,扶养债务人启动消费者破产程序和余债免除程序的义务是否可被扩张适用于针对独立经营者启动普通破产程序的情形。① 德国联邦法院引入的这一启动消费者破产程序和余债免除程序的义务是一项不真正义务(Obliegenheit),其不可被要求履行,但在债务人不履行该项义务时,其承担不履行该项义务之不利后果。换言之,法院在计算持续的扶养费时,视为破产程序和余债免除程序已经启动,故而将不再或只是按比例考虑其他债务的清偿。②在此意义上,当扶养债务人陷入破产时,未来的未成年人扶养费债权至少在债务人的免于扣押财产上绝对地优先于其他债权。这一实践做法突破了债务人申请破产和余债免除的自由决定权,以至于有学者建议应当允许未成年人扶养债权人提出申请。③

在我国,自然人债务人许可免责立法模式被视为现实的最佳选择,④也被地方立法所采纳。⑤ 在免责考察期内,债务人的行为自由亦受到限制,并负有一系列的行为义务。然而,我国在扶养费债务的处理上,与德国不完全一致。在我国的传统观念中,家庭是社会的最小且最重要的组成单位。我国传统观念特别

---

① Martin Ahrens,Antragsobliegenheit und Unterhalt in der Insolvenz,NZI 2008,159,159.

② 参见何旺翔:《德国联邦最高法院典型判例研究:破产法篇》,法律出版社 2019 年版,第 273 页。

③ Wohlgemuth,FamRZ 2005,2035; zitiert durch Martin Ahrens,Antragsobliegenheit und Unterhalt in der Insolvenz,NZI 2008,159,159.

④ 徐阳光:《个人破产免责的理论基础与规范构建》,载《中国法学》2021 年第 4 期。

⑤ 例如,2021 年 3 月 1 日起施行的《深圳经济特区个人破产条例》第 95 条以下规定了许可免责制度。

重视家庭责任，强调抚养子女和赡养家庭，因此相关的扶养赡养费用也在法律上受到优待。例如，我国《民法典》第196条明确规定抚养费、赡养费和扶养费债权不适用诉讼时效；我国《民事诉讼法》第109条规定法院可以裁定先予执行赡养费、抚养费和扶养费；我国《民事诉讼法》第250条规定强制执行时应保留被执行人及其所扶养家属的生活必需费用。我国虽然尚未引入自然人破产制度，但是学界和实务界几乎一致认为，基于法定身份关系产生的赡养费、抚养费和扶养费应当优先于其他债权获得清偿并且不得被免责，[①]否则可能危及配偶、父母和子女的生存权和发展权。[②] 上述德国两则判决确立的未成年子女抚养费债权优先于其他破产债权在我国的制定法中已经存在。若在我国存在德国上述两则案例的情形时，抚养债权人可积极起诉并申请强制执行，或者申请启动破产程序，[③]从而排除其他债权人的竞争。即便债务人在考察期经过后不申请余债免除导致债务继续累积，此时抚养债权人亦可在破产程序终结之后继续申请强制执行。鉴于我国的抚养费计算、执行和优先顺位等规则与德国的不同，德国上述两则案例确定的规则对我国的借鉴意义有限。尽管如此，德国复杂的破产法和抚养法制度规则背后遵循的对债务人行为自由的尊重以及福利国家思想值得我国借鉴。

① 参见《深圳经济特区个人破产条例》第89条和第97条的规定。

② 徐阳光：《个人破产免责的理论基础与规范构建》，载《中国法学》2021年第4期。

③ 例如，《深圳经济特区个人破产条例》允许债权人提起破产申请，且无须债务人的申请，在法院破产宣告后债务人即进入免责考察期（该条例第95条），在考察期经过后债务人才可以申请余债免除（该条例第100条）。

第三章

法国个人破产典型案例

—作者简介—

种林，山东政法学院“一带一路”国别研究与协同创新中心主任、副教授，法国巴黎第二大学法学硕士、法学博士。出版个人法语专著《破产管理人制度研究》《中法比较视角下的中国审判独立研究》两部，在国内外核心期刊上发表论文十余篇，山东省法学会经济法学研究会秘书长，曾任全法中国法律和经济协会秘书长、副会长。

张文韵，女，巴黎第一大学索邦法学院博士（在读），索邦司法研究院（Institut d’études judiciaires de la Sorbonne）教授助理，联系方式：wenyun10.20@hotmail.com。

—作者荐语—

建立自然人破产制度已成为当前我国理论界与实务部门的主流观点，但是在自然人破产制度的框架以及具体程序设计上仍然有一些存在较大争议的问题。当前中国自然人破产立法存在的很多棘手问题具有一定的普遍性，在国外破产法发展过程中也都出现过并得到解决，因此考察国外立法经验教训对于我国自然人破产立法是非常必要的。特别需要指出的是，法国司法机关重要的判决推动了立法的发展和完善，案例研究在成文法国家应得到更多重视。

— 第三章目录 —

CASE 01

案例 1

民事个人破产程序的适用范围*

种　林（山东政法学院副教授、巴黎第二大学法学博士）
张文韵（巴黎第一大学索邦法学院博士生）

一、裁判要旨

符合《法国商法典》第六卷"困境企业"规定的企业进入商事破产程序时，该企业的高级管理人员（经理、总裁、总经理、董事等）能够以自然人身份申请启动《法国消费法典》规定的民事个人破产程序。

二、基本案情

对于债务人提出的民事个人破产程序申请，原审法院判决认为，如果债务人所管理的有限责任公司处于司法清算程序中，他不能以该程序的结束为自己辩解，也不能就未从企业和供户登记注册中被除名而提出（有效）异议，法院就应当受理该申请。债务人对于原审法院判决不服，上诉至最高法院。最高法院认为债务人的民事个人破产和他担任经理的公司的商事破产程序并非不能并存，撤销了原审判决并发回重审。

* 法国最高法院第二民事审判庭，2004 年 7 月 8 日判决，案件编号 02 - 04.212，刊登于法国最高法院公报。

三、案例评析

法国是世界上破产法律制度发展较为成熟的国家之一，该国个人破产制度有明显的特色。1536 年《佛朗索瓦一世法令》、1560 年《查理九世法规》和 1673 年《科尔波特法规》基本延续了罗马法关于破产的概念和规则。根据法国私法民法商法分立的传统，1807 年《法国商法典》规定了商事破产制度；民事破产制度可以追溯至 1879 年开始适用于阿尔萨斯、洛林等地区的民事破产法，而适用法国全境的民事破产程序直到 20 世纪 80 年代末，在消费信贷强劲增长的背景下，随着取消限制信贷而发展起来的。与此相对应，法国个人破产制度分为商事个人破产和民事个人破产两部分。[①] 我们将首先讨论法国民事个人破产制度的发展阶段及其特点，然后分析民事破产程序的适用范围。

（一）法国民事个人破产制度的发展阶段及其特点

自 1989 年 12 月 31 日第 89－1010 号法律 Neiertz 法规定处理过度负债制度以来，经过 30 多年的发展，法国建立了一套独创的集体清偿程序。该程序是免费的，并以各省的过度负债委员会为基础，过度负债委员会有权力在法官的监督下，向债权人和债务人提出适当的解决方案。过度负债委员会由国家代表、债权人代表和专业协会的代表组成，其秘书处和工作由法国银行负责。

1. 重视发挥和解作用的初创阶段（1990—2002 年）。1989 年 12 月 31 日的 Neiertz 法创设了个人过度负债集体清偿程序，其主要立法目标是防止过度负债的债务人陷入绝境，并使债权人能够收回全部或部分欠款。这部法律建立了逾期偿还贷款人员名单（un fichier recensant les incidents de remboursement des crédits aux particuliers，FICP）。个人过度负债集体清偿程序分为两个阶段：第一阶段，在行政机关的主导下寻求通过债权人和债务人的友好协商取得解决债务问题的办法；第二阶段则属于司法程序，法官可以对债权人和债务人作出一项以重新安排债务偿还期限为主要内容之一的债务清偿方案。为了解决负责制定债务清偿方案的司法机关工作负荷过大和调解失败率过高的问题，立法者通过了 1995 年 2 月 8 日第 95－125 号法律，对 Neiertz 法进行了第一次修订。第

---

① 关于法国商事破产制度的发展，参见种林：《发展中的法国困境企业法》，载陈夏红、许胜锋主编：《破产法信札》，法律出版社 2017 年版。

95－125 号法律加强了省级过度负债委员会的职权，并用新的三阶段程序取代了旧的两阶段程序：首先是为达成债务清偿调整方案进行的友好协商阶段（La phase de conciliation），其次是过度负债委员会针对协商不成的案件向法院提交债务清偿建议措施的阶段，第三阶段为执行法官对过度负债委员会建议采取的措施进行审查和批准阶段（La phase d'homologation）。新的民事个人破产程序将债权人获得清偿作为优先考虑的目标，酌情在较长甚至不设定最长期限上限的条件下制订还债方案，但不区分债务人无偿还能力的情形。

为了解决法律实施中出现的问题，立法者又制定了 1998 年 7 月 28 日第 98－657 号法律，该部法律规定了暂停对债务人实施驱逐出住所的措施。根据第 98－657 号法律规定，如果债务人没有可用于清偿全部或部分债务的可扣押的财产或者收入，过度负债委员会可向法官建议暂停支付除用于维持生活的赡养费、抚养费等或税款以外的债务。该延长清偿期最长不得超过 3 年。如果债务偿还延长期限届满后，债务人仍然无力偿债，过度负债委员会可通过一项附有理由的特别意见书，建议免除债务人除用于维持生活的赡养费、抚养费等或税款以外的清偿义务。从 1990 年到 2002 年，民事个人破产申请共计约 130 多万件，其中 1990 年提出的民事个人破产申请案件数量为 9 万件。在 1991 年至 1995 年，每年提出的民事个人破产申请案件数量稳定在 7 万件以下。1996 年之后民事个人破产申请案件数量逐年上升，1999 年至 2002 年每年的申请数量在 15 万件以下。

2. 通过发挥个人恢复程序和加强过度负债委员会的作用，更快地处理案件的发展阶段（2003—2010 年）。进入 21 世纪后，个人过度负债的情况发生了重大变化。以前主要涉及针对因为过度支出和消费信贷而进入债务泥潭的家庭，而现在由于家庭或职业重大变故而没有足够的收入来应对所有支出的家庭或失业人员越来越多。由于依据 1998 年 7 月 28 日第 98－657 号法律建立的处理过度负债机制无法有效应对这种变化，立法者希望在原有民事个人破产程序的基础上再创设一个免除债务人还债义务的新机制。受 1924 年以来适用于上莱茵省，下莱茵省和摩泽尔省的民事破产程序的启发，2003 年 8 月 1 日《关于城市和城市更新的指导和规划法》首次设立了“个人恢复程序”（rétablissement personnel）。根据个人恢复程序，破产者有可能获得债务减免，从而为许多人提供新债务解决办法和真正的东山再起的机会。与过度负债委员会的做法不同，这一程序完全由执行法官负责。这一选择和当时适用于商事自然人、手工业者和农民的商事集体清偿程序的规定一致。该法还在多个方面修改了现行法律规定，尤其是它将个人恢复计划（plan de redressement amiable）的期限限定为8年（必要时可再额外延长两年），且新规定允许免除税务或准税务性质的债务以及应当向社会保障机构支付的社保类债务。随后的2007年12月20日第2007－1787号法律规定执行法官有权在个人恢复程序的开庭审理中，在宣布受理申请的裁定中以申请人财产明显不足为理由同时宣布终结程序。2008年8月4日关于经济现代化的第2008－776号法律则扩大了个人恢复程序的适用主体，根据该法规定，对个人企业主或公司的债务承担担保清偿责任或连带清偿责任的债务人明显不能偿还的，如果该债务人是善意的，可以申请适用民事个人破产程序。尽管立法在2003年至2010年有许多改进，但此期间提交的民事个人破产的案件数量还是超过150万件（其中超过1/3是重新提交的），案件数量的不断增加引发了如何加强民事破产法律机制有效性的广泛讨论和反思。

3. 预防、寻求可持续的解决办法和简化程序阶段（2011年以来）。2011年以来，立法更加关注对弱势群体的保护，对信贷则进行更严格监管。关于消费者信贷改革的第2010－737号法律，即《拉加德法》，强化了金融信贷机构的责任和义务：建议现金支付的义务，赋予借款人对于超过1000欧元的任何类型的信用贷款在循环信贷和可折旧信贷之间的选择权；审查借款人的偿付能力以及查询逾期偿还贷款人员名单的义务。立法者希望《拉加德法》能成为保护消费者免受滥用和过度消费信贷之害的一般性法律，该法将FICP的记录期限从8年缩短到5年，将债务重新安排方案的最长期限从10年缩短到8年。改革后，过度负债委员会最多有3个月的时间向债务人提出债务解决方案。《拉加德法》还规定，仅以持有人过度负债为由关闭其银行账户是非法的。由此，过度负债的消费者得到了更好的保障，相关信息更加透明。2013年《银行法》的立法目的是完善过度负债程序，更好地保护过度负债的家庭，特别是在保留家庭住房方面。根据该法规定，有资格获得债务免除的过度负债家庭可以获得再次得到家庭或社会住房援助，特别是个人住房援助（APL）的资格。该法还确认破产程序中的过度负债家庭具有购买或取得其租赁住房的资格。在适用过度负债处理措施的同时，由债权人启动的强制执行程序被中止和禁止的期限从此前的一年延长为两年。最后,为了加快程序的处理进度,对于债务人的偿债能力差且友好谈判显然注定会失败的情况,新法取消了友好谈判阶段的强制性,允许过度负债委员会缩减或跳过这个阶段。

2014 年,《哈蒙消费者法》再次加强了预防措施,并将程序期限缩短至 7 年,同时以例外的方式规定为了保留主要住所可以取消该上限。2016 年 11 月 18 日关于 21 世纪司法现代化法的第 2016 - 1547 号法律,即《21 世纪司法法》,取消了对过度负债委员会提议措施的司法认可,并相应地增加了上诉和异议的时限。同样是为了加快程序,2016 年 12 月 9 日关于透明度、反腐败和经济生活现代化的第 2016 - 1691 号法案,即《萨潘第二法律》,将友好谈判阶段限制在债务人拥有不动产的情况下,并规定在债权人未作出回应的情况下,协定计划将在通知后 30 日内默认生效。

通过在预防、处理和支持等多方面采取的各项措施,过度负债数量持续大幅下降。作为直接指标的首次申请从 2011 年到 2019 年下降了 43%,从 14.2 万件降至约 8.1 万件。在其下降的同时,负债的性质也发生了重大变化。值得注意的是,自 2011 年以来,过度负债案件中的消费债务数量急剧下降(8 年内下降了 20 亿元),在 2019 年受理的案件中,25% 不存在消费信贷。对这些措施的谨慎实施使得与该程序有关的再次申请案件也大大减少。因此,在过度负债委员会处理的所有案件中,持续性解决方案从 2011 年占总数的 60% 增加到 2018 年和 2019 年的 3/4(76%)。

(二)法国民事个人破产制度的适用范围

由于法国存在民商分立的传统,对商事个人制度与民事个人制度的适用范围的研究成为必要。1804 年《法国商法典》将商事破产制度的适用范围限定为商人(商自然人和商法人),1967 年将法律的适用范围扩展到私法上所有的法人,商事破产程序适用对象不再限于商事主体。奠定当代法国商事破产制度框架的 1985 年 1 月 25 日第 85 - 98 号法律进一步将商事破产的适用范围扩展到手工业者、农业生产者以及自由职业者。法国法律体系中的民事个人破产制度最初的适用对象是处于超负债(surendettement)状况的自然人,《法国消费法典》最初使用的术语"超负债"是指明显不能清偿所有已经到期和即将到期的非职业性债务,解决超负债措施适用于处于超负债状况的善意自然人。

受成文法传统以及避免司法机关行使立法权的考量,法国司法机关的判决书通常都非常简短，最高法院作出的该判决也是如此。但这并不影响其重要性。最高法院将法人人格独立原则运用到本纠纷以解决商事破产制度与民事个人破产制度适用主体冲突的困难，非常及时地回应了由于立法规定不明确而带来的法律适用争议：符合《法国商法典》第六卷“困境企业”规定的企业按照该卷法律规定进入商事破产程序时，该企业的高级管理人员（经理、总裁、总经理、董事等）能否以自然人身份申请《法国消费法典》规定的处理过度负债情况的程序？

在本文所分析的案件中，巴约地方法院的执行法官驳回了正在进行司法清算的有限责任公司经理提出的民事个人破产申请，理由是该经理不能证明公司的司法清算程序已经结束，也无法就未从企业和工商登记注册中被除名而提出有效异议。一审法院基于民事个人破产和商事破产程序应该相继适用的观点作出判决，即只有在企业的司法清算程序结束并将企业高级管理人员从商业和公司登记册上除名后，后者才有资格申请民事个人破产程序。民事个人破产和商事破产程序分立的法律依据是《法国消费法典》第 L. 333 - 3 条。根据该条法律规定，当债务人属于 1984 年 3 月 1 日第 84 - 148 号关于预防经营困难及和解的法律、1988 年 12 月 30 日第 88 - 1202 号关于农业经营者适应经济、社会环境的法律以及 1985 年 1 月 25 日第 85 - 98 号关于企业重整和司法清算的法律所规定的商事破产程序适用范围时，债务人不适用《法国消费法典》的有关规定。也就是说，如果债务人本人属于商事破产程序适用范围而进入商事破产程序中，则他不能再申请过度负债程序。对于商自然人、手工业者、农民来说，情况就是这样。基于他们应当适用企业破产法规定的程序这一理由足以驳回他们提出的过度负债程序的申请，即使他们提出过度负债程序申请时商事破产程序也尚未启动。

但是最高法院不同意原审法院的观点。最高法院采取的立场是，当企业进入商事破产程序，该企业的经理提出过度负债程序的申请，而他又不具有商人身份时，不应当仅以企业适用商事破产程序就驳回该企业经理提出的过度负债程序的申请。基于企业相对于其经理的独立法律人格，承认二者应分别适用破产程序是合乎逻辑的。最高法院认为，在企业高级管理人员满足《法国消费法典》规定的申请民事个人破产程序的具体条件时，民事个人破产和商事破产程序可以同时启动。

本案中最高法院撤销了原审法院不受理有限责任公司经理个人破产申请的判决，并将判决书刊登于最高法院公报。这一判决所体现的最高法院观点不仅得到司法界的尊重，成为各级法院审判类似案件的指导，也得到立法者的认同。2008 年 8 月 4 日关于经济现代化的第 2008－776 号法律扩大个人民事破产程序适用对象范围，明确对于个人企业主或公司的债务承担担保清偿责任或连带清偿责任而债务人明显不能偿还的，如果该债务人是善意的，可以申请适用个人民事破产程序。另外有必要指出的是，通过立法修改和司法实践，还可以归纳以下三种不受理企业经理申请民事个人破产的情况。首先，根据《法国商法典》的有关规定，在实行司法重整或者司法清算程序时，企业法律上或事实上的高级管理人员经核实存在将公司财产用于个人目的、权力滥用导致企业亏损等情况的，破产法院可以宣布企业法律上或事实上的高级管理人个人破产。这种情况下，后者不享有申请过度负债程序的权利。其次，由于企业财产和企业高级管理人员财产混同等导致针对企业的司法重整或司法清算程序扩展到企业高级管理人员的情况。这种情况下，因为企业高级管理人员属于商事破产程序的适用范围，根据民事破产程序和商事破产程序分立的原则，排除企业高级管理人员申请过度负债程序的可能。最后，当企业高级管理人员被认为应当就法人债务承担全部或部分责任且该债务没有被清偿时，其本人也具有商事主体资格，能从事其他商业活动，则法院应当启动对企业高级管理人员的商事破产程序。

附　判决书节选：

以法兰西人民的名义判决如下：

关于唯一理由：

考虑到所适用的《法国消费法典》第 L. 333－3 条；

为了宣布 X 先生的请求不具有可受理性……以处理他的过度负债情况，被上诉的终审判决认为，如果债务人以他作为经理的汽车服务有限公司的司法清算为理由，他不能以该程序的结束为自己辩解，也不能就未从企业和供户登记注册中被除名而提出(有效)异议。

原审法院基于上诉理由作出判决，然而，本院认为，只有在经理启动的企业破产重整或破产清算程序或宣布个人破产措施的情况下，有限责任公司的经理才受1985年1月25日第85-98号法律管辖,法院违反了上述法律规定。

基于这些理由:

撤销由巴约地区法院(tribunal d'instance de Bayeux)执行法官于2001年6月25日作出的关于各方当事人(权利义务关系)的判决的所有内容;因此,将案件和当事各方置于上述判决作出前的状态,为了公平解决,将本案移送利雪大审法院(tribunal de grande instance de Lisieux)。

由被告承担诉讼费用。

CASE 02

案例2

为公司债务提供担保负债但符合过度负债特征的自然人可适用消费者过度负债清理程序

种　林（山东政法学院副教授、巴黎第二大学法学博士）
张文韵（巴黎第一大学索邦法学院博士生）

一、裁判要旨

善意自然人无法履行其为公司债务提供的担保承诺，即使其担任该公司管理职务，但符合处于过度负债状态的特征的，可通过《法国消费法典》过度负债清理程序获得债务的减免或全部免除。

二、基本案情

2002年4月3日，债务人为其担任经理的公司购买营业资产申请的贷款提供了个人担保。2014年4月3日，债务人向法国个人过度负债委员会申请启动过度负债清理程序以清理其债务。该委员会于2015年2月12日作出不予受理的决定。尼姆地区法院驳回了债务人就不予受理的决定提起的诉讼并确认了该决定。法院认为，债务人几乎所有负债都产生于其在2002年4月3日为公司贷款提供的担保承诺，而根据当时适用的《法国消费法典》第L.330－1条的规定，债务人以公司经理的身份为公司债务提供担保的，不得通过过度负债清理程序处理因此而负担的债务。但法国最高法院以尼姆地区法院对上述法律条款运用有误为由推翻并撤销了上述判决。

三、案例评析

(一)争议问题

当债务人以经理身份为公司贷款提供担保的,能否通过法国个人过度负债清理程序清理因担保而产生的债务?

(二)评论

1.《法国消费法典》第 L. 330 - 1 条的不同文本。2003 年 8 月 1 日第 2003 - 710 号《关于市镇与城市改造的定位与规划法》第一次对为职业性质债务提供担保产生的清偿义务作出了规定。[①] 有关规定经过法典编纂成为《法国消费法典》中的第 L. 330 - 1 条。根据上述条款,"自然人处于过度负债状态的特征是,善意的债务人明显不能清偿其所有已到期和未到期的非职业性质债务,以及因其为个体工商户或公司债务提供担保或连带清偿债务承诺产生的债务,但债务人不得担任该公司法律上或事实上的经理"[②]。由此可见,在《法国消费法典》第 L. 330 - 1 条的最初文本中,债务人为公司经理的,不得申请启动个人过度负债清理程序以清理其因提供担保所应承担的债务。在此背景下,当时法国最高法院要求法官在审理相关案件时,应当注意认定债务人在为企业贷款提供担保时,是否有充分理由认为其为该公司法律上或事实上的管理者。[③]

2008 年 8 月 4 日第 2008 - 776 号《经济现代化法案》对《法国消费法典》第 L. 330 - 1 条进行了修订,删除了在个人过度负债清理程序框架下清理因担保产生的债务时债务人不得为公司管理者的规定。根据修订后的第 L. 330 - 1 条规定,[④]所有为公司债务提供担保而负债的自然人债务人,无论是否担任该公司经理,只要其明显不能清偿担保债务的,都可以被认定处于过度负债状态。自此,法国个人债务清理程序为职业性质债务敞开了大门,摒弃了认为上述程序

---

① 法国最高法院将职业性质的债务定义为"为满足职业活动需求或以职业活动的名义产生的债务",参见法国最高法院第二民事审判庭,2004 年 4 月 8 日第 03 - 04013 号判决。

② 该文本适用期间为自 2003 年 8 月 2 日至 2008 年 8 月 6 日。

③ 参考法国最高法院第二民事审判庭,2007 年 11 月 15 日,第 05 - 15094 号判决。

④ 该修订文本的适用期间为 2008 年 8 月 6 日到 2010 年 11 月 1 日。

仅适用于清理非职业性质负债的传统观念。有观点认为,“从立法技术上看,应当承认赋予明显不能清偿担保债务的公司经理申请启动过度负债清理程序的权利有悖于个人过度负债法的原则,因其意味着允许在上述程序框架下清理职业性质债务。但基于给予债务人重新开始的权利的政策考量,债务人可以通过个人过度负债清理程序获得因为公司提供担保而产生的债务的减免,从而轻装上阵参与新的经济活动,虽然这是以牺牲债权人利益为代价得以实现”。①

另外,值得注意的是,在第 L. 330 – 1 条后续修订文本中,对拥有主要住所产权的债务人申请启动过度负债程序的权利也作出了规定。2010 年 7 月 1 日第 2010 – 737 号法律规定,“债务人为其主要住所业主的,不得仅因此而拒绝承认其处于过度负债状态”。2013 年 7 月 26 日第 2013 – 672 号法律则进一步明确,“债务人为其主要住所业主,且在提交启动个人过度负债清理程序的申请之日,该住所的估值等于或高于其所有已到期和未到期的非职业性质债务总额的,不得仅因此而拒绝认定其处于过度负债状态”。因此,自 2013 年起,即使债务人为其主要住所业主且该房产价值大于其全部负债金额也可以申请启动个人过度负债清理程序。

2016 年 3 月 16 日第 2016 – 301 号《关于〈消费法典〉立法部分》的法令废除了第 L. 330 – 1 条,并新设第 L. 711 – 1 条替代原第 L. 330 – 1 条。虽然该法令改变了条款序号,但是并未对其内容进行实质性修改。与之相较,2022 年 2 月 14 日第 2022 – 172 号《支持自雇职业活动法》第 10 条对《法国消费法典》第 L. 711 – 1 条的修改无疑是颠覆性的。修订后的第 L. 711 – 1 条(目前现行有效)规定,②“善意自然人享有申请过度负债状态清理措施的权益。处于过度负债状态的特征是,明显不能清偿其所有已到期和未到期的、职业性质与非职业性质的债务。(债务人)为其主要住所业主,且在提交过度负债清理申请之日,该住所的估值等于或高于所有已到期和未到期的、职业性质与非职业性质债务总额的,不得仅因此而拒绝认定其处于过度负债状态。明显不能履行其为个体工商户或公司债务提供的担保或连带清偿承诺的,同样可认定其满足过度负债状态的特征”。

① V. Martineau-Bourgninaud, Procédures de surendettement des particuliers et de rétablissement personnel, LGDJ, 2018, p. 121.

② 新修订的第 L. 711 – 1 条于 2022 年 2 月 16 日生效。

2. 一审法院判决的理由。尼姆地区法院于 2015 年 10 月 10 日作出的一审判决认为,X 先生的全部债务都是为公司贷款提供担保而产生的。由于作出担保承诺的日期是 2002 年 4 月 3 日,因此适用《法国消费法典》第 L. 330 - 1 条最初文本(上文提到的 2003 年版本),而根据该条,债务人作为公司法定或实际经理为公司贷款提供担保的,不得要求在过度负债程序中清理相应的担保债务。因此,X 先生作为 Trio 公司经理不享有申请启动个人过度负债清理程序的权利。但法国最高法院以尼姆地区法院对上述条款的运用有误为由撤销了一审判决。

3. 最高法院撤销一审判决的理由。最高法院在之前所作的判决中认为,2008 年 8 月 4 日第 2008 - 776 号《经济现代化法案》规定生效后,经理为公司提供担保而负担的债务可以在过度负债程序中获得清理,法官就相关争议作出裁定的,应适用修订后的第 L. 330 - 1 条。[①] 在本案中,最高法院以债务人向过度负债委员会提交债务清理申请的日期为依据,援引适用的法律条款的文本,无疑是延续了这一裁判惯例。债务人提交过度负债清理申请的日期为 2014 年 4 月 3 日,因此应当适用2008 年 8 月 4 日第 2008 - 776 号《经济现代化法案》对第 L. 330 - 1 条进行修订后的文本,即债务人明显不能清偿其为公司提供的担保产生的债务的,无论是否担任公司经理,都能申请启动过度负债清理程序清理担保债权。有文章认为,最高法院的判决"意在保护为企业贷款提供担保而陷入困境的个体企业主和公司经理。在本案中,债务人的债务是否全部因为公司提供担保而产生便无关紧要了。诚然,我们不能否认上述债务的职业性质。但 2008 年 8 月 4 日第 2008 - 776 号法律明确将其作为法定例外……"[②]在本案之后,最高法院在其他案件中也延续了本判例。[③]

4. 对公司贷款担保人保护力度的加强。从我们所点评的这个事实并不复杂的案件中,可以一窥《法国消费法典》个人过度负债清理程序在对担保产生的债务处理理念与法律规定的变化脉络。在 2003 年之前,过度负债委员会依法

① 参考最高法院第二民事审判庭,2010 年 12 月 2 日第 09 - 67503 号判决。该案中,债务人作为经理分别于 1998 年和 1999 年为公司贷款提供担保,法院据此认为该担保产生的债务不得通过过度负债程序清理。而最高法院以一审法院作出判决之日(2008 年 9 月 25 日)2008 年 8 月 4 日第 2008 - 776 号法律已经生效并直接适用为由,撤销了一审判决。

② E. Mouial-Bassilana, La caractérisation de la situation de surendettement d'une caution, Gaz. Pal. 2 mai 2017, n°17, p. 34.

③ 如法国最高法院第二民事审判庭于 2019 年 6 月 6 日作出的第 18 - 16228 号判决。

严格区分职业性质和非职业性质债务，在评估债务人的财务状态及负债金额时，将职业类债务排除在外。如上文所分析，2003 年 8 月 1 日通过的第 2003－710 号法律打破了这一传统隔离带，允许职业性质的债务（当时限定为为公司贷款提供担保产生的债务）被纳入过度负债程序中进行清理，前提是债务人不得为公司经理。而 2008 年又更进一步删除了这一限制，使得所有自然人因担保所负债务，无论是不是商业担保，都能通过个人过度负债程序获得减免甚至被全部免除。因此，“2008 年通过的改革以及最高法院对其的运用都在提醒我们，过度负债处理程序的适用及其产生的可能后果都旨在鼓励经理更加积极地为公司债务提供担保。考虑到上述担保人可以通过个人恢复程序减免其部分或全部债务，债权人尤其是信贷机构应更谨慎行事①”。除了立法层面，通过对最高法院以第 L. 311－1 条（2008 年修订后文本）为依据作出判决的梳理（参考第 4 段），我们也观察到法官在裁判中倾向于保护作为担保人的经理利益的态度。

5. 对传统职业性质与非职业性质债务区分的摒弃。2022 年 2 月 14 日第 2022－172 号法律生效后，法国彻底摒弃了对申请启动个人过度负债程序的债务人的债务性质进行区分的传统：善意自然人无力偿还债务的，不论是职业性质还是非职业性质的债务，都可以通过《法国消费法典》中的个人过度负债程序进行清理。这个理念的转变对于法国破产制度而言无疑是革命性的。传统理念认为个人过度负债程序应当用于清理非职业性质的债务。因此许多案件争议都围绕债务人的债务性质而展开：若债务人的全部负债都因其职业活动而产生，则债务人不得享有通过过度负债程序清理上述债务的权利。如果债务人的债务结构中部分债务是职业性债务，部分是非职业性债务，原则上不排除过度负债程序的适用。② 在此情况下，法官需要具体考虑债务人是否符合《法国商法典》关于企业破产制度的规定，仅在企业破产程序不适用的情况下，再考虑债务

---

① C. Albiges, «Procédure de surendettement et la caution dirigeante», Gaz. Pal. 5 nov. 2019, n°38, p. 20.

② 法国最高法院第一民事审判庭，1992 年 3 月 31 日第 90－04024 号判决。

人的非职业性债务的金额是否满足启动过度负债程序的财务条件。[①] 在 2008 年 8 月 4 日第 2008－776 号法律通过之前，对于经理为公司贷款提供担保产生的债务，最高法院将之视为职业性质债务而排除在过度负债程序之外。在此背景下，由于公司经理担保债务既不满足申请《法国商法典》企业破产程序的条件，[②]也不满足《法国消费法典》过度负债程序的启动条件，在很大程度上是没有法定债务清理渠道的。而上述法律生效后，职业性质债务与非职业性质债务的界限很大程度上流于表面了。到 2022 年 2 月 14 日第 2022－172 号法律通过后，个人过度负债程序可用于清理善意债务人的所有债务，职业性质债务与非职业性质债务的争议与区分彻底失去了意义。

6. 对现行有效的《法国消费法典》第 L. 711－1 条的解读。经 2022 年 2 月 14 日第 2022－172 号法律修订后的《法国消费法典》第 L. 711－1 条规定，"善意自然人享有申请过度负债状态清理措施的权益。处于过度负债状态的特征是，明显不能清偿其所有已到期和未到期的、职业性质与非职业性质的债务。（债务人）为其主要住所业主，且在提出过度负债清理申请之日，该住所的估值等于或高于所有已到期和未到期的、职业性质与非职业性质债务的金额的，不得仅因此而拒绝认定其处于过度负债状态……"笔者认为，修订后的第 L. 711－1 条相对于之前的文本有两点进步。其一，将法院从烦琐的对债务性质的论证中解脱出来，今后无论是自然人债务人的职业性债务还是非职业性债务都能够在过度负债程序框架下进行清理。其二，该条使得《法国消费法典》的过度负债程序与《法国商法典》的企业破产程序的衔接更加合理，今后自然人债务人的债务清理适用哪类程序将更加清晰，有效解决了改革前有些债务无法通过任何一种法定程序进行处理的窘境。实际上，法国破产制度中确立了企业破产程序的优先

---

① 法国最高法院第一民事审判庭，2000 年 11 月 7 日第 99－04058 号判决认为，"考虑到《法国消费法典》第 L. 331－2 条的规定，执行法官以债务人的职业性质债务远大于个人债务为由，未调查其非职业性质债务是否满足使其处于过度负债的状态，作出的不可受理决定无法律依据"。

② 根据《法国商法典》第 620－2 条、第 L. 631－2 条及第 L. 640－2 条规定，司法保护、重整和清算程序适用于所有从事商业或手工业活动的人、农民，从事自雇职业活动（包括受法律、法规监管的职业）或名称受保护的自然人，以及所有私法法人。公司经理不符合上述债务人的范围，因此不得申请启动企业破产法程序。

适用原则,[①]2022 年的改革并未变动这一规定,但是修订后的第 L. 711 –1 条成了兜底条款:不属于《法国商法典》程序管辖的债务人将能在过度负债程序框架下处理其全部债务。具体而言,债务人向过度负债委员会提交启动程序的申请后,后者在评估其财务状况时应当全面考虑其职业性债务与非职业性的债务负担,并就全部债务的清理制定相应措施。

7. 对中国个人破产立法的借鉴意义。从 2003 年法国立法者第一次把为公司债务提供担保而产生的债权纳入个人破产程序中清理,到今天不再区分善意债务人的职业性质与非职业性债务,允许在过度负债程序框架下对其所有债务制定“一揽子”清理或减免方案,法国在此问题上历经了 20 余年的立法探索与司法实践,整体理念是加大对债务人的保护,为其摆脱困境重新融入社会提供制度保障,并形成了较为宽容的个人破产制度。另外,笔者认为,法国模式的发展演进也受到欧盟破产规则的影响。虽然 2015 年 5 月 20 日第 2015/848 号的欧盟破产条例及 2019 年 6 月 2 日第 2019/1023 号的破产指令并不适用于《法国消费法典》的过度负债程序,[②]但是欧盟破产规则中强调给予债务人“新开始”这一立法理念[③]无疑对法国过度负债程序的改革产生了积极的影响。法国模式对善意自然人的债务免除采取的宽容态度与我国鼓励创业的经济政策应当是一致的,值得我们参考、借鉴。

附件　判决书节选

最高法院第二民事审判庭作出以下判决:

就单一起诉理由:

考虑到适用于本案的《法国消费法典》第 L. 330 –1 条……

根据有争议的终审判决,2002 年 4 月 3 日,X 先生作为 Trio 公司的经理,为该公司购买营业资产订立的贷款提供了担保;2014 年 4 月 3 日,债务人向个人

① 《法国消费法典》第 L. 711 –3 条第 1 款规定,“本卷规定不适用于受《商法典》第 6 卷所设之程序管辖的债务人”。

② 《法国消费法典》程序不属于《欧盟破产条例》附件 A 列出的破产程序。

③ 参考 2019 年 6 月 20 日第 2019/1023 号关于预防性重组框架,债务豁免及剥夺资格,提高重组、破产和债务豁免程序效率的措施,以及修正指令(欧盟)2017/1132(重组和破产指令)的陈述部分第 72、73 点。

过度负债委员会提交了要求处理其负债的申请，该委员会于2015年2月12日作出不予受理决定。

为了驳回债务人的诉讼请求并确认上述不予受理决定，(尼姆地区法院作出的)判决书认为X先生所有债务都源于其在2002年4月3日为企业购买营业资产所订立之贷款提供的担保承诺，而该营业资产已在7年前进行了司法清算。由于X先生是以公司经理身份对职业性债务提供担保，因此，债务人不能根据当时适用的《法国消费者法》第L. 330－1条的规定申请启动过度负债清理程序。

然而本院认为，《法国消费法典》第L. 330－1条在当时适用的文本中规定，处于过度负债状态的特征是，善意自然人明显不能履行其为公司债务提供的担保承诺，不论其是否担任该公司的经理，因此，一审法院违反了上述条款的规定。

鉴于上述理由：

推翻并撤销尼姆地区法院法官于2015年11月10日对双方作出的判决。

CASE 03

案例 3

个人恢复程序中“彻底丧失清偿能力”的判断标准

种　林（山东政法学院副教授、巴黎第二大学法学博士）
张文韵（巴黎第一大学索邦法学院博士生）

一、裁判要旨

债务人每月收入减去开支后，没有余款可供偿还债务，因此不具备清偿能力且不能合理地预期其财务状态将有所改善。由于法院认为无法通过一般性的过度负债处理措施确保债务人财务状况的恢复，因此认定其处于彻底丧失清偿能力的状态，允许启动个人恢复程序清理其负债。

二、基本案情

债务人每月收到的政府补助为 365 欧元，住房补助 338 欧元，工资 300 欧元，共计 1003 欧元。支出部分为 450 欧元的租金，固定开支估计为每月 780 欧元。计算得出月收入小于支出，法院由此认为债务人不具备清偿能力。另外，债务人 39 岁且需要抚养一名儿童，不能合理预测其经济状况能在短期内获得改善。据此，巴黎上诉法院认定债务人彻底丧失清偿能力，同意其要求启动个人恢复程序的申请。

三、案例评析

(一)争议问题

债务人申请启动个人恢复程序清理债务的,如何认定其满足“彻底丧失清偿能力”的条件?

(二)评论

1. 法院对“彻底丧失清偿能力”标准的认定。本案为我们提供了一个了解法国司法机关如何判断债务人是否彻底丧失清偿能力从而允许其通过个人恢复程序获得债务免除的例子。本案法官在对“彻底丧失清偿能力”标准的认定过程中同时考虑了债务人的财务状况(包括现阶段及将来收入预期)和个人情况。在财务状况方面,法官详细列举了债务人的各项月收入的总金额以及其固定支出,通过二者之差,确定债务人月还款能力。本案中,由于债务人月收入小于其固定支出,法官认定其不具备还款能力。[①] 此外,法官就债务人的经济状况在短期内是否有改善前景进行了论证。当有具体事实证明可以合理预期债务人状况有改善希望,如重新找到工作、升职、良好的职业前景、继承遗产[②]等情况,应优先制定债务清偿方案。在个人情况方面,法院会综合考虑到债务人的年龄、职业技能、是否有能力赚得额外收入、家庭状况、抚养孩子的负担、个人健康等因素。综上,法院应当细致地论证债务人的具体情况并在判决书中写明,以作为判断其是否符合“彻底丧失清偿能力”这一标准的依据,并决定是否启动个人恢复程序清理其负债。

2. 彻底丧失清偿能力与个人恢复程序。法国立法者通过 2003 年 8 月 1 日第 2003 – 710 号《关于市镇与城市改造的定位与规划法》首次在个人破产制度中设立了个人恢复程序,旨在通过免除部分或全部债务帮助彻底丧失清偿能力的债务人从负债中脱困。个人恢复程序最初文本见于《法国消费法典》第 L. 330 – 1 条第 3 款。上述条款奠定了法国个人破产制度框架的雏形,即以“彻底丧失清偿能力”为界限,符合这一标准的善意债务人可以申请启动

---

① 在法国个人恢复程序的相关判例中,法院一般就债务人是否“不具备还款能力”(l’absence de capacité de remboursement)进行论证,以判断债务人是否满足启动该程序的条件。

② 参考里奥姆上诉法院,2017 年 3 月 29 日,第 16/00841 号判决。该案中的债务人虽为残疾人,但其继承所得房产的价值使其不符合彻底丧失清偿能力的条件。

个人恢复程序获得债务的全部或部分免除,而具备清偿能力的债务人则由个人过度负债委员会负责根据其情况制定相应的债务清偿措施。因此,当债务减免、展期、延期偿还等一般性的债务清理措施无法帮助债务人摆脱过度负债的状态,个人恢复程序就成了挽救债务人的最后救济程序。在法国立法者的理念中,“个人恢复程序应被理解为(对传统债务清理措施的)辅助、补充性程序”①。这个观念目前依然是法国个人破产制度的指导性原则之一。②

2003 年法律设立的个人恢复程序是单一程序,且程序启动权不在债务人而属于过度负债委员会。③ 个人过度负债委员会认为债务人符合彻底丧失清偿能力的标准的,应向债务人提供一份表格,明确告知债务人启动个人恢复程序可能会带来对其财产进行清算变卖的后果。在获得债务人的书面同意后,才能向执行法官申请启动上述程序。因此,在 2003 年法律规定的个人恢复程序中,债务人在程序启动阶段并不能明确知道其财产是否会被清算变卖。

2010 年 7 月 1 日第 2010 – 737 号《消费信贷改革法》优化了 2003 年法律创设的个人恢复程序。改革后的个人恢复程序分为两种:一种是适用于有资产可以供变卖偿债并包括司法清算的个人恢复程序。个人过度负债委员会可以向法院申请通过司法清算变卖财产,出售所得用于偿债,并免除其他未能清偿的债务。另一种是适用于无收入或资产可供还债的无司法清算的个人恢复程序。《法国消费法典》第 L. 724 – 1 条第 3 款对于“无收入或资产可供还债”的规定是:“债务人只拥有日常生活所需的家具和用于开展职业活动所必需的非职业

---

① M.-J., Hyest, « Projet de la loi d'orientation et de programmation pour la ville et la rénovationurbaine», commission de la loi du sénat, avis n°404, art. 27.

② 在诉讼双方均未提出请求的情况下,法官仍可依职权核实债务人的经济状况是否允许其通过传统债务清理措施清偿债务,如果是,则应当优先(只能)采取上述措施(参考里奥姆上诉法院,2017 年 3 月 29 日,第 16/00841 号判决;J. L., Capdeville, «Vérification d'office parle juge des conditions à l'admission de la procédure de rétablissement personnel», Gaz. Pal. 3 oct. 2017, n°33, p. 35)。

③ 2008 年 8 月 6 日第 2008 – 776 号法律修改第 L. 330 – 1 条后,债务人才有直接申请启动个人恢复程序的权利。

性资产,[①]或者其资产无市场价值或清算成本与市场价值明显不相称。”[②]对于这类处于“赤贫”状态的债务人,个人过度负债委员会可直接启动无司法清算的个人恢复程序免除其全部债务。

3.“彻底丧失清偿能力”的标准。无论是附带司法清算的个人恢复程序还是无司法清算的个人恢复程序,启动程序有两个前提条件:其一,债务人应为善意债务人。法律规定,除非有相反证据,原则上推定债务人满足善意条件。在本案判决中,法官首先就债务人是否满足善意债务人这一前置条件进行了论证。其二,债务人的经济状况满足“彻底丧失清偿能力”标准。[③] 认定彻底丧失清偿能力是判断债务人能否进入个人恢复程序的关键。因此,笔者认为,应当重点考察“彻底丧失清偿能力”标准在2003年最初文本的《法国消费法典》第L.330-1条(适用于本案的法条)与其替换条款第L.724-1条[④]之间的异同。

根据《法国消费法典》第L.330-1条第2款规定,“如果债务人的收入或可出售财产允许,过度负债委员会可以在第L.331-6、L.331-7、L.331-7-1条所规定的条件下制定债务清理措施”。该条第3款则规定,“当债务人处于以明显无法通过第2款规定的措施清理其债务为特征的、彻底丧失清偿能力的状态时,可以在本篇规定的条件下申请启动个人恢复程序”。而第L.724-1条第1款则规定,“如果债务人的收入或者可变现财产允许,过度负债委员会可以在第L.732-1、L.733-1、L.733-4、L.733-7条所规定的条件下制定

① 工作所需的非职业性财产如汽车、电脑等(信息来源于网,https://www.service-public.fr/particuliers/vosdroits/F34463,最后访问日期:2020年7月11日)。

② 可以参考《法国民事执行程序法典》第L112-2条第5项和第R112-2条列举的不可被扣押的物品清单,包括:服装,床上用品,家用织物,个人护理,房屋维护所需物品和产品,食品,用于保存、准备食物和用餐所需的家用物品,供暖电器,用餐的桌子和椅子,一件用于存放衣服和织物的家具,一件用于存放家用物品,一台洗衣机,学习或职业培训所需的书籍和其他物品,儿童物品,个人或家庭性质的纪念品,生活或饲养的宠物,为被扣押人的生活所需的动物以及其所需食品,个人从事职业活动所需的工作工具,允许接入固定或移动电话服务的电话机。

③ 参考法国最高法院第二民事审判庭,2009年11月19日,第08-70117号判决。

④ 2016年3月14日第2016-301号法令第34条(V)将《法国消费法典》个人过度负债程序的法条重新编号,原第L.330-1条被删除,由新第L.724-1条代替。

债务清理措施”①。该条第2款规定，“当债务人处于以明显无法通过第1款规定的措施清理其债务为特征的、彻底丧失清偿能力的状态时，个人过度负债委员会可以在本卷规定的条件下：(1)启动无司法清算的个人恢复程序，如果债务人仅拥有日常生活所需的家具和用于开展职业活动所必需的非职业性资产②，或者其资产无市场价值或清算成本与市场价值明显不相称；(2)或者，如果它发现债务人不属于第(1)项所述的情况，经债务人同意，将案件提交给保护诉讼法官，以便启动附带司法清算的个人恢复程序”。

概括而言，上述两个条款中的“彻底丧失清偿能力”是指债务人的经济状况使其无法通过与债权人协商达成的债务清偿协议或通过过度负债委员会制定的强制性债务清偿措施达到债务清理的目的。对比第L.330－1条和新的第L.724－1条的规定，笔者认为立法者自2003年至今对“彻底丧失清偿能力”这一标准的规定没有实质性修改。在相关司法解释和判决中，法国最高法院对“彻底丧失清偿能力”的解读为，当债务人无望通过《法国消费法典》第L.733－1条和第L.733－4条规定的措施在法定期限内(之前是10年，目前缩短为7年)达到清理其负债的目的，则可认定债务人满足第L.724－1条规定的彻底丧失清偿能力的标准，准许对其启动个人恢复程序。③

4.法国个人破产制度对中国个人破产立法的借鉴意义。自1989年立法以来，法国个人破产制度已发展出一套比较成熟的具备强烈人文关怀特征的自然人过度负债清理体系。笔者认为，这尤其体现在两个方面：其一，法国立法者始

① 过度负债委员会可以强制采取的债务清理措施包括：1.对全部债务进行展期(展期后的清偿期限最长期限不得超过7年)，必要时，推迟部分债务的开始偿还日期。2.还款优先用于偿还本金。3.降低被展期或推迟清偿的债务的利率(可低于法定利率)。4.在最长两年的宽限期内，停止偿还除生活费外的其他债权及利息。5.强制拍卖或协议出售房产后，变现所得用于偿还住房贷款本金，并减免未能清偿的贷款，减免后剩余贷款的偿还可以根据债务人情况进行展期。6.减免部分债务，减免后债务人应通过第L.733－1条规定的措施偿还债务(换言之，债务减免措施必须与第L.733－1条规定的偿债措施相结合，不得仅采取债务免除措施)。自然人作为担保人或共同债务人替债务人清偿债务的，不得减免债务人对其所负的清偿义务。7.决定启动无司法清算的个人恢复程序。8.要求债务人采取有利于债务清偿的行动，如出售资产还债或提供担保作为强制清理债务措施的生效条件。

② 工作所需的非职业性财产如汽车、电脑等(信息源于网，https://www.service-public.fr/particuliers/vosdroits/F34463，最后访问日期：2020年7月11日)。

③ 参考法国最高法院，2005年1月10日第05－0001号司法意见；法国最高法院第二民事审判庭，2009年11月19日第08－70117号判决。该案中法官认为债务人的情况允许其通过一个为期10年的债务清偿方案结合债务减免的措施达到清理债务的目的，因此不得申请进入个人恢复程序。

终强调优先使用传统债务清理手段，即制定包含债务展期、部分减免、给予喘息期等措施的债务清偿方案帮助债务人摆脱债务负担，认为债务人应当尽最大努力去偿还债务，否则对债权人而言有失公允。因此，有良好的职业技能却不肯努力工作还债，寄希望于个人恢复程序免除其债务是得不到法律支持的。[①] 其二，设立了个人恢复程序为无产可破、缺乏还款能力的赤贫债务人提供了一条债务免除途径，使其能够重回社会，不至于被债务逼上绝路。解决最贫困群体的负债问题体现了社会的人文关怀，也是我国在共同富裕道路上不可绕过的目标。除了本文探讨的个人恢复程序的启动条件，笔者还认为，个人恢复程序作为法国个人破产制度的基石之一，该程序的其他规定同样值得我们的关注与研究。

附件　判决书节选

关于债务人是否为善意债务人的认定：

鉴于，(法律)推定债务人为善意债务人，只有当债务人通过隐瞒其部分债务、高估某些资产或放弃某些收入来源(例如辞职)以逃避还款义务，刻意造成或加剧其资不抵债状况，或者通过与其收入不成比例的消费或信贷增加债务，显示债务人故意承担无法履行还款义务的风险，或者不希望履行义务、欺骗其债权人时，才能拒绝其提交的债务清理措施的申请。

在本案中，没有事实性证据证明债务人为恶意债务人。

事实上，(原告)指责债务人向法院申报2008年6月唯一的收入为家庭补助局发放的455欧元补助金，然而在2008年1月她却承认这项收入为565欧元，另外还有每月340欧元的生活费。

然而，本院认为，尽管如此，上述这些收入不足以支撑其每月2165欧元的固定支出。

另外，经举证，债务人孩子们中有两个在2008年2月到6月间由他人监护，其后，经债务人同意交由父亲抚养，上述情况显然影响了家庭补助金与生活费

① 参见杜埃上诉法院第八庭，2016年1月21日第15/03423号判决。该案中，债务人为42岁著名职业厨师，在多家米其林饭店工作过。考虑到其工作能力，法院认为债务人低收入的原因是不愿积极工作偿还债务，因此认定债务人不满足善意债务人条件。

金额。

综上，本院撤销一审法院作出的认为债务人为恶意债务人的决定。

关于对过度负债状态的认定：

吉斯兰夫人处于明显无法清偿其所有已到期和未到期的非职业性质债务的现状……

关于债务与收入的评估：

债务：

《法国消费法典》第L.331－1条及以下条款的规定范围极其广泛，旨在预防及处理善意债务人除职业、社保或税收性质的债务外，其他所有已到期和未到期的债务导致的过度负债状态。

收入：

对收入的评估应当是整体的，不论其来源，或是否应纳税。

吉斯兰夫人的收入包含365欧元的政府补贴和338欧元的住房补贴，此外还有每月300欧元的工资，共计1003欧元。

清偿能力：

债务人的清偿能力应根据其月收入与其用于保障自身生存和家庭生活开支的差额来确定。

对此，过度负债委员会逐项认定了债务人最近几个月的实际支出，并以此为据制定了收支预算表。

吉斯兰夫人每月缴纳房租数额为450欧元且每月固定支出可被认定为780欧元。

因此，债务人不具备清偿能力。

关于债权的核实：

不论是债权人还是债务人都未向本院提交任何材料证明一审法院认定的各项金额有误；本院认可一审法院认定的债权金额。

关于债务清偿方案：

鉴于债务人经济状况的变动不取决于其年龄，而在于其是否符合劳动力市场的需求及其职业技能是否能使其获得额外收入；现年39岁的吉斯兰夫人享有政府补贴并抚养一名3岁的儿童。

综上，本院认为《法国消费法典》第L.331－6条到第L.331－7条规定的过度负债清理措施明显无法确保债务人财务状态的恢复，符合《法国消费法典》第 L. 330－1 条第 3 款规定的彻底丧失清偿能力状态。

因此，本院认为应启动个人恢复程序……（以下省略）。

CASE 04

案例 4

债务人平等原则是否适用于个人过度负债清理程序？*

种　林（山东政法学院副教授、巴黎第二大学法学博士）
张文韵（巴黎第一大学索邦法学院博士生）

一、裁判要旨

民事破产法官没有义务确保对债权人采取同样的措施，法官有权决定将部分债务的清偿期限延长 5 年，而在此期间内重新安排其他债务的清偿，法官的决定不违反债权人平等原则。

二、基本案情

因为无法按合同约定向多位债权人清偿到期债务，Venel 夫妇以符合过度负债的条件申请民事司法重整程序。一审法院受理后制定了重整方案，其中规定 Venel 夫妇自 1991 年 1 月 1 日起按照每月 166,099 法郎的金额向 Locunivers 公司分期偿还债务，偿还期限总计 18 个月，利率与合同规定的利率相同。Venel 夫妇对上述规定不服，提起

* 法国最高法院第一民事审判庭，1993 年 4 月 5 日判决，案件编号 92－04.184。

上诉。根据 Venel 夫妇提起的上诉,上诉法院将一审法院判决中向 Locunivers 公司还款的支付期限判项改为推迟 5 年,并改判这些还款不产生任何利息。被上诉人 Locunivers 公司认为上诉法院将还款期限推迟 5 年却并未查明贷款剩余还款期限的做法违反了 1989 年 12 月 31 日法律第 12 条第 1 款规定,上诉到最高法院。最高法院维持了上诉法院的判决。

三、裁判理由

针对上诉人的第一项诉讼请求,最高法院认为,根据 1989 年 12 月 31 日法律第 12 条第 1 款的规定,民事司法重整程序的法官有权将债务的支付期限最长推迟不超过 5 年,或者在贷款合同仍然在履行且继续履行期限超过 5 年的情况下可延长的最长支付期限为剩余期限的一半,并无义务查明争议债务是否为履行中的借贷;因此,上诉法院将债务偿还推迟至自其决定之日起 5 年的决定不违反法律规定。针对上诉人的第二项诉讼请求,最高法院指出,民事司法重整程序的法官有权根据 1989 年 12 月 31 日法律第 12 条规定为每一项债务清偿采取他认为是确保债务人财务状况得以恢复的适当措施,破产法官的上述行为是在行使司法裁判权,审理本案的破产法官对此享有最高判断权;特别是在能够将贷款合同订立的背景情况纳入考量的情况下,法官并无采取同样措施对待债权人的义务。

四、案例评析

法国债权人平等原则由法律加以规定,通过判例不断发展完善,由法官根据具体案情加以适用。我们首先讨论法国破产法上债权人平等原则的基本内容,其次研究判例对该原则的发展完善,最后分析法国最高法院对事实审法院法官司法裁判权的保障。

1. 债权人平等原则在法国破产法中的基本内容。法国法律上的债权人平等原则由民事基本法加以规定。1804 年《法国民法典》第 2285 条规定,债务人的全部财产是对其债权人的共同担保;除债权人之间有优先受偿的正当原因外,财产变价款在债权人之间按债额的比例分配。本条被认为是债权人平等原则的法律依据。对于同一顺序的债权人,特别是普通债权人,应当公平对待,按照债权数额的比例获得清偿。债权人平等原则的基本内容在破产法领域主要体现在以下几个方面:(1)进入破产程序后,债务人对个别债权人的债务清偿无效。(2)自债务人停止支付之日起实施的下列行为无效:无偿转让行为;签订债务人义务明显超过对方当事人义务的契约;对尚未到期的债务进行清偿的行为;将财产或权利转移至交付、托管的概括财产之内的任何行为。(3)下列行为属于可撤销行为:在债务人停止支付之日前6个月内实施的上述(2)中的所有无效行为;停止支付之日起实施的有偿行为,且交易相对人知道债务人已经停止支付;自债务人停止支付之日起或者自知道债务人停止支付之日起,债权人向持有债务人款项的第三人发出的扣押通知以及实施的支付异议。[①] (4)在破产保护程序中,对不同意破产保护方案的债权人,应当规定统一的债务清偿方案。债权人平等原则不意味着所有破产债权都应当根据同一措施对待。比如在制定破产和解草案时,可以向债权人提出不同的清偿延长期限。破产方案关于实际合法占有债务人财产的债权人可以比同一顺序的其他债权更早获得清偿的规定并不违反平等原则。

2. 判例对债权人平等原则的发展完善。法国破产法立法者并没有在《法国民法典》的基础上对债权人平等原则作出进一步规定。作为本案审判法律依据的1989年12月31日生效的"NEIERTZ"法是关于过度负债程序的一部重要法律。该法第12条规定,法官为了确保债务人恢复清偿能力,可以决定推迟除税金及社保债务外的其他债务的清偿期限或者和解方案中有关债务清偿的其他内容,具体而言法官有权采取以下措施:(1)决定推迟除税金及社保债务外的其他债务的清偿期限,但推迟期限不得超过5年或未偿还贷款剩余期限的一半;(2)决定首先清偿债权本金,或决定降低被推迟或展期的债务利率,债务人的情况确有必要的,可通过一个特别说明理由的裁决使利率低于法定利率;(3)法院可以规定上述措施的生效条件,包括债务人应当采取有助于或用于保证偿还债务的行为,或债务人不得有加重其资不抵债状况的行为;(4)如果出售债务人的主要住宅用于清偿房屋贷款后,对剩余未能偿还的贷款采取减免及展期清偿措施;(5)在适用该条所规定的措施时,法院可以考虑债权人在与债务人签订合同时对其财务状况的了解情况及核实贷款合同是否按照行业惯例订立的。也就是说,该法也仅对法官提出应当考虑债权人在签订合同时对债务人债务状况的

① 《法国商法典》第L.632-1条和第L.632-2条的规定。

了解程度以及审查贷款合同是否以行业惯例所要求的严谨态度签订的要求。面对没有明确、没有详尽规定甚至规定存在矛盾的法律条文，最高法院认为法官应当提出他认为最适合案情、最公平的解决方式，并根据具体情况使用注释的方法或者科学探寻的方法来论证该解决方式的合法性。在本案中，最高法院就如何适用法律作出了指示。“NEIERTZ”法第 12 条第 5 款规定，法院可以考虑债权人在和债务人签订合同时对其财务状况的了解情况及核实贷款合同是否按照行业惯例订立等因素判断债权人行为是否存在过错，并据此决定该债权清偿的具体条件。但该规定只是不具有强制性的原则性规定。最高法院认为，在第 12 条所规定的所有措施中，法院可以为每一个债权的清偿采取它认为最合适的一项或多项措施，而不必对所有的债权采取相同的清偿措施。换言之，法官在审理过度负债清理案件的时候，对哪项债权采取何种清偿措施的决定属于法官的裁判权，债权人不得根据债权人平等原则来质疑其债权未获得与其他债权相同的对待。

法律解释根据作出解释的主体不同可以分为立法解释、司法解释、行政解释。法国大革命后很长一段时间内试图通过立法机关解释来解决法律适用中的认识冲突问题，但是立法机关解释法律机制运行效果不尽如人意，而司法机关解释法律的制度逐步发展完善，并取得了越来越重要的地位。最高法院的法律解释可以通过发表最高法院意见（l’avis de la Cour de cassation）的方式作出，也可以通过指导性案例（l’arrêt de principe）等方式作出。最高法院认为应当更多考虑适用注释的方法来探寻立法本意。对于不再适合社会需要的旧条文，比如立法者没有考虑或者没能提出令人满意的解决方法，这时再顽固探寻立法意图就没有任何实际意义了。解释者应当根据经济、社会发展和人文变化提出最合适的方法。

法国法律没有明确赋予最高法院判例法律渊源的地位，也没有规定法官必须遵从最高法院的判例。但法国最高法院认为自己的司法解释属于现行有效的法律规范，并多次在自己的判决中明确表达了这一态度。[①] 各级法院的绝大

① 公证员无视一贯的、无争议的裁判惯例应承担法律责任。Cass. civ., 1re, 25 nov. 1997, Bull. civ. Ⅳ, no 328; RTD civ., p. 210, Obs. N. Molfessis; Cass. civ., 21 juill. 1921, DP, 1925, 1, 29 (un notaire ignorrant une jurisprudence constante et non controversée engage sa responsabilité).

多数法官在审判时会自觉适用最高法院的司法解释。法官不适用最高法院意见属于个别情况,其主要是因为法官认为该意见不属于最高法院的司法解释。一旦该意见被最高法院以大法官会议(Assemblée plénière)决定的形式公布,下级法院法官均会加以引用。目前绝大多数法国法学家承认最高法院的司法解释是一种事实上的法律渊源(source informelle, source d'interprétation, source non écrite)。由于法律无法完全列举债权人平等的具体内容,很容易在法律适用中产生争议。最高法院通过本案细化了法律文本中的债权人平等原则,补充、发展了该原则的内容,是统一法律适用的有效方式。

3. 最高法院对事实审法院法官司法裁判权的保障。最高法院强调,负责民事司法重整程序的法官根据 1989 年 12 月 31 日生效的"NEIERTZ"法为每项债权确定清偿方案的行为属于行使司法裁判权的行为,负责审理此案的法官对方案内容有最高判断权。

法国大革命后的立法者赋予最高法院的职能有限,设立最高法院的初衷主要是通过撤销下级法院判决的方式来确保法律的正确适用,最高法院不构成单独的审判等级。除法律特别规定情况外,法国最高法院只审查原审法院适用法律是否正确而不审查原审法院对案件事实部分的认定。① 因此,一审法院、上诉法院也被称为事实审法院,最高法院则被称为法律审法院。最高法院尊重原审法官裁判权的态度是明确的、一致的。破产管理人选任的问题上,法律规定由法院指定管理人,但没有对法院如何指定管理人做出具体规定。对此法国最高法院第二民事审判庭在 1992 年第 91 - 17. 274 号判决中明确指出:"法官指定管理人的权力属于法官自由裁量权。"针对破产管理人名单在编人员从来没有被审判机关指定担任破产案件的管理人而提起诉讼要求赔偿损失的诉讼,最高法院在 1996 年第 91 - 20. 266 号判决中再次明确坚持之前的观点。一方面认为原审法院没有任何义务来平衡其辖区内编入破产管理人名册的不同成员之间被实际指定担任破产管理人的次数;另一方面基于破产管理人是公共司法服务协作者的身份考虑,允许破产管理人名册在编人员丧失被选任机会具有不正常、特殊和严重性的特征时,可以要求国家赔偿。在最高法院的支持下,负责民事司法重整程序的法官的司法审判权得到了较好的保障。

---

① 《法国司法组织法》第 L. 411 - 2 条规定。

附：

关于兴业银行提起的宣布其与案件无关的请求：

鉴于民事司法重整的集体程序已经启动，为确保债务人重组而采取的多项重整措施是不可分割的，因此，为其中一位债权人提起诉讼而作出的判决会对其他债权人产生法律效力，从而其他债权人不得被排除在案件外。

关于第一项诉讼理由的第一部分：

鉴于 Venel 夫妇请求受到民事司法重整程序保护；一审法院已决定采取多项重整措施，其中专门要求其自 1991 年 1 月 1 日起按照每月 166, 099 法郎的金额向 Locunivers 公司分期偿还债务，偿还期限总计 18 个月，利率与合同规定的利率相同；根据 Venel 夫妇提起的上诉，上诉法院将一审法院判决中向 Locunivers 公司还款的支付期限判项改为推迟 5 年，并改判这些还款不产生任何利息。

Locunivers 公司不服上诉法院的判决，认为上诉法院将还款期限推迟 5 年却并未查明贷款剩余还款期限，根据 1989 年 12 月 31 日法律第 12 条第 1 款规定，上诉法院的判决没有法律依据。

但是，按照上述法律条款规定，民事司法重整程序的法官可以将债务的支付期限最长推迟不超过 5 年，或者在贷款合同仍然在履行且继续履行期限超过 5 年的情况下可延长的最长支付期限为剩余期限的一半；因此，法官将债务偿还推迟至自其决定之日起 5 年的，并无义务查明争议债务是否为履行中的借贷；因此该项诉讼理由无成立。

关于第二项诉讼理由：

鉴于上诉法院还被指责仅仅将债务人对 Locunivers 公司的债务支付日期推迟 5 年，上诉人提出的诉讼理由认为，按照 1989 年 12 月 31 日法律第 12 条规定，法官只有在充分考虑了每个债权人在签订各个合同时应当对债务人的债务状况的了解程度、核实贷款合同是以行业惯例所要求的严谨态度签订等因素之后，才能区别对待各个债权人；在本案，上诉判决争议内容不属于上述情况，因此上诉法院的判决违反了上述案文。

但是，在审理向其提交的案件中，民事司法重整程序的法官有权根据 1989 年 12 月 31 日法律第 12 条规定为每一项债务清偿采取他认为是确保债务人财务状况得以恢复的适当措施，破产法官的上述行为是在行使司法裁判权，审理本案的破产法官对此享有最高判断权；特别是在能够将贷款合同订立的背景情况纳入考量的情况下，法官并无采取同样措施对待债权人的义务；因此，上诉法院不应当因为作出仅仅将 Venel 夫妇向 Locunivers 公司偿付债务期限推迟 5 年而其他债务的偿付在此期间分期进行的判决而遭受指责。

第四章

韩国个人破产典型案例

—作者简介—

陈景善,中国政法大学教授,博士生导师、《政法论坛》副主编,日本早稻田大学法学博士。北京市破产法学会常务理事、北京市债法研究会副会长兼秘书长、东亚破产再建协会理事、公司法修改课题组成员。发表《东亚金融机构风险处置法律评论》等 11 本专著;在中、韩、日三国发表 40 多篇论文,主持 25 项课题;研究方向:公司法,破产法等商法领域,侧重于东亚比较法研究,精通韩语,日语。

—作者荐语—

本书的韩国个人破产案例选自吴守根教授退休纪念文集《韩国破产判例百选》,精选的典型案例主要涉及“申请不诚实的含义及认定标准”“保险代位债权是否可免除的认定”“浪费与不予免责事由的认定”,期待能够给予我国个人破产制度的建立以借鉴。中国政法大学东亚企业并购重组法治研究中心研究中、日、韩三国比较法的研究员赵宇松、金哲、张钰京负责翻译,陈景善审校。

— 第四章目录 —

CASE 01

案例1

“浪费”与不予免责事由*

金　哲 译（中国政法大学东亚企业并购重组法治研究中心研究员）
陈景善 审校（中国政法大学教授）

一、裁判要旨

韩国《破产法》（该法于2005年被修改，以下简称旧《破产法》）第346条第1款规定，法院只有在破产人的行为符合第367条规定的罪名时，才能作出不予免责的裁定。同法第367条第1款规定，无论债务人实施的浪费或赌博等其他射幸行为是否在破产宣告前后，使其财产明显减少或承担过多债务被确定宣告破产时，应当处以5年以下有期徒刑或5000万韩元以下的罚款。作为不予免责事由之一的“浪费”是指依照债务人的社会地位、职业、营业状态、生活水平、收支状况、资产状态等判断的脱离社会一般观念的过多消费性支出行为。考虑到此类行为有可能成为刑事处罚的对象，认定债务人的支出行为是否属于“浪费”时，需要更为慎重的判断。

二、基本案情

某公司遇到经营困难，为了补足经营资金，A作为该公

* 韩国大法院2004年4月13日的2004마86裁定，权秀敏（知识产权法院法官）。案号中的韩文字母如同英文字母中的A、B、C、D，不能翻成中文。

司股东以及法定代表人向银行贷款,使用信用卡用于公司经营,债务不断累加。以收购该公司债务为要件,将公司的经营权转让给了 B,但 B 并没有偿还前述债务。之后 A 申请了个人破产程序,对此首尔中央地方法院宣告 A 破产并作出取消个人破产的裁定后,根据韩国旧《破产法》第 346 条第 1 款、第 367 条第 1 款规定的不予免责事由,作出了不予免责的裁定。对此,A 提出了上诉,但法院以"没有证据可以证明涉案债务与公司经营相关,反而其中部分债务是 7 笔信用卡贷款、部分贷款用于家庭生活,债务的大部分为家庭生计,并且 A 在无其他财产和收入的情况下透支使用信用卡,属于浪费"为由驳回上诉。A 再次提出上诉,法院裁定撤销原判并发回重审。

三、案例评析

个人破产不同于法人破产,其特点为破产申请人的最终目的是免责,而宣告破产是得到免责裁定的前提程序。个人破产从性质上来看,导致破产状态的原因中,债务人浪费行为等在一定程度上受到社会谴责因素的占比较多,如果机械化地适用不予免责标准,无要件地予以或不予以免责,多数会造成单方面损害债权人利益或阻碍债务人重整的不当结果。因此,如何解释不予免责中关于浪费的概念的界定具有重要的意义,对浪费的解释应基于免责制度理念、不同见解而展开。

1. 本裁定的依据

本案债务的产生时间集中在 A 担任该公司法定代表人的期间。向 B 转让公司经营权等时,以 B 承担 A 经营公司过程中发生的负债为转让对价签订的合同;该合同中所附的金融机构贷款明细和信用卡结算明细中载明了公司的贷款、以 A 名义用于其家计生活的信用卡支出等;公司从金融机构贷款时 A 做了连带保证等。上诉法院认为本案债务与其说是 A 的浪费,实际上是 A 作为公司的法定代表人和股东,在经营公司的过程中,为公司经营支出资金的可能性较大,然而原审法院违反采证规则,认定事实有错误,误解了韩国旧《破产法》规定的不予免责事由的法理,裁定撤销原判并发回重审。

2. 讨论

韩国旧《破产法》规定了破产犯罪类型后，将其适用于不予免责事由之一，[①]而作为懈怠型破产罪类型之一的“因浪费或赌博等其他射幸行为，使其财产明显减少或承担过多债务的行为”也属其中之一（第 367 条第 1 款）。上述条款作为实施韩国旧《破产法》实务中最常出现的问题类型，本裁定首次在判旨中严格阐释了旧《破产法》不予免责事由中关于浪费的概念，对提出扩大予以免责范围的政策方向具有重要意义。[②] 随之，本裁定在解释现行韩国《债务人重整法》（2007 年修改的现行韩国破产法名称）中关于“浪费”的概念也提供了一个方向。另外，韩国《债务人重整法》采纳了“‘浪费’是一个不确定性概念、不符实际情况”的批判，将其从处罚规定中删除，只保留为不予免责事由中的单独条款，并在韩国旧《破产法》相关规定的基础上增加了“过多”一词，进一步严格规定了不予免责要件（第 564 条第 1 款第 6 项）。[③]

本裁定认为，考虑到浪费引起的行为有可能成为刑事处罚的对象，应当慎重判断行为是否属于浪费，但韩国《债务人重整法》将浪费排除在刑事处罚对象之外[④]后，难以继续援用上述依据。[⑤] 不过，“应当慎重地判断行为是否属于浪费”是免责制度的理念（债务人的重整）和免责主义的沿革，作为免责对象的债务人形象不应当局限于诚实的债务人，而应当面临破产的普通债务人，并结合韩国的经济现状，依据韩国《债务人重整法》规定的要件认定。韩国《债务人重整法》新增“过多”要件，进一步严格规定了不予免责的要件，[⑥]这是韩国旧《破

---

① 韩国旧《破产法》毫无批判地移植在大陆法系中引入采英美法系免责主义的日本法的结果，这一法律结构在《债务人重整法》中依然得以维持。破产犯罪是严格解释的对象，并不是不予免责的事由，其符合目的性解释的对象，因此立法论上应当单独规定不予免责事由与处罚事项。［日］伊藤真等：《新破产法的基本构造和实务》，有斐阁 2007 年版，第 539 页。

② ［韩］徐泰焕：《破产法中作为不予免责事由的浪费的概念》，大法院判例解说第 49 号，法院图书馆（2004），第 798 页。

③ ［韩］韩国法务部编：《对债务人重整以及破产的法律解释》，法务资料第 272 集（2006），第 160 页。当初，《债务人重整法政府案》删除了懈怠破产罪中的“浪费”一词，后因造成无法对债务人形成任何不利影响的负面舆论，最终案中单独保留为不予免责事由。

④ 在韩国旧《破产法》里浪费属于刑事处罚的对象，但在韩国《债务人重整法》里不是。

⑤ ［韩］全大奎：《关于作为不予免责事由的“浪费”的概念》，裁判实务研究（2005），第 207、208 页。

⑥ 韩国大法院 2004 年 3 月 29 日的 2004 마 646 裁定也以同样的宗旨，当债务中较大部分是因为为他人的债务提供连带保证而产生的，但由于他人不履行债务导致债务剧增，在审理债务产生原因是否属于浪费时，要更加谨慎为由，裁定撤销原判。

产法》并未涉及的。

“浪费”是指基于该债务人的社会地位、职业、经营状态、生活水平、收支状况、资产状态等判断的超出社会一般观念的过度消费性支出行为，即浪费作为一种评价性概念，法官除自身的价值观外，还要结合是否符合现代消费社会普遍适用的价值观，判断是否属于浪费。[①] 日本有观点认为，应当对不予免责事由中浪费的概念规定客观标准（生活费 1/3 以上的支出），但由于该观点比较固化存在，难以应对社会状况的变化以及难以斟酌各债务人的状况等，通说和判例并未统一界定浪费的概念，而是以评价性概念的角度，结合破产人所处的社会和经济立场等关系，评价该类支出是否属于过度[②]的情形。

作为不确定性概念的浪费概念，在 2011 年 3 月 7 日修订前的韩国《民法》的禁治产人中也可以查得到。[③] 然而，有关禁治产人要件的浪费概念的韩国判例并不多见，在学说上，以浪费对象的财物性质、浪费的结果、消费方式乃至目的、是否属于合理消费、是否属于持续性及反复性消费等作为重要的要素来判断是否属于浪费。[④]

韩国旧《破产法》在界定浪费概念时，也与上述内容大同小异，在判断不确定性概念时，应慎重并综合考虑多种要素，避免被法官的主观价值判断所左右，[⑤]即通常将相比收入支出“过多”的情形作为浪费的典型例子，但从“浪费”一词的含义以及与“赌博等其他射幸行为”对等列举等方面来看，不能仅凭收支不均衡判断行为属于“浪费”，而是应综合考虑支出的目的是否具有享乐性、行为是否违背公序良俗、收支不均衡的程度是否显著、程度上是否明显脱离社会普通观念等要素。[⑥] 在诸多要素中，资金的用处是判断行为是否属于浪费的要素之一，用处不明的支出应属于浪费，即使是日常生活支出，如果其用处不明且数额过大时，有可能被认定为浪费。值得注意的是，支出不局限于消费性支出，

① ［日］伊藤真：《破产法》（第 4 版补订版），有斐阁 2006 年版，第 526 页。

② ［日］伊藤真、［日］松下淳一：《倒产判例百选》（第 5 版），有斐阁 2013 年版，第 171 页；［日］伊藤真等：《逐条解释破产法》（第 2 版），弘文堂 2014 年版，第 1658 页。

③ 2011 年 3 月 7 日法律第 10429 号修订前的韩国《民法》第 9 条。

④ ［韩］杨三胜：《民法注解总则编（1）》，博英社 1992 年版，第 298 页。

⑤ 对于韩国旧《破产法》第 367 条第 1 款，有些学者批判：对“浪费”概念的标准过于抽象和模棱两可，被法官的主观价值判断所决定的可能性较大，即使形式上符合浪费的概念，但按照社会生活或环境的变化，也会发生不涉及法律问题的情况，因此是不适于时代发展的规定。［韩］全秉稀：《最新破产法》，法文社 2003 年版，第 326、327 页。

⑥ ［日］竹下守夫、［日］藤田耕三：《破产法大系》（第 3 卷），青林书院 2015 年版，第 45 页。

还应当包括赠与或不具有收回可能性的借款等非消费性支出。① 日本的实务中,被认定为浪费的资金用处的例子有:餐费、购买的高档品(包括宝石饰品、衣服、化妆品、被褥)、出国旅游费用、化妆品、塑形内衣、英语口语以及自我开发研讨会的培训费用、股票交易、以投资为目的购买的房产(炒房)、招待费用、风俗店等。② 韩国实务也与此并没有太大的差异,可以举以下例子:在商场或免税店购买的高档品,以及购买衣服和手机、游戏道具、虚拟货币、进口汽车等,子女的零花钱、皮肤及体型管理、居家购物(包括网络以及电视等线上的购物),入住特级酒店、夜总会酒吧,进行高尔夫、赌博、赛马、旅馆、按摩、传销以及非法游戏等对射幸行业的投资,超短期股票的买卖等。③ 另外,在德国,需要满足支出与总资产和收入的关系上存在不适当,以及经济上无法被理解,同时要超过本质界限(Wesentlichkeitsgrenze)才被视作浪费。如此一来,即使是为第三人进行了毫无意义的支出,但如果程度上只属于轻微,也不构成浪费。④

---

① [日]今中利昭等:《实务倒产法讲义》(下),民事法研究会 2006 年版,第 860 页。

② [日]东京地裁破产再生实务研究会编:《破产 · 民事再生的实务》(第 3 版)(破产编),金融财政事情研究会 2014 年版,第 572、573 页。

③ 韩国首尔地方法院 2003 年 9 月 9 日的 2003 라 735 规定;韩国首尔中央地方法院 2004 年 2 月 11 日的 2003 라 764 决定;韩国大田地方法院 2005 年 3 月 10 日的 2005 라决定;韩国中央地方法院 2010 年 6 月 9 日的 2010 라 177 决定;韩国首尔中央地方法院 2011 年 1 月 12 日的 2010 라 1103 决定(确定);韩国水原地方法院 2014 年 6 月 30 日的 2012 하면 5149 决定(确定);韩国釜山地方法院 2015 年 12 月 8 日的 2015 하면 225 决定(驳回抗诉、驳回再抗诉);韩国釜山地方法院 2016 年 11 月 28 日的 2016 하면 799 决定;韩国首尔重整法院 2018 年 2 月 2 日的 2016 하면 8421 决定(确定);韩国昌原地方法院 2020 年 3 月 27 日的 2019 하면 1845 决定(确定);韩国首尔重整法院 2020 年 3 月 31 日的 2018 하면 102862 决定;韩国大田地方法院 2020 年 4 月 2 日的 2019 하면 1051 决定;韩国春川地方法院 2020 年 4 月 2 日的 2019 하면 252 决定。

④ Vgl. Münchener Kommentar Insolvenzordnung, 4. Aufl. 2020, § 290 Rn. 66.

另外,在德国判例中,被视作浪费的情况有:债务人持续处于财政困难状态而寻求不符合债务人状况的生活方式(BGH N2I 2005, 233)、债务人明知其处于无法给付的状态而将 2000 欧元用于赌博的(AG Duisburg JurBüro 2007, 329)、债务人向近亲属赠与较大数额的财产而没有比照此前的收入大幅减少支出的(AG Gõttingen, NzI 2012, 423)、债务人在失业的情况下月支出大于最近的净收入的(LG Duisburg, Beschl. v. 8. 4. 2009 – 7T39/09 – , juris)、债务人允许第三人免费使用自己的房屋而实际上将属于自己财产的使用可能性进行浪费的(BGH. Beschl. v. 10. 12. 2009 – ⅨZB20/08 – juris.)。

而与此相反,不属于浪费的判例有:由于继承权是人身专属性权利,即使债务人以损害债权人为目的放弃继承也不属于浪费(LG Mainz ZVI 2003, 362)。此外,债务人处于无法给付状态后向特定债权人清偿时,如果不存在明显无价值的嫌疑,则不属于浪费(BGH NZI 2009, 710)。不过,在破产程序进行过程中,债务人明知自己处于无法给付状态,而任意向个别债权人给付较大数额的,显然在经济上是不合理的,有案例对这种情形认定为"浪费"(AG Duisburg NZI 2007, 473)。除此之外还有债务人为维持自己的副业将车辆委托修理,即使没有为补足破产程序费用撤回该委托修理,修理费用的支出也不属于浪费的案例(LG Stendal NZI 2014, 372; mAnm Stephan NZI 2015, 374)。债务人关闭自己的产业时,将该产业拥有的 4 辆汽车进行处置,获得 5100 欧元将其消费的情形不属于浪费的案例(BGH NZI 2006, 712)。

不予免责事由的“浪费”作为评价性概念，随着评价人的价值观或时代的状况的变化，对于其解释可能存在差异，尤其是看待免责制度的理念以及依据的差异。在日本，传统见解（特惠说）认为破产制度存在的主要目的是以债权人的权利实现为前提，应当对为破产债权人的权利实现诚实协作的破产人予以免责；①目前的通说（再生说）将免责视为实现破产人重生的社会政策性立法。②由于强调债务人诚实信用的特惠说更多倾向于注重破产债务人的人格及道义性责任，对其需要更加严格解释、适用。对此，站在再生说的立场，强调免责程序是为保护债务人并且帮助其在经济上再生的制度，判断债务人诚实信用的范围不仅限于形式上，还包括实质层面，因此要对不予免责事由进行限定性解释，③即对于在财产范围内超出通常程度的支出，形式上可以将其认定为浪费，然而即使存在浪费，如果不是破产债务人特有的行为，结合行为当时社会状况可以判断任何人都有可能实施该类行为时，或即使实施了浪费行为，被认定为因经济上的崩盘导致意外性经济变动时，实质上可以视为不属于浪费。④

韩国旧《破产法》第346条规定了“可以作出不予免责的裁定”，打开了即使存在不予免责事由的情况，法官也可以依据酌情予以免责的通道，⑤同时实务中会参考与破产人相关的各种情况认可“酌情免责”⑥，这也得到了各学说的支持。韩国《债务人重整法》规定，除非存在一定的不予免责事由，应当予以免责（第564条第1款），同时也接纳韩国旧《破产法》的实务经验，新设了即使存在不予免责事由，法官也可以酌情予以免责的相关规定（第564条第2款）。⑦ 此

---

① 日本最高法院1961年12月13日的裁定（民集15－11－2803）可以理解为日本判例普遍支持的特惠说。但是，也有观点认为，上述裁定考虑到免责制度有可能被随意利用，只不过是表明一般性预防，实际上无法说明免责制度的适用依据为特惠说。

［日］伊藤真、［日］松下淳一：《倒产判例百选》（第5版），有斐阁2013年版，第171页。

② 在韩国，一般也认为两种立场是混在的，根据法官强调哪一立场，其审理方式随之而变。

［韩］南孝顺、［韩］金在亨：《倒产法讲义》，法文社2005年版，第760页。

③ ［日］青山善充、［日］伊藤真、［日］松下淳一：《倒产判例百选》（第4版），有斐阁2006年版，第151页。

④ 两种立场的区别归根结底可以整理为：是否以免责为原则，不予免责为例外，还是与此相反。

⑤ 由于上述条款也可以被解释为部分免责的依据，韩国旧《破产法》实施时期实务依据上述条款，与日本的实务相同，决定全部免责或部分免责。

⑥ ［韩］韩国首尔重整法院裁判实务研究会：《个人破产清算、重整实务》（第5版），博英社2019年版，第335、336页。

⑦ 2005年实施的新《日本破产法》第252条第2项新设了酌情免责的条款，与韩国法并无区别。

外,韩国《债务人重整法》将第 564 条的条文题目规定为“免责许可”,其不同于韩国旧《破产法》第 346 条规定的条文题目“不予免责事由”,并禁止或者中止韩国旧《破产法》中被批准的“免责程序中的强制执行”等行为(第 557 条)。因此不难理解,韩国法律体系基本上更倾向于再生说。本裁定作出后,在韩国《债务人重整法》的基础上,韩国大法院也对个人破产制度作出如下判决:“在制度设计上,对破产人的免责不需要理解为是在一种特殊前提下实施的制度,如果债务人不存在明显的不诚实事由,即使原则上得到了免责的批准,也是基于正当且重要的立法目的,为处在破产状态的债务人尽可能提供经济上广泛的再生机会,为其提供可以维持基本生活的基盘。”①

然而,本裁定作出之前的韩国旧《破产法》领域的审判实务,虽然理论上以再生说的立场理解韩国旧《破产法》第 346 条,但事实上以特惠说的立场严格解释以及适用免责要件。② 这类传统实务即使没有被严格适用,也可以通过取消免责来实现正当的制度运用,相反通过不予免责的方式达到对破产人惩罚效果的意图难以得到赞同,加上该类惩罚效果不仅具有反伦理性和反社会性,而且由于免责制度的适用过于以法院为中心,存在被滥用的风险等问题。③ 此外,近年来家庭贷款等消费者金融和购房贷款的剧增、负担多重债务的金融债务不履行人的增加、高龄化及照顾大家庭方式的解除、社会两极分化深刻、雇佣市场的不稳定以及金融市场的不均衡、因韩国特有的担保文化产生的问题等情况在不断发生,但是考虑到以传统方式的社会安全网未能正常发挥其功能的韩国实情,对“浪费”这一模糊又不确定的概念进行扩大解释的传统实务,无论是在社会层面,还是在经济层面都无法被接受。本裁定结合了上述情况,通过严格解释“浪费”的概念,可以视作合乎时宜的为补正倾向于特惠说的实务均衡提出了政策方向。

本裁定以及原审在判断是否属于浪费时,可以看出将债务发生的原因,即

---

① 韩国大法院 2009 年 7 月 9 日的 2009 카기122 决定。

② 韩国首尔地方法院 2001 年 4 月 30 日的 2000 파 321 决定中,“免责制度作为对诚实破产者的特点,在判断是否予以免责时,不得不同时考虑破产人的人格性及道义性责任”而不予免责的案例,充分体现了传统实务的立场。

③ [韩]徐泰焕:《破产法中作为不予免责事由的浪费的概念》,大法院判例第 272 集(2006),法院图书馆(2004),第 794、795 页。

资金用处作为主要因素。实际上，在判断债务人的诚实性时，比起其他因素，债务产生的原因是否应当遭到社会的谴责无疑是重要的。但是，通过债务产生的原因是否应当遭到社会上谴责进行判断，其概念本身具有伦理性，如果要求过于严格，可能会将现代个人破产案件中主要类型之轻率、无节制的债务人排除，实际上存在较大程度缩小免责范围的可能性。[①] 因此，正如前文所述，有必要站在再生说的立场，不光是形式层面，也要综合考虑实质层面，将债务人同等生活水平的普通人作为判断主体对象的标准，避免造成肆意解释“浪费”这一不确定性概念。原审认为债务人将债务的大部分用于家计；相反，本裁定认为，债务人是为了补足公司经营资金而使用银行贷款及信用卡。在此基础上，本裁定综合考虑了债务人的营业状态（公司经营困难）、社会地位以及职业（股东兼执行董事），判断债务人的行为不属于浪费。仅从行为时的情况而言，债务人在无其他财产或收入的情况下，原审认为过度使用贷款以及信用卡的行为属于浪费的判断，在形式层面上是可以接受的。但是，如果考虑当时债务人为什么会使用贷款以及银行卡、与债务人处于同等生活水平的普通人能否在同等情况下做出其他选择等要素，其判断会有所不同。换言之，不是为了本人以及家人，而是为了偿还其经营的公司债务而使用贷款以及信用卡等，通过积极的经济活动最终面临破产的情况，按照行为时的社会状况和普通人的法律意识，遭到谴责的可能性较低。在公司面临破产的情况下，为了使公司能够重整，实际经营者动用个人财产、融通资金的行为与不节制的消费不应被同等对待。此类实质因素可以充分稀释上述形式上浪费的性质，从而补足为这些债务人赋予重整可能性的正当依据。

韩国旧《破产法》实务中，对浪费的概念进行统一且严格解释的原因，可能是在酌情免责阶段有从轻余地的债务人可以得到救济。而这恰恰是特惠说的思维方式，更何况债务人根据韩国旧《破产法》有可能因浪费行为成为刑事处罚的对象，使债务人的地位处于危殆。因此，本裁定未通过酌情免责阶段，直接在不予免责阶段重新定义浪费的概念，是为了帮助债务人进行重整，并且更倾向于再生说的韩国《债务人重整法》也应当维持这种立场才妥当。

---

① ［韩］徐泰焕：《破产法中作为不予免责事由的浪费的概念》，大法院判例解说第 49 号，法院图书馆（2004），第 784 页。

此外，债务人的此类浪费等行为应当使其财产“明显”减少或承担“过多”债务，最终发生损害破产债权人利益的后果。这些“明显”以及“过多”的评价性概念也和“浪费”一样，只能通过社会一般观念决定与债务人全部财产状态的关系。[①] 同时，浪费和财产的明显减少以及承担“过多”债务之间应认定存在较大的因果关系，如果只存在间接原因应当排除在外。因此，债务人已处于无法支付的状态时，由于相信可以解决窘境，并以较少数额的资金实施的射幸行为，不应当成为不予免责事由。[②]

① [日]斋藤秀夫等：《注解破产法》（下），青林书院1999年版，第871页。

② [日]东京高决1985年11月28日的决定。转引自[日]伊藤真：《破产法》（第4版补订版），有斐阁2006年版，第526页。

CASE 02

案例 2

保险人基于保险代位取得的债权能否被免除*

张钰京 译（中国政法大学东亚企业并购重组法治研究中心研究员）
陈景善 审校（中国政法大学教授）

一、裁判要旨

韩国旧《破产法》第 349 条第 3 款但书将“破产人故意实施非法行为导致的损害赔偿请求权”规定为非免责债权，这是考虑到免除破产人实施反社会行为导致的债务有违正义。同时韩国《商法》第 682 条规定，损害由第三人造成的，支付保险金的保险人可在支付金额范围内取得被保险人或投保人对第三人的权利。换言之，被保险人等对第三人主张的权利不失同一性地转移给保险人，因此保险人取得的债权是否属于韩国旧《破产法》第 349 条第 3 款规定的非免责债权应当以被保险人等对第三人的权利为基础判断。

二、基本案情

原告（保险公司）与 A 公司（被保险人兼投保人）签订了

* 韩国大法院 2009 年 5 月 28 日的 2009da3470 判决李圣镕（首尔南部地方法院 部长法官）。

以A公司经理即被告为被保证人的职工信用保证保险。此后,发生了被告挪用公款超过1亿韩元的保险事故,原告向A公司支付了保险金。“议政府市地方法院”宣告被告破产,随后债务免责的裁定生效。原告依据韩国《商法》第682条保险代位权的规定,以代位取得A公司对被告的损害赔偿债权为由向首尔中央地方法院提出求偿权之诉。法院以公示送达的方式宣告了保险人胜诉的判决。然而被告提出的追加抗诉状(译者注:日后补充上诉的制度)得到法院的支持,法院认为韩国旧《破产法》(2005年3月31日依据韩国《债务人重整法》附则第2条废止)第349条第3款[①]意在实现加害人履行损害赔偿义务有效保护受害人之目的。二审法院在综合考虑受害人A公司获得保险金并已将风险转移给原告、非免责债权较保险代位制度而言更应优先考虑韩国旧《破产法》的立法目的、保险人对债权无法收回具有预见可能性等因素,认为原告对被告的债权已被免除,从而撤销原判。原告上诉至大法院,大法院裁定撤销原判,发回重审。

三、案例评析

(一)争议焦点

针对职工信用保证保险中保险人行使的保险代位权,是要站在代位权的立场判断(债权人保护的一般法理)还是站在债务人立场判断(债务人免责制度)是本案的焦点。

(二)职工信用保证保险的意义

1. 职工信用保证保险作为保证保险(韩国《商法》第726条第5款)的一种,是防止职工(被保证人)在保险期间为雇主(被保险人)办理业务或利用其职务上的便利从事违反民事或刑事法律的行为导致雇主损失而签订的,为第三人或雇主本人(如本案)的保险。[②]

2. 职工信用保证保险条款(包括特别条款)规定的保险事故导致的损害包括:①一般条款上被保证人因犯罪行为导致的被保险人损害;②一般条款上被

① 修改为《债务人重整法》第566条第3款“债务人故意行使违法行为造成的损害赔偿请求权”。

② [韩]朴世珍:《保险法》(第5版),博英社2019年版,第817页;[韩]韩昌熙:《保险法》(第3版),国民大学出版社2016年版,第508页。

保证人对第三人的违法行为导致被保险人对其承担法律上的损害赔偿责任而受到的损害；③特别条款上被保证人因存在重大过失等民事责任行为使被保险人受到的损害；④特别条款上被保证人因存在重大过失等民事责任行为使被保险人对第三人承担赔偿责任而受到的损害。①③的损害属于一般性损害保险，②④的损害属于保险中的营业责任保险（韩国《商法》第 721 条）。[①]

（三）保险人代位的效果

1. 保险人代位是指保险人就保险事故造成的被保险人的损失向被保险人支付保险金的，保险人有权代位被保险人或投保人向造成保险目的实现或负有责任的第三人索赔。[②] 其中，代位保险目的之权利有两种，一为残存物代位（韩国《商法》第 681 条），二为请求权代位（韩国《商法》第 682 条）。原则上，保险人代位只发生在损害保险。[③]

2. 支付保险金的保险人有权在其已经赔付金额的限度内取得被保险人对第三人的权利（韩国《商法》第 682 条），即被保险人对第三人的权利不失同一性地代位至保险人，[④]同时被保险人请求权的限制或权利瑕疵将继承到保险人所代位的请求权。[⑤]

（四）讨论

1. 本案信用保证保险是一般的损害保险，亦是以投保人为受益人的保险。原告向 A 公司支付保险金，代位 A 公司对被告的权利。

2. 由于被保险人对第三人的权利不失同一性地代位至保险人，A 公司对被告享有的损害赔偿请求权亦可由保险人代位行使。

3. 界定非免责债权除考虑保险代位外，是否还应当考虑破产法的立法目的及宗旨？若属于免责债权，则债务人重整的破产法理念不可忽略。相反，若属于非免责债权，与破产法的理念相悖，理论上仅需适用一般司法理念，但解释的

---

① 韩国大法院 2002 年 9 月 6 日的 2002da30206 判决。

② ［韩］郑东海：《注释商法（保险 1）》2015 年版，韩国司法行政学会版，第 484 页；［韩］朴世珍：《保险法》（第 5 版），博英社 2019 年版，第 485 页。

③ 但是人寿保险中的伤害保险合同双方另有约定的，保险人在不损害被保险人权利的范围内可代位行使权利（韩国《商法》第 729 条但书规定）。

④ 韩国大法院 1999 年 6 月 11 日的 99da3143 判决。

⑤ 有关时效的起算时间判决参照韩国大法院 1999 年 6 月 11 日的 99da3143 判决。

适当性将面临挑战。[1] 但是保险人代位取得的请求权是否与被保险人对债务人享有的请求权相同之疑问本应依据保险法的法理得出结论，[2]然而将这一结论用破产法的理念再次证成是否将本各有侧重的法律强行关联？“故意实施违法行为”之争议集中在社会批判可能性（大法院观点），“基于债务人存在重大过失侵害他人生命或身体的违法行为产生的损害赔偿请求权”（韩国《债务人重整法》第566条第4款）是否能够始终以保护债权人利益为本质理念[3]亦令人质疑。依此与其用解释论限缩解释非免责债权的范围，更需要立法措施。

4. 本评析支持本案大法院的裁判立场。

（五）余论

有偿还债务利益的主体代为偿还债务之后，除代位权外，通常对债务人享有追偿权。追偿权与代位求偿权在有无本金、求偿期、利息、滞纳金等内容上存在差异，[4]免责裁定生效后，保险人支付的保险金不以代位权而是以追偿权寻求权利救济的，债务人能否对保险人主张抗辩？由于免责的效力仅及于破产债权，破产宣告后发生的债权不属于破产债权，免责效力不及于该债权。[5] 即使免责裁定生效后，保证人向债权人履行了保证债务，由此取得的求偿债权只能视为未来破产债权的现实化，仍属于破产债权。综上，保险人行使的求偿权应当亦属于受免责效力影响的破产债权。

---

① ［韩］金炯科：《保险人代位“破产人故意行使的违法行为导致的损害赔偿请求权”之求偿权的法律性质》，载《民事判例研究》第32卷，博英社2010年版，第628页。

② 韩国大法院依据韩国旧《劳动法》第30条第2款第2项（译者注：韩国现行《劳动法》第38条第2款第2项）认可代位清偿有优先求偿权的工资债权的代位人的优先求偿权。（韩国大法院1996年2月23日的94da21160判决）同时，纳税保证保险在投保人未在期限内履行保证对象纳税义务时具有代替保证的功能，保险人的补偿责任可视为与保证责任同等的义务。因此，纳税保证保险的保险人支付保险金后，可以类推适用韩国《民法》第481条，代位行使被保险人即税务局对保险合同人即纳税义务人的债权。依此判决首尔保证保险株式会社有权代位西仁川税务局的交通税（韩国大法院2009年2月26日的2005da32418判决）。

③ ［韩］金炯科：《保险人代位“破产人故意行使的违法行为导致的损害赔偿请求权”之求偿权的法律性质》，载《民事判例研究》第32卷，博英社2010年版，第631页。

④ 韩国大法院1997年5月30日的97da1556判决。

⑤ ［韩］首尔重整法院裁判实务研究会编：《个人破产清算、重整实务》（第5版），博英社2019年版，第354页。

CASE 03

案例 3

驳回个人重整申请的理由中“申请不诚实”的含义及认定标准*

赵宇松 译（中国政法大学东亚企业并购重组法治研究中心研究员）
陈景善 审校（中国政法大学教授）

一、裁判要旨

如果法院依据韩国《债务人重整法》第 595 条第 7 项规定，以“其他申请不诚实的情况”为由驳回债务人的重整申请，债务人应被认定为存在“该条第 1 项至第 5 项之程序上的错误，或债务人以仅达到个人重整程序之效果为目的等的不正当目的申请个人重整”的情况。

二、基本案情

债务人为济州岛政府的技能型公务员。债务人的妻子在经营供货生意的过程中陷入了财务危机，为此以债务人名义贷款、提供债务保证而累积诸多债务。债务人于 2006 年 1 月向济州地方法院申请了个人重整，济州地方法院于 2006 年 12 月批准了重整计划，但之后被济州地方法院发现其存

* 韩国大法院 2011 年 6 月 10 日的자 2011 마201 裁定，Seo Kyung-hwan（首尔重整法院院长）。

在任意消费被冻结的定期存款工资的事实,于 2007 年 7 月被法院撤销个人重整程序。接到撤销裁定之后债务人在 2007 年 7 月至 2010 年 7 月连续 3 次提交个人重整申请,但均被法院以申请不诚实为由驳回。

债务人于 2010 年 11 月 5 日再次申请个人重整,但一审法院于 2010 年 11 月 16 日以“债务人未如实公开申请日前 10 年内申请个人重整的部分事实,且在重整申请被 3 次驳回之后无其他情况变更的情况下重新申请此案等”申请不诚实为由,根据韩国《债务人重整法》第 595 条第 7 项规定驳回了其个人重整申请。

债务人对一审裁定提起上诉,并主张过去 3 次申请中漏报 1 次是个人的失误,并予以补报。二审认为债务人存在“以 3 次申请个人重整等手段妨碍债权人行使权利,且收到驳回裁定之后无特别情况变更的情况下再次申请重整申请本身”的事实,可以认定为“申请不诚实”,并以此驳回上诉请求。此后债务人提出了三审(韩国为三审终审制),三审裁定发回重审。

三、案例评析

(一)相关规定及立法案例

韩国《债务人重整法》第 595 条驳回个人重整申请的理由包括“债务人不具备申请权人的资格(第 1 项);申请时未提交附件文件或虚假陈述或未遵守提交期限(第 2 项);未缴纳程序费用(第 3 项);未遵守重整计划的提交期限(第 4 项);申请日前 5 年内存在被免责的事实(第 5 项);适用个人重整程序不利于债权人一般性利益(第 6 项);其他申请不诚实的情况或无合理理由拖延程序(第 7 项)”等。

另外,韩国《债务人重整法》第 309 条规定破产申请的驳回理由,其中第 1 款第 5 项也规定了“其他申请不诚实的情况”,并在第 2 款中进一步规定“破产申请被认定为破产程序之滥用的情形”。美国《破产法典》(11U. S. C)第 1307(c)条也有与韩国个人重整程序相似的驳回理由,但“申请不诚实”(bad faith)没有以明文形式规定为驳回理由。在美国联邦法院 2007 年 Marrama 判决(Marrama *v.* Citizens Bank of Massachusetts, 549 U. S. 365)当中承认以申请不诚实为由驳回申请的地方法院的判决之后,申请不诚实被确定为驳回申请的理由。

日本《民事重整法》第25条第4项将“以不正当目的申请重整程序或其他申请不诚实的情况”规定为驳回理由。

（二）“申请不诚实”的认定标准

规定个人重整程序驳回理由的韩国《债务人重整法》第595条，虽然未将“个人重整程序的滥用”规定为驳回理由，但在地方法院的实务中解释为“申请不诚实”也包含“个人重整程序的滥用”，在本案裁定当中也予以明确。

在本案裁定中作为“申请不诚实”认定标准，列举了“债务人存在属于第595条第1项及第5项的程序上的错误或债务人仅以达到个人重整程序之效果为目的等的不正当目的申请个人重整程序”的情况。

大法院在后续的裁定中认定存在“不正当目的申请个人重整程序”的情形，提示了应综合考虑申请的原委、债务的规模、债务发生时机及使用明细、有无可供强制执行的财产、重整计划的内容等诸多情况。（大法院2012年1月31日的자2011마2392裁定）

（三）关于“申请不诚实”认定的具体案例

1. 被撤销之后的反复申请

不能仅凭“个人重整程序被撤销并个人重整先后3次被驳回之后债务人再次申请个人重整程序”为由认定属于“申请不诚实”（如本案裁定）。

上述认定的依据列举了“法律没有禁止个人重整被撤销后重新申请；如果允许仅以反复申请为由驳回申请，则实际上封锁了债务人重整的渠道；自个人重整程序被撤销之后，已经过很长时间，有可能发生情况的变更”等情况。

2. 超过实际收入的过度消费生活

债务人作为理疗师，虽然有不菲的收入，但因超过实际收入的浪费性支出等过度消费，导致背负不少债务。法院认定在此种情况下申请破产重整，不属于“申请不诚实”。（大法院2012年1月31日的자2011마2392裁定）

3. 接近申请破产重整的时间点的债务比重高的情形

地方法院以“申请个人重整程序之前约1年之内产生的借款债务在整体个人重整债务当中占比约为80%”为由驳回申请。但大法院认为，鉴于借款中大部分是偿还之前的债务，其余的借款也用于生活费、缴纳罚金等事实，不能仅凭“接近申请破产重整的时间点的债务比重高”为由认定为“申请不诚实”，并以

此为由裁定发回重审。(大法院 2013 年 3 月 15 日的자 2013 마 101 裁定)但在另外一个案例当中,债务人在申请个人破产前的 1 年内举借总债务额 50% 的借款,并将其用于购买股票,在接到法院改正命令之后仍然拒绝提供有关借款的用途信息。在这种情况下,地方法院认定前述情形属于"申请不诚实"的情况。(首尔中央地方法院 2010 年 10 月 7 日的자 2010 라 315 裁定,该案未提起上诉)

4. 在没有实施个人重整程序之意愿的情况下,为逃避强制执行而申请个人重整

在日本,债务人没有实施个人重整程序的意愿的情况下,通过保全措施或终止裁定等手段暂时逃避债权人的行权之后,以隐匿财产等目的申请重整的情形,视为典型的"申请不诚实"①。在韩国,虽然在大法院的案例中未涉及过"没有实施个人重整程序的意愿的情况下,为逃避强制执行而申请个人重整",但以"不正当目的"申请个人重整,属于"申请不诚实"的典型例子。

(四)破产程序的滥用和个人重整程序的滥用

如上所述,相比于个人重整程序,不同的是在破产程序相关法规定中将"破产程序的滥用"明确规定为驳回理由。在大法院的 2011 年 1 月 25 日的자 2010 마 1554、1555 裁决中认为,规定破产程序滥用的韩国《债务人重整法》第 309 条第 2 款中一般性的"禁止权利滥用"属于原则性表述,并将"债务人的偿还能力、申请破产的动机和原委、无力支付的原因、利害关系人的行为、关于破产程序提供的各种信息的准确性、债务人支出的浪费要素、是否存在不予免责的情形"等列为是否属于破产程序滥用的认定要素。在个人重整程序中,需要谨慎引用上述 2011 年 1 月 25 日的자 2010 마 1554、1555 裁决。具体理由如下:①与破产程序不同的是在个人重整程序中并没有将"个人重整程序的滥用"明确规定为驳回理由;②与无须偿还债务而得到全部豁免的个人破产程序不同的是,在个人重整程序中将 3 年至 5 年的全部可用所得用于偿还债务;③与破产程序不同的是个人重整程序严格限制不予免责的理由的范围;④如果将一般性司法上的权利滥用原则适用于个人重整程序,等同于向法官赋予了广泛的裁量权,会导致法官根据对个人破产制度的价值观而产生偏差。因此相较于个人破产程序,在个人重整程序中应严格解释"申请不诚实""程序滥用"。

① [日]园尾隆司、[日]小林秀之:《民事重整法》(第 3 版),弘文堂 2013 年版,第 121 页。

CASE 04

案例 4

享有优先受偿权的租赁保证金返还之债权人与个人重整程序*

张钰京（中国政法大学东亚企业并购重组法治研究中心研究员）

陈景善 监译（中国政法大学教授）

一、裁判要旨

出租人在个人重整程序中未能将出租的房屋变卖折现，承租人未能在变卖款中受偿其租赁保证金，但法院已裁定出租人作为债务人免责、个人重整程序终结。无特殊情况时，根据2005 年3 月31 日公布的韩国《个人债务人重整法》①第46 条第1 款②的规定，认定享有优先受偿权的债权范围内，根据同法第84 条第2 款第1 项属于没有免责的即“没有登记在个人重整债权目录的请求权”而不受免责裁定效力的制约。

---

* 韩国大法院2017 年1 月12 日的2014da32014 判决 Kim Huijung（Kim & Chang Law Firm，lawyer）。

① 2005 年3 月31 日公布，公布法律号第7428 号，依据韩国《债务人重整以及破产清算相关法律》附则第2 条废止。

② 韩国《个人债务人重整法》第46 条第1 款：根据韩国《房屋租赁保护法》第3 条（对抗力等）第1 款的规定，具备对抗条件并获得租赁合同上确定日期的承租人，有权在属于个人重整财团的房屋（包括占有土地）的折价款中优先于次级权利人即后顺位债权人，获得保证金偿还。

二、基本案情

(一)原告个人重整程序的进展情况[①]

2005 年 10 月 20 日,原告(出租人)申请个人重整。

2006 年 7 月 4 日,法院作出进入个人重整程序的裁定。原告将租赁保证金返还债务 5500 万韩元登记在个人重整债权目录中,法院对该债务与金额予以认定。

2006 年 11 月 3 日,法院批准重整计划。被批准的重整计划中,将最高额抵押所担保的债权和被告的租赁保证金返还债权视为“附别除权或准用别除权的债权”。并将偿还对象界定为行使别除权(如拍卖该租赁房屋等)仍无法清偿的债权。同时规定仅在待偿还债权确定后以债务人的偿还款按份清偿。

2012 年 6 月 25 日法院作出免除责任的裁定(2012 年 7 月 10 日生效)。但是由于租赁房屋(包括占有土地,以下同)上优先的最高额抵押权人未行使任意性拍卖,债务人的未偿还总金额未能具体确定,因此法院作出免责裁定前承租人即被告没有获得任何偿还款。

(二)诉讼经过

原告主张其在个人重整程序中将对被告的租赁保证金返还债权登记于个人重整债权目录,并在个人重整程序中依照重整计划完成清偿而得到免责裁定,因此对被告租赁保证金返还债权不再负有偿还义务。依此对“原告向被告支付 5500 万韩币”的判决以及以此为基础的强制执行提出异议之诉。一审法院和二审法院认为被告在原告的个人重整程序结束后,以该案件的生效判决为基础行使的强制执行仅限于适用优先受偿权的租赁房屋(原告败诉部分),不应适用于除此之外的其他执行对象。大法院则持有租赁房屋亦不能适用强制执行的观点,并以此为由判决驳回原告的上诉请求。

---

① 案件事实关系参见[韩]Yang Minho:《2016 年下半年有关破产法之大法院判例介绍》,载《破产法研究》第 7 卷第 2 号,第 248 页。

三、案例评析

（一）个人重整实务中对租赁保证金返还债权的认定①

租赁保证金返还债权虽然享有优先受偿权，但其优先权行使范围受限于租赁房屋的变卖款。因此，其权利性质较有优先权的个人重整债权而言更似对特定财产享有优先权的别除权。② 实务中，即使承租人的租赁保证金返还债权有判决支持等执行权的权利来源，该债权（登记在个人重整债权目录）依旧属于个人重整债权，因此，若裁定受理债务人（出租人）个人重整，则依据《个人债务人重整法》第 60 条第 1 款第 2 项该执行权应当禁止。

编写重整计划草案时，对享有优先受偿权的存在对抗条件和确定日期的租赁保证金返还债权以及部分具备对抗条件的小额租赁保证金，依据别除权的规定处理。③ 目前个人重整实务，承租人的租赁保证金返还债权可以从租赁房屋的变卖款中优先得到偿还，只规定于个人重整程序外的拍卖程序（如行使最高额抵押权的别除权），④而不将该租赁房屋的处分纳入偿还对象（本案同）。换言之，依据别除权，仅将依据租赁房屋的变卖款所不能清偿的金额作为重整计划的偿还对象。⑤

（二）实务的问题

别除权人行使权利不受个人重整程序中重整计划的限制，但是对于不能通

---

① 尽管本案适用韩国《个人债务人重整法》，但实务处理或条文规定与现行有效的韩国《债务人重整法》并无显著区别。本评析虽然是以韩国《个人债务人重整法》为基础展开说理，但其说理在韩国《债务人重整法》同样有效。

② ［韩］首尔地方法院破产部实务研究会编：《个人破产清算、重整实务》（第 4 版），博英社 2014 年版，第 499～500 页；［韩］首尔重整法院裁判实务研究会编：《个人破产清算、重整实务》（第 5 版），博英社 2019 年版，第 554 页。

③ 韩国《债务人重整法》第 586 条、第 415 条。［韩］首尔地方法院破产部实务研究会编：《个人破产清算、重整实务》（第 4 版），博英社 2014 年版，第 568 页；［韩］首尔重整法院裁判实务研究会编：《个人破产清算、重整实务》（第 5 版），博英社 2019 年版，第 621 页。

④ 也包括债务人主动处分（买卖或再出租）该房屋。

⑤ 若在重整计划中，将租赁保证金作为债务人处分租赁房屋的偿还对象，则债务人必须处分该房屋偿返赁保证金，才能完成重整计划，因此债务人必须处分出租的房屋。

过行使该权利获得清偿的债权,则可作为个人重整债权人行使其权利。[①] 个人重整实务,并不以处分租赁房屋来偿还租赁保证金返还债权,承租人除参加承租房屋的最高额抵押权人(别除权人)实行的拍卖程序外,不得在个人重整程序外行使拍卖申请等权利,而且如同本案,具有别除权之优先受偿权的最高额抵押权人在别除期内未实行任意性拍卖,债务人(出租人)又未主动处分(买卖或续租)租赁房屋,承租人则没有办法收回租赁保证金。

(三)评析

一审法院和二审法院在维持此前实务解释的基础上,只解释了免责决定的效力不及于以别除权为依据保护的租赁保证金返还债权。但是,若要解释免责决定的效力不及于具有优先受偿权的租赁保证金返还债权,则应当认为该债权权利的行使不受个人重整程序的制约,才能符合逻辑,否则(如原告所主张)租赁保证金返还债权是受个人重整程序制约的个人重整债权,进而受免责裁定效力约束的解释合乎逻辑。然而后者的解释与此前实务观点相悖,实质上导致不能保护房屋承租人的后果。依此,有必要考虑如前者所述的享有优先受偿权的租赁保证金返还债权不受制于个人重整程序的方案。

对此,有将具有优先受偿权的租赁保证金返还债权解释为未记载在个人重整债权人目录中的请求权,或认定不属于个人重整债权。由于租赁保证金返还债权应当解释为个人重整债权,[②]因此本判决采取如第一种的解释论。

本案法院的观点可以理解为:个人重整债权目录制度是为了确定重整计划书的偿还对象,因此认为在个人重整程序之外可以实现偿还的债权属于"没有在个人重整债权目录中记载的请求权"。换言之,依据韩国《个人债务人重整法》第46条个人重整程序外拍卖等程序中可实现优先受偿以及援引别除权的

---

① [韩]首尔地方法院破产部实务研究会编:《个人破产清算、重整实务》(第4版),博英社2014年版,第497页;[韩]首尔重整法院裁判实务研究会编:《个人破产清算、重整实务》(第5版),博英社2019年版,第551页。

② 个人重整债权是债务人因进入个人重整程序前的原因产生的财产上的请求权(韩国《个人债务人重整法》第26条),本案租赁保证金返还债权的依据是原告在进入个人重整程序前签订租赁合同时所附带的保证金合同,是属于"个人重整债权"。(参考援引韩国《债务人重整法》第422条第1款的韩国大法院2012年11月29日的2011da30963号案例,以破产宣告前签订租赁合同而产生的租赁保证金返还债权属于破产债权为由禁止债权抵销。)

个人重整实务惯例，只有在拍卖等个人重整程序外不能得到偿还的部分租赁保证金返还债权属于重整计划的偿还对象。仅此部分属于登记在个人重整债权目录的请求权。这一解释与将租赁保证金返还债权视为别除权的实务做法相一致。

（四）本案判决的借鉴意义

进入个人重整程序后，在优先受偿权行使范围内可对租赁房屋提起诉讼或申请强制执行。此类似于限定继承认可有限清偿责任。另外，依据韩国《债务人重整法》第 600 条第 2 款规定，裁定重整计划之前中止或禁止通过拍卖等实现担保权，但依据本案判决的解释会导致进入个人重整程序后一段时间内仍无法中止或禁止担保权实现。这可以考虑类推适用上述规定。

（五）余论

本案判决的意义在于解决了过去针对租赁保证金返还债权的实务解释存在矛盾的问题，为承租人权利救济难的问题提出了解决方案。本案判决的借鉴意义在于“免责裁定的效力”，[①]依照本案判决的法理基础，对进入个人重整程序后依据租赁保证金返还债权的诉讼请求和强制执行也产生一定影响。

① 本案判决宣告后出版的《个人破产清算、重整实务》（第 5 版），第 554 页观点相同。

CASE 05

案例 5

个人重整中变更重整计划是否需要变更理由*

赵宇松 译（中国政法大学东亚企业并购重组法治研究中心研究员）
陈景善 审校（中国政法大学教授）

一、裁判要旨

韩国《债务人重整法》第 619 条没有限制已获批的重整计划之变更理由，但变更已得到批准的重整计划当然以发生变更计划所确定事项的变更理由为前提，并不意味着允许未发生债务人的所得或财产变动等的情况下随意变更重整计划。基于 2017 年 12 月 12 日修改的《债务人重整法》修正案之附则规定的宗旨及适用范围等，不能仅以修订法规即视为出现变更偿还期限的理由。因此，对于缩短偿还期限的变更案，应查清债务人的所得或财产等的变动情况，并以此审理、判定已批准的变更计划是否发生变更事由。同时，已获批重整计划之变更案，还应满足韩国《债务人重整法》第 614 条规定的其他审批条件。

---

* 韩国大法院 2019 年 3 月 19 日的자 2018 마 6374 裁定 Kwon Min-jae (권민재)(首尔南部地方法院　法官)。

二、基本案情

债务人于2014年2月14日申请个人重整程序，并获批如下重整计划：“以2014年10月7日的每月可用所得172,583韩元为基准，连续偿还60个月（月平均收入120万韩元中，两个人基本生活费1,027,417韩元，财产6,004,337韩元）。”2017年12月12日修改的韩国《债务人重整法》，将最长期限从5年缩短为3年（自2018年6月13日起实施）。基于前述修改，首尔重整法院于2018年1月8日制定并实施了缩短偿还期间的业务指引，随后债务人于2018年2月1日提交只将偿还期限调整为47个月的重整计划草案（当时月收入为2,600,000韩元、增加汽车等财产），并于2018年5月16日获得法院批准。对于上述批准裁定，（1）债权人立即提起上诉，但于2018年9月13日上诉请求被驳回（首尔重整法院2018라100208）；（2）债权人再次上诉，提出前述裁定存在违反法不溯及既往原则、侵害法律稳定性、违反信赖保护原则、侵害利害关系人平等权利等主张，并主张因违反宪法和法律规定，不应准许债务人重整计划的变更案。该案最终被裁定发回重审。

三、案例评析

（一）问题所在

韩国《债务人重整法》第619条规定，“债务人、重整委员或个人重整债权人在重整计划实施完毕之前，可以提出已批准重整计划的变更案”。前述规定仅规定了提出重整计划之变更案的期限，但并未限定提出重整计划之变更案的理由。[①] 即使前述规定，在实务当中变更重整计划，仍应考虑获批后是否需要情况变更、变更重整计划的法律能否视为情况变更等问题。

（二）本案裁定的论据

本案裁定以“变更获批的重整计划需要发生变更理由，但不能将缩短最高偿还期限的法律修正案视为发生变更期限的理由”为由裁定发回重审。本案裁定认为，如果没有变更理由的情况下可以变更重整计划，则很难稳定实施重整计划，且与变更获批之前重整计划无区别（韩国《债务人重整法》第610条第2

① 韩国大法院2015年6月26日的자2015마95裁定。

款），因此变更重整计划需要变更理由。修正案附则的宗旨[①]为在实施修正案之前申请的案件，个人重整程序之债权人等利害关系人对修正案颁布之前法规存续的信赖应优于保护适用修正案之公益上的价值，以为保护此等信赖应限制其适用为论据，应判定法律修改不应视为变更偿还期限的理由。

（三）见解

重整计划之变更指在重整计划获得审批裁定之后至基于重整计划完成偿还之前变更既定的重整计划。[②] 与重整计划不同[③]的是，重整计划变更案除债务人之外，重整委员、个人重整债权人也可以提出，[④]除将申请期限规定为“基于重整计划的偿还完成之前”之外，《债务人重整法》第 619 条第 1 款并没有明确规定提出变更申请的理由。[⑤] 这一点与重整程序的“因不得已的理由需要变更重整计划规定的事项的……基于申请变更重整计划”规定不同。因前述规定在学术界个人重整程序中提出变更案时是否需要“变更重整计划之理由”的问题上存在不同的观点。主要观点包括：（1）债务人提出重整计划变更案，除重整计划的审批条件之外，不需要允许变更重整计划的基准，但个人重整之债权人等提出变更计划的，需要较为明确变更所需的基准；[⑥]（2）情况变更应达到批准当

---

① 修正案附则规定，该修正案在颁布之日起 6 个月届满之日正式实施第 611 条第 5 款之修订规定（第 1 条的但书），但修正案适用于实施之后第一次申请个人重整的案件（第 2 条第 1 款）。

② ［韩］首尔重整法院裁判实务研究会编：《个人破产 · 重整实务》（第 5 版），博英社 2019 年版，第 658 页［박영사（Park Young-sa）］。

③ 重整计划草案只能由债务人提交（韩国《债务重整法》第 610 条第 1 款）。

④ 与允许债务人、破产管理人（trustee）、无担保债权人（the holder of an allowed unsecured claim）提出重整计划变更案的美国《破产法典》第 13 章的程序类似｛［韩］조인（Jo In）：《个人重整程序中已获批的重整计划变更》，《2018 年法官研修过程论文集》，司法研修院（2019），第 14 ~ 15 页｝。这是因为韩国的个人重整程序是以美国《破产法典》第 13 章为蓝本制定。

⑤ 韩国《债务人重整法》没有单独规定关于重整计划的变更理由的标准，重整计划的变更参照制订第一次申请重整计划以及审核的相关规定执行［法务部《关于债务人重整及破产的法律解释》（2006）第 185 页］。作为韩国《债务人重整法》蓝本的美国《破产法典》也有与韩国《债务人重整法》类似的规定。《破产法典》第 1329 条规定，可在（1）增加或减少债权人的偿还金额；（2）延长或缩短偿还期限；（3）为偿还与重整计划无关的债务，而需要调整该债务偿还金额的；（4）为支付债务人或抚养亲属的健康保险而需要减少偿还金额的情况下，可以提出变更计划。但对于债务人提出重整计划的变更案是否需要理由，没有明确的规定。

⑥ ［韩］金熙钟：《个人重整程序之获批之后变更重整计划的程序及许可要件》，大法院判例解释第 103 号（2015 年上半年），法院图书馆（2015），第 444 ~ 445 页。上述主张认为，债务人提出变更案的时候法律并不限制其理由，法院是否准许并非裁量而是义务；以债务人可随时提出再申请为由，允许债权人以在批准时可预见的可用所得的增加等理由变更重整计划，有损于程序的稳定性，债务人也无法稳步履行重整计划。

时无法预见的程度；[①]（3）重整计划获批之后，如果要变更重整计划需要出现债务人所得或财产变动等需要变更重整计划的理由。[②] 除前述观点之外，没有无任何理由限制的观点。[③] 重整计划的变更是重整计划批准裁定之后变更重整计划确定之事项的行为，韩国《债务重整规定》第91条第3项明确要求，申请中记载“提出重整计划变更案的宗旨及其变更理由”，因此解释为需要变更理由更恰当。但韩国《债务人重整法》第619条第1款并没有限制提出理由，因此与重整程序不同的是个人重整程序当中应将变更理由尽量扩大认定范围。在认为需要变更理由的观点当中，也存在“批准之后的法律的修改，能否成为变更理由”的问题。在相关案例当中，根据将最长偿还期限规定为8年的韩国旧《债务人重整法》获批重整计划的债务人，因韩国《债务人重整法》的实施最长偿还期限调整为5年之后，向法院提出将最长偿还期限调整为5年的重整计划变更案，地方法院驳回该请求之后大法院认可前述裁定；[④]在本案裁定中也认为“不能仅以修改法律视为发生变更重整计划的变更理由”[⑤]。但很难认可上述观点。缩短偿还期限之修正案的宗旨包括：（1）“如引进个人重整程序的宗旨为推动可重整的债务人尽早回归积极的生产活动而有必要将个人重整的最长偿还期限缩

① ［韩］조인赵仁：《个人重整程序中已获批的重整计划变更》，载《2018年法官研修过程论文集》，司法研修院（2019），第28～29页。上述主张认为，申请人采用作为逃避批准裁定的上诉程序之手段，而滥用重整计划的变更程序；未限制提出重整计划变更案的次数，而因反复出现的纠纷损害利害关系人的法律上的稳定性。

② ［韩］首尔重整法院裁判实务研究会编：《个人破产・重整实务》（第5版），博英社2019年版，第658页；［韩］jeon Buong-se：《2019年破产法重要判例评析》，载《人权与正义》第489号，大韩律师协会2020年版，第489页；［韩］金玉熙：《个人重整程序之批准之后缩短偿还期限》，载《裁判和判例》第28集，大邱判例研究会2020年版，第379页；［韩］金勇哲等、［韩］lawnb onju：《关于债务人重整及破产的法律》第619条等文献中持这种观点。［韩］金圣镕：《重整计划之偿还期限裁定和变更》，载《比较私法》第26卷，韩国比较私法学会2019年版，第242～243页中也有相同论述。通过与美国法律的比较研究认为，重整计划的变更制度是达成一定期限的可用所得和责任财产进行交换的合意，即使在债务人财务情况发生变更，也可以决定维持或恢复的制度；而并非没有情况变更的情况下，能够单方面废除已达成合意的制度。

③ 首尔重整法院的业务指引也可以视为无变更理由限制的观点，但首尔重整法院的业务指引更贴近于“将最长偿还期限缩短为3年的”法律修正案视为变更理由。

④ 韩国大法院2010年7月9日的자2010마595裁定（速裁驳回）。

⑤ 金玉熙：《个人重整程序之批准之后缩短偿还期限》，载《裁判和判例》第28集，大邱判例研究会2020年版，第381页；权炳瑞：《人权与正义》第489号，大韩律师协会2020年版，第207页。金圣镕：《重整计划之偿还期限裁定和变更》，载《比较私法》第26卷，韩国比较私法学会2019年版，第247～248页，通过与美国法律的比较法研究认为，仅凭债务人所得的减少或所得的丧失，不能缩短偿还期限。

短为3年”①，是基于5年偿还期限过长的检讨性考虑；(2)前述修正案是基于债务人能够承受的最长偿还期限为3年之国民共识；(3)前述共识变更的情况下，仅以已获批的债务人为由，要求履行3年以上偿还期限过于苛刻，不符合制定个人重整制度的初衷；(4)韩国《债务人重整法》仅规定偿还期限的上限，未规定下限；②(5)与重整程序的批准裁定不同的是，重整计划的批准裁定不具备变更权利的效力，对于重整计划的批准裁定无法视为具备很强的约束力，其债权人的可期待利益也不是很大；(6)在实务当中修正案实施之前未获得批准裁定的债务人，批准了偿还期限为3年的重整计划，而仅以修正案实施之前已经获批为由，不允许变更重整计划，在各法院处理案件的期限存在较大偏差的情况下，对于积极响应法院的改正命令而相关程序得到迅速处理的债务人，反而相比较于拖延相关程序的债务人不利；③(7)如上所述，应扩大认定重整计划的理由等。基于前述理由，理应将法律的修改也视为重整计划的变更理由，但即使理应将法律的修改也视为重整计划的变更理由，本案的发回重审的裁定基于如下理由，认为具备合理性：为获得重整计划之变更案的批准，在重整计划变更案批准之时，应满足韩国《债务人重整法》规定的全部批准要件，但一审及二审法院未对是否符合前述要件进行任何审理。

(四)余论

本案裁定的意义在于终结了此前因没有统一的处理标准而造成的实务中混乱局面。④ 但前述问题因没有明确要求变更理由的规定，最终还是基于实施过程中遇到的问题，以立法修正的方式解决。另外，基于如下理由，也可以考虑

① 官报第19151号(2017年12月12日)第16页。

② 但也有观点认为，韩国《债务人重整法》第614条第1款第4项所规定的保障清算价值之原则和该条第2款第3项规定的提供最少偿还额原则，实际上是关于偿还期限的下限的规定。参见[韩]金圣镕：《重整计划之偿还期限裁定和变更》，载《比较私法》第26卷，韩国比较私法学会2019年版，第247～248页。

③ 2019年从申请个人重整程序至批准裁定所需的期限，首尔重整法院平均期限为6.1个月，而蔚山地方法院的平均期限为11.9个月，存在约6个月的偏差[国民委员박주민(Park Joo-min)，2020年10月7日的报导资料]。

④ 于2020年3月24日颁布并实施的韩国《债务人重整法》附则中，通过新设第2条第1款的“但书”明确规定，修正案实施前获批重整计划的债务人，在修正案实施日已经按照重整计划履行3年以上重整计划的情况下，通过申请或依据法院的职权取得利害关系人意见之后可下达免责裁定。据此，预计部分债务人通过前述规定获得救济。

重整计划变更案的申请人限定为债务人的修正方案[①]:(1)个人重整程序应基于债务人个人自发的意思进行,基于此等理由,最初的重整计划只能由债务人提出。而根据美国《破产法典》,在进行个人重整程序的过程中可以转换为个人破产程序,因此可以由债务人之外的第三人应对重整计划的变更,而韩国《债务人重整法》没有与此相似的应对方案。(2)债务人自行履行意愿对于个人重整程序尤为重要,重整计划没有按照债务人所期待的变更,不符合个人重整程序的宗旨。除本案裁定之外,大法院 2019 年 7 月 25 日的자 2018 마 6313 裁定认为,个人重整债权人仅对于重整计划的变更案的批准裁定立即上诉,未对免责裁定提起上诉而免责裁定确定的情况下,认定对批准决定的上诉不合法;而大法院 2019 年 8 月 20 日的자 2018 마 7459 裁定认为,个人重整债权人仅对于重整计划的变更案的批准裁定没有立即上诉,而对免责裁定立即上诉的情况下,在免责裁判中认为不能主张批准裁定的违法性。

① [韩]池大奎:《债务重整法》(第 4 版),法文社 2020 年版,第 1425 页。日本《民事重整法》第 234 条规定,在小规模个人重整中只有债务人才能申请重整计划的变更,而第 244 条的工资所得人等的重整,可以准用第 234 条。

第五章

美国个人破产典型案例

—作者简介—

景晓晶，深圳市龙华区人民法院副院长，牛津大学法学硕士。长期从事司法政策研究、破产制度改革和审判综合事务管理。先后参与起草并执笔《深圳经济特区个人破产条例》、参与全国人大财经委《企业破产法》（修改草案稿）等重要立法起草工作，执笔深圳破产制度综合改革多个改革纲领和规范指引文件。

殷慧芬，上海政法学院副教授，法学博士。曾先后赴美国、新加坡、芬兰的法学院校访学，入选上海市首批涉外法治人才库。译作有《世界银行自然人破产问题处理报告》《美国破产法》（第二译者），在SSCI期刊上发表Practice Approaches and Future Trends in Personal Bankruptcy System of China等英文论文。曾系最高人民法院法律研修学者（2020—2021），最高人民法院《企业破产法》修改起草小组成员。

—作者荐语—

深刻感受到在我国试点建立个人破产制度的过程，就是通过实践检验个人破产的价值宗旨、制度设计与经济社会运行的契合程度，是一次次在中国实践中发现问题、总结经验、校准规则的过程，也是一次次重返个人破产的共同出发点，回答市场经济条件下如何为诚实且不幸的债务人提供法律保护的历史命题。美国破产法上的相关案例具有深远的案例法意义和历史影响，值得我们学习。

— 第五章目录 —

CASE 01

案例 1

债务人是否具有欺诈意图的裁判标准*

殷慧芬（上海政法学院副教授）
张浩哲（上海政法学院硕士生）

一、裁判要旨

破产法院以债务人具有欺诈或忽视事实的意图拒绝免责时，需要考虑债务人的生活背景、智力、教育水平和职业知识等因素。

二、基本案情

债务人卡保（Carbaugh）在提交破产申请之前，委托波士顿（Boston）律师作为其代理律师，以审查破产申请中的相关信息和细节。随后，卡保于 2010 年 5 月 13 日依据美国《破产法典》第 7 章向破产法院提交了破产清算申请，并在破产申请的附表 B[①] 中列出了破产财产清单。联邦托管人（United States trustee）玛格丽特（Margaret）指定斯科特（Scott）

* See In re Carbaugh, 453 B. R. 638 (Bankr. W. D. Va. 2011). The United States Bankruptcy Court W. D. Virginia, Harrisonburg Division. Bankruptcy No. 10 –50816.

① 自然人债务人进入破产程序需要提交相应的表格，其中附表 A/B 是关于债务人所拥有的财产信息，A 部分是不动产信息，B 部分是动产信息。参见美国法院破产表格网页，https://www.uscourts.gov/forms/bankruptcy-forms。

作为本案的破产管理人(trustee)。[①]

2010年6月18日斯科特主持了债权人会议,在会议上,斯科特询问了卡保一系列关于债务和财产的问题。通过这些问题,斯科特确定,卡保是一个农场主;他在附表B中遗漏了属于动产的大量干草、农业设备和两笔应收账款。2010年6月23日,债务人提交了修订后的附表B。在经修订的附表B中,卡保增加了包括牲畜、干草、农业设备以及两笔应收账款在内的相关财产。

卡保重新提交附表B之后,斯科特委托拍卖方希特沃莱(Heatwole)实地考察卡保的不动产,以确认破产财产信息是否真实并对财产估价。希特沃莱来到债务人的农场后,发现了更多未在附表B中披露的设备,披露的干草数量也与实际不符。2010年8月16日,卡保提交了再次修订后的附表B,除了先前列出的那些项目之外,卡保又增加了12项设备。

斯科特称,卡保隐瞒了其在应收账款、设备和干草中的权益,根据美国《破产法典》第727(a)(2)条禁止欺诈性转让的规定应当拒绝债务人的免责。此外,由于卡保故意和欺诈性地不披露其在应收账款、设备和干草中享有的权益,在破产申请和债权人会议上都作出了虚假陈述,根据美国《破产法典》第727(a)(4)条"禁止债务人明知真相而欺诈性地作出虚假宣誓或陈述"的规定也应当拒绝债务人的免责。

三、裁判理由

破产法院认为:本案的争议焦点在于,依据美国《破产法典》第727(a)(4)条因债务人存在欺诈行为而拒绝债务人的免责时需要考虑的裁判标准。

(一)美国《破产法典》第727(a)(4)条的法律适用

美国《破产法典》第727(a)(4)(A)条规定,法院应准许债务人的债务被免除,除非债务人明知案件的或者与案件相关的真实情况,却抱有欺诈的意图,故意作出虚假宣誓或者陈述。关于本条款的适用,邓肯案(In re Duncan)[②]曾指出,债务人必须有欺诈的意图,故意作出明知是虚假的陈述,在附表或财务报告

① 美国《破产法典》第701条规定,联邦托管人应指定一名无利害关系人作为案件的管理人,处理破产财产收集、分配等工作。

② See In re Duncan, 318 B.R. 648 (Bankr. E. D. Va. 2004).

中作出虚假陈述或有意遗漏,也属于虚假宣誓。哈落案(In re Harlow)[①]也指出,在任何有关债务人事务的陈述中遗漏或错误陈述的信息应当是重要信息,即“与债务人的商业交易有关,或与资产的发现、商业交易或债务人财产的存在或处置有关”的信息。科尔伯恩案(In re Colburn)[②]认为,法院可以从债务人不履行义务或其他间接证据,比如债务人多次因忽视事实而作出错误性陈述,推定债务人的行为具有欺诈意图。

(二)债务人附表B的披露问题

破产法院认为,债务人有两次应披露而未披露应收账款、农业设备和干草的情形。

第一次提交的附表B虽然没有披露相关信息,但是法院认为债务人并没有妨碍、拖延、欺骗债权人或负责监管破产财团的管理人员的意图。一方面,债务人认为只有他觉得是个人性质的项目才应列入附表B,如汽车、枪支、家具以及其他物品,而设备、干草和应收账款等都是其农业企业的财产,不应属于个人破产财产。此外,债务人认为,即使应将设备和干草列入个人破产财产,它们也完全由“属于豁免财产的贸易工具”[③]所涵盖,因此不需要披露。另一方面,波士顿律师在工作中出现了系统性的错误,他只关注工作的效率而不注重质量,他提供服务的其他破产案件中的破产申请材料也都是不准确的。鉴于债务人对破产财产的错误认知,以及律师在向债务人明确破产财产的范围时有严重的不当行为,法院不能认定债务人有“妨碍、拖延、欺骗”债权人或负责监管破产财团的管理人员的意图,不能依据美国《破产法典》第727(a)(4)(A)条拒绝债务人的免责。

此后,斯科特明确告知债务人,附表B中需要包括所有应收账款、设备和干草,而且告知他没有可以豁免的贸易工具,即使有,债务人也无法豁免所有的设备。然而,债务人明知披露义务却未在修订后的附表B中包括所有设备。法院认为,债务人拥有谢南多厄大学的宗教学专业学位;他是第三代农场主,几乎一生都生活并耕种在同一块土地上,所得税申报表上甚至包括了相关设备的折旧

---

① See In re Harlow, 107 B.R. 528, 531 (Bankr. W. D. Va. 1989).

② See In re Colburn, 145 B.R. 851, 857 (Bankr. E. D. Va. 1992).

③ 美国《破产法典》第522(d)(6)条规定,不超过1500美元的债务人所需贸易工具可被豁免,不属于破产财产。

信息,遗忘是不能作为他的抗辩理由的;并且未披露的财产范围属于重要的信息。因此,法院裁定,债务人要么打算阻挠、拖延或欺骗其债权人或管理其财产的官员,不完全披露他所拥有的设备信息,要么他忽视事实而多次作出错误的陈述,这也被推定为“意图妨碍、拖延或欺诈”。原告联邦托管人提出的证据已经满足了美国《破产法典》第727(a)(4)(A)条要求的证明标准,债务人明知披露义务而作出了虚假的宣誓和陈述,因此债务人的债务免责应当被拒绝。在确定债务人的债务免责应根据美国《破产法典》第727(a)(4)(A)条被拒绝后,无须确定是否应根据美国《破产法典》第727(a)(2)条拒绝债务人的免责。

四、案例评析

(一)以欺诈为由拒绝债务人免责的判断标准

美国弗吉尼亚州破产法院曾在邓肯案中指出,在破产案件中,免责的例外情况应该解释为不利于债权人而有利于债务人,这样有助于实现将诚实的债务人从债务的重压中解脱出来以重新开始这一破产立法目标。虽然法律倾向于在破产中免责,但是也不会容忍债务人超出合理限度地故意违背诚信这一基本原则。美国《破产法典》第523条[①]规定了破产免责的例外情况,第727条[②]规定了法院拒绝破产免责的条件,两者虽然都产生债务没有被免除的效果,但是对于债务人而言却有所不同。第727条完全拒绝了债务人的免责,债务人现有的和未来的财产仍需要偿还全部债务,而第523条仅有部分特殊债务不被免除。完全拒绝免责是一种严重的惩罚,拒绝免责的理由应该充分且真实,为了贯彻破产法的理念,当债务人采取了如欺诈等恶劣的行为时可依据第727条拒绝免责。根据法鲁基诉阿联酋国际银行案(Farouki v. Emirates Bank Int'l.)[③]的裁判,对免责提出异议的一方需要以优势证据(preponderance of the evidence)证明反对免责的理由。该判例还指出,债务人是否作出虚假宣誓属于事实问题,除非破产法院的认定存在明显错误,否则不得撤销,这要求破产法院

---

① 美国《破产法典》第523条规定,不可免责的债务包括部分税收债务、欺诈等不法行为产生的债务、未列入清单的债务、家庭赡养费、故意和恶意侵权所产生债务、行政罚款与处罚、教育贷款等债务。

② 美国《破产法典》第727条规定,非个人债务人、欺诈性转让、破产犯罪、一段时期内曾获得免责、拒绝遵守法院命令等12种情况下应被拒绝破产免责。

③ See Farouki v. Emirates Bank Int'l. Ltd., 14 F. 3d 244, 249 (4th Cir. 1994).

更加慎重地考虑应当以何种标准拒绝免责。

本案法院指出,依据美国《破产法典》第727(a)(4)(A)条拒绝免责需要同时满足以下两个条件:首先债务人必须具有欺诈的意图而作出虚假陈述;其次虚假陈述的内容应该是涉及债务人财产的重要信息。其中比较困难的是证明债务人主观上存在欺诈意图,因为很少有债务人会主动承认自己有欺诈意图。法院可以通过间接证据推定债务人存在欺诈意图。具体而言,债务人的下列行为均有可能作为推断存在欺诈意图的证据:(1)隐匿或转移财产;①(2)遗漏或谎报重要信息;②(3)不当处理财产致使可分配的破产财产减少的行为;③(4)其他在具有重大意义的事项中做出故意不实的行为。④ 当然,债务人可以作出合理的解释说明没有欺诈意图。在约翰逊案(In re Johnson)⑤中,债务人所提交的破产申请材料中遗漏了部分财产,托管人最初认为应该根据美国《破产法典》第727(a)(4)(A)条拒绝债务人的免责。但是经调查发现,被疾病缠身的债务人是一个文盲,其律师的误导行为致使债务人认为自己已经履行了披露义务,并且,债务人在修订的附表中披露了所遗漏的项目,所以最终没有认定债务人有欺诈意图。这一判例表明,生病、年老或未受过教育的债务人在财务事项陈述中的遗漏或不完整披露,并不必然表明债务人有欺诈意图。除此之外,在比彻姆案(In re Beauchamp)⑥中,法院指出,债务人及时修正虚假陈述也可以作为没有欺诈意图的证据。本案中,破产法院结合债务人的生活背景、智力、教育水平和职业知识,认为债务人在明知披露义务的情况下选择在附表B中隐瞒财产是没有正当理由的,从而推定债务人存在欺诈的意图并拒绝其免责。

---

① 康奈尔大学法律信息研究所指出,70%的破产欺诈是通过这一方式,参见康奈尔大学法律信息研究所网,https://www.law.cornell.edu/wex/bankruptcy_fraud,最后访问日期:2023年5月26日。

② See Williamson v. Fireman's Fund Ins. Co.,828 F.2d 249 (4th Cir. 1987),该案中债务人三次作出关于重要内容的虚假宣誓,被法院认定为具有欺诈意图。

③ See U.S. v. Levine,970 F.2d 681 (10th Cir. 1992).该案中债务人通过向亲属以及关联公司转让财产等诸多方式欺骗债权人,但上述行为在债务人获得破产免责之后才被债权人的律师发现,最终被认定为构成刑法上的破产欺诈罪。

④ See In re Slocum,22 F.2d 282 (2d Cir. 1927).

⑤ See Bulter v. Johnson (In re Johnson),CASE NO. 12-00642-8-JRL (Bankr. E.D.N.C. Jun. 4, 2013).

⑥ See In re Beauchamp, BAP No. CC-98-1373-BKMe. Bankruptcy No. SA 96-15894 JR. Adversary No. SA 96-02070 JR (B.A.P. 9th Cir. Jul. 30,1999).

（二）联邦托管人和个案管理人

美国1978年《破产改革法案》中建立了联邦托管人计划，[①]该计划涵盖了美国18个司法区，后于1986年扩展到全美国21个司法区[②]。这一计划[③]旨在提高效率和保护联邦破产系统的完整性；以公正、快速和经济的方式解决根据美国《破产法典》提出的破产案件，履行相关行政职能，确保适用的法律和程序正确，使得所有债务人、债权人以及公众从中获益。联邦托管人[④]由司法部部长任命，属于联邦政府官员，监督调查破产欺诈和滥用破产程序的行为，酌情将可能构成刑事上的破产欺诈罪的情况报告给美国联邦检察官，并和联邦调查局等执法机构合作。联邦托管人在美国《破产法典》第7章规定的清算程序中主要履行监督职责，对破产案件中的欺诈和程序滥用行为提起诉讼，并指派、监督个案管理人收集、清算和分配破产财产。

个案管理人是破产案件中破产财产的代表，根据美国《破产法典》第701条规定由联邦托管人指定，或者依据第702条持有20%以上债权额的债权人选举产生。个案管理人正式履行职责[⑤]之前，需要向法院提交忠实履行职责的保证书，并提供一定数额的保证金。美国《破产法典》第704条规定了12项个案管理人的职责，其主要职责是调查、收缴并拍卖债务人的财产，核查债权，反对任何不当的豁免或债务的免除，以及按照利害关系人的要求提供相关的账目报告等。在经过破产法院的通知和听证会之后，个案管理人可以被罢免。

本案中，债务人根据美国《破产法典》第7章提交了破产申请，联邦托管人指定管理人斯科特负责本案，管理人首先在调查中发现债务人隐瞒了破产财产并告知债务人其需要履行的义务，其次委托拍卖方对债务人的财产进行核实并估价，最后提出了反对债务免除的建议。联邦托管人则作为原告向法院提出拒

---

① 联邦托管人计划（the United States Trustee Program），参见美国司法部网，https://www.justice.gov/ust/about-program，最后访问日期：2023年5月26日。

② 《美国法典》第28编第581条中将美国除亚拉巴马州和北卡罗来纳州以外的州划分为21个司法辖区，本案所在地弗吉尼亚州属于第四司法辖区。

③ 参见美国司法部网，https://www.justice.gov/ust/program-mission，关于该计划的声明。

④ 《美国法典》第28编第586条中规定了联邦托管人在美国《破产法典》第7章清算程序、第11章重整程序、第12章家庭农场主或渔场主重整程序以及第13章有固定收入的个人重整程序不同章节的具体职责。

⑤ 美国《破产法典》第321—326条规定了个案管理人的任职资格、报酬和在破产案件中的身份。

绝债务人免责申请的诉讼。[①] 联邦托管人与个案管理人通过紧密的分工合作，确保了自然人破产制度不会成为债务人恶意逃债的工具，保障了自然人破产程序的顺利运行。

(三)对我国的借鉴之处

无论是在市场经济发展比较成熟的国家和地区还是我国的地方性立法中，自然人破产制度均坚持只有“诚实而不幸”的债务人才能通过免责等方式从债务危机中解脱，重新参与社会经济活动。对于恶意利用自然人破产程序逃债或者实施破产欺诈的债务人，不仅应当拒绝免责，还要通过法律手段加以惩治。《深圳经济特区个人破产条例》中对防止破产欺诈行为作出了规定，首先通过登记制度向社会依法公开信息；[②]其次在破产法院审查破产申请阶段发现欺诈行为则裁定不予受理破产申请，或已受理但尚未宣告破产时发现欺诈行为则裁定驳回破产申请；[③]最后只有诚实的债务人才可以获得免责，[④]债权人以及其他利害相关人在任何阶段发现欺诈行为均可以申请人民法院撤销债务人的免责，[⑤]

① 美国《破产法典》第307条规定，联邦破产托管人可以就全部破产案件或破产程序上的任何问题提起诉讼并出庭。

② 《深圳经济特区个人破产条例》第7条规定：“建立个人破产登记制度，及时、准确登记个人破产重大事项，并依法向社会公开个人破产相关信息。”

③ 《深圳经济特区个人破产条例》第14条规定：“人民法院审查破产申请时，发现有下列情形之一的，应当裁定不予受理；人民法院已经受理但尚未宣告破产的，应当裁定驳回申请：(一)债务人不符合本条例第二条规定，或者债权人申请对债务人进行破产清算不符合本条例第九条第一款规定的；(二)申请人基于转移财产、恶意逃避债务、损害他人信誉等不正当目的申请破产的；(三)申请人有虚假陈述、提供虚假证据等妨害破产程序行为的；(四)债务人依照本条例免除未清偿债务未超过八年的。申请人不服裁定的，可以自裁定书送达之日起十日内向上一级人民法院提起上诉。申请人因本条第一款第二项、第三项情形造成他人损失的，应当承担赔偿责任。”

④ 《深圳经济特区个人破产条例》第98条规定：“债务人存在下列情形之一的，不得免除未清偿债务：(一)故意违反本条例第二十三条、第八十六条关于债务人行为限制的规定；(二)故意违反本条例第二十一条关于债务人应当遵守的义务，以及第三十三条至第三十五条关于债务人财产申报义务的规定；(三)因奢侈消费、赌博等行为承担重大债务或者引起财产显著减少；(四)隐匿、毁弃、伪造或者变造财务凭证、印章、信函文书、电子文档等资料物件；(五)隐匿、转移、毁损财产，不当处分财产权益或者不当减少财产价值；(六)法律规定不得免除的其他情形。”

⑤ 《深圳经济特区个人破产条例》第103条规定：“债权人或者其他利害关系人发现债务人通过欺诈手段获得免除未清偿债务的，可以申请人民法院撤销免除未清偿债务的裁定。”

并由债务人承担相应的法律责任。[①] 可以看出,我国相关立法已经注意到了防止债务人欺诈的必要性。但是,判断“诚信”债务人的标准是自然人破产法中一个核心且复杂的问题,不可否认在某些情况下债务人可能会因为法律理解错误而作出不符合现实的陈述,债务人可能主观上并无欺诈意图但是客观上作出了“虚假陈述”,不考虑债务人的主观意图仅以客观行为拒绝破产免责可能会阻碍自然人破产制度目的的实现。所以卡保案对我国的借鉴之处在于,对于债务人与事实不符的陈述,法院应当综合考虑其生活背景、智力、教育水平和职业知识等,判断债务人是否具有欺诈意图,从而作出适当的裁定。

依据《深圳经济特区个人破产条例》,深圳设立了破产事务管理署,[②]负责确定个人破产管理人资质,建立管理人名册;依法提出管理人人选;管理、监督管理人履行职责;拟订管理人的任用、履职和报酬管理具体办法;组织实施破产信息登记和信息公开制度,及时登记并公开相关信息;提供破产事务咨询和援助服务;建立完善政府各相关部门办理破产事务的协调机制;配合人民法院开展与破产程序有关的其他工作。破产事务管理部门为了更有效发挥其行政职能,先后发布了《深圳市个人破产管理人名册管理办法》《深圳市个人破产管理人业务操作指引(试行)》等文件,并对管理人开展履职培训,充分发挥市场化管理人的作用,这既防止了债务人利用破产程序逃避债务,也从整体上节约了社会成本,提高了制度效率。未来全国性自然人破产立法后,也应借鉴卡保案中由市场化的管理人履行具体职责的措施,以推动自然人破产案件办理提质增效。

---

① 《深圳经济特区个人破产条例》第167条规定:“债务人违反本条例规定,有下列行为之一的,由人民法院依法予以训诫、拘传、罚款、拘留;构成犯罪的,依法追究刑事责任:(一)拒不配合调查,拒不回答询问,或者拒不提交相关资料的;(二)提供虚假、变造资料,作虚假陈述或者误导性陈述的;(三)故意隐匿、转移、毁损、不当处分财产或者财产权益,或者其他不当减少财产价值的;(四)虚构债务,或者承认不真实债务的;(五)隐匿、毁弃、伪造,或者变造财务凭证、印章、信函文书、电子文件等资料物件的;(六)无正当理由拒不执行重整计划或者和解协议,损害债权人利益的;(七)其他妨害破产程序的行为。”

② 《深圳经济特区个人破产条例》第6条规定:“个人破产事务的行政管理职能由市人民政府确定的工作部门或者机构(以下称破产事务管理部门)行使。”

CASE 02

案例 2

债权人违反破产免责令是否构成民事藐视法庭的裁判标准*

殷慧芬（上海政法学院副教授）
张浩哲（上海政法学院硕士生）

一、裁判要旨

如果债权人违反破产免责令(discharge order)不是基于客观合理的理由,法院可以裁定债权人的行为构成民事上的藐视法庭。

二、基本案情

塔格特(Taggart)曾持有俄勒冈州一家公司 Sherwood Park Business Center 的股权。舍伍德(指 Sherwood Park Business Center 公司以及该公司两名股东)向俄勒冈州法院提起诉讼,声称塔格特违反了公司的运营协议,要求开除塔格特并确认其对外转让股权的行为无效。州法院审判前夕,塔格特依据美国《破产法典》第 7 章向破产法院提交了破产清算申请,州法院的诉讼随之被中止。塔格特在第 7 章破产

* See Taggart v. Lorenzen, 139 S. Ct. 1795 (2019). Supreme Court of the United States. Case No. 18 – 489.

案件中获得了破产免责，根据美国《破产法典》第 727 条的规定，除了美国《破产法典》第 523 条所示的 19 种[①]不可免除债务以外，破产免责令颁布之前产生的所有债务将被免除，与已免除债务相关的所有金钱判决失去强制执行的效力。

塔格特获得破产免责令之后，州法院的诉讼继续进行，诉讼结果是塔格特败诉。舍伍德认为塔格特应承担此案的律师费。舍伍德承认，免责令通常涵盖破产申请前启动但在破产申请后继续进行的诉讼而产生的律师费，但因为塔格特破产后“重返争辩”（returned to the fray），积极参加审判听证会，就诉讼条款发表意见，根据伊巴拉案（In re Ybarra）[②]，如果债务人自愿在破产申请后再次参与破产申请前的诉讼，所产生的债务就超出了破产免责令的范围。

塔格特则认为，破产免责令已经免除了该笔律师费，舍伍德主张律师费的行为应根据“类似严格责任”的标准（standard resembling strict liability）认定为构成民事上的藐视法庭。破产法院最初并未支持塔格特的请求，但在联邦地区法院发回重审后，破产法院采取了“类似严格责任”的标准认定舍伍德构成民事上的藐视法庭。舍伍德不服并提出了上诉，破产上诉委员会（Bankruptcy Appellate Panel）[③]撤销了关于舍伍德构成民事上藐视法庭的裁决，第九巡回上诉法院运用主观标准确认了破产上诉委员会的撤销裁决。塔格特不服，向联邦最高法院提起上诉。

---

① 美国《破产法典》第 523 条规定，不可免责的债务包括部分税收债务、欺诈等不法行为产生的债务、未列入清单的债务、家庭赡养费、故意和恶意侵权所产生债务、行政罚款与处罚、教育贷款等债务。

② 1988 年伊巴拉（Ybarra）在州法院起诉罗克韦尔（Rockwell）公司就业歧视并且违反了诚实信用原则。州法院审判尚未结束时，伊巴拉于 1991 年提交了破产申请，破产案件的管理人同意罗克韦尔支付 17, 500 美元以解决州法院的诉讼并获得了破产法院批准。伊巴拉不服，1994 年破产上诉委员会推翻了破产法院的裁判，案件发回重审后破产法院为伊巴拉提供了两种选择，要么接受罗克韦尔的 17, 500 美元并放弃对其的全部诉讼，要么继续参加州法院的诉讼。伊巴拉选择继续参加诉讼。1998 年伊巴拉获得了债务免除，但是 1999 年在州法院的诉讼中罗克韦尔胜诉，罗克韦尔主张由伊巴拉承担律师费和诉讼费。破产法院认为，伊巴拉应承担申请破产后继续参加诉讼导致罗克韦尔所产生的部分费用和成本。伊巴拉不服提出上诉，第九巡回法院破产上诉委员会驳回了伊巴拉的上诉。

③ 根据 1978 年美国《破产改革法案》的相关规定，1979 年第一个破产上诉委员会在第九巡回法院成立。自 1994 年以来，每个巡回法院的司法委员会都被要求设立破产上诉委员会，除非司法资源不足以支持，或破产上诉委员会的建立会增加当事人的成本。破产上诉委员会在征得所有当事人同意的情况下，审理本应由地区法院审理的破产法院的上诉案件。

三、裁判理由

联邦最高法院认为：本案的争议焦点在于当债权人违反破产免责令主张债权时，判定债权人是否构成民事藐视法庭的标准应当适用债务人塔格特提出的“类似严格责任”标准还是第九巡回上诉法院所依据的主观标准。

（一）塔格特主张适用“类似严格责任”标准是否合适

塔格特主张适用破产法院所采用的“类似严格责任”标准，即如果债权人知晓破产免责令并打算采取违反免责令的行为，就应被认定构成民事上的藐视法庭。“类似严格责任”标准不仅有助于债务人获得破产后的“重新开始”（fresh start），而且这一标准对债权人来说也是公平的，因为债权人在主张债权之前可以就债务是否已被免除这一问题向破产法院申请预先裁定。当然，联邦最高法院也指出，“类似严格责任”标准可能会导致厌恶风险的债权人即使对债务是否被免除只有轻微的怀疑，也去寻求破产法院的预先裁定。根据美国《破产法典》第523（c）（1）条的规定，只有第523（a）条中的第2、4、6项三种情形需要预先裁定程序，[①]可以看出“立法者预计只有一小部分案件需要适用这一程序”。因此塔格特的提议可能导致预先裁定程序的频繁利用，从而增加额外的诉讼和成本，这将干扰在有限的时间内迅速有效地处理破产案件这一破产立法主要目标的实现。[②]

至于塔格特所提出的“下级法院经常适用类似于严格赔偿责任的标准来制裁违反自动冻结的行为”的观点，联邦最高法院认为，一方面美国《破产法典》第362（k）（1）条中关于对违反自动冻结的制裁的具体措辞不同于第105（a）条中更为笼统的措辞，[③]另一方面自动冻结和破产免责令的目的也有所不同。自动冻结的目的是防止在短期内对破产案件的管理造成破坏性干扰，而破产免责令的目的是在案件结束后的更长期间内约束债权人。鉴于这些措辞和目的上的

---

① 美国《破产法典》第523（a）条项下关于债务免除的例外情形的相关规定：第2项，通过虚假陈述或欺诈获得的信贷续期的债务；第4项，以受托人身份欺诈、诽谤、贪污、盗窃所产生的债务；第6项，债务人故意和恶意侵权所产生的债务。

② Katchen v. Landy, 382 U. S. 323, 86 S. Ct. 467 (1966).

③ 美国《破产法典》第362（k）（1）条规定，违反自动冻结而受损失的个人可以主张包括律师费在内的实际损害赔偿，适当情况下可以主张惩罚性赔偿；第105（a）条规定，法院可以发布任何命令来确保裁决的顺利进行。

差异，塔格特的主张是不合理的。

（二）第九巡回上诉法院主张适用主观标准是否合适

第九巡回上诉法院认为，债权人“善意”（good faith）地认为破产免责令不适用于债权人所主张的债权，即使债权人的想法客观上是不合理的，也不构成藐视法庭。

联邦最高法院基于下述理由否定了第九巡回上诉法院的观点：首先，当一个法定术语“显然来源于其他法律渊源”时，随之带来了原法律渊源的“旧土壤”，[①]移植来的法律术语依然受到其原本所在法律渊源中相关标准的限制。根据衡平法的传统原则，法院长期以来在非破产案件中依据客观标准来认定是否对行为人实施民事藐视法庭的制裁，民事藐视法庭制裁的客观标准作为“旧土壤”的一部分也应适用于破产案件中藐视法庭的认定。其次，依据麦库姆诉杰克逊维尔纸业公司案（McComb v. Jacksonville Paper Co.）[②]，当事人不会因主观认为自己正在遵守命令而免受民事上的藐视法庭制裁。主观原则过于依赖债权人难以证明的心态，往往会迫使债务人重新提起诉讼以保护债务的免除，这导致了额外的成本，而破产程序的目的在于债务的免除和减少不必要的成本，所以主观善意不能作为免除民事上的藐视法庭制裁的标准。当然，需要注意的是，主观意图并不是无关紧要的因素，它有助于确定制裁的力度。一方面，依据相关判例[③]，一方当事人实施了恶意行为时，可能构成民事上的藐视法庭；另一方面，“在藐视法庭案件中，法院仅应使用足以达到所主张目的的可能的最小权力”[④]，所以需要考虑行为人的主观意图以避免民事上的藐视法庭制裁的滥用。

综上所述，虽然由破产法院颁发的破产免责令的免责范围并不详细，但是国会已经仔细划定了哪些债务可以免除，[⑤]因此法院可以对无客观合理依据而违反免责令的债权人作出民事上的藐视法庭的制裁。故联邦最高法院认为第

① See Hall v. Hall, 584 U. S. 138 S. Ct. 1118, 1128, 200 L. Ed. 2d 399 (2018); Field v. Mans, 516 U. S. 59, 69－70, 116 S. Ct. 437, 133 L. Ed. 2d 351 (1995).

② See McComb v. Jacksonville Paper Co., 336 U. S. 187 (1949).

③ See Chambers v. NASCO, Inc., 501 U. S. 32, 50, 111 S. Ct. 2123, 115 L. Ed. 2d 27 (1991).

④ See Young v. United States ex rel. Vuitton et Fils S. A., 481 U. S. 787, 107 S. Ct. 2124 (1987).

⑤ 11 U. S. C. § 523(a)(1)－(19).

九巡回上诉法院所采取的主观裁判标准不适当，撤销其判决，并将案件发回重审。2020 年，美国第九巡回上诉法院重审作出判决，塔格特为获得额外的经济利益而在州法院的听证会上积极为自己辩护，导致债权人产生了额外的律师费，因此舍伍德有客观合理的依据认为塔格特构成“重返争辩”，从而请求由败诉方塔格特承担相应的律师费。第九巡回上诉法院依据联邦最高法院确定的客观标准撤销了破产法院作出的舍伍德构成民事藐视法庭的裁决。

四、案例评析

（一）破产免责的范围以及例外情况

本案中债务人认为债权人违反破产免责令的行为构成民事上的藐视法庭，双方争议的焦点之一在于破产免责的涵盖范围。美国《破产法典》第 524 条规定了关于破产免责令的相关内容，第 524 条（a）款规定，破产免责令使得任何涉及债务人处分个人债务的判决无效，并且禁止债权人采取任何方式从债务人已被免除的债务中获取任何债权。美国参议院第 95－989 号报告[①]指出，这一规定意在确保一旦债务得到免除，债务人不会受到任何还债的压力。本案债权人也认可免责令通常涵盖破产申请前开始但在破产申请后继续进行的诉讼而产生的律师费，但是当债务人被免除债务之后又主动参与破产申请前诉讼的行为类似于在破产申请后的“新”行为，所以产生的律师费不属于被免除的债务。

（二）违反破产免责令的民事责任及判断标准

根据美国《联邦民事诉讼规则》（Federal Rules of Civil Procedure）第 70 条，未能履行法院判决中特定行为的当事人可被裁定构成藐视法庭。藐视法庭根据不当行为发生场合分为直接和间接两类，并根据司法的性质进一步分为民事和刑事。直接藐视法庭是指当事人在法庭上不服从法庭命令，一般由主审法官立即作出制裁；法庭外发生的妨碍审判活动进行的行为称为间接藐视法庭。2016 年哥伦比亚广播公司诉网络电影公司案（CBS Broad. Inc. v. FilmOn. com，Inc. ）[②]的判决指出了当事人被认定为民事藐视法庭的三点判断标准：

① 关于该报告相关内容参见康奈尔大学法律信息研究所网，https://www. law. cornell. edu/uscode/text/11/524，最后访问日期：2023 年 5 月 26 日。

② See CBS Broadcasting Inc. v. FilmOn. com，Inc. ，814 F. 3d 91，64 Communications Reg. （P&F）253，44 Media L. Rep. 1347，117 U. S. P. Q. 2d 1685（2d Cir. 2016）.

(1)存在清晰明确的禁令,足以使被控藐视法庭者心中毫无疑问地知道何种行为是被禁止的;(2)存在明确且令人信服的证据证明被控藐视法庭者未遵守相关禁令;(3)被控藐视法庭者没有努力以合理方式遵守禁令。此外,美国联邦最高法院在希克斯诉菲奥克案(Hicks v. Feiock)①中认为,藐视法庭诉讼属于刑事还是民事,取决于诉讼的实质内容和救济的性质,民事藐视法庭的判决是补救性的且为了原告的利益,如果是刑事藐视法庭,判决是惩罚性的,以维护法院的权威。尽管如此,在藐视法庭案件中,民事救济和刑事救济都有可被视为补救或惩罚或两者兼而有之的方面,判断藐视法庭诉讼是民事的还是刑事的,可以从诉讼的客观特征和所施加的制裁中推断出来,而比较重要的依据是判决是否符合诉讼另一方的利益。

在破产领域内,破产法院无权作出刑事上的藐视法庭制裁。② 美国《联邦破产程序规则》(Federal Rules of Bankruptcy Procedure)第9020条规定了藐视法庭程序(contempt proceedings),破产法院可以审理由联邦托管人或者利害关系方提出的藐视令动议。1997年泰瑞布恩燃料和润滑油公司案(In re Terrebonne Fuel and Lube, Inc.)③承认破产法官有权作出当事人构成民事藐视法庭的裁定以保障裁决的顺利执行。此外,根据美国《公平收债法案》(Fair Debt Collection Act),④如果债权人在破产免责令颁布之后试图追偿已免除的债务,债务人可以向任何适当的地区法院提起诉讼,要求债权人承担因追偿债务而导致债务人损害的赔偿责任,并在一定情况下允许惩罚性赔偿。因为免除债务构成一项永久性法定禁令,禁止债权人采取任何旨在追偿已免除债务的行动。为了确保破产免责令不被违反,破产法院通常对违反免责令的行为实施罚款等民事上的藐视法庭制裁。

① See Hicks v. Feiock, 485 U. S. 624, 108 S. Ct. 1423 (1988).

② 美国第五巡回上诉法院在 In re Hipp, Inc., 895 F. 2d 1503 (5th Cir. 1990)一案中指出,破产法院无权作出刑事上的藐视法庭制裁,有必要时可以将相关事项提交地方法院裁决。

③ See In re Terrebonne Fuel and Lube, Inc., 108 F. 3d 609 (5th Cir. 1997).

④ 参见康奈尔大学法律信息研究所网,https://www.law.cornell.edu/uscode/text/15/1692k,最后访问日期:2023年5月28日。1978年,美国国会调查发现,大量证据表明许多债权人使用了欺骗性的和不公平的讨债行为导致个人破产的效力处于不稳定的状态,因此国会颁布了《公平收债法案》,并将其编入《美国法典》。其中第1692k条规定了债权人需要承担的民事责任。

(三)对我国的借鉴之处

自然人破产制度的主要目的之一是重建债务人的经济能力,即经济康复。[①]破产免责使债务上的任何有关债务人的被免除债务的判决都失去强制执行力,禁止所有以追偿、取回或抵销债务人个人债务为目的的进一步的诉讼、程序或行为。继生效的自动冻结之后,破产免责使临时冻结成为对被免责债务的永久性免除。当债务免除已经让债务人摆脱了申请破产之前的全部债务之后,债务人为了从破产申请前的诉讼中获得利益而主动重新返回诉讼,出于公平的角度考量,债务人应该承担重返诉讼所可能造成的不利后果,否则对于债权人而言并不公平。

普通法系下藐视法庭制裁的设立目的是捍卫法庭秩序、法官尊严和司法权威。我国的法律体系总体来说与大陆法系相似,现行法律中并没有"藐视法庭罪"这一罪名,但是异曲同工的是我国《刑法》中有"扰乱法庭秩序罪"的相关立法,[②]《民事诉讼法》第 113 条、第 114 条也规定了当事人不遵守司法秩序的制裁,[③]以确保判决或裁定的执行力。在自然人破产方面,我国《深圳经济特区个人破产条例》第 167—170 条有法律责任的相关规定,债权人、债务人或利害关系人违反条例规定,由人民法院依法予以训诫、拘传、罚款、拘留;构成犯罪的,依法追究刑事责任。司法实践中,对违反免责令的债权人,我国可以借鉴美国

① 参见自然人破产问题处理工作小组起草:《世界银行自然人破产问题处理报告》,殷慧芬、张达译,赵惠妙校,中国政法大学出版社 2016 年版,第 140 页。

② 《刑法》第 309 条规定:"有下列扰乱法庭秩序情形之一的,处三年以下有期徒刑、拘役、管制或者罚金:(一)聚众哄闹、冲击法庭的;(二)殴打司法工作人员或者诉讼参与人的;(三)侮辱、诽谤、威胁司法工作人员或者诉讼参与人,不听法庭制止,严重扰乱法庭秩序的;(四)有毁坏法庭设施,抢夺、损毁诉讼文书、证据等扰乱法庭秩序行为,情节严重的。"

③ 《民事诉讼法》第 113 条规定:"诉讼参与人和其他人应当遵守法庭规则。人民法院对违反法庭规则的人,可以予以训诫,责令退出法庭或者予以罚款、拘留。人民法院对哄闹、冲击法庭,侮辱、诽谤、威胁、殴打审判人员,严重扰乱法庭秩序的人,依法追究刑事责任;情节较轻的,予以罚款、拘留。"

第 114 条规定:"诉讼参与人或者其他人有下列行为之一的,人民法院可以根据情节轻重予以罚款、拘留;构成犯罪的,依法追究刑事责任:(一)伪造、毁灭重要证据,妨碍人民法院审理案件的;(二)以暴力、威胁、贿买方法阻止证人作证或者指使、贿买、胁迫他人作伪证的;(三)隐藏、转移、变卖、毁损已被查封、扣押的财产,或者已被清点并责令其保管的财产,转移已被冻结的财产的;(四)对司法工作人员、诉讼参加人、证人、翻译人员、鉴定人、勘验人、协助执行的人,进行侮辱、诽谤、诬陷、殴打或者打击报复的;(五)以暴力、威胁或者其他方法阻碍司法工作人员执行职务的;(六)拒不履行人民法院已经发生法律效力的判决、裁定的。

"人民法院对有前款规定的行为之一的单位,可以对其主要负责人或者直接责任人员予以罚款、拘留;构成犯罪的,依法追究刑事责任。"

法上的相关判例,采取客观标准为主,主观标准为辅的综合判断标准裁定是否对债权人施以制裁。债权被消灭本身就是债权人的一种妥协和让步,如果采取过于严格的标准让债权人因为合理主张而承担其他的责任无疑会加剧债务双方的冲突,无法有效率地实现自然人破产制度的目的。所以债权人违反免责令的制裁力度可以因债权人的主观意志存在一定的浮动空间,以缓和债务人与债权人之间的矛盾。正如美国国家债权人律师协会(American National Creditors Bar Association)的律师妮可·斯特里克勒(Nicole Strickler)所指出的,塔格特诉洛伦茨违反破产免责令案中美国联邦最高法院所适用的标准不仅有利于债务人更好地实现破产目的,也为债权人提供了明确的指导,从而使守法的债权人及其律师能够更加了解如何使债权人避免违反破产免责令所带来的麻烦,因此对债权人而言也具有积极意义,实现了债权人和债务人利益之间的谨慎平衡。①

① See Diane Davis, Supreme Court Clarifies When Creditors Can Collect in Bankruptcy, Bloomberg Law: Bankruptcy Law (3 June, 2019), https://news.bloomberglaw.com/bankruptcy-law/supreme-court-clarifies-when-creditors-can-collect-in-bankruptcy.

CASE 03

案例 3

债务人在保证协议中的保证责任是否属于可免责的债务*

殷慧芬（上海政法学院副教授）
张浩哲（上海政法学院硕士生）

一、裁判要旨

债务人在提起破产申请之前因签署个人保证协议而在破产申请之后可能承担的保证责任属于破产免责中可以免责的债务。

二、基本案情

HD 供电公司(HD Supply Electrical, Ltd.)于 2011 年 6 月 8 日和 KVA 电力公司(KVA Electric)订立信贷协议,约定向 KVA 电力公司提供长期的信贷服务。作为信贷协议的一部分,债务人文森特(Vincent Russo)为 KVA 电力公司对于 HD 供电公司的债务提供了连续保证(continuing

* See Russo v. HD Supply Electrical, Ltd. (In re Russo), 494 B. R. 562 (Bankr. M. D. Fla. 2013). United States Bankruptcy Court, M. D. Florida Fort Myers DIivision. Case No. 9:11 – bk – 21854 – FMD.

personal guaranty)。[①] 2011 年 11 月 29 日,债务人依据美国《破产法典》第 7 章提出了破产申请,并把 HD 供电公司列为普通债权人,债权额为 49,345.03 美元。2012 年 3 月 30 日,债务人获得了破产免责。

此后,2012 年 4 月 11 日至 2012 年 9 月 4 日,HD 供电公司向 KVA 电力公司交付了"不少于 21,362.38 美元的产品",KVA 电力公司没有支付相应款项。2013 年 1 月 9 日,HD 供电公司向 KVA 电力公司发出催收函,要求全额支付欠款,并且指出文森特对 KVA 电力公司的债务负有保证责任。

文森特认为,HD 供电公司在催收函中声称他仍应对 KVA 电力公司的债务承担保证责任,这违反了破产免责令,并以此为由提起了诉讼。HD 供电公司提出抗辩,认为连续保证包括了所有未来的交易,由于债务人从未以书面形式正式撤销其保证,债务人仍然对破产免责之后 KVA 电力公司的欠款负有保证责任,并且申请适用简易判决(summary judgment)。

三、裁判理由

破产法院认为:本案的争议焦点在于债务人基于连续保证协议对公司债务所负有的保证责任是否被破产免责裁定所免除。

(一)债务人的保证责任是否属于可免责的债务

破产法院指出,当债务人根据美国《破产法典》第 727(b)条[②]获得债务免责时,除了美国《破产法典》第 523 条所规定的不可免除债务外,他不再对破产申请前的"债务"负有任何个人责任。美国《破产法典》第 101(12)条将"债务"(debt)定义为"对债权的义务"(liability on a claim),第 101(5)条对"债权"(claim)的定义为"请求支付的权利,无论该权利是否被判决、已清算的还是未清算的、确定的还是或有的、到期的还是未到期的、争议的或是无争议的、法定

① See Liberty Bank v. Shimokawa, 2 Haw. App. 280, 632 P. 2d 289 (Haw. Ct. App. 1981). 该案认为,连续保证是指保证人承诺其保证责任范围覆盖保证合同项下所包含的所有债务,无论这些债务是否有其他抵押品担保。该保证在保证人撤销之前持续有效。

② 美国《破产法典》第 727(b)条规定,除第 523 条不可免除的债务以外,本条 a 款下的破产免责制度免除债务人在免责裁定颁布之前的任何债务。

的或是衡平的、有担保或无担保的”①。法院认为,保证责任是或有债权的典型例子,因为保证人的责任只有在主债务人未履行其债务时才会产生。②③

根据这些明确的定义,破产法院认为债务人在保证协议下的个人责任可以被免除。债务人的破产程序启动后,HD供电公司可以就与KVA电力公司之间未来可能发生的任何未清偿债务,向债务人提出或有债权,即使将来的债务尚未发生,但债权本身作为一种或有债权仍因债务人破产申请前的保证而存在。而且债务人对HD供电公司的债权负有责任是因为保证协议的签署,所以“债务”在破产申请前即存在。因此,根据美国《破产法典》第727(b)条的规定,债务人在保证协议下的保证责任应当被免除。

许多法院在判断债务人的保证责任是否可免责时也采用了这种定义性方法,并得出了同样的结论。例如,斯特威尔案(In re Stillwell)④中法院指出,基于债务人的个人保证产生的或有债权构成了在破产申请之前的“债务”,因此属于可免责的债务。在利帕案(In re Lipa)⑤中,法院认为债务人对公司和供应商之间付款义务的个人保证构成美国《破产法典》规定的“债权”和“债务”,在破产免责中应当予以免除。同时利帕案法院指出,“债权”和“债务”这两个术语的定义应该尽可能广泛,以使债务人能够在破产案件中处理所有的法律义务。文森特案中触发债务人付款义务的未来事件是HD供电公司向KVA电力公司提供信贷以及KVA电力公司未能偿还债务,根据斯特威尔案和利帕案的意见,债务人对HD供电公司或有债权的保证责任是在破产案件开始前产生的,属于可免责的债务范围。

---

① 美国《破产法典》第101(5)(A)条,“right to payment, whether or not such right is reduced to judgment, liquidated, unliquidated, fixed, contingent, matured, unmatured, disputed, undisputed, legal, equitable, secured, or unsecured”。

② See In re Pennypacker, 115 B. R. 504 (Bankr. E. D. Pa. 1990). 此案中法院指出,或有债务的经典例子是保证。

③ See In re Chateaugay Corp., 112 B. R. 513 (Bankr. S. D. N. Y. 1990). 此案中法院引用In re All Media Properties, Inc., 646 F. 2d 193 (5th Cir. 1981)的裁判指出,或有债权是指债务人的法定付款义务直到未来事件触发后才产生的债权,且这种未来事件的发生是在当事人最初建立关系时实际或推定能预见的范围之内。

④ See In re Stillwell, 2012 WL 441193 (Bankr. D. Neb. Feb. 10, 2012).

⑤ See In re Lipa, 433 B. R. 668 (Bankr. E. D. Mich. 2010).

HD 供电公司引用了霍特案(In re Haught)[1]支持其立场,主张债务人获得破产免责后,仍应对相关债务承担保证责任。然而,霍特案的事实和本案事实是否一致是不明确的。霍特案中,法官认为债务人在申请破产前对 30 万美元信贷额度项下的债务负有保证责任,主债务人在霍特提出第 7 章破产申请后清偿了该信贷额度项下的未偿债务,从而免除了霍特根据保证协议须承担的保证责任。随后,债权人在破产免责后又提供了两笔预付款。霍特案法官认为,"这两笔贷款也由霍特保证,因此他再次承担责任"。从霍特案裁判法院使用"也"(also)和"再次"(again)这两个词可以推断出,债务人在破产免责后提供了新的保证。所以霍特案法院认为,这两笔预付款是在破产免责后的新债务,在破产免责中未免除。如果本法院[2]的推论得以证实,那么霍特案显然和本案不同,因为本案中的保证书是在破产申请之前签署的。如果本法院在推断霍特案中的债务人在破产免责后又签署了保证协议这一点上是错误的,那么霍特案只能被理解为支持"债务人的保证责任在债权人实际向主债务人提供信贷之前不会发生"的主张。但是,这种解释与"债权"的广义定义相冲突,本法院不同意这种推理。

HD 供电公司还引用了维克斯案(In re Weeks)[3]。维克斯案法院认为,根据美国《破产法典》第 101(5)(a)条,"债权"包括或有偿付请求权,但仅在主债务人已经实际承担债务的情形下才将对保证人的请求权视为或有债权,而不认为贷款尚未发生的情形下对保证人的请求权是应予免除的或有债权。维克斯对债权人在破产申请后产生的信贷责任负有义务不是因为维克斯在破产免责后签署了一份新的保证协议,而是因为他选择不撤销其破产申请前签署的保证合同中对于主债务人和债权人承诺的保证责任。本法院并不同意这一观点,更倾向于斯特威尔案和利帕案的定义方法,认为"债权"包括破产申请前的保证中可能产生的任何未来义务。

(二)简易判决的适用

美国《联邦破产程序规则》第 7056 条规定,破产程序中的简易判决完全

① See In re Haught,120 B. R. 233 (Bankr. M. D. Fla. 1990).

② "本法院"均指文森特案裁判法院。

③ See In re Weeks,400 B. R. 117 (Bankr. W. D. Mich. 2009).

适用美国《联邦民事诉讼规则》第 56 条[①]。根据美国《联邦民事诉讼规则》第 56(a)条,在当事人对案件中的债权、抗辩等主张的重要事实没有“真正的争议”(genuine dispute)并且申请人有权获得“法律上的判决”(judgment as a matter of law)[②]时,法院可以适用简易判决。[③] 本案中,一个未解决的事实问题是 HD 供电公司是否注意到或实际了解债务人的破产案件,HD 供电公司称对债务人破产不知情,这一事实关系到债务人对 HD 供电公司的债务是否依据美国《破产法典》第 523(a)(3)条[④]属于不可免责的债务。此外,即使本法院裁定该债务不被破产免责所免除,在 HD 供电公司针对债务人的催收函是否构成故意违反破产免责令的问题上也存在事实争议。因此本案不适用简易判决。

四、案例评析

(一)保证协议项下的保证责任可被破产免责裁定所免除

本案中法院作出裁判的重要依据是“债务”“债权”的定义,众议院第 95－989 号报告[⑤]指出,美国《破产法典》第 101(5)条对于“债权”的定义十分宽泛,这一宽泛定义的目的在于使债务人的所有法律义务,无论多么间接或具有或然性,都能够在美国《破产法典》中得到处理,从而给予债务人最广泛的救济,而第 101(12)条的“债务”被定义为对债权人的义务。实际上“债权”“债务”这两个术语是一物两面的:债权人对债务人享有“债权”,则债务人对债权人承担“债务”。在“债权”定义中使用“或有”一词意味着只需要表明债务人可能在未来的某个时刻因破产申请前的行为而招致法律责任,任何潜在的责任来源,无论

---

① 美国《联邦民事诉讼规则》第 56 条规定了包括申请简易判决的前提、时间以及法院如何处理简易判决申请的 8 款规定。除非当地规定了不同的时间或法院另有命令,一方当事人可直至所有取证结束后 30 日内在任何时候提出简易判决动议。如果证词(depositions)、文件(documents)以及宣誓书(affidavit)表明当事人对案件的主要事实不存在真正的争议,动议人可向法庭请求对法律事项作出简易判决。

② 其指法院在认定任何陪审团都会作出相同的结论之后所作出的判决。

③ 本案提及的“简易判决”程序又译为“即决判决”,法官可以不经开庭审理而直接对全部或者部分案件作出有拘束力的判决,非经法定程序,不能加以推翻。

④ 美国《破产法典》第 523(a)(3)条规定,对于未被列入债务清册和债权人名单,导致债权人未能及时提交债权证明或及时要求对可免责性进行裁判的债务,拒绝给予破产免责;若债权人已收到通知或实际知道破产案件的启动而未及时申报债权,则该债权可以免除。

⑤ 报告相关内容参见康奈尔大学法律信息研究所网,https://www.law.cornell.edu/uscode/text/11/101,最后访问日期:2023 年 5 月 26 日。

其被触发的情形多么遥远，都符合“债务”的条件，均可以根据美国《破产法典》的条款进行管理。因此，债务存在不是债权存在的先决条件。①

尽管“债权”的定义十分广泛，但是它仍然无法确定债权人的权利何时属于破产中可被免责的“债权”，所以在判例中产生了至少两种确定债权产生时间的方法。佛伦威尔有限公司案（In re Matter of M. Frenville Co. , Inc. ）②中的法院认为，根据州法律，债务人的诉讼事由发生之时才会产生债权，如果诉讼的基础发生在破产申请之前，但实际提起诉讼的诉因直到破产申请提交后才出现，那么就不属于破产免责中的“债权”。但是佛伦威尔有限公司案的意见并不被广泛接受。其他案例如普乐案（In re Poule）③中，法院认为民事处罚即使是在破产申请后施加的，也不意味着它们是破产申请后的义务，债权应产生于引起偿付责任的行为实施之时。本案以“债务人是否因持续保证而应该对破产免责后产生的贷款负有个人责任”作为争议焦点，实际上是因为美国《破产法典》第727条只免除“免责裁定下达之前”的债务，所以双方对“债权”产生时间存在争议。美国第七巡回上诉法院采取了“行为检测”（conduct test）方法判断债权产生的时间。④ “行为检测”是指债权的产生时间由引起债权的行为的日期决定，裁判法院指出，合同之债引起债权的行为通常是合同的签署，因此债务在债务人签署个人保证合同之时就已经产生。第七巡回上诉法院同时认可了本案的结论，即申请破产前持续保证可能产生的任何未来义务属于破产免责令中“债务”的涵盖范围，可以被免除。

本案法院从对“债权”的定义出发，将个人保证中保证责任的产生时间确定为签署保证合同之时，因此债务人的保证责任能被破产免责所免除。

（二）简易判决程序

根据美国《联邦民事诉讼规则》第56（a）条的规定，当事人可以申请简易判决。简易判决是法院无须全面审判而作出的判决，法庭根据诉答文书、动议以及当事人所举出的其他证据，判断对于任何重要事实（material facts），是存在实

① See In re Jastrem, 253 F. 3d 438 (9th Cir. 2001).

② See In re Matter of M. Frenville Co. , Inc. , 744 F. 2d 332 (3d Cir. 1984).

③ See In re Poule, 91 B. R. 83 (B. A. P. 9th Cir. 1988).

④ See In re Schlundt, 14 – 20454 – beh (Bankr. E. D. Wis. Aug. 19, 2021).

质争议还是仅存在法律问题争议。[①] 贝多亚诉旅行者道具有限公司案(Bedoya v. Travelers Prop. Cas. Co. of Am.)[②]中裁判法院指出,法院应当从最有利于未提出简易判决动议一方的角度审查所有推论。本案中债权人提出了简易程序的动议,但是双方对案件的重要事实存在实质争议,所以该申请并未获得法院同意。

(三)对我国的借鉴之处

在自然人破产制度中,确定"债权"发生的时间关系到债务人能否获得破产免责以及"重新开始"的机会。从 1898 年《破产法案》到 1978 年《破产改革法案》,美国破产法的数次修改使得可以获得免责的债务范围不断扩大,其中 1938 年《钱德勒法案》[③]将或有债务列为可以被证明的债务,使得或有债权也成为可以被免责的对象。[④] 可以看出,"债权"的内涵处于不断发展的过程中,定义的完善有效地避免了列举式的立法模式无法及时有效地涵盖现实中最新的债务形式这一弊端。目前我国《深圳经济特区个人破产条例》并未对相关术语的内涵作出定义,但是第 34 条、第 58 条规定债务人财产申报时需要对已设立担保物权等权利负担作出说明,以及债权人可申报附条件、附期限的债权和诉讼、仲裁未决的债权,这些债权也属于或有债权。我国可以借鉴美国立法经验,对"债权""债务"等涉及自然人破产的关键术语内涵作出定义,这样法院可以从定义出发对没有明确规定的债权情形作出恰当的裁判。"行为检测"方法可以用于判断某项债务是否属于可免除债务。

"简易判决"程序是美国诸多简易程序中的一种,在美国民事诉讼程序中居于特别重要的地位,但简易判决程序作为以集中审理的陪审审判程序相对的产物,与我国的简易程序几乎没有可比之处。[⑤] 随着自然人破产制度的全面建立,

① 所谓重要事实是指任何可以让事实查明者(fact-finder)作出不利于原告的决定的事实。具体参见康奈尔大学法律信息研究所网,https://www.law.cornell.edu/wex/summary_judgment,最后访问日期:2023 年 4 月 22 日。

② See Bedoya v. Travelers Prop. Cas. Co. of Am.,773 F. Supp. 2d 1326 (M. D. Fla. 2011).

③ Bankruptcy Act of 1938 § 63a(8).

④ See In re Manville Forest Products Corp.,209 F. 3d 125 (2d Cir. 2000). 该案法院指出,美国 1898 年《破产法案》规定,只有可被证明的债权才能得到免除。

⑤ 参见[美]哈里·爱德华兹:《美国法官裁判文书自选集·爱德华兹集》,傅郁林等译评,华中科技大学出版社 2013 年版,第 292 页。

自然人破产衍生诉讼案件的数量无可避免地也会增加,如何对案件进行繁简分流,提高自然人破产制度运行的效率并减轻法院的审判压力,是我们要面临的一大课题。

CASE 04

案例 4

程序转换引发的破产后收入归属问题*

殷慧芬（上海政法学院副教授）
侯林凤（上海政法学院硕士生）

一、裁判要旨

自然人破产案件由美国《破产法典》第 13 章规定的重整程序转换为第 7 章规定的清算程序后，第 13 章程序下管理人依原计划将手中未分配的债务人破产后收入继续分配给债权人的行为，违背了美国《破产法典》中关于管理人职权以及债务人申请破产后收入不应当划入破产财团的规定。

二、基本案情

哈里斯（Harris）于 2010 年 2 月提出第 13 章规定的破产重整申请，他对多名债务人负有到期债务，包括拖欠大通银行 3700 美元房屋抵押贷款。按照法院确认的计划，第 13 章规定的管理人维吉拉（Viegelahn）每月收到从哈里斯工资中扣留的 530 美元，其中 352 美元用于偿还大通银行，其余部分用以偿还其他债务。2010 年 11 月，由于哈里斯再次拖欠抵押贷款，大通银行取消其房屋赎回权。管理人此后继续收

* See Harris v. Viegelahn, 575 U. S. 510 (2015). Supreme Court of the United States. Case No. 14 -400.

取哈里斯工资中的530美元，但停止向大通银行支付相应款项，此部分资金在维吉拉手中累积。2011年11月22日，哈里斯申请将案件转换为第7章清算程序。2011年12月1日，管理人将累积的5519.22美元用于支付律师费以及管理人费用，其余分配给哈里斯的其他债权人。哈里斯认为，案件转换为第7章规定的程序后管理人维吉拉无权分配其破产后的收入，请求破产法院下令退还。破产法院批准了哈里斯的请求之后，案件被上诉至地区法院维持原判，后又被维吉拉上诉至第五巡回上诉法院推翻原判。联邦最高法院发现该判决与第三巡回法院判例[①]矛盾，于是撤销判决，发回重审，最终第五巡回上诉法院重新确认了地区法院的判决。

三、裁判理由

本案涉及债务人申请破产后所得收入的归属问题。破产法下对申请后收入的处理通常取决于债务人所处的程序类型。在第13章程序下，破产申请后获得的工资属于破产财团，并可由管理人收取以分配给债权人；在第7章程序下，这些收入不属于破产财团，而是属于债务人。根据美国《破产法典》规定，债务人在"任何时候"(at any time)都有权将第13章程序转换为第7章程序。程序转换后，管理人终止管理从债务人处获取的资金，债务人有权要求第13章程序中的管理人归还尚未分配的破产后收入。

基于第13章与第7章下债务人申请破产后收入是否属于破产财团的不同，1994年之前，法院对债务人从第13章程序转为第7章程序后，如何处置其未分配的破产后收入存在三种分歧：申请破产后未分配的收入归债务人所有；未分配的收入继续按照第13章计划分配给债权人；申请破产后的所有收入归入第7章破产财团中。就此分歧，美国国会于1994年《破产改革法案》中增加了第348(f)条，该条款规定，在没有恶意转换的情形下，程序转换后第7章破产财产的范围等同于第13章申请提交时属于债务人且转换程序时由其占有或控制的财产，且案件转换后，第13章程序中的管理人的职权立即终止。因此，本

① See In re Micheal, 699 F. 3d 305(2012). 第三巡回上诉法院法官安布罗(Ambro)认为，程序转换时第13章程序中的管理人持有的、未分配的债务人收入，在债务人无恶意逃债情形时必须退还给债务人而不是分配给债权人。

案在转为第7章程序时，按照第13章程序规定持有债务人申请转换后收入的管理人，不应继续将手中积累的资金按照原计划分配给债权人，而应归还债务人。

四、案例评析

本案争议焦点的实质是不同程序下破产财产范围的差异，主要涉及三个问题：一是破产财产的形成时间；二是“未来收入”在破产财产概念下的归属；三是案件程序转换后尚未分配财产的归属。

（一）破产财产确定的时间

作为破产程序能否得以进行和破产自然人能否得以新生的基础，破产财产的定义及范畴界定不可谓不重要。在美国法上，与破产财产对应的概念被表述为破产财团。美国《破产法典》对于破产财团的范畴给出了相当宽泛的定义，即“破产案件启动之时属于债务人的所有普通法或衡平法上的财产利益”[①]。破产财团在债务人提出破产申请时自动形成，原则上是由破产案件最初启动之时债务人的所有财产利益组成。[②] 根据美国《破产法典》第541条，破产财团自破产案件启动时确定。又根据第348(f)条的规定，案件程序转换后债务人破产财团的内容等于在提交破产申请之时属于债务人且在转换之日由债务人占有或控制的财产。条文表明，即使案件程序发生转化，破产财团的范围是不变的，因此应当以哈里斯申请破产时拥有的财产确定其在案件程序转换后的破产财团。

（二）“未来收入”的归属

本案中，管理人维吉拉按照第13章计划分配的款项属于哈里斯在申请破产后获得的收入，即“未来收入”。关于“未来收入”归属的问题，究其根本是破产清算程序下的两种立法体例，即固定主义与膨胀主义之不同，以及不同程序下对于破产财团范围规定的不同。固定主义与膨胀主义两大主义的主要区别在于是否将破产程序开始后至程序终结前债务人取得的财产作为破产财产用

---

① ［美］查尔斯·J. 泰步：《美国破产法新论》（第3版），韩长印、何欢、王之洲译，中国政法大学出版社2017年版，第436页。

② 参见［美］查尔斯·J. 泰步：《美国破产法新论》（第3版），韩长印、何欢、王之洲译，中国政法大学出版社2017年版，第433页。

于清偿债权人。[①] 所谓固定主义是“以破产程序的开始为基点固定债务人的负债范围,即仅承认程序开始前已存在原因事实的债权为破产债权”[②],所以“新得财产属于豁免财产是破产法采用破产财团固定主义的体现”[③]。膨胀主义是指破产财团的内容不以破产程序开始时属于债务人的财产为限,还包括债务人在破产程序中直至破产程序结束之前所获得的“新得”财产。两种原则的立法依据不同,各有利弊。就固定主义而言,符合破产债权与责任财产相对应的利益均衡原则,并且,能够有效地激励债务人积极偿还债务,真正实现通过破产程序与破产宣告之前的债务一刀两断,重获新生。就膨胀主义而言,债务人源源不断的新收入使责任财产总额增加,有利于债权人获得更大比例的清偿,减少其损失。所以通常认为,固定主义更倾向于保护债务人的利益,而膨胀主义更倾向于保护债权人的利益。[④]

美国破产法原则上采用固定主义,但是破产申请之后的某些特定利益也可以作为破产财团财产,即第 541 条第 a 款中所列举的:(1)管理人追回的财产;(2)为破产实体的利益予以维持的财产;(3)债务人因继承、离婚或人寿保险而在破产申请后 180 日内取得的“意外之财”;(4)破产财产的孳息;(5)破产财团取得的财产。[⑤]

据前所述,美国《破产法典》中存在两种主义并行的情况。事实上,通过对其他域外法的观察,我们可以发现破产财团两大主义中的弊端逐渐被实践中的折中主义做法所消解。[⑥] 作为适用膨胀主义的代表,德国为了平衡其弊端,规定了例外情形,例如德国《民事诉讼法》第 850 条规定了对劳动所得的扣押保护。[⑦] 采用固定主义的日本也有例外情形的规定,例如日本《破产法》第 34 条规定,若

① 参见胡利玲:《论个人破产中豁免财产的构成与限制》,载《东方论坛》2020 年第 3 期。

② [日]山本和彦:《日本倒产处理法入门》,金春等译,法律出版社 2016 年版,第 60 页。

③ [日]山本和彦:《日本倒产处理法入门》,金春等译,法律出版社 2016 年版,第 108 页。

④ 参见[日]山本和彦:《日本倒产处理法入门》,金春等译,法律出版社 2016 年版,第 60 页。

⑤ 参见《美国破产法典(中英对照本)》,申林平译,法律出版社 2021 年版,第 305 页。

⑥ 参见陈本寒、罗琳:《个人破产制度中豁免财产范围规则的本土化构建》,载《湖北大学学报(哲学社会科学版)》2021 年第 1 期。

⑦ 德国《民事诉讼法》第 850 条第 7 款不得扣押要件的变更:“决定劳动所得的不得扣押部分的要件有所改变时,执行法院应依债务人或债权人的申请,对扣押裁定作相应的变更。债务人对之有法定扶养义务的第三人也有权提出申请。第三债务人对于他在未收到变更裁定的送达时,按照原来的扣押裁定的内容所作出的给付不负责任。”

债权发生原因在破产程序开始前就存在，该债权不属于豁免财产；[①]日本《民事执行法》第 152 条规定，债务人劳动收入的 3/4 应当作为债务人必要生活费用予以保留，1/4 可被扣押执行，允许划入破产财团向债权人分配。[②] 也就是说，两种主义在域外实施的经验并非非此即彼的排斥状态。这些措施一方面能够为债务人留存一定的财产用以生存以及经济生活，进而获得更多的收入来清偿债务；另一方面又能限制债务人恶意逃避债务，造成债权人的损失。通过规制，实现了对债务人与债权人的平衡保护，避免造成偏向于其中一方的结果。这些做法为我国破产财产采用哪种立法原则和哪些规制措施提供了参考。

除了两大主义之争，“未来收入”在不同程序下的归属也当然不同。以本案涉及的第 7 章破产清算程序与第 13 章个人债务整理程序为例，两种程序关于适用主体、程序设置、破产财团等的规定均不同。其中第 7 章对于破产财团内容的规定遵从第 541 条，即除了特定豁免的资产，其余资产立即转入破产财团，破产后收入不作清偿用途，而第 13 章第 1306(a)条则规定，债权人可以获得的财产包括债务人申请破产时的财产，以及申请后获得的任何收入。

本案是因程序转换引发的自然人进入破产程序后获得收入如何处理的纷争。美国《破产法典》赋予债务人在“任何时候”都可以申请将案件程序由第 13 章转为第 7 章的权利，我国相关法律也存在程序转换的规定：《深圳经济特区个人破产条例》第 107 条[③]是关于债务人将破产清算程序转为重整程序的规定；第 130 条[④]是债务人重整程序转为清算程序的规定。此外，就固定主义与膨胀主

① 日本《破产法》第 34 条第 2 款规定：“破产人基于破产程序开始之前的原因而获得的期待性财产请求权，属于破产财团。”

② 日本《民事执行法》第 152 条第 1 款规定：“对于下列债权，相当于在其支付期里的 3/4 部分(其金额超过考虑到标准家庭所必需的生活费用而为政令规定的金额时，则相当于政令规定的部分不予扣押)：(1)债务人从国家及地方公共团体以外的人领到的维持生活的定期给付债权；(2)薪金、工资、薪俸、退休金和奖金以及有这些性质的给付债权。”

③ 《深圳经济特区个人破产条例》第 107 条规定：“在人民法院裁定受理债权人对债务人的破产清算申请后至裁定宣告破产前，债务人也可以向人民法院申请重整。人民法院认为符合重整受理条件的，应当裁定转入重整程序。”

④ 《深圳经济特区个人破产条例》第 130 条规定：“债务人不执行或者不能执行重整计划，或者债务人存在欺诈行为的，债权人可以向人民法院申请终止重整计划执行，并对债务人进行破产清算。人民法院应当裁定终止重整计划执行，并宣告债务人破产。重整中已经发生的与破产清算有关的行为继续有效，重整管理人继续担任破产清算管理人。”

义的适用而言,《深圳经济特区个人破产条例》沿用了企业破产法的规定,[①]认为破产财产的内容应当按照膨胀主义的概念来界定,例如在深圳呼某个人破产清算案中,其财产包括每月劳务收入5000元。[②] 究其原因,申请破产的自然人往往已经"无产可破",若寥寥无几的财产用以清偿债务,对债权人来说不公平,对于经济社会稳定将会产生不利影响。采膨胀主义不仅能保障债权人获得更高比率的债务清偿,而且债务人只要尽力清偿就可以获得重生,对于市场经济的发展将发挥"稳定器"作用。

(三)案件程序转换之后尚未分配财产的归属

关于案件程序转换之后尚未分配的财产应当继续按照原计划分配还是归还债务人,本案最终由第五巡回上诉法院重新确认地区法院的判决,即管理人应当将未分配的财产归还哈里斯。法院作出这一裁判的主要依据是美国《破产法典》第348条,其中第e款规定"根据本篇第706、1112、1208、1307条所进行的程序的转换将终止转换前担任该案的托管人或监督人的服务"[③]与第f款"转换后案件中的破产财产应当由破产实体自破产申请被提交之日拥有,且在转换之日由债务人占有或控制的财产组成"[④]。因此,在哈里斯申请转换为第7章程序时,即2011年11月22日,第13章下的管理人维吉拉不再享有保留哈里斯部分工资并将其用以偿还债务的职权,并且根据第348条第f款,维吉拉手中积累的这部分哈里斯在申请破产之后获得的收入,并不属于其在申请破产时拥有的财产,不能归入破产财团。那么是否应当按照哈里斯的请求将财产返还债务人?仅从该款的字面意思,似乎不能直接得出结论,但从美国国会立法目的的角度解读,第348条作为对案件程序转换效力的规定,仅在第f款第2项中有债务人存在恶意转换情形时否认归还债务人资金的规定,除此之外再无其他拒绝向债务人返还资金的条款。由此可知,对于债务人在破产后获得收入的归属这

---

① 《深圳经济特区个人破产条例》第32条规定:"人民法院裁定受理破产申请时属于债务人的财产和依照本条例裁定免除未清偿债务之前债务人所取得的财产,为债务人财产。"第84条第3款规定:"债务人被宣告破产后,债务人财产为破产财产。"

② 参见呼某个人破产清算案,广东省深圳市中级人民法院民事裁定书,(2021)粤03破417号(个11)之一,载全国企业破产重整案件信息网,https://pccz.court.gov.cn/pcajxxw/pcws/wsxq?id=68CEA925B91F0F7214B5DE4C83AEC07C,最后访问日期:2023年5月28日。

③ 《美国破产法典》(中英对照本),申林平译,法律出版社2021年版,第125页。

④ 《美国破产法典》(中英对照本),申林平译,法律出版社2021年版,第125页。

一点，美国国会持较为宽容的态度，在没有明确否认归还债务人财产的情形下，应当归还。此外，就案件程序转换而言，在该案申请①转换为第7章程序之时，案件就应适用第7章程序，从这一角度来看，债务人破产后获得的收入理所应当由债务人所有，因此管理人维吉拉归还属于哈里斯的财产也毫无疑问。

(四)对我国的借鉴之处

破产财产是程序顺畅运行、债权人受偿利益得以保障的基础。自然人破产清算程序下，我国破产财产范围的确定采膨胀主义为宜，因为膨胀主义能够增加债务人的责任财产总额，使债权人获得更高比例的清偿。当然，域外法中关于平衡膨胀主义弊端的举措，如德国《民事诉讼法》第850条对劳动所得的扣押保护等也有借鉴意义。

作为解决债务人无力清偿到期债务的两种不同路径，破产清算程序与重整程序可以在符合法律规定的情形②下相互转换。笔者认为，基于自然人破产法稳定社会经济秩序、促进诚信债务人再生的宗旨，当债务人重整不成功时，法院可引导其积极寻求新程序以解决个人的过度负债。关于破产案件程序转换后未分配收入归属的问题，美国国会采取了程序转换之后未分配收入返还债务人的宽容态度，这可能并不适合我国目前的现实需求，企业破产实践中企业重整不成功转为清算程序后的资产处置方式可提供参考经验，③以最大限度实现债权人的受偿利益。

---

① 美国《破产法典》第301条规定："各章中的自愿破产案件自该章节中的适格债权人依该章向破产法院提交破产申请而启动。本法各章下的自愿破产程序的启动同时构成该章程序的破产救济令。"也就是说，美国破产法下适格债务人自愿提交破产相关申请后，救济程序便按照申请所依章节规定即刻启动。

② 《企业破产法》第70条第2款规定的"债权人申请对债务人进行破产清算的，在人民法院受理破产申请后、宣告债务人破产前，债务人或者出资额占债务人注册资本十分之一以上的出资人，可以向人民法院申请重整"，第78条规定的"在重整期间，有下列情形之一的，经管理人或者利害关系人请求，人民法院应当裁定终止重整程序，并宣告债务人破产：(一)债务人的经营状况和财产状况继续恶化，缺乏挽救的可能性；(二)债务人有欺诈、恶意减少债务人财产或者其他显著不利于债权人的行为；(三)由于债务人的行为致使管理人无法执行职务"等条款。

③ 例如，浙江正和造船有限公司等四公司合并破产重整转清算案中，重整期间企业继续经营获得收入，在重整不成转为清算后，为有效保留营运价值，正和系公司所有资产被整体打包拍卖，拍卖所得作为责任财产进行分配。

CASE 05

案例 5

破产财产放弃的认定标准*

殷慧芬（上海政法学院副教授）
彭小珊（上海政法学院硕士生）

一、裁判要旨

经过听证和通知程序，管理人有权放弃财产清单中列明但对破产财团造成负担或无经济价值的财产。

二、基本案情

2005 年 1 月 14 日，弗隆（Furlong）向多纳鲁莫（Donarumo）购买了 Drew's Plumbing & Heating, Inc.（以下简称 Drew's Ⅰ）公司的股权及部分固定资产，并以其作为出资成立了 Drew's Ⅱ一人公司。Drew's Ⅱ公司于 2006 年 6 月 5 日进入破产程序，破产案件于 2007 年 12 月 28 日终结。2006 年 12 月 19 日，弗隆个人根据美国《破产法典》第 7 章提出破产申请，财产清单中包括了针对多纳鲁莫等人的违约索赔。弗隆声称，Drew's Ⅱ公司的破产是因为多纳鲁莫不仅在最初的资产转让过程中存在欺诈行为，而且之后又针对 Drew's Ⅱ公司实施了恶意竞争行为。此后，Drew's Ⅱ公司

* See In re Furlong, 600 F. 3d 81 (2011). United States Court of Appeals, First Circuit. Nos 11 - 1364 11 - 1386.

持有的针对多纳鲁莫的请求权全部转让给弗隆本人。管理人调查后，判断该请求权的实现对于破产财团不具备成本效益，与债务人就该请求权的放弃达成一致意见。多纳鲁莫提出异议，认为 Drew's Ⅱ公司将持有的请求权转让给弗隆个人的行为违反了自动冻结原则。马萨诸塞州法院经审理后裁定：弗隆对多纳鲁莫享有的请求权被合法放弃；Drew's Ⅱ公司对多纳鲁莫享有的请求权转让给弗隆的行为未违反自动冻结原则；弗隆另外主张其持有的 Drew's Ⅱ公司股权已依据美国《破产法典》第554(b)条被放弃的请求未得到支持。双方就该判决提起上诉，第一巡回上诉法院维持原判。

三、裁判理由

第一巡回上诉法院认为，本案的争议焦点：(1)破产程序中放弃某项财产的标准；(2)公司请求权转让行为是否违反了破产法下的自动冻结原则。

(一)放弃某项财产的标准

美国《破产法典》第554(a)条规定，“经通知和听证后，管理人可以放弃破产财产中对其造成负担的财产或者对破产财团无重要价值和利益的财产”。根据第一巡回上诉法院1995年审理的杰弗里诉德斯蒙德案(Jeffrey v. Desmond)[①]，放弃一项财产须符合以下条件：一是该财产应在财产清单中正式列明，且相关信息充分；二是对某项财产的放弃应以通知和听证作为前置程序；三是该财产对破产财团造成负担或没有经济价值。本案中，弗隆向管理人提交了财产清单，管理人基于该清单能够了解债务人的财产及相关请求权的内容；2007年11月6日，管理人在一份《财产放弃意向书》中表示希望放弃对多纳鲁莫等人的请求权，因为没有律师愿意以合理条件代理该案件，根据他自身的商业判断，相关诉讼对破产财团不具成本效益，“属于无重要价值或利益的财产”；另外，没有利害关系人对财产的放弃提出异议或要求听证，破产法院遂于2007年11月30日裁定管理人放弃该财产。综上，第一巡回上诉法院裁定，该财产属于第554(a)条所规定的“对破产财团无重要价值的财产”，管理人放弃该财产的意图清楚且明确，该项财产的放弃有效。

相反，弗隆主张其持有的公司股权已被放弃的理由不能成立。第554(b)

① See Jeffrey v. Desmond, 70 F. 3d 183, 186 (1st Cir. 1995).

条规定,法院裁定管理人放弃对破产财团造成负担的财产或毫无价值和益处的财产,应基于利害关系人的请求。第一巡回上诉法院认为,债务人及案件利害关系人从未提起相关申请,管理人也从未提交放弃股权的意向书,且该股权满足美国《破产法典》所规定的破产财团构成要件,因此公司股权不符合财产放弃的标准。

（二）公司请求权转让行为是否违反了自动冻结原则

多纳鲁莫提出,Drew's Ⅱ公司将请求权转让给弗隆的行为因违反自动冻结原则而无效。第一巡回上诉法院认为,公司破产案件于2007年12月28日终结,而Drew's Ⅱ公司持有的请求权转让给弗隆个人的行为发生于2010年2月27日,即Drew's Ⅱ公司破产案结束之后。破产案自动冻结的效力在破产程序结束时即终止。而且,法院认为个人破产案件中的自动冻结效力并不能延伸至债务人享有权益的公司资产,即使债务人是该公司的唯一股东。依据第362(c)(2)(A)条,第一巡回上诉法院裁定Drew's Ⅱ公司享有的请求权转让给弗隆的行为并未违反破产法下的自动冻结原则。

四、案例评析

（一）管理人应有权放弃某些符合条件的财产

美国《破产法典》第541(a)(1)条规定,破产财团的范围包括破产案件启动时属于债务人的所有普通法或衡平法上的财产权益。第541条关于破产财团范围的规定体现了美国国会的立法理念,即在合理范围内,破产申请时债务人的所有财务事项都应在破产程序中处理。[①] 当然,美国破产法对于破产财团的范围并非没有任何限制,相关限制表现在:(1)限于破产案件启动之时;(2)限于债务人所有;(3)限于财产(property)。[②]

管理人作为破产财团的代表,在破产程序中应尽力保障破产财产的最大化,进而最大限度实现债权人的受偿。但是,有些财产不仅对债权人毫无价值,对于债务人的运营也无所裨益,管理人如继续管理该财产非但无法实现债权人

---

① 参见[美]查尔斯·J.泰步:《美国破产法新论》,韩长印、何欢、王之洲译,中国政法大学出版社2017年版,第436页。

② 美国《破产法典》第541(a)(1)条:除本条的第(b)款和第(c)(2)款项另有规定外,破产财团的组成为破产案件启动时债务人在财产上享有的所有普通法或衡平法上的权益。

利益的最大化,反而可能影响案件的效率。因此,美国《破产法典》第554条规定管理人有权放弃"对破产财团造成负担的,或对破产财团毫无益处、价值的财产"。例如,在佩纳案(In re Pena)①中,由于出租底层物业获得的租金存在权属争议,管理人判断租金对破产财产没有经济价值而放弃;迈尔曼地毯清洁公司案(In re Mailman Steam Carpet Cleaning, Inc.)②中,管理人经专业评估认为不动产上所附带的财产税等高昂税金使得该不动产对破产财团而言没有经济价值,于是依据第554条放弃;沙利文公司案(In re Sullivan and Lodge, Inc.)③中,由于债权的实现成本高于实现后的经济价值,管理人放弃该笔债权请求权。

管理人放弃的破产财产必须是财产清单中列明的财产。弗雷戈登希尔案(Vreugdenhill v. Navistar Intern Transp. Corp.)④中,债务人主张某债权请求权虽然未列入财产清单,但是在此前的申请中已经向管理人提及,因此应可依据美国《破产法典》第554条放弃。第八巡回上诉法院裁定,债务人有责任完整、准确地编制财产清单,即使是最初未被列明的财产也应在破产程序终结前正式列入财产清单。管理人依据财产清单中的相关信息判断是否有必要展开进一步调查,还是直接放弃,仅仅通过管理人途径获知财产情况是不足够的。

管理人放弃破产财产的意图必须明确、清晰,否则放弃财产的行为无效。⑤被放弃的财产将从破产财产中移除并归还给债务人,且这种移除一般是不可撤销的,因此管理人对破产财产的放弃必须审慎。赛尔计划公司(The Sire Plan, Inc.)破产案⑥中,管理人仅在破产财产状况报告中表示部分财产不具备经济价值,而未采取放弃财产的实际行动,因此法院认定该案中管理人放弃财产的意图不够明确、清晰,财产的放弃无效。⑦

当然,管理人对无价值财产的放弃应以不危及公共安全与利益为限。广达资源公司破产案(In re Quanta Resources Corp.)⑧中,债务人是一家废油处理

① See In re Pena, 974 F. 3d 934 (2020).
② See In re Mailman Steam Carpet Cleaning, Inc, 270 B. R. 82 (2001).
③ See In re Sullivan and Lodge, Inc., Not Reported in F. Supp. 2d (2003).
④ See Vreugdenhill v. Navistar Intern Transp. Corp, 950 F. 2d. 524 (1991).
⑤ See Chartschlaa v. Nationwide Mut. Ins. Co., 538 F. 3d 116, 124 (2008).
⑥ See In re the Sire Plan, INC, 100 B. R. 690 (1989).
⑦ See In re Bonner, 330 B. R. 880 (2005).
⑧ See In re Quanta Resources Corp., 739 F. 2d 927 (1984).

厂，经营期间工厂造成了环境污染，根据州环境保护法的要求应清除污染，然而，清理污染的成本超出了破产财产的价值。管理人提出，破产财产中债务人用于生产经营的工具已经符合第 554 条所规定的法定放弃要件，但是州环保部门对此提出异议，认为放弃该财产将危及公共健康与安全。联邦最高法院最终以 5∶4 作出裁决，管理人不能放弃这些生产工具，因为破产财产的放弃不应危害到公共健康与安全。[①]

（二）自动冻结的效力不应延伸至债务人持有股权的公司

自动冻结制度是指在当事人向法院提出破产申请之后，所有针对债务人财产的执行行为及其他对债务人的财产构成消极影响的行为均应中止的一项制度。破产法的核心功能在于其作为概括的债务清理机制能够促进效率以及分配正义的实现。[②] 这种分配正义的实现不能依赖债权人自行解决，而需要破产法提供一个明确、有效的系统，自动冻结制度正是其中的一项重要规则设计。

美国破产法下，无论是债务人提出的自愿申请，还是债权人提出的强制申请，均会直接触发自动冻结的效力。[③] 自动冻结制度为破产案件启动后债权人和债务人之间的相对稳定状态提供了临时性保护。然而，冻结不是绝对的，也不是永久的。[④] 美国《破产法典》第 362(c)条规定，一旦案件终结、被驳回、债务人取得免责或法院裁定不予免责，自动冻结即依法解除。本案中，多纳鲁莫认为 Drew's Ⅱ公司将请求权转让给弗隆的行为违反了自动冻结制度。法院结合案件事实裁定，Drew's Ⅱ公司破产案已于 2007 年 12 月 28 日审结，针对公司相关财产的冻结随之自动终止，弗隆于 2010 年受让 Drew's Ⅱ公司请求权的行为并未违反公司破产案件中自动冻结的效力。

此外，自动冻结的效力只适用于债务人，而不适用于其他主体，除非债务人

① See Midlantic National Bank v. New Jersey Department of Environment Protection, 474 U. S. 494 (1986).

② 参见[美]查尔斯·J. 泰步：《美国破产法新论》，韩长印、何欢、王之洲译，中国政法大学出版社 2017 年版，第 436 页。

③ 参见[美]查尔斯·J. 泰步：《美国破产法新论》，韩长印、何欢、王之洲译，中国政法大学出版社 2017 年版，第 9 页。

④ 参见[美]查尔斯·J. 泰步：《美国破产法新论》，韩长印、何欢、王之洲译，中国政法大学出版社 2017 年版，第 238 页。

与第三人之间存在同一性。[①] 卡尔弗特案(In re Calvert)的法官通过债务人与其持有股权的五家公司是否存在人格混同来判断相互之间是否具备上述同一性。[②] 弗隆个人破产案件审理期间,自动冻结的效力只适用于个人破产案中的债务人,而不应延伸至债务人持有100%股权的Drew's Ⅱ公司,因为弗隆与公司之间不存在人格混同的问题。[③] 基于此,两级法院均裁定,公司债权请求权转让给弗隆的行为不违反个人破产案件中自动冻结的效力。

(三)对我国的借鉴之处

债务人财产处置问题至关重要,直接关系到破产案件的办理质效,这一点在我国企业破产实践中已经显现。2020年5月至2021年6月,北京破产法庭在有财产可供分配的案件中,从破产财产处置(以第一次债权人会议召开时间为起算点)至分配结束(以程序终结时间为准),平均用时约占整个破产程序时间的70%,最长的占93%。[④] 最高人民法院发布的《全国法院破产审判工作会议纪要》第26条明确:"破产财产处置应当以价值最大化为原则,兼顾处置效率。"

我国《企业破产法》第25条规定了管理人的职责,其中包括"管理和处分债务人的财产",但并未对破产管理人在何种情形下可以放弃某项财产作出明确规定。司法实践中,管理人采取经全体债权人一致同意或债权人会议表决方式放弃无法处置的破产财产。例如,在深圳市嘉禾泰盛实业有限公司破产清算案中,因嘉禾泰盛实业有限公司名下的知识产权存在无法评估价值的情形,全体债权人一致同意管理人放弃处置上述财产。[⑤] 又如,在深圳市鸿福利实业有限公司破产清算案中,管理人发现公司名下仅有银行存款388.82元,因处置银行存款成本过高,全体债权人一致同意管理人放弃处置存款。[⑥] 再如,在温州天彩

---

① See Kreisler v. Goldberg, 478 F.3d 209, 213–14 (2007).

② See In re Calvert, 135 B.R. 398 (1991).

③ See Mar. Elec. Co. v. United Jersey Bank, 959 F.2d 1194 (1991).

④ 参见王玲芳、孙立尧:《破产程序中债务人财产处置面临的困境及应对建议》,载《人民法院报》2021年10月14日,第7版。

⑤ 参见深圳市嘉禾泰盛实业有限公司管理人申请破产清算案,广东省深圳市中级人民法院民事裁定书,(2020)粤03破728号之一。

⑥ 参见深圳市鸿福利实业有限公司管理人申请破产清算案,广东省深圳市中级人民法院民事裁定书,(2021)粤03破90号之一。

印刷有限公司破产清算案中，管理人查明公司名下仅有一辆价值低、无法接管且存在8处违章未处理的小型轿车，经债权人会议表决，债权人同意放弃对该车辆的处置。[①] 结合企业破产法实践和弗隆破产案，未来我国破产立法可进一步通过明晰的法律规范确立针对无法处置财产的放弃规则，包括明确可放弃的财产类型、必要的程序设计等，这既符合司法实践的需求，也可以提高财产处置的效率。

我国《企业破产法》第16条、第19条、第20条构建了破产法上的自动冻结制度，规定破产申请受理后个别清偿无效、对债务人财产保全措施解除、执行程序中止以及诉讼和仲裁的中止等。借鉴美国的相关立法，除触发时点外，未来我国破产法也应明确自动冻结效力的终止时点等，以避免司法实践中可能产生的歧义。

① 参见温州天彩印刷有限公司管理人申请公司清算案，浙江省苍南县人民法院民事裁定书，(2018)浙0327破20号之一。

CASE 06

案例 6

“给诚实且不幸的债务人以全新开始”的第一案

——本地贷款公司诉亨特案*

景晓晶（深圳市龙华区人民法院副院长）

一、裁判要旨

本案中，联邦最高法院支持了破产法院颁布的禁止出借人在州法院起诉债务人的禁令，并阐明为了避免威胁破产法院裁决的效力，破产法院有权依债务人的申请，禁止出借人在州法院提起的诉讼。联邦最高法院进一步强调，对债务人未来收入分配的约定应当视为不存在或者无效的，不得对抗破产裁决和破产免责。

二、基本案情

1930 年 9 月 17 日，被上诉人亨特先生向上诉人本地贷款公司借款 300 美元，并以其未来的工资收入作为担保。1931 年 3 月 3 日，被上诉人亨特先生在伊利诺伊州一家联邦地区法院提出了自愿破产申请，并且在其债务清单里列示上述债务。该行为构成债权确认，成为债权人可以主张破产财产的依据。1932 年 10 月 10 日，破产法庭颁布破产令，解除

* See Local Loan Co. v. Hunt, 292 U. S. 234, 54 S. Ct. 695 (1934).

亨特先生全部已确认债务和相关责任。同月 18 日,上诉人本地贷款公司在芝加哥市法院提起诉讼,要求被上诉人亨特先生的雇主协助强制执行其破产免责后的工资收入。被上诉人亨特先生向破产法院请求,禁止上诉人本地贷款公司的诉讼或者试图针对其工资收入主张执行。破产法院支持了被上诉人的请求,其上诉法院联邦第七巡回上诉法院予以维持。

三、裁判理由

萨兰德大法官代表联邦最高法院发表的裁判理由如下所述。

首先,本案中被上诉人在破产法院管辖范围内提起的请求,在实质和效果上都属于衡平法上的补充和衍生事项,目的是协助和执行该法院的裁判和决定。无论是依照成文法还是衡平法,联邦衡平法院为确保本院判决或者裁定的价值和优势,对其审理的诉讼或者程序的衍生事项享有管辖权是一系列判例①已确立的规则。而上述规则,如果涉及的程序是原始程序,则无论该法院是否具有管辖权均成立。作为附属或者衍生的程序,法院的管辖由原始诉由的管辖确定,可以沿用而不必考虑当事人的身份或者争讼的金额,也无须遵循美国《司法法典》(Judicial Code)第 265 条的规定。

这些原则也适用于破产程序。上诉人所依赖的一系列裁决②是此前联邦法院已经拒绝受理与本案相似情况的案件,主要理由是破产免责的效力是由受理破产免责申请的法院所决定的。在这个意义上,这些案例与上述观点存在不一致,也与本院宣示的衡平法一般规则不相符。无论是从破产法院的性质还是在破产法的条文中,本院都没有找到相关内容,有足够必要针对破产程序的适用建立一条特殊规则。破产法院是根据美国《破产法典》第 1 条、第 2 条设立的,并被赋予“在成文法和衡平法上的管辖权,确保有效行使对破产程序的原始管辖”等。“在成文法上”一词的使用,应当是为了回应第 2 条第 4 款的赋权,使得破产法院有权传讯、审判和惩罚违反破产法的人。然而,破产法院本质上还是

① See Root v. Woolworth, 150 U. S. 401, 410 – 412; Julian v. Central Trust Co., 193 U. S. 93, 112 – 114; Riverdale Mills v. Manufacturing Co., 198 U. S. 188, 194 et seq.; Freeman v. Howe, 24 How. 450, 460.

② See Hellman v. Goldstone, 161 Fed. 913; In re Marshall Paper Co., 102 Fed. 872, 874; In re Weisberg, 253 Fed. 833, 835; In re Havens, 272 Fed. 975.

衡平法院,破产程序本质上也是衡平程序。总体来说,破产程序本质上是对物的程序,正如本院明确处理的那样,破产裁决和破产免责决定的每一个基础裁决都应当依照衡平法来确定物权状态。

目前所说的已经确认了破产法院受理当前诉讼,界定破产裁判和决定的效力,并且禁止上诉人采取干扰行为的权威性。但是,这并不意味着破产法院必须行使其权力。除非在本案这类特殊情形下,破产法院可能并不需要也不必要动用这一权力。正如所见,市法院也有权处理本案。被上诉人虽然并不是该诉讼的当事人,但毫无疑问,他有权因该诉讼的争议标的对破产裁决的影响提出异议。而市法院也有权在该法律诉讼中为被上诉人提供相当于在衡平法中寻求的救济。然而,先不考虑其他因素,很清楚,提供的这一法律救济将无法满足司法正义的要求。正如后文将要展示的,这其中唯一的关键问题就是伊利诺伊州最高法院驳回了被告意见。作为破产法院动用衡平管辖权的替代方案,被上诉人需要进行一场明显非常漫长而昂贵的诉讼。先是向市法院提起异议,然后连续上诉经过州法院再到上诉法院,在此之前争议的实质问题都无法得到处理。这笔诉讼的金额很小,正如帕克法官在 Seaboard Small Loan Corp. v. Ottinger 案中指出的,因为不成比例的麻烦又尴尬又昂贵,这一救济完全不充分,甚至可能导致当事人失业。

其次,是否关于未来收入的分配安排构成美国《破产法典》第 67 条第 d 款规定的财产上的担保权①,这是州法院和联邦法院裁判的分歧之处。尽管到目前为止,更多的判例和权力考量是不予支持这类财产上的担保权②的,但不影响本院继续审查州法院的裁决。成功引起本院关注的是稍后要讨论的伊利诺伊州的相反判例,以及 Citizens Loan Assn. v. Boston & Maine R. Co. ,196 Mass. 528; 82 N. E. 696。下级联邦法院已经审理了这类如果与破产裁决或者破产免责冲突,则该财产担保权视为不存在或者无效的问题。贝林格(Bellinger)法官在 In re West,128 Fed. 205 案中简明扼要地发表了以下判决理由:“破产免责决定在作出之日起解除债务人的偿债义务,所以在这笔收入作为担保产生之

---

① 关于 Lien 的翻译,参见《美国破产法典》,申林平译,法律出版社 2021 年版,前言部分第 7 页。

② See Leitch v. Northern Pacific Ry. Co. ,95 Minn. 35,38; 103 N. W. 704; Levi v. Loevenhart & Co. ,138 Ky. 133,136; 127 S. W. 748; Public Finance Co. v. Rowe,123 Ohio St. 206; 174 N. E. 738; Hupp v. Union Pac. R. Co. ,99 Neb. 654; 157 N. W. 343.

前，偿债义务就已经免除了。法律不继续保护可能产生的财产担保权，只保护确定产生的财产上的担保权。破产免责对可预期扣押权的产生同样的效果，正如全部债务在债务人获得该工资之前就已经被偿还了。所以，在破产裁决后获得的收入是属于债务人的、免受全体债权人追索的财产。"他的判决得到此后大量判决[①]的充分支持。

自然人的收入能力是其制造财产的能力，除非它切实地产生收入才会转变成为破产法意义上的财产。破产裁决以及随后的免责决定，是将债务人从此前已经发生的债务负担中解放出来，当然受限于某些例外情形但这里无须讨论。从逻辑上就能推知，破产法不会容忍任何针对还并不存在的标的设定可强制执行的财产上的担保权，以便在破产生效之后还获得债务存续的行为，甚至债务从原有财产中产生或者相关，但只能从破产债务人此后的劳动中获利。

最后，针对以上系列裁决，上诉人对伊利诺伊州最高法院的 Mallin v. Wenham，209 Ⅲ. 252；70 N. E. 564 和 Monarch Discount Co. v. C. & O. Ry. Co.，285 Ⅲ. 233 提出异议。毫无疑问地，正如上诉人所称，这些判例支持了在伊利诺伊州对未来收入的转让从转让之日起产生财产上的担保权，且该财产上的担保权不因转让人的破产免责而无效。异议认为，即使有一般规则存在，该法院也应当遵从伊利诺伊州的先例，因为财产上的担保权的存在取决于伊利诺伊州法。

该法院认为无须考虑该异议在不同情况下是否能获得 1798 年美国《司法法典》第 34 条，即现行《美国法典》第 28 章第 725 条的支持，因为该法院认为，该可能已经明确无误地被破产法所排除。必须注意的是，本案并不属于州法院的管辖范围，而是为了维护联邦破产法院法令而提起的衍生诉讼，本质上是具有联邦性质和排他性的管辖权。这正是本院应当处理的情形，也是本判决所应当适用的情形。

破产法的主要宗旨之一就是将"诚实债务人从沉重的债务负担中解脱出来，允许他摆脱商业不幸造成的责任和义务，从而获得新生"[②]。破产法这一宗

① See In re Home Discount Co.，147 Fed. 538，547 et seq.；In re Lineberry，183 Fed. 338；In re Voorhees，41 F. 2d 81；In re Fellows，43 F. 2d 122；In re Potts，54 F. 2d 144；and especially Seaboard Small Loan Corp. v. Ottinger，supra.

② See Williams v. U. S. Fidelity & G. Co.，236 U. S. 549，554 – 555.

旨也被法院反复强调，既符合公共利益也符合私人利益，因为这些诚实且不幸的债务人在其破产之时将拥有的全部财产交出，去换取生活中的新的机会和未来努力的清净之地，就不再受到此前债务的压力和牵绊。[①] 美国《破产法典》的各条款都是围绕这一观点制定的，并在实践中尽可能合理解释以保证破产法的宗旨与政策得到正确实施。地方规则的颠覆性结论是不可接受的，因其会造成对联邦法院司法行为的控制。

一个人分摊未来工资的时候，实际上在用未来收入能力担保。自然人为自己和抚养人谋生的能力本质上既是人身自由，也是财产权利。确保正确行使该权利是比较重要的，不仅仅因为它是私人的基本需求，也是公众高度关注的问题。从工薪者的角度来看，一点钱都挣不到和全部替债权人挣钱没有区别。债务的规模或者被分摊的工资比例可能不大，但是这条原则一旦确立，也会适用于债务规模大和工资分摊多的人。而一旦工薪者被要求将未来收入的全部或者相当比例用于偿还破产之前发生的债务，那么为被解放的债务人提供全新生活开端和一片未来努力净土的破产法宗旨，对工薪者来说就没有意义了。因此，伊利诺伊州的系列案件试图获得对债务人破产后赚取工资的控制破坏了破产法的宗旨和基本精神，州法院不予支持；同时将本裁决的适用限定于本案的情形，并且将其他可能引致争议的潜在财产担保权留待发生后再处理。

四、案例评析

本案的争议焦点有两个：一是涉及破产裁决效力的案件是否属于破产法院专属管辖范围；二是债权人是否可以根据破产前的约定扣押或者留置债务人的未来收入。另外，本案中，法官还强调，破产法已经明确规定适用的情形，属于联邦排他性管辖权，不受州法影响。

（一）涉及破产裁决效力的案件专属于破产法院管辖

破产案件以及破产衍生诉讼的管辖权一直是美国破产制度和改革的核心议题之一。美国国会遵循的立法理念是：在合理可能的范围内，破产申请之时

---

① See Stellwagen v. Clum, 245 U. S. 605, 617; Hanover National Bank v. Moyses, supra; Swarts v. Fourth National Bank, 117 Fed. 1, 3; United States v. Hammond, 104 Fed. 862, 863; Barton Bros. v. Texas Produce Co., 136 Fed. 355, 357; Hardie v. Swafford Bros. Dry Goods Co., 165 Fed. 588, 591; Gilbert v. Shouse, 61 F. 2d 398.

债务人的所有财务事项都应以破产案件进行处理。[①] 所以,对破产案件的管辖权是联邦排他性管辖权,专属于当前90个联邦破产法院。[②] 在本案中,萨兰德大法官指出,"联邦衡平法院为确保本院判决或者裁定的价值和优势,对其审理的诉讼或者程序的衍生事项享有管辖权",即破产法院有权审理会影响破产裁决效力的诉讼。

其实,破产法院对于破产衍生诉讼的管辖权范围,受该争议事项是否为核心程序衍生的影响,经历了长期的斗争演化。美国破产法官的前身是根据1898年美国《破产法典》设立的破产公断人(referees),由地区法院任命,承接从联邦地区法官办理破产案件时分离的行政性事项。1938年《钱德勒法案》将破产公断人的大部分行政职责转交给了联邦托管人或者书记员,破产公断人逐步开始获得审理破产案件的权力,而联邦地区法官保留最终决定权。1973年,美国联邦最高法院颁布的《破产程序规则》将破产公断人的头衔转为破产法官,破产法官的管辖权进一步有效扩张。随后,1978年美国《破产法典》设立了隶属于地区法院的破产法院体系,破产法官的管辖权扩大到破产债务人的其他诉讼案件。受北方管道建设公司案影响,1984年,美国国会通过《破产修正与联邦法官地位法》,破产法官获得了破产案件以及与破产核心程序衍生案件的完整司法权;在非核心程序案件中,破产法官将事实认定和法律适用的结论呈递联邦地区法官由后者最终决定,在获得各方当事人同意的情况下,破产法官也可以直接裁决。1994年《破产改革法》允许破产法官引入陪审团,以及要求各巡回区成立破产上诉庭审理破产上诉案件。[③] 美国联邦最高法院此后又在一系列案件中,将破产法院的破产衍生诉讼管辖权进一步明确为各方当事人选择破产法院审理的合意应当是"明知且自愿"的,对破产法院的管辖权加以限制。除当事人外,州法院也可以依法将其认为与有关破产案件的事项移送至破产法院,但移送时限非常有限,可能短至30天。[④]

---

① 参见[美]查尔斯·J.泰步:《美国破产法新论》,韩长印等译,中国政法大学2017年版,第436页。

② 参见《破产程序的基本常识》,载美国法院官网,https://www.uscourts.gov/services-forms/bankruptcy/bankruptcy-basics/process-bankruptcy-basics,最后访问日期:2023年4月21日。

③ 参见[美]劳伦斯·鲍姆:《从专门化审判到专门法院——专门法院发展史》,何帆、方斯远译,北京大学出版社2019年版,第216-217页。

④ 28 U.S. Code § 1452, Removal of claims related to bankruptcy cases.

所以,在美国法背景下讨论破产管辖可能涉及两个主要问题:一是联邦排他性管辖或者州管辖;二是联邦破产法院或者地区法院管辖。本案主要涉及第一个问题,正如萨兰德法官非常明确地在判决中指出,“为了协助和执行破产法院判令的衍生事项”,属于联邦破产法院的排他性管辖;破产法院也具有“禁止上诉人采取干扰行为的权威性”。

对于我国而言,值得进一步思考的问题有:一是受理破产案件的法院是否有长臂管辖权,即对债权人或者其他利害关系人发布禁令,如禁止提起诉讼、仲裁或者执行,以免破坏破产程序进行或者破产裁决效力的权限;二是虽然破产法是由全国人民代表大会统一立法,不存在地方差异,但由于立法技术和立法保留等,破产法和其他现行法律法规之间的冲突关系并未完全解决,也不可能“一揽子”解决,比如与民事诉讼法、公司证券金融法、税收征管法、制定中的强制执行法等存在的冲突,造成了诸多实践障碍,需要在国家层面逐步明确或者协调。而尤其需要思考的是,在处理破产法、破产程序与其他法律、法定程序之间的关系时,是将破产法作为部门法处理,还是作为债权债务的总括性程序来处理,以及如何划定界限,这将影响破产程序的有效性,也最终影响破产制度作用的发挥。

(二)债权人是否可以扣押破产债务人未来收入

美国《破产法典》第541(a)(1)条规定,应当归入破产财团的债务人财产为破产案件启动之时债务人在财产上享有的所有法律或者衡平利益。① 归入破产财团的债务人财产,非因法定理由或者非经法定程序不受债权人扣押。本案争议焦点在于,债权人主张依照所在州州法对债务人未来财产进行扣押,试图绕开破产裁决的效力并获得州法院支持;美国联邦最高法院对此从两方面予以坚决否定,一是从管辖权上认定该类诉讼属于联邦管辖权,地方性规则的颠覆不可接受。二是从破产法的宗旨目的出发,一方面,对于破产程序启动时还并不存在的标的,破产法不允许对其设定可强制执行的担保权;另一方面,破产法要求破产后债务人取得的收入都应当免于债权人追索,否则债务人将不能获得“全新开始”。

我国《企业破产法》第四章“债务人财产”也以专章形式规定了破产财产

---

① 参见《美国破产法典》,申林平译,法律出版社2021年版,第305页。

(团)制度,其中第30条是核心条款,该条规定:“破产申请受理时属于债务人的全部财产,以及破产申请受理后至破产程序终结前债务人取得的财产,为债务人财产。”但是,《深圳经济特区个人破产条例》在设计个人破产制度时作了略有不同的规定,条例第32条规定,“人民法院裁定受理破产申请时属于债务人的财产和依照本条例裁定免除未清偿债务之前债务人所取得的财产,为债务人财产”。该条例选择了破产免责的时点作为计算破产财团的终点,首先是经过激烈立法辩论和权利平衡,立法者否定了即时裁决破产免责的制度选项,引入了免责考察期,所以深圳经济特区个人破产程序大致分为司法审查和行政免责考察两个阶段;其次,为了获得债权人支持和回应社会公众的担忧,尽可能地推动债务人尽力偿债,参照欧盟国家的立法经验[①],立法者将债务人破产后至免责前的收入也纳入破产清偿的范围。所以,在深圳经济特区的个人破产清算程序中,免责时点是免责考察期结束之后,法院作出免责裁定之日;个人破产重整和破产和解程序中,纳入破产财团用于清偿的债务人财产包括其未来收入,是依照重整计划或者和解协议确定的,相应地,免责时点则是获得法院裁定认可的重整计划或者和解协议的执行完毕之日。

(三)破产法的宗旨:给诚实且不幸的债务人以全新开始

在西方破产制度发展史上,个人破产中的免责制度是为了换取债务人合作而设计的机制,[②]但它的出现推动破产法的理念从单一保护债权人利益到强调债务人救济与债权人保护并重的转变,破产法开始关注债务人固有的人格尊严和自身价值,在为债权人提供公平清偿的同时,也为债务人提供摆脱债务枷锁的机会,鼓励债务人实现经济重建,保障债务人的生存权和发展权,致力于平衡和维护多方利益。

在破产制度的发展过程中,认定适格破产债务人的法定条件随着时代的演变,尤其是围绕着债务人是否实施欺诈行为、是否如实披露债务财产、是否履行程序义务以及相关行为的法律后果,发展出一整套对债务人甄别、认定和追责的法律制度,但核心要求是“诚实”。比如,早期英国破产法要求债务人必须诚

① 参见[英]伊恩·拉姆齐:《21世纪个人破产法——美国和欧洲比较研究》,刘静译,法律出版社2021年版,第9页。

② 参见[英]伊恩·拉姆齐:《21世纪个人破产法——美国和欧洲比较研究》,刘静译,法律出版社2021年版,第11页。

实披露和全面上缴财产，否则将面临 3 个月监禁；[①]针对个人破产发展的新趋势，美国于 2005 年出台专门法案《破产滥用防止以及消费者保护法》，核心也是确保“诚信债务人”获得免责。

1934 年美国联邦最高法院审理本案时，首次在裁决中正式使用“诚实而不幸的债务人”这一概念，强调美国《破产法典》的主要宗旨之一是“将诚实债务人从沉重的债务负担中解脱出来，允许其摆脱商业不幸造成的责任和义务，从而获得全新开始”。本案不仅确立了破产案件中的附属或者从属案件的管辖权遵循原案管辖权的衡平法则，更重要的是指出了“全新开始”（fresh start）政策适用的基本条件：只适用于“诚实而不幸”的债务人，这一概念在此后的破产判例中被反复巩固重申。[②] 在 2005 年《破产滥用防止以及消费者保护法》通过后，法院对全新开始的政策进行了一些适用限制，希望确保债务人为债权人提供最大数额的清偿；但 2013 年美国联邦最高法院在 Bullock v. Bank Champaign[③] 案中重申，“通常只能在债务人存在明知且明显过错时，才能对全新开始政策予以限缩”，所以，至今美国破产法的首要目的仍被认为是“给诚实且不幸的债务人以全新开始”[④]。

---

① See The bankrupt law of America：compared with the bankrupt law of England，by Thomas Cooper，p. 359.

② Grogan v. Garner，498 U. S. 279，111 S. Ct. 654（1991）.

③ Bullock v. Bank Champaign，N. A.，568 U. S. 977，133 S. Ct. 526（2012）.

④ 《破产程序的基本常识》，载美国法院官网，https://www. uscourts. gov/services-forms/bankruptcy/bankruptcy-basics/process-bankruptcy-basics，最后访问日期：2023 年 4 月 22 日。

第六章

日本个人破产典型案例

—作者简介—

金春，日本京都大学法学博士，现任同志社大学法学院教授。东亚破产与重组协会创始理事/日方副秘书长。

本科毕业于中国人民大学法学院，毕业后曾在沈阳市中级人民法院经济庭工作，赴日留学获得日本京都大学法学硕士、博士学位。2015 年至 2017 年的两年间赴澳大利亚墨尔本大学法学院任访问学者，2018 年任新加坡国立大学法学院客座研究员。出版《日本倒产处理法入门》等译著。

专业和研究领域：破产法、仲裁法、民事诉讼法。精通语言：中文、日文、韩文。

—作者荐语—

本章选取了日本权威期刊《倒産判例百選（第 6 版）》（有斐阁・2021 年）中刊载的日本最高裁判所以及下级裁判所关于个人破产清算、个人再生程序的六个典型案例。这些案例的争议焦点包括个人破产中的豁免财产范围、免责制度与宪法上的财产权保护、免责许可要件、非免责债权、免责对当事人之间支付预定的影响，以及个人再生程序的简易性原则等当代国家个人破产制度中的重要问题，案例介绍与评析均对我国个人破产制度的构建和实践探索具有借鉴意义。本章的第一作者为金春，浙江省破产法学研究会理事刘子巍作为第二作者参与了本章写作。

— 第六章目录 —

CASE 01

案例 1

破产财团与豁免财产：基于名誉侵害的精神损害抚慰金请求权*

金　春（日本京都大学法学博士、同志社大学法学院教授）
刘子巍（浙江省破产法学研究会理事）

一、裁判要旨

基于名誉侵害的精神损害抚慰金请求权作为名誉这一被害人人格价值所遭到毁损时的救济方法，其制度目的在于使加害人对被害人所受的精神痛苦在可估计范围内支付金钱赔偿，该请求权的行使与否取决于被害人自身的意思，仅有被害人的起诉等明确行使请求权的意思但不足以确定具体金额时，因被害人仍可凭借自身判断选择是否坚持这种请求权，被害人的债权人不能将其查封扣押，或行使债权人代位权，故该请求权也不属于破产财团。但是，若加害人与被害人之间以债务名义成立等方式客观上确定了抚慰金请求权具体金额之时，或者被害人已死亡的场合下，结论则相反。

---

* 日本最高裁判所 1983 年（昭和五十八年）10 月 6 日第一小法庭判决，最高裁判所民事判例集 37 卷 8 号 1041 頁；[日]松下淳一、菱田雄郷編『倒産判例百選（第 6 版）』（有斐阁・2021 年）48－49 頁（上江洲純子）。

二、基本案情

A(原告、第二审被上诉人,在第二审阶段死亡)被指控利用职务之便收受贿赂,于1966年(昭和四十一年)10月18日被以加重受贿罪起诉,最终在1971年(昭和四十六年)3月25日被判无罪。但是,受到该刑事案件的负面影响,A的社会信用丧失,1971年(昭和四十六年)7月28日法院对A作出破产宣告裁定(现行日本《破产(清算)法》[①]第30条规定的"破产清算程序开始裁定")。

在破产清算程序中,A认为自己名誉受损完全归咎于公权力的滥用,遂于1973年(昭和四十八年)3月19日起诉要求Y(国家、被告、第二审上诉人、第三审被上诉人)支付2000万日元损害赔偿金。另外,在本案第一审审理过程中的1974年(昭和四十九年)11月28日,A的破产清算程序已经终结。

第一审认可了A的当事人适格,判令Y支付200万日元赔偿金。对此,Y提起上诉,在第二审审理过程中,A于1978年(昭和五十三年)12月14日死亡,其继承人X(诉讼继承人、第三审上诉人)承继参与该诉讼。

第二审[大阪高等裁判所1979年(昭和五十四年)3月30日裁定,判例时报941号51页]判决认为A提起的本案诉讼当事人不适格,故而驳回起诉。该判决理由认为,精神损害抚慰金请求权于损害发生的同时取得,与财产上请求权一样,属于单纯的金钱债权。不过,被害法益专属于被害人自身,精神损害抚慰金请求权的行使与否原则上取决于被害人的意思,其行使不应与被害人明示意思相违背,另外,一旦被害人有明确的不放弃行使的意思,那么,之后应认为无关其意思,客观上存在这样一种金钱债权。因而,破产人在被法院作出破产宣告裁定(现行日本《破产(清算)法》第30条规定的"破产清算程序开始裁定")前因遭受侵权侵害而引发的精神损害抚慰金请求权,在破产人有明确行使意思的场合下,当属破产财团,破产管理人对其有管理处分权。对此,X提起上诉(第三审)。

① 本法的日文原文为《破产法》,为明确本法的规制对象是法人或个人的破产清算,本书(日本个人破产典型案例部分)中翻译为日本《破产(清算)法》。

三、裁判理由

撤销原判,发回重审。

被害人因名誉受损而对加害人享有的精神损害抚慰金请求权,从以金钱支付为目的这一点上看,与一般的金钱债权并无二致。对于名誉这一被害人人格价值所遭到的毁损,作为一种损害救济方法,精神损害抚慰金请求权的目的是加害人对被害人所受精神痛苦在可估计范围内支付金钱赔偿,其制度本意并不在于获得财产价值本身,故请求权的行使与否,取决于被害人自身的意思。鉴于精神损害抚慰金请求权的这种性质,加上其具体金额也不是在请求权成立的同时就能查明,而是要综合考虑被害人所受精神痛苦的程度、主观情感与意愿、加害人态度等多种不确定要素进行判断,因此,仅有被害人明确行使上述请求权的意思,尚不足以确定具体金额,被害人仍可凭借自身判断选择是否坚持这种请求权,此时,应当认为,这一权利专属于其自身,被害人的债权人不能将其查封扣押,也不能行使债权人代位权。但是,若在加害人与被害人存在支付一定数额抚慰金的合意或者此种支付债务名义成立等,使当事人之间客观上确定了精神损害抚慰金请求权具体金额之时,该请求权的实现也只剩下加害人单方的现实履行,没有理由认为被害人一方具有对受领与否可以作出主动判断的权利。另外,被害人在此前阶段已死亡的情形,没有理由认为该请求权在继承人关系上仍具有自身专属性,此种场合下,该精神损害抚慰金请求权在原判决中被认为是独立于被害人主观意思而客观存在的金钱债权,作为被害人的债权人可以对此申请查封,也可以行使债权人代位权。

从本案来看,已故的 A 仅是以提起本诉讼的方式明确表达了行使精神损害抚慰金请求权的意思,如前所述,起诉时该权利的人身专属性还没有丧失,因此,其已被宣告破产裁定的情况下,不能认为本案当事人不适格。此外,本案中 A 在第二审审理过程中死亡,结局是,本案抚慰金请求权的人身专属性丧失。但是正如本案,“对于破产清算程序终结之后,抚慰金请求权在行使上的人身专属性才丧失的情形,不宜适用日本破产法第 283 条第 1 款后段(现行日本《破产(清算)法》第 215 条第 1 款后段[①])”,因此,该请求权不存在归属于破产财团的

① 日本《破产(清算)法》第 215 条第 1 款后段规定:分配额通知发出后,出现了新的可供分配财产时,破产管理人在征得法院许可后,应按照本条的规定对债权人进行分配。破产程序裁定终结后亦如此。

余地，本案中继承人 X 得以承继该请求权。

四、案例评析

（一）日本个人破产清算程序中的破产财团与豁免财产

围绕针对个人债务人的破产清算程序中破产财团之范围，存在固定主义和膨胀主义两种立法例。日本《破产（清算）法》第 34 条第 1 款规定，“破产人在破产程序开始裁定时拥有的一切财产，无论是否在日本国内，均构成破产财团”；该条第 2 款规定，“破产人基于破产程序裁定开始前的原因享有的将来请求权归属于破产财团”，此为固定主义的体现。在固定主义之下，基于破产清算程序开始裁定之后的原因产生的财产，包括个人债务人的收入等不构成破产财团，债务人自己可以使用，采用膨胀主义则结果相反。固定主义更有利于实现个人债务人经济生活的再生，对破产人更具亲和性，日本立法者又关注到债务人的负债范围以破产清算程序开始裁定的时点为准，为与之平衡采用了固定主义。[①] 不过，无论是采用固定主义还是膨胀主义，在破产财团中不应包括债务人生活或工作所需的必要财产。对此，日本《破产（清算）法》第 34 条第 3 款、第 4 款规定了豁免财产制度，即《民事执行法》中规定的禁止查封扣押的财产（对于不可查封的现金，可保留 1.5 倍）以及破产清算程序开始裁定后 1 个月内由法院在综合考虑破产人的现实经济状况、预计收入水平等因素之后，依职权或依申请扩大的财产属于豁免财产，不作为破产财团。可以看出，日本的豁免财产的制度设计贯彻与执行和制度契合但又适当宽待的理念，既保障债务人最低生活又不忽略债务人经济和生活上的东山再起和创新创业的需求。

（二）本案的争议焦点

本案的争议焦点是破产清算程序开始时个人破产人享有的基于名誉侵害的精神损害抚慰金请求权是属于破产财团还是豁免财产。本案具体案情是：破产人（被害人）在破产清算程序开始后提起名誉侵害引起的精神损害抚慰金请求权之诉（本案第一审），但在本案第一审审理过程中破产清算程序已终结，且本案第二审审理过程中被害人死亡。最终，本案第三审判决认定由继承人承继该请求权，该请求权并不属于破产财团。

---

① ［日］山本和彦：《日本倒产处理法入门》，金春等译，法律出版社 2016 年版，第 60 页。

对于本案的争议焦点，在日本，无论是《民事执行法》还是《破产（清算）法》均对此没有作出明文规定。本案中，一方面，精神损害抚慰金请求权于损害发生的同时取得，与财产上请求权一样属于单纯的金钱债权，并且本案名誉侵害和损害事实发生在破产程序开始前，按理，该精神损害抚慰金请求权作为破产程序开始前发生的财产权，属于破产财团（《破产（清算）法》第34条第2款）。另一方面，一般认为，正如禁止查封扣押的财产，在权利归属上或者权利行使上具有人身专属性的请求权不能成为债权人查封扣押和民事执行的对象，属于豁免财产，不属于破产财团（参见《破产（清算）法》第34条第3款第2项）。那么，精神损害抚慰金请求权是否具有人身专属性？

（三）精神损害抚慰金请求权的人身专属性

在涉及生命侵害的精神损害抚慰金请求权的案例中，日本最高裁判所大法庭1967年（昭和四十二年）11月1日判决（民集21卷9号2249页）认为精神损害抚慰金请求权属于金钱债权，当然是继承的对象，较早地否定了精神损害抚慰金请求权在归属上具有人身专属性。日本的通说认为，该最高裁判所判例的射程不仅包括生命损害，还包括身体损害、名誉侵害引起的精神损害抚慰金请求权。

既然没有归属上的专属性，延伸下来的问题就是，精神损害抚慰金请求权是否具备行使上的人身专属性？即使具备，在一定情形下会否丧失其专属性？

本案判决指出，名誉侵害是“对名誉这一被害人人格价值所遭到的毁损，作为一种损害救济方法，其精神损害抚慰金请求权的目的是加害人对被害人所受精神痛苦在可估计范围内支付金钱赔偿，其制度本意并不在于获得财产价值本身，故请求权的行使与否，取决于被害人自身的意思”，从而认可了名誉侵害引起的精神损害抚慰金请求权具有行使上的人身专属性，故在金额确定前，被害人的债权人不能将其查封扣押或行使债权人代位权，该请求权也不属于破产财团。

日本的学说普遍认为，精神损害抚慰金的被保护法益是具有个人主观色彩的精神痛苦，虽然是金钱债权，但其目的是对被害人所受精神痛苦进行赔偿，具有很强的行使上的人身专属性，故不属于查封扣押的对象和破产财团。何况本案涉及的精神损害抚慰金请求权基础是名誉侵害，对名誉这一被害人人格价值所遭到的毁损，除了金钱赔偿，原状恢复（日本《民法》第723条）也能作为一种损害救济方法,应当认为该请求权具有更强的人身专属性。[①]

(四)精神损害抚慰金请求权与行使上人身专属性的丧失

本案判决和通说的上述观点不适用于在破产清算程序开始前精神损害赔偿金请求权已经获得履行并进入债务人财产的情况,当请求权债权已经变现为金钱进入债务人财产时已经失去专属性,应作为全体债权人的责任财产。

日本的通说进一步地认为,当权利人自愿行使精神损害抚慰金请求权时,行使上的人身专属性也丧失,该请求权应作为债权人查封扣押或行使债权人代位权。[②] 本判决的意义在于认可了名誉侵害引起的精神损害抚慰金请求权具有行使上的人身专属性之后,进一步明确了丧失这种人身专属性的具体时点,指出,"仅仅在被害人提起诉讼等明确行使名誉侵害请求权的意思时,尚未丧失人身专属性,只有当被害人在此基础上与加害人达成合意或债务名义成立,使具体金额得以确定,人身专属性才会丧失,被害人死亡也是丧失事由之一"。

不过,关于这一点,部分日本学者提出了批评。在这些学者看来,按照本案判决的立场,精神损害抚慰金的财产最终归属取决于债务名义等是否能在破产清算程序终结时已经成立,带有偶然因素和不确定性。[③] 当然,对于破产清算程序终结之后精神损害抚慰金请求权在行使上的人身专属性丧失时不适用追加分配的本案判决的最后部分,在学者看来也是有争议的(按照本案前半部分的逻辑,应当追加分配)。[④] 不过,持批评意见的学者们真正关注的是,精神损害抚慰金请求权的基础是债务人的精神损害,债权人对其原本就不具有责任财产的期待性。[⑤] 其中,伊藤真教授特别强调,对于个人的生命或身体损害、名誉侵害引起的精神损害抚慰金请求权不论金额确定与否,均不能归入破产财团。根据伊藤教授的观点,精神损害抚慰金请求权无论是在破产程序开始后终结前以达成合意或债务名义成立等方式确定金额的,还是在破产清算程序开始之前确定金额的,均无法归入破产财团。对于破产清算程序开始前精神损害赔偿金请求

① [日]松下淳一、菱田雄郷編『倒産判例百選(第6版)』(有斐阁·2021年)49頁(上江洲純子)。
② [日]松下淳一、菱田雄郷編『倒産判例百選(第6版)』(有斐阁·2021年)49頁(上江洲純子)。
③ [日]伊藤眞ほか『条解破産法(第3版)』(弘文堂·2020)320頁。
④ [日]福永有利「破産者の慰藉料請求権と破産管財人の処分権——最高裁第1小法廷昭和58年10月6日判決」ジュリスト807号54頁。
⑤ [日]伊藤眞『破産法·民事再生法(第5版)』(有斐閣·2022年)268頁。

权已经获得履行的情况,也根据是否独立保管金额来具体判断。①

(五)对中国破产法的意义

中国个人破产立法理论倾向于采用破产财团的膨胀主义。比如,《深圳经济特区个人破产条例》第 32 条规定,人民法院裁定受理破产申请时属于债务人的财产和依照本条例裁定免除未清偿债务之前债务人所取得的财产,为债务人财产,第 33 条对此作出补充和细化。即使在膨胀主义机制下,破产财团和豁免财产的范围界定仍是个人破产制度建构中的重要问题之一。关于这一点,《深圳经济特区个人破产条例》第 36 条第 1 款规定豁免财产的范围包括:(1)债务人及其所扶养人生活、学习、医疗的必需品和合理费用;(2)因债务人职业发展需要必须保留的物品和合理费用;(3)对债务人有特殊纪念意义的物品;(4)没有现金价值的人身保险;(5)勋章或者其他表彰荣誉的物品;(6)专属于债务人的人身损害赔偿金、社会保险金以及最低生活保障金;(7)根据法律规定或者基于公序良俗不应当用于清偿债务的其他财产。上述第 6 项规定的"专属于债务人的人身损害赔偿金"应理解为包含基于人身损害的精神损害抚慰金请求权,但该条未规定名誉侵害引起的精神抚慰请求权的财产权归属问题,事实上,离婚引起的精神损害抚慰金请求权也具有一定的共性。即便是针对该第 6 项规定的因人身损害引起的精神抚慰赔偿金,在破产程序启动前人身损害赔偿金已经获得履行落入破产财产的情况下,或者在破产程序开始前或之后赔偿金额已经确定、被害人已经死亡的情形下,请求权应否落入该第 6 项中的"专属性"要件,在解释论上仍有充分讨论空间。因为根据前文分析,本案判决波及的射程并不局限于基于名誉侵害的精神损害抚慰金请求权。本案判决对中国法语境下的相关理论和实践具有重要的参考意义。

① [日]伊藤眞ほか『条解破産法(第 3 版)』(弘文堂・2020)320 頁。

CASE 02

案例 2

关于免责的合宪性：免责与宪法上的财产保护权*

金　春（日本京都大学法学博士、同志社大学法学院教授）
刘子巍（浙江省破产法学研究会理事）

一、裁判要旨

日本《破产(清算)法》上的免责制度的目的在于确保诚信破产人再生,使其获得有人格尊严的基本生活,如果免责不被认可,可能会发生最坏的情形,反过来会损害债权人利益。从法律意旨来看,免责许可适用于诚信破产人,一些特殊债权也不作为免责对象。应当认为,免责规定是为了公共福祉,在宪法许可的范围内对财产权进行的必要且合理的限制,并不违反日本《宪法》第 29 条财产权保护的规定。

二、基本案情

法院对个人债务人 A 作出免责许可裁定后,破产债权人 X 等人(第二审上诉人)以 A 存在违反说明义务、提交虚假的债权人名册和未制作会计账册的免责不许可事由为由(旧

* 日本最高裁判所 1961 年(昭和三十六年)12 月 13 日大法庭裁定,最高裁判所民事判例集 15 卷 11 号 2803 頁;[日]松下淳一、菱田雄郷編『倒産判例百選(第 6 版)』(有斐阁·2021 年)170－171 頁(酒井一)。

《破产(清算)法》第366条之9第3项、第5项;现行《破产(清算)法》第252条第1款第1项、第7项)提出上诉,但第二审裁定[横滨地方裁判所1960年(昭和三十五年)6月24日裁定,民集15卷11号2080页]认为A不存在免责不许可事由,驳回了上诉。对此,X等人认为,本案免责对债权人的财产权造成侵害,不符合公共福祉,且未进行正当补偿的做法违反了日本《宪法》第29条关于财产权保护的规定,故而向最高裁判所对第二审裁定提起特别上诉。

三、裁判理由

驳回(特别)上诉。

日本《破产(清算)法》上的破产人免责作为一项针对诚信破产人的特殊优待,是指在破产(清算)程序中,就破产财团无法清偿的债务(除一些特定债务外),免除破产人责任。设立这一制度的目的在于:若破产(清算)程序终结后破产债权的无限追责得以认可,破产人的经济再生将变得比较困难,甚至引发生活陷入绝境,因而为了诚信破产人的再生,有必要阻断债权人的这一追责所造成的障碍。

根据日本旧《破产(清算)法》第366条之9的规定,债务人存在欺诈破产罪、过失破产罪或者该条列举的其他不诚信行为时,法院可以作出不许可免责的裁定。从这一法律意旨来看,免责许可应适用于诚信破产人。并且,根据日本旧《破产(清算)法》第366条之12,租税、雇员工资以及该条列举的其他特殊债权,因不宜对其豁免,只有除此之外的其他普通破产债权才作为免责对象。这些规定均旨在对免责的效力范围作出合理限制。

显然,一方面,免除破产人对普通破产债权的责任,构成对债权人的一种不利待遇;另一方面,确保上述的破产人再生,使其获得具有人格尊严的基本生活的权利是必要的。进而,如果免责不被认可,债务人的资产状况恶化通常会被隐藏,甚至会发生最坏的结果,反过来会出现不少损害债权人利益的情形。由上观之,应当认为,免责规定是为了公共福祉,在宪法许可的范围内对财产权进行的必要且合理的限制。因此,前述免责规定并不违反日本《宪法》第29条规定,对上诉人的主张不予采纳。

另外,池田克、垂水克己、奥野健一、山田作之助法官的补充意见如下:法庭多数意见认为《破产(清算)法》的免责制度是以给予诚信破产人东山再起的机会,从而使其获得再生为目的的观点是正确的。此外,免责使得债权人的一部分债权被免除,难免引发对侵害财产权的疑问。但是,由免责而受侵害的债权由于债务人无清偿能力,至少在当时看来,缺乏实质上的价值,因此债权人的牺牲并不大。概言之,首先需要给破产人以再生的机会,加之债权人所受相对较小的牺牲,基于双方情况的平衡,才能肯定破产人免责制度的合理性。这是因为,即便是以实现诚信破产人的再生为目的,仅以此为理由并不能称为公共福祉,也不能要求债权人为了债务人不论付出多大牺牲都在所不问。最终还要考虑两者的利益平衡后,如果能够得出给债权人仅带来微小程度的不利,才能够认为从公共福祉角度作出不得已的限制是被允许的。

四、案例评析

(一)日本的个人破产免责制度

个人破产免责是在破产程序中债务人依照程序对债权人履行清偿义务之后,免除其尚未清偿的剩余债务责任的制度。比如,日本《破产(清算)法》在第253条第1项(旧《破产(清算)法》第366条之12)对免责效力作出规定,"免责许可裁定生效后,除依破产程序实行的分配外,破产人对破产债权人的债务全部免除责任。但以下请求权除外"。日本最初的1927年《破产(清算)法》继受了德国法,并未规定免责制度,但在1952年参照美国法制定《公司更生法》之际,受债务人再生的理念之影响,在旧《破产(清算)法》中引进了就未能清偿的剩余债权对债务人予以豁免的免责制度。[①] 日本现行的2004年《破产(清算)法》承继了这一免责制度,在第248条以下对免责申请和审理、免责不许可事由、非免责债权、免责效力、免责撤销、复权、欺诈破产罪等事项作出了详细的规定。[②]

(二)本案的争议焦点——免责与宪法上的财产保护权

本案的争议焦点是《破产(清算)法》上的个人免责制度是否违反宪法上的财产权保护。

从破产债权人的角度来看,免责制度通过司法裁判剥夺其实体上或程序上

① [日]山本和彦:《日本倒产处理法入门》,金春等译,法律出版社2016年版,第110-111页。
② [日]山本和彦:《日本倒产处理法入门》,金春等译,法律出版社2016年版,第112页以下。

的利益,从而导致债权人财产权受损的结果,这有可能与日本宪法上的财产权保护的规定相抵触。日本《宪法》第29条第1款规定"财产权不可侵犯",第2款规定"只有当符合公共福祉时,法律可以规定财产权的变更"。

债权人的破产债权属于一种财产权。尽管对免责的效力上存在自然债务说和债务消灭说的争论(参见本书日本个人破产典型案例5),破产债权的内容因免责制度而发生了变更效力,那么这种变更是否符合日本《宪法》第29条第2款规定的公共福祉?只有当个人免责制度对财产权的限制符合公共福祉,才不违反宪法规定的财产权保护。本案裁判后,日本最高裁判所2003年(平成十五年)4月18日判决(民集57卷4号366页)指出,应综合考量对财产权进行限制的目的、必要性、内容、被限制财产的种类及性质、限制程度等,来判断对财产权的限制是否符合公共福祉。① 一般认为,这种财产权的限制应限定在为实现某种目的而必要且合理的范围之内,本案的判断焦点放在了免责制度是否具备这种目的性以及范围或程度上的合理性。②

(三)免责制度的目的

一般而言,破产程序开始后,除法律另有规定外,破产债权非依破产程序不得行使(日本《破产(清算)法》第100条第1款),债权人不得对破产财团实施强制执行或提起给付之诉(第42条),也不能从破产财团获得任意清偿。但是,这些规定仅适用于破产程序存续期间,一旦破产程序终结后不再适用。此时,假设没有免责制度,没有第253条第1项"除依破产程序实行的分配外,破产人对破产债权人的债务全部免除责任"之类的规定,破产人将面临债权人的无限追责,难以实现经济再生,生活甚至可能会陷入绝境。③ 因此,本案裁定认为设立免责制度的主要目的在于确保破产人再生,使其获得具有人格尊严的基本生活的权利。

日本《破产(清算)法》在第1条明确,"本法的立法目的在于适当调整债权人及其他利害关系人之间的利害关系,债务人与债权人之间的权利关系,从而实现对债务人财产等的公平适当的清算,确保债务人获得经济生活的再生的机

---

① [日]松下淳一、菱田雄郷編『倒産判例百選(第6版)』(有斐阁·2021年)170-171頁(酒井一)。

② [日]伊藤眞、松下淳一編『倒産判例百選(第5版)』(有斐阁·2013年)167頁(伊藤眞)。

③ [日]松下淳一、菱田雄郷編『倒産判例百選(第6版)』(有斐阁·2021年)171頁(酒井一)。

会”。破产清算程序对法人债务人产生法人格消灭的效果,因此该条最后一段中的“债务人再生”实际上是指个人债务人的再生。[①] 为了实现个人债务人的再生,日本《破产(清算)法》还规定了破产财团的固定主义以及豁免财产等制度(参见本书日本个人破产典型案例 1),但免责制度才是其核心制度。

(四)免责的要件和范围等

从免责制度的具体内容来看,日本《破产(清算)法》对免责的赋予并不是无条件或者绝对的,而是通过一些制度对免责效力范围作出合理的限制。首先,为防止滥用和维护债权人利益,免责通常要求具备法定要件,并限定在一定类型的债权范围。具体而言,当债务人在破产程序启动前存在欺诈性、不守信行为或在破产程序期间有不履行法定义务、妨害职务、提供虚假债权人名册、短期内重复申请免责等免责许可事由的,法院不予免责(参见本书日本个人破产典型案例 3)。这主要是为了检验债务人是否属于“诚信而不幸”(honest but unfortunate)。

其次,即使获得免责,对一些保护性较强的债务,比如税收、工资、涉及人身侵权行为所生债务、抚养费和扶养费债务,作为非免责债权,不能免责债务(第 253 条第 1 款)(参见本书日本个人破产典型案例 4)。

结合这些规定,本案中,日本最高裁判所裁定认为,免责规定是为了公共福祉,在宪法许可范围内对财产权进行的必要且合理的限制,并不违反日本《宪法》第 29 条规定,本案裁定普遍获得日本学者的支持。[②]

此外,日本法对破产债权人的程序保障也作出了相应规定。比如,在判断是否许可免责的审理过程中,破产债权人有权陈述意见(日本《破产(清算)法》第 251 条),对免责许可裁定有权提起上诉(第 252 条第 5 款)。

(五)债权人的损失程度——清算价值保障原则的意义

值得关注的是,本案裁定中四位法官提出补充意见认为,“即便是以实现诚信破产人的再生为目的,仅以此为理由并不能称为公共福祉,也不能要求债权人为了债务人不论付出多大牺牲都在所不问”。“由免责而受侵害的债权由于

---

① [日]山本和彦:《日本倒产处理法入门》,金春等译,法律出版社 2016 年版,第 112 页。

② [日]山本克己編著『破産法・民事再生法概論』(商事法務,2012 年)21 頁;[日]伊藤眞ほか『条解破産法(第 3 版)』(弘文堂・2020)1668 頁。

债务人无清偿能力,至少在当时看来,缺乏实质上的价值,因此债权人的牺牲并不大。概言之,首先需要给破产人以再生的机会,加之债权人所受相对较小的牺牲,基于双方情况的平衡,才能肯定破产人免责制度的合理性。"

在补充意见看来,对财产的限制程度也是判断是否违反财产权的重要因素之一。破产债权人的财产权大小应当以其实质价值来评估,而不能只看账面价值。债权人通过参与破产清算程序实现破产债权的实质价值,这里的实质价值其实是指清算价值,[①]显然,债权人因免责所受的财产权损失是微小的。本案裁定之后的日本最高裁判所 1970 年(昭和四十五年)12 月 16 日裁定(民集 24 卷 13 号 2099 页)认为,"(日本)公司更生法具有维持和重整公司营业的目的,重整计划的表决、批准等必须在法院监督之下适用严谨的法定程序,法律对重整计划作出了周到且合理的规定",故重整计划对权利的变更,不违反日本《宪法》第 29 条规定的财产权保护。日本学者普遍认为,清算价值保障原则(最佳利益原则)是重整计划批准的核心要件,正因为债权人的实质价值在重整程序中获得了最低保障,权利变更才不构成对宪法上财产保护的侵害。[②]

(六)对中国破产法的借鉴意义

个人破产制度不仅是对债务人财产债务关系的清算,也力图实现破产人的东山再起,免责制度无疑是个人破产制度的精髓。一方面,《深圳经济特区个人破产条例》第七章第三节规定了免责考察制度,第 97 条和第 98 条分别对非免责债权和免责不许可事由作出详细规定。另一方面,我国《宪法》第 13 条第 1 款、第 2 款规定:"公民的合法的私有财产不受侵犯。国家依照法律规定保护公民的私有财产权和继承权。"我国未来的个人破产制度在建构免责制度之际要充分考量免责与宪法上财产权保护之间的平衡,具体落脚到引进合理的非免责债权制度、免责不许可事由、债权人的程序保障等,最终实现破产人再生与债权人利益保护的平衡。

---

① [日]松下淳一、菱田雄郷編『倒産判例百選(第 6 版)』(有斐阁・2021 年)171 頁(酒井一)。

② [日]山本克己編著『破産法・民事再生法概論』(商事法務,2012 年)22 頁;金春「倒産法の魅力・学ぶ意義」法学セミナー 804 号(2022 年)54 頁。

CASE 03

案例 3

免责不许可事由中的“浪费”以及裁量免责 *

金　春（日本京都大学法学博士、同志社大学法学院教授）
刘子巍（浙江省破产法学研究会理事）

一、裁判要旨

债务人为清偿债务而实施与其收入等不相符的借款并进行股权投资导致负担过重债务，属于免责不许可事由之“浪费”；在存在免责不许可事由的情况下，综合考虑股权投资的当时经济环境、股价暴跌、破产人的偿债态度、家族状况等情况，予以裁量许可免责。

二、基本案情

X（上诉人）在购买自家公寓之际向其就职的银行借入住房贷款，并将其余额用作股权投资的原始资金。但是，由于负责其股权投资的投资顾问公司破产，X 负担了约 2000 万日元的住房贷款债务和从亲戚处借款 1000 万日元的债务。之后，迫于来自亲戚的还款压力，X 又向三家金融机构借入 720 万日元。X 考虑通过股权投资来偿还对金融机构

* 日本东京高等裁判所 1996 年（平成八年）2 月 7 日裁定，判例时报 1563 号 114 页；[日]松下淳一、菱田雄郷編『倒産判例百選（第 6 版）』（有斐阁 · 2021 年）174 – 175 頁（芳賀雅顯）。

的负债,于是又从其他四家金融机构借入3650万日元用于股权投资。但是,由于股价暴跌,X遭受了重大损失。后来,X辞职,打算从事智库工作,但并不顺利。为此,X将自家公寓出售所得5730万日元用于清偿债务,但仍有约23名债权人(债权总额约2151万日元)未能得到足额清偿。

X申请免责,但第一审认为X存在“免责不许可事由之浪费”,对其申请裁定不予支持。对此,X认为,其实施股权投资前的债务规模约3000万日元,股权投资后的最终债务规模约为2000万日元,因此不能说是“浪费”,故而X提起上诉。

三、裁判理由

撤销原裁定,许可免责(定案)。

第一,关于浪费行为。X因投资顾问公司破产而丧失了股权投资的可得利益,在已经负担大约3000万日元债务的情况下,为了清偿这一债务,于1987年(昭和六十二年)再次开始股权投资,不顾其作为银行职员的工资收入是否能够切实清偿债务,借入了与当时X的财产状况不相适应的多达3650万日元的借款,其中大部分用于再度开展股权投资,其结果负担了过重的债务,这种行为属于日本旧《破产(清算)法》第375条第1项(现行日本《破产(清算)法》第252条第1款第4项)规定的“浪费”。

第二,关于裁量免责许可事由。(1)X为了清偿债务而实施股权投资,这并非切实有效的偿债手段,但在当时所谓“泡沫经济”的旋涡中,像X这样的股权投资行为也情有可原;(2)X的股权投资失败,1990年(平成二年)的股价暴跌是直接原因,不能将其完全归咎于X;(3)X将退休金用于清偿债务,除此之外,将自家公寓出售价款用于清偿债务,X为了归还债务而付出了真诚的努力;(4)在给予援助的X父亲死亡、X与妻子离婚后,X可以从亲戚等渠道获取的经济援助日渐稀少,且还要赡养有严重身体残障的母亲。

综合考虑以上情形,认可X的免责有利于实现X的经济再生。

四、案例评析

(一)日本个人破产程序中的免责制度与免责不许可事由、裁量免责

日本《破产(清算)法》在第248条以下对免责申请和审理、免责不许可事

由、非免责债权,免责效力、免责撤销、复权、欺诈破产罪等事项作出了详细的规定。①

免责制度的主要目的在于确保破产人的经济再生(参见现行日本《破产(清算)法》第1条、本书日本个人破产典型案例1)。但是,为避免免责的滥用、维护债权人利益,赋予免责通常要求具备法定要件。

日本采用的是免责许可制。债务人提出免责申请后,法院经审理认为债务人不具备特定事由即免责不许可事由时,可以作出免责裁定(日本《破产(清算)法》第252条第1款)。当事人自己申请破产清算的,只要债务人没有反对意见,视为同时申请免责(日本《破产(清算)法》第248条第4款)。东京地方法院的实践中,自受理破产之日起大约4个月内获得免责裁定的例子较为普遍。② 现行日本《破产(清算)法》第252条第1款规定的作为免责不许可事由罗列的破产人行为有以下11项:(1)以损害债权人利益为目的,对属于或应纳入破产财团所属财产,进行隐匿、损坏、对债权人不利处分和其他不当减少价值的行为;(2)为推迟破产程序的开始,以显著不利条件负担债务,或依信用交易购买商品后对之进行显著不利处分的行为;(3)为给特定债权人特别利益或者为侵害其他债权人利益,对该特定债权人的债务实施了提供担保或债务消灭的行为,并且该行为不属于债务人的义务行为或者其方法或时期不属于债务人的义务行为;(4)因浪费、赌博或其他射幸行为导致财产显著减少或承担过大债务;(5)于破产程序开始申请前一年,至破产程序开始裁定之日,不顾有破产程序开始原因之事实,为使人相信无该事实,使用欺诈手段而基于信用交易取得了财产;(6)隐匿、伪造、变造、销毁有关业务及财产状况的账簿、书类及其他物件;(7)提供虚假的债权人名册(包括根据第248条第5款规定视为债权人名册的债权人一览表);(8)在法院的破产程序中的调查中,拒绝履行说明义务,或作虚假说明;(9)以不正当手段妨碍破产管理人、保全管理人、破产管理人代理人、保全管理人代理人执行职务;(10)在相应规定之日起7年内提起免责许可的申请;(11)违反财产公示义务等或法律规定的其他义务之人。

---

① [日]山本和彦:《日本倒产处理法入门》,金春等译,法律出版社2016年版,第110页以下。

② [日]鈴木義和「少額管財手続」(高木新二郎=伊藤眞編集代表)『講座 倒産の法システム第2巻—清算型倒産処理手続・個人再生手続』(日本評論社,2010年)186頁;金春:《个人破产立法与企业经营者保证责任问题研究》,载《南大法学》2020年第2期。

值得关注的是,日本《破产(清算)法》第 252 条第 2 款对裁量免责也作出规定,"即使存在前款规定之任一情形,只要法院酌情考虑至破产程序开始裁定的经过及其他一切情况,认为应当许可免责的,也可许可免责"。关于如何把握免责的理念,在日本存在不同的观点。一种观点认为,免责是对协助进行破产程序的诚实破产人赋予的特别恩典(特典说),按照这一观点,赋予免责的应是较为特殊的案件,应严格地控制免责许可。另一种观点认为,对于经济活动中失败的不幸债务人,应当通过免责赋予其经济上再生的机会(再生手段说),按照这一观点,免责的赋予应更普遍。[①] 再生手段说已为日本理论界和实务界普遍接受,实践中,即便存在免责不许可事由,如果情节轻微,日本法院依裁量权认可免责的案例并不鲜见。[②] 鉴于此,日本《破产(清算)法》于 2004 年立法之际在第 252 条第 2 款新设了裁量免责制度。

(二)本案的争议焦点:免责不许可事由之"浪费"

本案的争议焦点是债务人为清偿债务而实施与其收入等不相符的借款并进行股权投资是否属于日本《破产(清算)法》第 252 条第 1 款第 4 项(因浪费、赌博或其他射幸行为导致财产显著减少或承担过大债务)规定中的免责不许可事由之"浪费";如果认定为本项规定的"浪费",能否依据第 2 款规定裁量免责?

(三)"浪费"的判断标准

日本《破产(清算)法》第 252 条第 1 款第 4 项规定中的"浪费"是破产人不诚信的典型表现。这里的"浪费"并不是指超出必要和紧急范围内的支出,而是指支出程度偏离普世价值容忍之范围,并且,还要衡量该支出行为是否导致了债务人责任财产显著减少或承担债务过大,使债权人利益受损。[③]

关于这一"浪费"的判断标准,日本学界有观点认为应该设立一个客观基准进行判断。[④] 但是,这种方式过于僵化,难以考量社会状况的变化以及破产人的个别状况。日本近年来的主流学说和实务认为"浪费"是一个基于相对性标准的评价概念,应当结合破产人所处的社会地位、经济地位,综合评判该支出等行

① [日]山本和彦:《日本倒产处理法入门》,金春等译,法律出版社 2016 年版,第 111 页;[日]伊藤眞、松下淳一、山本和彦編『新破産法の基本構造と実務』JURIST 増刊(2007 年)512 頁。

② [日]松下淳一、菱田雄郷編『倒産判例百選(第 6 版)』(有斐阁・2021 年)175 頁(芳賀雅顯)。

③ [日]伊藤眞『破産法・民事再生法(第 5 版)』(有斐閣・2022 年)797 頁。

④ [日]道下徹「サラ金債務者の自己破産の現状と問題点」自由と正義 34 巻 10 号 36 頁。

为是否过度。[①] 具体而言，基于破产人的财产、收入、社会地位、生活环境，对破产人的金钱支出或财产处分行为的用途、目的、动机、金额、时期、生活环境、社会接受度等进行综合判断。[②]

本案裁定认为，X在已经负担大约3000万日元债务的情况下，不顾是否找到一条与银行职员收入相匹配的切实可行的偿债方式，而是再次借入3650万日元用于股权投资，导致负担过重债务，其行为属于日本《破产（清算）法》第252条第1款第4项规定中的“浪费”，不予许可免责。可以看出，本案中法院基于破产人的负债、收入等具体状况对“股权投资”行为是否属于浪费作出了判断，遵循了主流学者和实务的立场。

此外，在日本的实践中，法人与法定代表人等同时进入破产清算程序的场景并不少见。在法定代表人等的个人破产清算程序中，债权人往往主张法定代表人等对法人财产实施的浪费构成免责不许可事由之“浪费”。对此，有观点认为，除非法定代表人等为自身的利益实施了法人财产的浪费并导致法人对代表人等的损害赔偿请求，否则无法认定前述情况为免责不许可事由之“浪费”。[③]

（四）裁量免责的判断标准

现行日本《破产（清算）法》第252条第2款规定的裁量免责将“破产程序开始裁定前的经过以及其他一切情况”作为判断要素。

实践中，裁量免责的判断要素包括以下几点：（1）破产人方面的情况；（2）债权人方面的情况；（3）社会政策方面的视角。具体还可分为，破产程序开始裁定前的情况和之后的情况、破产人对管理人和法院调查的协助态度、免责许可裁定作出后有可能对债务人今后生活带来的影响等。[④]

本案裁定主要审查了破产人方面的情况要素。具体而言，法院认为，从当时的社会背景来看，从事本案股权投资不是毫无道理，股权投资失败与股价暴跌也有关，不能完全归咎于破产人，且破产人有在积极努力地偿还债务，在没有外部财务援助的情况下，还要赡养生母等，最终认可了裁量免责。

---

① ［日］竹下守夫等编『大コンメンタール破産法』（青林書院・2009年）1080頁。

② ［日］伊藤眞ほか『条解破産法（第3版）』（弘文堂・2020）1720頁、1732頁以下。

③ ［日］伊藤眞『破産法・民事再生法（第5版）』（有斐閣・2022年）797頁。

④ ［日］伊藤眞ほか『条解破産法（第3版）』（弘文堂・2020）1733頁；［日］松下淳一、菱田雄郷編『倒産判例百選（第6版）』（有斐阁・2021年）174－175頁（芳賀雅顯）。

目前,鉴于再生手段说的理念和裁量免责制度引进的背景,日本实务界对裁量免责的适用渐显宽容的趋势。能否客观且充分地收集相关信息和资料,将成为验证这一趋势正当与否的重要因素之一。

(五)对中国破产法的意义

"浪费"是采用许可免责主义的域外破产法普遍认可的免责不许可事由之一。《深圳经济特区个人破产条例》第98条第3项规定,"债务人存在下列情形之一的,不得免除未清偿债务:……(三)因奢侈消费、赌博等行为承担重大债务或者引起财产显著减少"。从本案裁定也可以看出,"浪费"是一种基于相对标准的评价规范,难以建立客观的判断标准,应当结合破产人的各种情况综合评判。这种评判也会取决于中国对免责制度目的的解读及对免责宽严的立法政策选择。本案裁定对中国法语境下的破产免责不许可事由之一的"浪费"的具体判断标准有参考价值。

CASE 04

案例 4

债务人明知不能清偿而使用信用卡购买商品行为与非免责债权*

金 春（日本京都大学法学博士、同志社大学法学院教授）
刘子巍（浙江省破产法学研究会理事）

一、裁判要旨

债务人利用信用卡购买商品时，该信用卡债务将陷入无法清偿的事实非常明显，并且债务人对此明知的情形下，利用信用卡购买商品的该行为属于侵权行为，产生的债权属于非免责债权。

二、基本案情

1952 年（昭和二十七年）出生的女子 Y（被告、第二审上诉人、第三审上诉人），在 1986 年（昭和六十一年）离婚后，直到 1988 年（昭和六十三年），仅依靠母亲每月 20 万日元的援助和自己绘制插图所得收入为生，在母亲停止援助后，搬入月租金约 3 万日元的公寓，以绘制插图所得收入和银行等渠道所获得的借款为生。1990 年（平成二年），由于支付迟延，

* 日本最高裁判所 2000 年（平成十二年）1 月 28 日判决，金融 · 商事判例 1093 号 15 页；[日]松下淳一、菱田雄郷編『倒産判例百選（第 6 版）』（有斐阁 · 2021 年）178 – 179 頁（北村賢哲）。

Y 向信用卡公司 A 归还了信用卡。1993 年(平成五年)10 月,在朋友介绍下,Y 开始从事人身保险推销员工作,但 Y 每月的实际纯收入仅停留在 13 万日元左右。然而,Y 当时的债务规模(11 家债权人)共计约 290 万日元,每月的还款额度约为 12 万日元,1991 年(平成三年)以来的国民健康保险金也已迟延缴纳。在这种情况下,1993 年(平成五年)11 月 19 日,Y 向信用卡公司 X(原告、第二审被上诉人、第三审被上诉人)提出了申领信用卡(以下简称本案信用卡)的申请,同日缔结了合同,但此时,Y 在申请书中仅披露了对 B 银行的 50 万日元负债。

自本案信用卡发行之日至 1994 年(平成六年)4 月,Y 用本案信用卡购买了名牌的泳衣和泳镜等,合计消费 20 万日元,X 代为垫付该款项。到同年 3 月为止,按照"分期定额付款"的方式,Y 每月对 X 偿还 1 万日元,但同年 4 月以来,在律师的建议下,Y 停止向全体债权人进行任何清偿。同年 6 月 7 日,Y 申请破产清算,8 月辞去了保险推销员工作,9 月开始从事电报相关的工作。同年 11 月 7 日,法院作出了破产宣告并同时终止破产程序的裁定[日本旧《破产(清算)法》第 145 条第 1 款,现行日本《破产(清算)法》第 216 条第 1 款],[①]同年 12 月 22 日,X 取得了本案信用卡还款纠纷的胜诉判决。X 对 Y 的免责申请并没有提出异议,到 1995 年(平成七年)7 月 4 日 Y 获得法院的许可免责裁定为止,X 对 Y 的工资债权进行查封扣押,仅取得 18 万日元的清偿。

在此之后,X 认为,Y 不顾自己丧失清偿能力的事实而申领本案信用卡、让 X 代为垫付 Y 购买商品的款项属于侵权行为,X 针对从前述商品垫付款项和手续费扣除已获清偿部分向 Y 提起损害赔偿诉讼。

三、裁判理由

驳回上诉。

第一审判决认为,Y 利用本案信用卡购买商品时,X 代为垫付的债务将陷入无法清偿的事实是非常明显的,并且可以推断 Y 十分明知即将陷入无法清偿,因此,该商品的购买属于侵权行为。此外,直至 1994 年(平成六年)3 月,即

① 指法院认定破产财团不足以偿还破产程序费用时,可以于破产宣告的同时,作出终止破产程序的裁定(日本旧《破产(清算)法》第 145 条第 1 款,现行《破产(清算)法》第 216 条第 1 款)。参见[日]山本和彦:《日本倒产处理法入门》,金春等译,法律出版社 2016 年版,第 108 页。

便Y每月分期还款1万日元,也并不排除侵权行为的认定,X的损害赔偿请求全额应予支持。

Y提出控诉,第二审[东京高判1997年(平成九年)11月18日,金融·商事判例(参)1093号第18页]基本支持了第一审判决理由,判决本案商品购买行为属于恶意的侵权行为,驳回了Y的控诉。

Y提出上诉(第三审)。Y认为原审法院存在对日本旧《破产(清算)法》第366条之12第2项(现行日本《破产(清算)法》第253条第1款第1项)中"恶意"之内容的判断疏漏,因此,判决理由不充分。日本最高裁判所驳回了上诉,认为关于上诉申请中涉及的原审的事实认定,在原审中有充分证据进行支撑,在前述事实认定的基础上,支持原审对Y购买本案商品属恶意的侵权行为的认定。

四、案例评析

(一)日本个人破产程序中的非免责债权

现行日本《破产(清算)法》在第248条以下对免责制度作出详细的规定。但是,免责并不是绝对或无限制的。① 现行日本《破产(清算)法》第253条第1款作出规定,"免责许可裁定生效后,破产人,除依破产程序实行的分配外,对破产债权人的债务全部免除责任。但以下请求权除外"。这些请求权为非免责债权,包括:(1)税金等请求权;(2)因破产人恶意侵权行为导致的损害赔偿请求权;(3)因破产人的故意或重大过失侵权行为侵害他人生命或身体导致的损害赔偿请求权(第2项请求权除外);(4)夫妻间协助和互助义务、婚姻中费用分担义务、监护子女相关义务、扶养之义务相关请求权;(5)因劳务关系产生的雇员的请求权和保证金返还请求权;(6)破产人知悉而未记载于债权人名册的请求权(债权人知悉对于该破产人存在破产程序裁定的情形除外);(7)罚金等请求权(本款第1项至第7项)。

非免责债权的主要立法意旨在于相关请求人相比破产人更需要获得保护或者需要制裁加害人(债务人),但税金等请求权主要基于政策性考量。②

① [日]山本和彦:《日本倒产处理法入门》,金春等译,法律出版社2016年版,第112页。

② [日]山本克己編著『破産法·民事再生法概論』(商事法務,2012年)4021頁以下。

(二)本案的争议焦点

本案的争议焦点是债务人利用信用卡购买商品时,该信用卡债务将不能清偿的事实非常明显,并且债务人对此明知的情形下,利用信用卡购买商品的该行为是否属于侵权行为,产生的债权是否属于非免责债权。本案涉及对日本旧《破产(清算)法》第366条之12的非免责债权中的第2项(现行日本《破产(清算)法》第253条第1款第2项,"因破产人恶意侵权行为导致的损害赔偿")的解释,是日本最高裁判所关于非免责债权的首个案例。①

2004年通过的现行日本《破产(清算)法》第253条第1款在第2项之后新增加了第3项,"因破产人的故意或重大过失侵权行为侵害他人生命或身体导致的损害赔偿请求权",对第2项中的"恶意"的解释以及对本案同类案件的处理有重要影响。

(三)信用卡破产与法律应对

本案是典型的"信用卡破产"。"信用卡破产"是指在20世纪90年代初期的日本,以年轻人为主的消费者利用信用卡购买商品或服务但最终无法偿债的破产案件。②

20世纪80年代,日本社会出现了高利贷危机,一些债务人失踪甚至自杀,破产免责制度作为应对这一社会问题的良药,其有效性得到了社会认可。20世纪90年代的信用卡破产案件,与高利贷相比,并不涉及"高利",催收方式也不恶劣。然而,债务人多受20世纪80年代末"泡沫经济"影响,大多使用信用卡实施了与自身财力不相匹配的商品购物或服务消费活动,对通过破产免责获得救济的方式饱受疑问。

日本社会针对信用卡破产的批评,从法律角度来讲主要有三点:第一,因浪费、赌博或其他射幸行为导致财产显著减少或承担过大债务属于免责不许可事由(现行日本《破产(清算)法》第252条第1款第4项);第二,破产程序开始申请前一年内,不顾有破产程序开始原因之事实,为使人相信无该事实,利用诈术的信用交易取得财产的行为,属于免责不许可事由(同款第5项);第三,明知不能清偿或没有清偿意思而通过使用信用卡的方式过度透支自己信用的行为,可

① [日]松下淳一、菱田雄郷編『倒産判例百選(第6版)』(有斐阁·2021年)178頁(北村賢哲)。

② [日]山本和彦:《日本倒产处理法入门》,金春等译,法律出版社2016年版,第103页。

能构成欺诈罪,这是20世纪80年代日本下级法院采纳过的观点。①

(四)旧法下对"恶意"的解释

关于现行日本《破产(清算)法》第253条第1款第2项中的"恶意"应如何解释,在旧法下存在有害意说(必须具备加害他人的意愿,或具备对他人积极的害意)和故意说(仅有单方故意即可)的不同理解,前者是过往通说,后者是有力说。② 故意说的主要依据是,旧法下尚未明确规定"故意或重大过失侵权行为侵害他人生命或身体导致的损害赔偿请求权"为非免责作债权,如果采用有害意说无法涵盖交通事故等故意侵害人身的侵权行为导致的损害赔偿请求权。③ 此外,故意说关注免责不许可事由与非免责债权之间的均衡。本案中的行为也有评价为免责不许可事由中"利用诈术的信用交易取得财产的行为"(现行日本《破产(清算)法》第252条第1款第5项)的余地。一般认为,对免责不许可事由的解读应为严格,以避免"一刀切"地否定其他所有债权免责,对非免责债权的解读则可以放宽,故意说更贴近这种解读。④

本案中,第一审判决认为,"Y利用本案信用卡购买商品时,X代为垫付的债务将陷入不能清偿的事实是非常明显的,并且可以推断Y十分明知即将陷入不能清偿",第二审判决基本支持第一审判决理由,认定Y行为属恶意侵权行为。从两审判决理由表述来看,更接近于故意说立场。不过,第三审最高裁判所虽支持原审结论,但未对"恶意"的内涵明确其立场。⑤

(五)现行法下对"恶意"的解释及信用卡使用问题

为明确交通事故等侵害人身的侵权行为被害人获得保护,2004年通过的现行日本《破产(清算)法》第253条第1款规定的非免责债权在第3项新设了"因破产人的故意或重大过失侵权行为侵害他人生命或身体导致的损害赔偿请求权",现行日本《破产(清算)法》第253条第1款第2项也由此变为仅适用于财

① [日]松下淳一、菱田雄郷編『倒産判例百選(第6版)』(有斐阁·2021年)179頁(北村賢哲)。

② [日]伊藤眞ほか『条解破産法(第3版)』(弘文堂·2020)1744頁;[日]伊藤眞『破産法·民事再生法(第5版)』(有斐閣·2022年)811頁。

③ [日]伊藤眞『破産法·民事再生法(第5版)』(有斐閣·2022年)811頁。

④ [日]松下淳一「詐欺破産」ジュリスト1014号64頁;[日]松下淳一、菱田雄郷編『倒産判例百選(第6版)』(有斐阁·2021年)179頁(北村賢哲)。

⑤ [日]伊藤眞、松下淳一编『倒産判例百選(第4版)』(有斐阁·2013年)157頁(長谷部由起子)。

产权益侵害案件。

如今,对该条款第 2 项"恶意"的解释,有害意说重新巩固了通说的地位。[①]这不仅是因为前述故意说主要依据的前提已不复存在,更是因为认为财产权益的被保护法益不如人身权益重大,并且,如果对第 2 项的解释扩张到故意说,很多借新还旧维持经营的商自然人的债务无法豁免。现行法下出现的诸多下级审法院案例也明确有害意说的立场,肯定第 2 项适用的案例包括以欺骗手段从他人取得借款的连带保证、偷用公章签订买卖合同并诈取买卖合同贷款等。[②]

在现行法下,对于本案一样的信用卡使用案件能否适用现行日本《破产(清算)法》第 253 条第 1 款第 2 项也不无争议。抛开对"恶意"的解释问题,目前在日本,Y 申领信用卡当日,同意其申请的 X 方的授信调查问题较为简单。日本于 2006 年修正《贷款业规制法》,于 2008 年修正《分期付款销售法》,其中对指定信用信息单位制度进行改革,并创设了必须利用该等信用信息进行授信相关的义务。在此情况下,当债务人仅仅是将部分负债不告知授信方时,将其评价为欺诈是有难度的。[③] 本案中侵权行为的成立在放在当下或有疑问。

(六)对中国破产法的意义

《深圳经济特区个人破产条例》第 97 条第 1 款规定了 8 项非免责债权,其中第 1 项为,"因故意或者重大过失侵犯他人身体权或者生命权产生的损害赔偿金",第 5 项为"恶意侵权行为产生的财产损害赔偿金"。本案对于中国法语境下的非免责债权,特别是该第 5 项"恶意"的解释与认定具有一定的参考价值。

---

① [日]伊藤眞、松下淳一、山本和彦編『新破産法の基本構造と実務』JURIST 增刊(2007 年)547 頁;[日]伊藤眞『破産法・民事再生法(第 5 版)』(有斐閣・2022 年)811 頁。

② [日]伊藤眞ほか『条解破産法(第 3 版)』(弘文堂・2020)1744 頁。

③ [日]松下淳一、菱田雄郷編『倒産判例百選(第 6 版)』(有斐阁・2021 年)179 頁(北村賢哲)。

CASE 05

案例5

破产债权的支付约定与免责效力*

金　春（日本京都大学法学博士、同志社大学法学院教授）
刘子巍（浙江省破产法学研究会理事）

一、裁判要旨

破产人的债务经破产免责变为自然债务，若债权人与债务人就已获免责的债务达成新的有效的支付约定，则自然债务变为具有强制履行力的债务。但是，免责是为了促进破产人的经济再生，因此，在免责后对单一旧有债务达成支付约定的行为，则违背免责制度的趣旨，归于无效，除非存在为了破产人获得新的利益而对旧债务一并免除之特殊情形。

二、基本案情

自1982年（昭和五十七年）起，X（股份公司，原告）将其生产的发酵干燥机（以下简称本案机器）的买卖中介工作托付给Y（个人，被告）。此前Y的业务开展并不顺利，当时已有2000多万日元的负债在身。自同年起至1985年（昭和六十年）止，X向Y发放了多笔借款。X将Y在处理本案机器

---

* 日本横滨地方裁判所1988年（昭和六十三年）2月29日判决，判例时报1280号151页；［日］松下淳一、菱田雄郷編『倒産判例百選（第6版）』（有斐阁·2021年）182－183頁（山田尚武）。

买卖中介事务中从X处获得的报酬用于了清偿借款,Y负担的剩余未清偿借款余额为227.7900万日元(以下简称本案借款)。

Y向横滨地方法院提交自己破产的申请后,1985年(昭和六十年)5月31日法院作出破产宣告的裁定[现行日本《破产(清算)法》第30条规定的"破产(清算)程序开始裁定"],同年12月25日,Y与X之间就本案借款中的193.6900万日元在1986年(昭和六十一年)12月末之前进行清偿达成了合意。1986年(昭和六十一年)11月18日,法院作出Y的免责裁定并生效。此外,1987年(昭和六十二年)1月2日,X与Y之间就今后本案借款的全额支付又达成了合意(准消费借贷,[①]以下简称本案破产债权的支付约定)。X以该借款未能支付为由,对Y提起了本案返还借款诉讼。

诉讼中,Y以本案借款属于免责范围为由提出抗辩(以下简称抗辩之一)。另外,Y认为X主张的债权并非借款,而是1985年(昭和六十年)12月25日Y辞去本案机器买卖中介工作时X主张的X与Y之间的债权债务结算金,但Y对X享有本案机器买卖中介佣金合计约234万日元的债权,1986年(昭和六十一年)9月16日,Y提出与本案借款在同等额度内抵销的抗辩(以下简称抗辩之二)。

针对抗辩之一,X提出再抗辩,认为Y在其破产程序中并未将本案借款记载在债权人名册上,故本案借款属于非免责债权,不属于免责的范围(日本旧《破产(清算)法》第366条,现行《破产(清算)法》第253条[②])(以下简称再抗辩之一)。对此,Y认为,X在Y申请破产宣告时收到了来自Y的报告,X知道Y被宣告破产的事实,Y以此提出反论(以下简称对再抗辩的抗辩)。

针对抗辩之二,X认为,Y的本案机器买卖业绩并无好转,因此,Y主张的债权并不存在。进而,X认为即便认为本案借款属于免责范围,"免责之后的债务,属于自然债务。而且,关于免责之后的法律关系,根据私法自治原理,契约自由原则应建立在当事人意思自治之上,自然债务可以通过准消费借贷的合意而成为具有通常意义上强制履行力的债权"。故本案破产债权的支付约定,并

① 日本《民法》第588条(准消费借贷)规定:有负给付金钱及其他物的义务的人的情形,当事人约定以该物作为消费借贷的标的时,视为消费借贷因此成立。

② 根据日本《破产(清算)法》第253条第1款但书及第6项规定,"破产人知悉而未记载于债权人名册的请求权属于非免责债权,但债权人知悉对该破产人作出破产程序开始裁定的情形除外"。

不能说是因违反了免责制度而归于无效(以下简称再抗辩之二)。

三、裁判理由

驳回诉讼请求。

关于X提出的再抗辩之一(因未记载在债权人名册,故属于非免责债权的抗辩),法院认可了Y提出的对再抗辩的抗辩(因债权人知悉对该破产人作出破产程序开始裁定,故不适用非免责债权的抗辩)。

另外,关于再抗辩之二(破产债权的支付约定的效力),法院经审理查明认可了以下几项事实:第一,Y自1986年(昭和六十一年)1月辞去本案机器买卖中介工作后搬家,在公司上班,X的代表人向其工作地通过电话或邮件的方式催促偿还本案借款。对此,Y担心一旦被公司所知,自己将处于为难境地。第二,1987年(昭和六十二年)1月2日,Y前往X的代表人家中试图协商,但X的代表人强调不管X债权的偿还次数和金额,Y必须要表现其诚意,故Y两次偿还了共计10万日元。第三,X明知Y的新住所,但故意将诉状送往他处,后又再次将诉状送至Y的工作地。

依据以上事实,关于再抗辩之二(破产债权的支付约定的效力),法院判定如下:

"旧《破产(清算)法》第366条之12(现行日本《破产(清算)法》第253条第1项)规定的免责,并不是指债权完全消灭,而是指经免责变为自然债务,若债权人与债务人已获免责的债务达成支付约定时,则自然债务就变为具有强制履行力的债务。但是,即便是自然债务,也并非都是完全相同的,要按照债务的具体性质进行分别判断。破产法上规定的破产人免责,是为了借由免责促进破产人的经济再生。对于债权人的支付要求,若不存在为了破产人获得新的利益而对旧债务同时免除之情形,仅是对单一的旧有债务的支付进行约定并履行支付义务的话,除迟延破产人的经济再生外,对其不能带来任何利益。因此,应当认为,对破产人不能带来任何利益的在免责后对单一旧债务达成支付约定违背旧《破产(清算)法》第366条之12的免责规定的趣旨,归于无效(另查明,1985年12月25日,Y与X之间就本案借款中的193.6900万日元在1986年12月末之前清偿达成了合意。该合意是破产程序终止后、免责裁定前的破产债务支付约定,虽说破产人有这一处分权限,但根据前述理由,仍然要受到免责裁定效力的约束)。"

四、案例评析

(一)本案的争议焦点、本判决的意义

现行日本《破产(清算)法》第253条第1款(日本旧《破产(清算)法》第366条之12)对免责效力作出规定,“免责许可裁定生效后,除依破产程序实行的分配外,破产人对破产债权人的债务全部免除责任。但以下请求权除外”。关于该项主体规定中“免除责任”,即免责效力的具体含义,在日本,有自然债务说与债务消灭说之争,前者为通说和判例、实务的立场①。自然债务说主张,作为免责的效力,债务在实体上并不消灭而仅仅是免除其责任,这种理解契合现行日本《破产(清算)法》第253条第1款“免除责任”的文义;本条第2款规定“免责的效力不及于破产人的保证人及其他连带债务人或提供担保人的权利”,从保证债务从属性角度,也体现了主债务尚未消灭。② 按照自然债务说,债权人无法对这笔债务启动强制执行,但若债务人任意清偿,债权人有权受领。本案的争议焦点是,免责生效后在债务人和特定债权人之间就破产债权达成的支付约定是否有效。

本判决首次明确即使采用自然债务说,除非有特别情形,免责裁定生效之后对破产债权的支付约定原则上无效。此外,本判决旁论部分指出,对于破产程序终止后免责裁定前发生的对破产债权的支付约定,同样受制于免责裁定的效力而原则上归于无效。

(二)关于免责效力的自然债务说和债务消灭说

关于免责的效力,尽管自然债务说是通说和判例,债务消灭说也渐据有力的地位。③

债务消灭说主张,债务一旦获得免责即消灭,破产债权人即使从债务人获得了清偿,因不具备法律上的正当原因而构成不当得利。在债务消灭说看来,自然债务说对现行日本《破产(清算)法》第253条第1款的过度文义解释并不

---

① [日]山本和彦:《日本倒产处理法入门》,金春等译,法律出版社2016年版,第114页;金春「個人債務者の倒産手続」「藤本利一ほか編著『基礎トレーニング倒産法(第2版)』(日本評論社・2022)265頁。

② [日]伊藤眞『破産法・民事再生法(第5版)』(有斐閣・2022年)807頁。

③ [日]伊藤眞ほか『条解破産法(第3版)』(弘文堂・2020)1738頁。

可取,第2款也应解读为保证债务从属性原则的例外规定。支持债务消灭说的伊藤真教授特别指出,如果采用自然债务说,相较于认可债务人任意清偿的这种积极后果,消极后果更明显,即债务人很容易在受外部或债权人的压力的情况下无奈任意清偿,或无奈达成支付约定或更改协议,这将有悖通过免责制度使债务人获得经济再生的目的。[①] 山本和彦教授认为,鉴于当代日本社会中消费者信用业者与破产人之间的力量不对等,债务消灭说的观点应被支持。[②]

但是,在实践中,债务人即使获得免责,之后时有发生从履行道义责任角度自愿地对部分旧有破产债务进行任意清偿,此时,如果否定该类清偿的效力,使之归于无效并成为不当得利的对象显得过于苛刻,也脱离实践需求。[③] 自然债务说之所以长期以来在日本占据通说地位并在实践中普遍获得支持也是因为难以一律否定任意清偿的效力。

(三)自然债务说与本案支付约定的效力

采用自然债务说意味着债务人对豁免债权的任意清偿有效,故更容易得出认可债务人与债权人之间签订的支付约定的结论。

本案判决的重要意义在于并没有采用这一逻辑,而是认为"即便是自然债务,也并非都是完全相同的,要按照债务的具体性质进行分别判断"。鉴于"破产法上规定的破产人免责,是为了借由免责促进破产人的经济再生",原则上否定了该支付约定的效力。[④]

尽管自然债务说在逻辑上具有合理性,但是,贯彻该说确实存在债务消灭说强调的有悖于免责制度的风险。即便是对债务人清偿的"自愿性"或"任意性"作出严格的解释,也并不能防止自然债务说蕴含的风险,就这一角度而言,本案判决具有重要的启发。

(四)支付约定有效的特殊情形

值得注意的是,本判决作出本案支付约定归于无效的判断结果时,排除了"存在为了破产人获得新的利益而对旧有债务同时免除之情形",即认可在特殊

---

① [日]伊藤眞『破産法・民事再生法(第5版)』(有斐閣・2022年)8068頁以下。

② [日]山本和彦ほか『倒産法概説(第2版補訂版)』(弘文堂・2013)5599頁以下。

③ [日]竹下守夫等編『大コンメンタール破産法』(青林書院・2009年)1086頁;[日]伊藤眞ほか『条解破産法(第3版)』(弘文堂・2020)1739頁。

④ [日]伊藤眞、松下淳一编『倒産判例百選(第5版)』(有斐阁・2013年)177頁以下。

情形之下支付约定仍有效。关于这一点，在解释论角度留下了一定的探讨空间。

有观点认为，破产人从债权人处获得包括持续商品交易等新的授信等利益，以此作为条件，约定对破产债权进行清偿，有助于债务人经济再生，故该债权的支付约定应当视为有效。[①] 然而，债务人出于与债权人（如亲戚、友人、雇主）的情谊，主动约定负担支付义务时，此类约定是否有效尚存争议。否定说认为，是否对破产人有经济上的利益，是判断破产债权的支付约定是否有效的要素之一，故此类约定无效。[②] 肯定说则认为，认可此类约定不至于违反免责制度的目的。[③]

（五）对中国破产法的借鉴意义

破产债务人在破产程序过程中获得免责裁定前或在获得免责裁定之后，在债权人的压力之下或者因其他原因与债权人之间就破产债权达成清偿协议的情形在各国的个人破产实现中非常普遍。是否认可或多大程度认可此类协议的效力，不仅与围绕着破产免责的效力的理解和解释论相关，与免责制度是否有效发挥其意义亦密切相关。

《深圳经济特区个人破产条例》第 102 条第 3 款前段规定，“免除未清偿债务裁定的效力及于已申报和未申报的全体债权人”。从本款文意来看，对免责的效力似采用了债务消灭说，这是否意味着债务人的任意清偿或自愿签订的旧有债务的支付约定等一律无效？此外，《企业破产法》第 92 条第 1 款规定，“经人民法院裁定批准的重整计划，对债务人和全体债权人均有约束力”。当债务人和债权人之间对特定重整债务达成清偿协议等时，同样存在与本案类似的问题。

本案判决对中国破产制度中相关问题的理论和实践具有参考价值。

① ［日］杉山悦子「免責の効力と非免責債権」竹下守夫ほか編『破産法大系Ⅲ』(2015)74 頁以下。

② ［日］松下淳一、菱田雄郷編『倒産判例百選(第 6 版)』(有斐阁・2021 年)183 頁(山田尚武)。

③ ［日］杉山悦子「免責の効力と非免責債権」竹下守夫ほか編『破産法大系Ⅲ』(2015)74 頁以下。

CASE 06

案例 6

小规模个人再生程序中撤销权的不适用与清算价值保障原则*

金　春（日本京都大学法学博士、同志社大学法学院教授）
刘子巍（浙江省破产法学研究会理事）

一、裁判要旨

在小规模个人再生计划草案中对清偿率进行测算时，预计清偿总额不能低于再生债务人破产清算情形下的预计分配额（清算价值保障原则）。因此，在债务人对特定债权人进行偏颇清偿的场合，清算价值在偏颇清偿额度内出现流失，若未在预计清偿总额中进行等额追加，则再生计划草案有损于“再生债权人的一般利益”，属于违法，该个人再生计划草案不能被提交表决。

二、基本案情

2002 年（平成十四年）12 月，X（上诉人）通过 A 银行（以下简称本案银行）住房贷款购得房屋。此后，X 利用银行卡向金融机构借款，2008 年（平成二十年）又向三家贷款业

* 日本东京高等裁判所 2010 年（平成二十二年）10 月 22 日裁定，Hanrei Times 1343 号 244 页；［日］松下淳一、菱田雄郷編『倒産判例百選（第 6 版）』（有斐阁 · 2021 年）196 – 197 頁（玉井裕貴）。

者借款。2009 年(平成二十一年)7 月至 9 月,X 未能偿还住房贷款。2009 年(平成二十一年)11 月 16 日,X 解除了与 B 农业共同组合的共济互助合同,获得 149.6550 万日元解约返还金(以下简称本案解约返还金)。X 将其中 48.2138 万日元用于偿还已延期的本案银行住房贷款(以下简称本案清偿),另 40 万日元用于生活开支,其余以现金保管。

X 发觉自己出现支付不能的状况,向法律援助中心①求助,在代理人的介绍下,打算启动债务重组程序。2009 年(平成二十一年)12 月 1 日,X 向东京地方法院提交了启动小规模个人再生程序的申请。然而,X 在提交申请之日的财产目录中,并没有记载将 B 农业共同组合的本案解约返还金用于清偿住房贷款这一事实。东京地方裁判所在 X 提交申请的同日,选任 C 律师为个人再生委员,其有权对 X 的财产收入状况进行调查,为了 X 能够制作合理的再生计划草案,进行必要的告知和协助等也是 C 的权限范围。此后,2010 年(平成二十二年)1 月 29 日下午 5 时,法院对 X 作出小规模个人再生程序开始裁定,再生计划草案的提出期限为同年 5 月 7 日。

2010 年(平成二十二年)3 月 1 日,X 向 C 报告了事情经过,但是,在 X 于同年 5 月 6 日提出的并在 5 月 19 日部分修正的包含住房贷款特别条款的再生计划草案(以下简称本案再生计划草案)中并没有记载本案清偿的金额。C 认为,本案清偿的期间正好是 X 快要申请再生程序的时候,本案解约返还金的一部分用来直接向债权人清偿属于偏颇性清偿,且 X 提出的本案再生计划草案违反清算价值保障原则。C 对 X 提出,应该把本案解约返还金中用于本案清偿的额度(48.2138 万日元)计入清算价值,并以此重新提出再生计划草案,若有异议,可提交书面意见或本案解约返还金明细等证明资料。但是 X 并没有提交新的再生计划草案或者异议资料。因此,C 向 X 提出,若同年 6 月 25 日之前不能提出追加本案清偿额度的再生计划草案,那么再生程序将被终止,然而 X 并无答复。因此,6 月 28 日,C 向东京地方裁判所提交了终止 X 的再生程序的意见。同年 7 月 7 日,东京地方裁判所以提交的再生计划草案不能被付诸于表决为

① 原文“法テラス”,是指“日本司法支援中心”,成立于 2006 年,该组织为国民提供综合性法律服务。设置在各都道府县地方裁判所的所在地或者律师较少的地区,由律师提供各种法律咨询、民事法律扶助、刑事辩护、犯罪被害人支援等服务。

由,裁定终止本案再生程序。对此,X 提出上诉。

三、裁判理由

驳回上诉(未提起第三审上诉、定案)。

在再生计划草案中对清偿率进行测算时,预计清偿总额不能低于再生债务人破产清算情形下的预计分配额(清算价值保障原则)。因此,在债务人对特定债权人进行了偏颇清偿的场合,清算价值在偏颇清偿额度内出现流失,若未在预计清偿总额中进行等额追加,则再生计划草案有损于"再生债权人的一般利益",属于违法,该再生计划草案不能被提交表决(日本《民事再生法》第 174 条第 2 款第 4 项、第 202 条第 2 款第 1 项、第 230 条第 2 项)。

本案清偿是以 B 农业协同组合的共济互助合约的解约返还金为资金来源,发生在住房贷款分期贷款已逾期还款 3 个月之后、申请再生程序开始前不久的时期,很有可能被认定为偏颇清偿行为(日本《破产(清算)法》第 162 条第 1 款第 1 项)。个人再生委员 C 已经就本案清偿有可能违反清算价值保障原则提醒了 X,而 X 没有提交书面异议或其他资料,也没有提出追加本案清偿额度的新的再生计划草案。应当认为,本案中在法院规定期限内提交的再生计划草案,不能被提交于债权人进行表决(日本《民事再生法》第 191 条第 2 项)。

对此,X 提出如下主张:第一,本案解约返还金之中大约有 40 万日元用于生活消费,剩余金额扣除程序费用之后的余额(约 99 万日元)并不归属于破产财团(笔者注:一定现金属于豁免财产)(现行日本《破产(清算)法》第 34 条第 3 款第 1 项、《民事执行法》第 131 条第 3 项),因此无须追加到清算价值;第二,本案清偿针对的是作为别除权人的本案银行,在破产清算程序中这是不可撤销的清偿对象,因此,未追加本案清偿额度的再生计划草案并不违法。

对此,法庭认为:第一,如果 X 没有解约,则到法院裁定开始再生程序时为止,共济互助金应该就是一项保持原状的财产,因此,理应追加到清算价值,而不应将其与 X 自己保有的现金同等对待并排除在清算价值之外;第二,本案清偿并非应对别除权的行使,本案清偿使得本应该分配给一般债权人的清算价值实际流失,接受清偿的本案银行享有以债务人住房对住房贷款设定的抵押权,X 以此为由主张应当对本案银行优先清偿,法庭不予支持。

四、案例评析

(一)日本的小规模个人再生程序

1999年制定的日本《民事再生法》规定了两种简易的再生类程序:小规模个人再生程序和工资所得者等再生程序(此外,还规定关于住房抵押贷款债权的特别条款制度,参见下文)。

小规模个人再生程序是日本立法者创建的本土化程序,主要适用于个体经营者、自由职业者、工薪阶层等具有持续性、周期性未来收入且债务总额不超过5000万日元(5000万日元的金额中不包含居住用住房抵押贷款中的债权总额、可以行使别除权的再生债权的金额、程序受理前的罚款,因此类债权在再生计划中均不会受到减免)的个人。

与普遍的再生程序相比,小规模个人再生程序为个人债务人提供了更加简便的流程。[①] 小规模个人再生程序中,通常,债务人依照再生计划进行3年(有特殊情形时为5年)清偿,即可能获得免责。专业人士的职权和报酬也有限,比如在东京地方裁判所,小规模个人再生案件在申请时均从律师等专业人士指定个人再生委员,但职责仅限于调查和评估债务人资产、收入和再生债权、协助制定再生计划、对再生计划的批准提供意见等(参见本案个人再生委员);而在大阪地方裁判所,除了商自然人案件,前述工作均由债务人代理律师承担,不选任个人再生委员。[②] 债权人表决采用了简易且便于通过的视为同意机制:持反对意见的债权人人数低于表决权总数的一半,且该表决权所占的债权额不超过表决权总额的1/2时即通过再生计划(日本《民事再生法》第231条第6款)。小规模个人再生程序中不适用普通程序中的撤销权制度(日本《民事再生法》第238条),以免程序繁杂。

小规模个人再生程序中,法院批准再生计划除需要满足"不违反债权人一般利益"(日本《民事再生法》第174条第2款),即不得违反清算价值保障原则

---

① [日]山本和彦:《日本倒产处理法入门》,金春等译,法律出版社2016年版,第162页;金春:《个人破产立法与企业经营者保证责任问题研究》,载《南大法学》2020年第2期。

② [日]山本和彦:《日本倒产处理法入门》,金春等译,法律出版社2016年版,第166页;金春「個人債務者の倒産手続」「藤本利一ほか編著『基礎トレーニング倒産法(第2版)』(日本評論社・2022)265頁。

之外，还应满足最低清偿额标准（日本《民事再生法》第231条第2款第3项、第4项）。最低清偿额标准的核心内容是：债权总额低于标准金额时，应全额清偿；债权总额超过标准金额时，清偿率按照清偿总额递减，总体在10%—20%浮动。具体而言，债权总额（根据日本《民事再生法》第84条第2款，扣除住房抵押贷款债权、附有别除权的被担保债权等）不满100万日元的，应当清偿全额；债权总额在100万日元以上、不满500万日元的，最低清偿金额为100万日元；债权总额在500万日元以上、不满1500万日元的，最低清偿金额为债权总额的20%；债权总额在1500万日元以上、不满3000万日元的，最低清偿金额为300万日元；债权总额在3000万日元以上的，最低清偿额为债权总额的10%。[①] 日本的立法者强调，最低清偿额标准不仅能防止无资产和少资产案件中出现近零清偿等低清偿率的再生计划，也能阻却高负债个人比少负债个人清偿率少的逆转现象。[②] 此外，再生计划的批准要件还包含：普通再生程序中的重整计划批准要件（日本《民事再生法》第174条第2款），启动小规模个人再生程序的要件（收入的固定型、总债务额要件）（该法第231条第2款第1项、第2项），再生计划的执行可行性等。

（二）工资所得者等再生程序

工资所得者等再生程序基本上参照了美国《破产法典》第13章程序，但是在适用主体上限定在工薪阶层，不包括个体经营者、自由职业者。工资所得者等再生程序的最大特点是，债务人需要在未来3年期间内（有特殊情形的，可延长为5年）清偿未来2年的预期可支配收入，此时由于债务人被视为穷尽履行能力和付出最大努力，债权人对再生计划没有表决权，法院直接批准再生计划，是一种更为简化的程序。日本的立法者注意到，工薪阶层拥有稳定、规律的固定收入，在扣除掉应缴税款、社会保险费用、债务人及被扶养人的基本生活必须费用之后（《民事再生法》第241条第2款第7项），基本可以计算出预期可支配收入。与此相对，个体经营者等从事商事行为的个人在收入方面不具有足够的规律性和固定性，营业性支出则更不易预测，导致预期可支配收入的计算繁杂。

① ［日］山本和彦：《日本倒产处理法入门》，金春等译，法律出版社2016年版，第162页；金春：《个人破产立法与企业经营者保证责任问题研究》，载《南大法学》2020年第2期。

② ［日］伊藤眞『破産法・民事再生法（第5版）』（有斐閣・2022年）1211頁以下。

这些实践上的困难也正是困扰美国破产法的重要问题。最终,日本立法者创建了针对从事商事行为的个体经营者等不适用预期可支配收入标准适用,但适用最低清偿额标准且保留债权人表决机制的本土化的小规模个人再生程序。①

从立法规定来看,小规模个人再生程序的适用主体未排除工薪阶层,工薪阶层也可以在小规模个人再生与工资所得者等再生程序之间自行选择。值得关注的是,由于预期可支配收入标准要求工薪阶层清偿更多收入,小规模个人再生程序中债权人表决不通过的例子又少,在实践中,小规模个人再生程序更加被工薪阶层青睐和申请适用。② 应当认为,小规模个人再生程序是日本的主要的再生类个人破产程序。

(三)撤销权的不适用与清算价值保障原则

上文指出,小规模个人再生程序不存在撤销权制度,日本《民事再生法》第238条明确排除适用普通程序中的撤销权规定。其立法意旨在于,防止增加程序成本和迟延,满足小规模个人再生程序简易、迅速的需求。

但是,这并不意味着小规模个人再生程序中放任债权人利益受损。由于法院批准所有类型的再生计划需要满足计划"不违反债权人一般利益"(日本《民事再生法》第174条第2款),即需要满足清算价值保障原则,如果个人再生计划草案在计划清偿总额中未等额追加因撤销行为流失的财产份额,将被认定为低于该清算价值,违反清算价值保障原则。③

正如本案中,法院认为小规模个人再生程序的债务人在程序开始前对个别债权人实施了偏颇清偿,使得财产流失。在这种情形下,对清算价值进行测算时,除非对计划清偿总额进行追加,否则就违反了清算价值保障原则。

在法院判断是否批准小规模个人再生程序中的再生计划之前,如果提出的再生计划草案违反清算价值保障原则,那么法院可以裁定将该草案不提交债权人表决(日本《民事再生法》第230条第2款),并裁定再生程序终止(日本《民事再生法》第191条第2项)。再生计划批准后发现事由的,将被撤销撤销再生计划(日本《民事再生法》第236条)。无论是再生程序终止还是再生计划不批

---

① [日]山本和彦:《日本倒产处理法入门》,金春等译,法律出版社2016年版,第162页;金春:《个人破产立法与企业经营者保证责任问题研究》,载《南大法学》2020年第2期。

② [日]山本和彦:《日本倒产处理法入门》,金春等译,法律出版社2016年版,第162页。

③ [日]山本和彦:《日本倒产处理法入门》,金春等译,法律出版社2016年版,第165页。

准、撤销，在存在破产原因的前提下，均应当依职权转入破产清算程序（日本《民事再生法》第250条第1款）。

本案中个人债务人既没有提出异议，也未重新提出追加本案清偿额度的新的再生计划草案。因此，法院认为在规定期限内提交的再生计划草案，不能被提交于债权人进行表决，最终裁定终止个人再生程序，这种判断是妥当的。

（四）住房抵押贷款债权的特别条款制度

日本《民事再生法》在引进小规模个人再生程序和工资所得者等再生程序时，还规定了住房抵押贷款债权的特别条款。由于在普通的再生程序中，担保权人享有别除权的地位，原则上可以行使担保权（日本《民事再生法》第53条第1款、第2款），若不引进住房抵押贷款债权的特别条款，将无法阻止抵押权人执行房屋抵押权，导致债务人失去居所。不过，为维护本国的住宅抵押贷款体系的顺利运作，个人债务人通过适用再生程序在再生计划中对住房抵押贷款设定特别条款时，不允许对尚未清偿抵押贷款进行本金或利息减免（即便抵押物价款已经低于尚未清偿抵押贷款），特别条款只能包含延长贷款期限或者恢复到期利益（相应地，住房抵押贷款人对再生计划没有表决权）（日本《民事再生法》第199条）。[①]

本案中，X主张，本案清偿针对的是作为别除权人的本案银行，在破产清算程序中这是不可撤销的清偿对象。法院认为，本案清偿并非行使别除权，接受清偿的本案银行仅仅是以债务人的住房对住房贷款设定了抵押，X以此为由主张应当对本案银行优先清偿，不予支持。

尽管X的主张不无理由，但从案情来看，本案再生计划包含住房贷款特别条款，若再生计划获得批准，债务人按照再生计划的延期条款进行清偿，住房贷款抵押人将无法执行房屋抵押权。[②] 况且，本案偏颇清偿的来源并不是担保标的物，而是与此无关的本案解约返还金，结合这些事由，本案裁定的判断是妥当的。[③]

---

① ［日］山本和彦：《日本倒产处理法入门》，金春等译，法律出版社2016年版，第172页以下；［日］伊藤眞編集代表『民事再生法逐条研究－解釈と運用』JURIST增刊（2002年）331頁、336頁以下。

② ［日］伊藤眞、松下淳一编『倒産判例百選（第5版）』（有斐阁・2013年）191頁（本間靖規）。

③ ［日］松下淳一、菱田雄郷編『倒産判例百選（第6版）』（有斐阁・2021年）197頁（玉井裕貴）。

（五）对中国破产法的意义

构建合理的再生类个人破产程序是我国个人破产立法和司法的重要课题。《深圳经济特区个人破产条例》第 8 章规定了个人重整程序。再生类个人破产程序的构建既要考虑与个人破产清算程序的职能分工，也要充分考虑与普通重整程序相比的简易和快速。本案判决对我国再生类个人破产程序的简易化（以及小企业重整特别程序的构建），特别是对撤销权制度的设置与否、替代措施等问题的思考提供一定的借鉴。

第七章

英国个人破产典型案例

— 作者简介 —

刘静，北京外国语大学法学院副教授、个人破产法研究中心主任。中国人民大学法学博士，英国比较法与国际法研究所、美国迪堡大学、哥伦比亚大学访问学者，最高人民法院第四批研修学者，多年来致力于个人破产法学的研究和中国个人破产法的立法推动工作。兼任北京市法律谈判研究会副会长，中国行为法学会规范制定委员会理事，中国民事诉讼法学会理事。出版专著《个人破产制度研究》，译著《21 世纪个人破产法》、《英国公司和个人破产法》（合译），主持国家发展和改革委员会、教育部、中国法学会、四川省社科等省部级课题和横向课题多项，在国内外公开发表学术论文多篇。

徐阳光，男，湖南平江人，中国人民大学经济法学硕士、博士，北京大学法学博士后，剑桥大学访问学者。现为中国人民大学法学院教授、博士生导师，中国人民大学“杰出学者”（青年学者 A 岗），中国人民大学破产法研究中心副主任兼秘书长，兼任全国人大财经委《企业破产法》修改起草工作组成员、中国贸促会联合国贸法会观察员专家团成员、北京市破产法学会会长、中国破产法论坛组委会秘书长等社会职务，出版《破产重整法律制度研究》《英国个人破产与债务清理制度》《破产法与税法的理念融合及制度衔接》《美国破产法精要》《个人破产法比较研究》等专著和译著 10 余部。

— 作者荐语 —

阅读这些案例，可以在“森林、草原、海洋”等不同的风景中，发现个人破产制度的缺失，是制度生物链上的必要环节的缺失，时间愈是久远，伤痕愈是清晰，代价愈是痛切；发现书中的每个国家，都在致力于建立或者完善一套与其法律、经济、政治文明相匹配，能够推动民众和社会健康发展的个人破产制度；发现民主社会的共同准则和对生命的共同敬畏和尊重。唯有更多的敬畏与尊重，才能让法律更加贴近生命。

— 第七章目录 —

英国个人破产案例初步分析报告

师承英国知名破产法学家 Ian Fletcher 的金斯顿大学法学院副教授 John Tribe 在讨论和总结英格兰个人破产法政策和原理的文章中指出,无论何种个人破产制度,必须具有 8 项个人破产要素:(1)债务纾缓机制;(2)经历充分的考察期后自动免责;(3)财务复苏和救济机制;(4)确保个人不实施不负责任的借贷的手段;(5)个破程序期间对个人信用贷款的限制措施;(6)一定期间内排除债务人对其财产的控制权;(7)追回通过欺诈债权人而处置的财产的程序;(8)"重新开始"机制。[①] 据此,综合英国个人破产法立法和司法实际,本书英国个人破产案例部分节选了"喘息空间撤销案""个人自愿安排中止令申请案""涉外破产令管辖权纠纷案""债务人董事资格取消案""已故债务人程序减免案""近亲属遗嘱受托债务人财产案""涉及养老金的破产申请案""驳回破产管理人修改诉请案""债务人诉请暂停免责令不当颁发案""债务人诉请破产限制令不当颁发案"等 10 余个问题,这些案件或涉及英国在债务纾缓机制上的最新实践,或涉及正式破产程序出现各种特殊情况时英国法院的解决方式,为我国个人破产制度的具体构建提供参照,并且以司法实践的方式展示个人破产制度的重要元素。

① See John Tribe, The Kekhman Quintessence: What Is English Personal Insolvency Law For?, *Nottingham Insolvency and Business Law Ejournal*, Vol. 3:18, p. 367(2015).

CASE 01

案例 1

Axnoller Events Ltd. v. Brake, Brake v. Chedington Court Estate Ltd. *

——债权人请求法院撤销债务人的心理健康危机喘息空间 **

刘　静（北京外国语大学法学院副教授）
杜　骁（西南政法大学民商法学院硕士研究生）

一、裁判要旨

在有多个债权人的喘息空间案件中，某一债权人申请撤销喘息空间会导致债务人所有已经中止的债务恢复可执行力，损害了喘息空间下债务中止、保护债务人获取专业债务建议、提高清偿可能性的制度价值，在该债权人未提出有力证据证明满足法定撤销要件——“喘息空间‘不公平地损害’了债权人利益”时，法院可依据个案情况拒绝债权人的喘息空间撤销申请。

---

* 案件名称：Axnoller Events Ltd. v. Nihal Mohammed Kamal Brake，Andrew Young Brake；审理法院：英国高等法院商事与财产法庭布里斯托尔分庭；案号：[2021] EWHC 2308 (Ch)；判决时间：2021 年 8 月 17 日；法官：HHJ Paul Matthews。

** 喘息空间旨在为还债困难的适格个人债务人提供一个免受债权人执行等措施的保护期，相当于一个债务中止期，以供债务人获取专业债务建议，其间不会受到因债务不断加剧和执行请求迫在眉睫的压力，其中，心理健康危机喘息空间则是专门针对接受心理健康治疗的债务人所提供的喘息空间。

本案中,债权人未能证明案件满足法定“不公平损害”要件,法院据此拒绝了债权人的申请。

二、基本案情

债权人 Axnoller 庆典活动公司①以及另一债权人 Chedington 庭园物产公司②,以及两家公司所有人 Geoffrey Guy(以下合称为债权人方)在英国高等法院商事与财产法庭布里斯托分庭,申请撤销债务人 Brake 的心理健康危机喘息空间。

2004 年,Brake 之妻收购了一处农场③,并于 2006 年开始用农场上的独栋房屋④经营度假屋出租生意;同年,为保证生意运作,她将农场抵押给银行⑤贷得运营资金。2008 年,Brake 加入到妻子的生意中,因为正值金融危机,二人难以再贷款收购其他的度假屋以扩大经营规模。于是,在 2010 年 2 月,二人以农场进行出资,与一家有限合伙企业⑥共同设立了一家有限合伙企业⑦,主营高端度假和庆典活动筹办等业务。同年次月,新设立的合伙企业收购了农场外不远处的小屋(小型度假屋)⑧。后因内部失和、经营不善等原因,在依据章程将合伙企业的内部争议和纠纷诉诸仲裁后,合伙企业宣告解散,Brake 夫妇败诉并需承担仲裁费用。由于二人无力清偿仲裁费用,2015 年 5 月,二人被法院裁定破产,合伙企业也相继进行了清算。同年 7 月,银行依据《1925 年财产法》将农场进行拍卖并出售给了一家新设立的公司⑨。2017 年,这家新设立公司被转手给了债权人 Chedington 庭园物产公司,并被更名为 Axnoller 庆典活动公司(本案的债权人之一),后 Brake 夫妇受雇继续经营度假屋业务。2018 年 11 月,Axnoller 庆典活动公司与 Brake 夫妇关系破裂,在雇佣关系终止后,Brake 就该

① Axnoller Events Ltd..
② Chedington Court Estate Ltd..
③ West Axnoller House.
④ Axnoller House.
⑤ Adam & Co..
⑥ Patley Wood Farm LLP.
⑦ Stay in Style.
⑧ West Axnoller Cottage.
⑨ Sarafina Properties Limited.

雇佣关系项下的劳动争议在劳动审裁处提起了劳动争议诉讼，Axnoller 庆典活动公司亦在高等法院向二人就农场提起了所有权诉讼①。而在 Brake 夫妇的破产管理人和合伙企业的清算人合意交易小型度假屋的相关权益之际，Chedington 庭园物产公司又与破产管理人达成背对背交易来收购这些权益。为了保护自己在小型度假屋中的权益，2019 年 1 月，Brake 夫妇向债权人 Chedington 庭园物产公司提起了驱逐权诉讼②。但是，前述两项诉讼的审理被安排到了 2021 年 4 月和 5 月（后因 Brake 夫妇的律师不再为其代理，两案又被延期到了同年 9 月和 10 月）。

2021 年 5 月 6 日，Brake 基于心理健康状况和个人过度负债情况申请了心理健康危机喘息空间，以限制债权人的接触、免予被债权人主张权利，并获得债务停止计息计费的保护期间（相当于债务中止期，停计债务利息、费用和罚款等），而债权人方认为，因为目前有关 Brake 夫妇尚未审结的两个案件所可能产生的诉讼费用并不在喘息空间的保护范围之内，会不受喘息空间的限制而需要提前支出，因此会“不公平地损害”债权人方的利益，债权人方遂向法院申请撤销 Brake 的喘息空间。

三、裁判理由

（一）重要法条

《喘息空间条例》③第 15 条；《喘息空间条例》第 17 条第 1 款第 a 项；《喘息空间条例》第 19 条；《喘息空间条例》第 30 条第 4 款。④

（二）关键争议

本案难点在于对喘息空间造成债权人“不公平损害”的证明问题。

---

① “所有权诉讼”系指因实体财产的所有权纠纷而进行的诉讼程序。

② “驱逐权诉讼”系指房屋所有人基于法定事由向承租人提起的驱逐权诉讼。

③ 《喘息空间条例》系简称，全称为《2020 年债务纾缓制度（喘息空间债务中止期和心理健康危机债务中止期）（英格兰和威尔士）条例》[The Debt Respite Scheme (Breathing Space Moratorium and Mental Health Crisis Moratorium) (England and Wales) Regulations 2020]。

④ Breathing Space Regulations Section 15 (Implemented on May 4th, 2021); Breathing Space Regulations Section 17(1)(a) (Implemented on May 4th, 2021); Breathing Space Regulations Section 19 (Implemented on May 4th, 2021); Breathing Space Regulations Section 30(4) (Implemented on May 4th, 2021).

1. 债务人 Brake 因涉诉而新产生的诉讼费用债务能否受到喘息空间的保护？如不能，是否会“不公平地损害”债权人方的利益？

2. 债权人方提出的有关债务人心理健康情况的证据能否证明债务人 Brake 已不满足心理健康危机喘息空间的法定适用条件？如不能，需要提出何种证据或满足何种证明标准才能证明？

（三）争议解析

争议点 1：根据《喘息空间条例》第 15 条“就新增债务申请债务中止期间”，在喘息空间启动之时仍能被追加保护的债务范围仅限于法定的新增债务，即在喘息空间开始前产生，但在喘息空间开始后才得以确定的能够适用喘息空间保护的适格债务，而债务咨询师在喘息空间开始后超过 45 日才知道的其他债务，可以不将其纳入应受保护的其他适格债务范围。① 从债务发生时间角度看，关于与本案相牵连的本案债权人及债务人之间的所有权诉讼和驱逐权诉讼等，债务人的诉讼费用属于喘息空间开始后才产生的费用，因此不属于第 15 条的新增债务范围，依法不能得到喘息空间免受债权人主张权利、限制债权人接触以及债务停止计息计费的保护。此外，因为《喘息空间条例》的施行时间及相关判例法有限，对“不公平损害”的相关官方解读仅在英国政府出台的法律适用指引中有所提及，即对债权人或其债权的歧视性对待②。为此，从公平承担风险的角度来看，债务人可能因败诉而新产生的诉讼费用债务固然会造成债权人的利益受损，但这样的损失并不是因为喘息空间造成的，而是由诉讼制度和诉讼费用规则造成的，并且会对全体债权人带来相同的影响。综上，本案债权人利益或因喘息空间而受损，但并未达到“不公平损害”的程度。

争议点 2：根据《喘息空间条例》第 17 条“债权人提起的债务中止期审查请求”第 1 款第 a 项，债权人可以基于喘息空间“不公平损害”了债权人的利益，请求债务咨询师审查是否应撤销喘息空间。③ 又根据第 19 条“债权人撤销债务中

---

① Breathing Space Regulations Section 15（Implemented on May 4th，2021）；Lorraine Conway，Debt Respite Scheme-A Breathing Space for Those in Debt，House of Commons Library，2021，p. 18，https://researchbriefings. files. parliament. uk/documents/CBP－9256/CBP－9256. pdf.

② The Insolvency Service，Guidance-Debt Respite Scheme（Breathing Space）guidance for money advisers，2022，para. 7，https://www. gov. uk/government/publications/debt-respite-scheme-breathing-space-guidance/debt-respite-scheme-breathing-space-guidance-for-money-advisers#during-a-breathing-space.

③ Breathing Space Regulations Section 17(1)(a)（Implemented on May 4th，2021）.

止期的法院申请”,在债务咨询师依据第 17 条进行审查且喘息空间未依据第 18 条“基于债权人请求审查和撤销债务中止期”被撤销时,债权人可以再次基于第 17 条项下的事由向郡法院申请撤销喘息空间。① 在本案中,债权人方申请撤销整个喘息空间,但就“不公平损害”要件的证明所提出的证据仅为含有少量信息的债务人接受心理治疗的心理咨询师信函。根据《喘息空间条例》第 30 条“心理健康危机债务中止期的债务人适格要求及债务咨询师的义务”第 4 款要求,债务咨询师应基于认证心理健康专家就债务人接受心理健康治疗情况(包括心理健康状况、治疗状况和病情预测等)提供的适当证据行事。因此,如果有证据证明债务人能够在很短的时间内恢复健康,法院有可能提前撤销债务人的喘息空间。但是,该信函所提供的信息相当有限,法院据此拒绝了债权人的申请。法院在判决中写道,该信函仅涉及了“有关债务人病情持续时间和严重程度、病情预断或病情改善的预计时间”的少量信息,既未“解释债务人身涉大型民事诉讼之时撤销喘息空间对债务人病情恢复的不利影响”,又难以得知“心理咨询师是否知悉当事人双方的后续诉讼以及喘息空间对债务人的意义和效果”。由此可见,法院对于债务人是否仍适用心理健康危机喘息空间的判例法证成标准是紧扣心理咨询师提供的相关证据进行的,这进一步印证了心理咨询师在喘息空间中的重要意义和地位。

四、案例评析

总体而言,本案实际上是为英国 2021 年 5 月 4 日施行的债务纾缓规范《喘息空间条例》第 17 条“债权人提起的债务中止期审查请求”的适用提供了先例,特别是对“不公平损害”进行了充分的论证分析。首先,在法律适用上,《喘息空间条例》旨在为还债困难的适格个人债务人提供一个免受债权人执行等措施的债务中止期,或者“人身保护期”(喘息空间),以供债务人获取专业债务建议,其间不会受到债务不断加剧和执行请求迫在眉睫的压力。心理健康危机喘息空间则是专门针对接受心理健康治疗的债务人所提供的喘息空间。而无论是一般的喘息空间还是专为正在接受心理健康危机治疗的债务人提供的喘息空间,最重要的法律保护体现在,在喘息空间内,债务人可以免受债权人通过提出

① Breathing Space Regulations Section 19 (Implemented on May 4th, 2021).

或者执行等各种权利主张与债务人进行接触，并且符合喘息空间条件的相关债务均停止计息计费，虽然这样的债务中止期通常仅最多持续60日（心理健康危机喘息空间为接受治疗的期间外加30日，但接受治疗时间的中位数一般为34日，[①]故两种喘息空间的预期保护力度基本一致，仅会因个案实际情况发生合理变动），但对于那些因为缺乏债务咨询而利益未得到增加（包括增强理财知识、提供适当债务解决方案以及提高还债可能性等）的债务人而言，是大有裨益的。但是，这一债务纾缓政策的适用仍需要严格把关，即便出台有《喘息空间条例》，在相关规定的具体实施以及避免债务人滥用该救济程序的层面，均要求司法实践有发展、变通以及灵活的判断加以辅助。

本案中，首先，法官所作裁判是严格遵守了《喘息空间条例》的立法宗旨，即保护债务人获取专业债务建议的权利、提高清偿的可能性。其次，在先例创设方面，本案既遵循了破产法对全体债权人公平原则的适用，又为后续的喘息空间案件提供了解决纠纷的有力指引。

就法院对债务人依法取得的"债务中止期"（喘息空间）的保护而言，可以对我国目前的执行程序和未来的个人破产程序设立提供有利借鉴。一是重视个人破产法基本原则的理解与在个案中的适用，个人破产制度未来是"新兴"案件，需要破产法官们能够结合其一般规律和我国个人破产的实践经验，"融会贯通"，才能更好地实现个人破产制度的目的和主旨。二是要注意对个人债务人进行特殊性的关切。债务人在长期的债务高压下，产生心理问题是一个较为普遍的现象，《喘息空间条例》专门设置了心理健康危机喘息空间，考虑到可能因为过度负债而产生心理问题的债务人的情形，这样的人文关怀是该法的重点特色，也是一个社会制度迈向更高级文明的标注。此外，普通的个人债务人与其债权人相比，特别是与银行等职业债权人相比，在诉讼资源、信息和财务能力等诸多方面都处于相对劣势，为此，破产法官在处理个人破产案件时，一定要审慎考虑债务人的个案情况，作出合法合理的裁判。

---

① See John P. Glen, Breathing Space Impact Assessment, HM Treasury (Aug. 27, 2019), https://assets.publishing.service.gov.uk/government/uploads/system/uploads/attachment_data/file/863869/Breathing_Space.pdf.

CASE 02

案例 2

Davidson v. Stanley*

——债务人请求法院颁发临时中止行权令

刘　静（北京外国语大学法学院副教授）
杜　骁（西南政法大学民商法学院硕士研究生）

一、裁判要旨

在 Hook v. Jewson Ltd. 案①中设立的裁判原则，要求个人自愿安排方案需同时具备“审慎性”和“可行性”，而案件胜诉率不高的未来胜诉收入和尚未取得专利权的发明收入等不够实际的未来收入，均不属于支持个人自愿安排方案具有可行性的依据，此外，债务人未遵守其他案件中的法院令以及未进行清偿的行为亦会减损法院对债务人的信任。

本案中，债务人提出的个人自愿安排方案未达到“审慎可行”的标准，结合债务人在程序中的不诚信行为，法院驳回了债务人的临时中止行权令申请。

---

* 案件名称：Paul Anthony Davidson v. Paul Stanley；审理法院：英国高等法院衡平分庭；案号：[2004] EWHC 2595 (Ch)；判决时间：2004 年 10 月 29 日；法官：Honourable Mr. Justice Blackburne。

① Hook v. Jewson Ltd. [1997] B. C. C. 752，[1996] 10 WLUK 107.

二、基本案情

2004年8月,债务人Davidson向麦克尔斯菲尔德郡法院申请了《1986年破产法》中"个人自愿安排"项下规定的临时中止行权令,以便有时间向债权人提出个人自愿安排方案,被申请人Stanley是负责为Davidson实施方案的代理人。同年次月,该申请被郡法院移送管辖后,在高等法院进行了审理。第一次庭审是由破产登记官负责审理的,代理人Stanley并未出庭;出庭的是Davidson的三个债权人(包括Oystertec公司以及此前曾在其他案件中为Davidson提供代理服务的Wacks Caller律师事务所),他们均对该申请表示反对。鉴于Davidson在庭上提出的个人自愿安排方案及相关证据难以证明该方案可以有效完成,又考虑到出庭的债权人仅为一小部分债权人,若采信他们的反对意见并驳回Davidson的申请,则根据《1986年破产法》第255条"可以颁发临时中止行权令的情形"第1款第c项,Davidson需另行等待12个月后才可以提出其他证据、重新申请。据此,破产登记官没有当庭驳回申请,而是将庭审进行了延期,并指示Davidson在10月8日下午4时前将案涉所有的各方当事人进行备案且悉数通知到位。

2003年9—11月,债权人Oystertec公司向Davidson以庭审式诉讼①的方式提起了《1998年民事程序规则》第20部分"反诉和其他追加诉讼"②项下的诉讼程序(以下简称第20部分案件),Oystertec公司提出:Davidson在完全知晓专利权存在与第三方诉讼争议的情况下,不予披露该情况,仍声明并保证其是专利权所有人,并向Oystertec公司转让了专利权,Davidson违反了与Oystertec公司所签协议项下的信义义务。据此,Oystertec公司主张Davidson重新交付符合双方协议要求的专利权或以赔偿的方式代替交付。该案经高等法院审理,作出简

---

① 庭审式诉讼系指有关案件事实的实际且重大争议需要法院依法裁判时所采用的诉讼程序。在英美法系司法实践中,与其相对应的概念是申请式诉讼。二者的最显著的区别在于,前者是以当庭口头陈述事实和证据的方式展开的诉讼;后者则是以宣誓书载录事实和证据,并在进入辩论听审环节前由法官宣读的方式展开的诉讼。申请式诉讼通常会在诉讼程序启动后迅速进入法庭听审环节;而庭审式诉讼则很有可能会在诉讼程序启动后数年才进入听审环节。因此,申请式诉讼往往会比庭审式诉讼更加迅速地审结,相应地,也会更加地节约诉讼成本并加速纠纷的解决。

② The Civil Procedure Rules 1998, Part 20 Counterclaims and Other Additional Claims (Latest Revised on April 4, 2005).

易判决后支持了 Oystertec 公司的主张。后 Davidson 虽对该简易判决提起上诉，但上诉被驳回。同年 12 月，审理第 20 部分案件的法官要求 Davidson 在次年 1 月中旬以前出具证人陈述书，述明其在向 Oystertec 公司转让专利后所获得的利益；但 Davidson 没有按要求提供陈述书。2004 年 1 月，Oystertec 公司基于胜诉的简易判决取得了对 Davidson 合计价值 150 万英镑的全球资产冻结令；但 Davidson 未能遵守冻结令的信息披露要求，包括未提供冻结令要求的个人资产清单、载有资产线索信息的宣誓书等。2004 年 2 月，Davidson 在第 20 部分案件中提供的各类保证和声明也均被查证具有欺诈性质，法院据此判令 Davidson 承担 75 万英镑的公平赔偿金。2004 年 4 月，在 Oystertec 公司向法院提出“Davidson 违反冻结令、私自处置资产”的主张后，法院审理认定 Davidson 的行为严重违反了冻结令的要求，并判令 Davidson 向 Oystertec 公司支付共计 6 万英镑的赔偿金，同时要求 Davidson 提供完整、全面的资产报表和以往交易信息等，并告知 Davidson“这是最后一次遵守法院（程序性）要求的机会”。同年 8 月，Oystertec 公司向法院申请就 Davidson 财产的公平执行任命接管人，以及撤除其为申请冻结令而做出的补偿金保证①，Davidson 对此提起了交叉申请，最终法院撤除了 Oystertec 公司的补偿金保证，任命了负责执行的接管人，并判令 Davidson 承担 Oystertec 公司的申请费用，共计 19, 650 英镑。

另外，由于 Davidson 没有按照法定要求偿债书清偿债务，债权人 Wacks Caller 律师事务所基于 Davidson 未清偿代理费在内的 148, 000 英镑提起了针对 Davidson 的破产申请，后受到此次临时中止行权令申请的影响，该破产申请被中止，法院判令 Davidson 承担 Wacks Caller 律师事务所的申请费用，共计 5500 英镑左右。

对于上述赔偿金、补偿金、申请费等在内的全部债务，截至本案审理前，Davidson 分文未偿。而 Davidson 在本案中提出的个人自愿安排方案（包括对其在法庭提出的新收入的安排）中，他表示会全额清偿债务，而不是被裁定破产后只完成少额清偿，Davidson 提出的预期未来收入主要包括：

---

① 补偿金保证系指一方当事人在向法院申请对另一方当事人颁发禁令、施加限制措施时，法院通常要求该当事人提供的补偿金保证。该保证的功能是在案涉禁令最终被法院推翻后，对因该禁令遭受损失的另一方提供的补偿金。

1. 原方案的核心收入——新发明收入，据称可达每年 20 万英镑。

2. 庭上提出的新收入：

(1) 多个案件的预期胜诉收入，合计可以超过数百万英镑；

(2) 含投资在内的剩余资产的分红，至少为 20 万英镑；

(3) 必要时，出售其在西班牙持有的一艘船和一个珍贵的盘子，分别估价为 50 万英镑和 3 万英镑。

三、裁判理由

(一) 重要法条

《1986 年破产法》第 255 条第 2 款。①

(二) 关键争议

本案难点在于对债务人提出的个人自愿安排方案是否“审慎可行”的证明问题。

1. 债务人 Davidson 提出的未来收入预期方案是否具有可行性？

2. 债务人 Davidson 不遵守法院令以及不作清偿的行为是否可以作为本案裁判的参考事项？

(三) 争议解析

争议点 1：法院认为，本案所涉个人自愿安排方案中最关键的部分是每年 20 万英镑的新发明收入，但是，这些发明尚未取得专利权，Davidson 在庭上也并没有对发明加以详述，无法证明这些发明所具有的价值。同时，Davidson 所涉诉案件的胜诉可能性不高，他的其他资产也同样存疑，因此，Davidson 提出的个人自愿安排方案无法满足“审慎可行”的标准。根据《1986 年破产法》第 255 条的规定，只有在满足如下情形时，才可以颁发临时中止行权令：法院认定 (1) 债务人有意作出个人自愿安排；(2) 在申请颁发该法院令之时，债务人系未获免责之债务人，或能够提起破产申请；(3) 自债务人提出的前一次申请起的 12 个月内，没有提出其他的该等申请；(4) 债务人之个人自愿安排方案项下的代理人愿

① Insolvency Act 1986 Section 255(2) (Latest Revised on June 7th, 2022).

意为该方案行事。[①] 而在判例法 Fletcher v. Voigt 案[②]中，对于法院自由裁量是否同意临时中止行权令的依据作出了更为明确的解释："在（个人自愿安排）方案既不具审慎性亦不具可行性时，避免召集不必要的债权人会议，浪费人力、物力和财力。"由此可见，临时中止行权令制度的立法意图是通过节省资源、提高效率，从而促进破产程序的经济性，其实质是实现债权人的利益最大化。而在本案中，Davidson 的方案不满足"审慎可行"的要求，债务人申请临时中止行权令只是为了有时间向债权人提出方案，与前述法律所规定的适用条件并不相符，即基于避免资源浪费的目的，在案件没有必要召开债权人会议的情况下才可以颁发该法院令，故法院最终驳回了 Davidson 的申请。

争议点 2：Davidson 此前未遵守其他案件中所颁发的法院令（包括资产冻结令、法定要求偿债书等）的要求，进一步减损了法院对他的信任。虽然 Davidson 在其他程序中出现的不作为、不诚信等行为，并不能直接用于认定 Davidson 的个人品行或者在本案提出的个人自愿安排方案是否可以采信，但基于这些行为，可以在一定程度上发现 Davidson 在其他法院程序中的配合程度和合作意愿，法官可以将此作为本案的部分参考依据。此外，在法院驳回 Davidson 临时中止行权令申请之时，同样是在参考了 Davidson 在程序中不诚信行为的基础上作出的认定。

四、案例评析

本案为 Hook v. Jewson Ltd. 案设立的个人自愿安排"审慎可行"标准提供了类案先例，对于一些不够现实的预期未来收入，应判断为明显不符合"审慎性"和"可行性"两项标准，如本案中，债务人提出的未来胜诉收入、未来发明收入等。同时，本案债务人所申请的"临时中止行权令"能够暂时延期清偿债务、使得债权人权利中止，阻碍了债权人尽快地实现债权、获得利益，对于债权人方是不利的，因此，法院在确定案件是否应颁发该中止令时，应该遵循"审慎可行"的判例法标准，进行公平而严谨的审查。值得注意的是，在程序参与主体上，被告是个人自愿安排方案的代理人，是辅助债务人实施方案的主体，但这并不意

① Insolvency Act 1986 Section 255（2）（Latest Revised on June 7th，2022）.

② Fletcher v. Vooght［2000］B. P. I. R. 435，［2000］2 WLUK 961.

味着债务人和代理人的立场一致或者所有选择完全相同,本案以代理人为被申请人的诉讼结构即可体现二者迥然不同的利益取向和法律地位的独立性。破产程序中重要的程序或实体争议大多可以通过"对抗、争辩"的诉讼程序加以解决。

此外,虽然本案例评析对于案件的许多细节没有详细描述,但是本案法官针对债务人在庭上提出的诸多"预期未来收入"一一进行了具体而现实的分析和辩识,而不是从旁观者角度先入为主地认为债务人的相关主张均是"荒唐"的。这也对我国有重要的启示意义,基于个人破产制度的特殊性,裁判者应当在人文主义的基础上,结合个人现实情况对个人重整方案进行财务规划和财务评价,对债务人和债权人的不同权利主张、不同的经济负担现状,都应当予以关切和重视。诚然,管理人和法院也要严格把控破产欺诈、破产不诚信的问题。本案中,法院在整个裁判过程中对债务人恪守义务行为的监督,特别是将债务人程序参与不诚信作为裁判参考依据之一,足以体现在个人破产案中应审慎地评价参与人的诚信与实际经济能力。

另外,本案还提及了个人自愿安排程序中的代理人①制度。在英国及其他提供了自愿安排程序的普通法国家或地区中,无论是企业破产还是个人破产,均要求有代理人负责个人自愿安排程序的相关事宜,其最主要的职能是为债权人确保有关个人自愿安排案件中的透明性和公平性,在可能损及透明和公平程度的风险事件发生之际,代理人必须将该情形向债权人报告,以决定个人自愿安排方案是否通过或继续进行。② 根据《1986 年破产法》第 253 条第 2 款的要求,债务人在提出个人自愿安排方案之时,必须有代理人作为方案的管理人或实施监督人,并且,代理人必须是一位合格破产执业人员或经授权担任代理人,实践中,代理人一般为律师或会计师。由此可见,代理人在个人自愿安排程序中的地位相当于破产清算程序中的破产管理人。代理人的权利义务主要规定

① "债务重组"与"代理人"(香港用语为"代名人")的用法源自香港破产法律,参见香港特别行政区破产管理署网,https://www.oro.gov.hk/sc/our_services/publications/individual_voluntary_arrangement/simple_guide_on_individual_voluntary_arrangement.html,最后访问日期:2023 年 4 月 23 日。

② Duties of Nominee in A Voluntary Arrangement, Oliver Elliot, https://www.oliverelliot.co.uk/insolvency-guides-and-information/duties-of-nominee-in-a-voluntary-arrangement/.

在《2016年破产规则》[1]第8部分第2章中，代理人的主要义务和职责包括：(1)方案信息充分披露义务，即确保债权人已知悉待投票通过方案的所有必要信息，包括个人背景或情况、破产原因、此前其他摆脱破产困境的失败尝试等；(2)报告义务，即向债权人即时报告可能损及案件透明和公平性的事件等；(3)监管义务，即确保债务人以及方案在程序任何阶段（包括文书提交、初步建议、方案制定、方案实施等）的合规性。[2] 由此可见，代理人在自愿安排程序中居于重要地位，是值得另行深入探讨的主题。

---

① Insolvency (England and Wales) Rules 2016, Part 8, Chapter 2 (Implemented on April 6, 2017).

② Statement of Insolvency Practice 3. 1 England and Wales, ICAEW (Jul. 1, 2014), https://www.icaew. com/-/media/corporate/files/technical/insolvency/regulations-and-standards/sips/england/sip-3-1-e-and-w-individual-voluntary-arrangements-1-july-2014. ashx.

CASE 03

案例 3

Raiffeisenlandesbank Oberösterreich AG v. Meyden *

——债权人请求法院废止债务人已获得免责的破产令

刘　静（北京外国语大学法学院副教授）
杜　骁（西南政法大学民商法学院硕士研究生）

一、裁判要旨

无管辖权的法院启动破产程序或颁发破产令，其已颁发的破产令应予以废止。裁判的基本思路是，如果法院明确发现某项破产令是在无管辖权情况下颁发的，可能受到破产令影响的当事人或任何其他人士应有权申请废止该破产令。

本案中，原审法院行使自由裁量权所采用的事实依据与法定要求不符，不满足行使自由裁量权的条件，故在相关利害关系人提出申请的基础上，应基于原审法院无管辖权而宣告破产令废止。

二、基本案情

2010 年 6 月，债务人 Meyden 申请破产，并在申请破产

* 案件名称：Raiffeisenlandesbank Oberösterreich AG v. Nikolaus Meyden；审理法院：英国高等法院衡平分庭；案号：［2016］EWHC 414（Ch）；判决时间：2016 年 1 月 28 日；法官：Honourable Mr. Justice Nugee。

时提出其“主要利益中心地”在英格兰和威尔士,后该申请经破产登记官审查同意,Meyden 于 2011 年 6 月获得免责。2014 年 8 月,债权人奥地利银行根据《1986 年破产法》第 282 条第 1 款第 a 项申请废止债务人的破产令,其主要事实依据是 Meyden 在申请破产时,其“主要利益中心地”并不在英格兰和威尔士。原审法院于 2015 年 6 月受理了本破产令废止申请案,并在 7 月作出了裁判,审理证据包括 Meyden 提供的口头证据以及其他文书材料。原审判决指出:“尽管本案是跨境案件,但是,如果 2010 年 6 月在审理当时提出的破产申请时,能够对本次审判中的证据进行听证和质证,则难以得出 Meyden 的主要利益中心地是在英格兰和威尔士的结论,据此,不应颁发破产令。”但是,原审法院并未根据 Meyden 的主要利益中心地不在英格兰和威尔士而废止破产令,而是基于原破产申请案和本破产令废止申请案之间的时间跨度过长的情况,认为其可以据此行使自由裁量权,决定不废止破产令。债权人奥地利银行遂提起上诉,要求上诉法院根据债务人申请破产时提出的“主要利益中心地”错误,废止破产令。

三、裁判理由

(一)重要法条

《1986 年破产法》第 265 条;《1986 年破产法》第 282 条第 1 款第 a 项;《欧盟理事会破产程序规则(第 1346/2000 号)》第 3 条。[①]

(二)关键争议

本案难点在于在废止含涉外因素的破产令时,英国法院是否有权进行自由裁量,抑或其应被视为一项请求权,经相关权利人向法院申请才能予以废止。

1. 英国法院对该涉外破产令是否享有管辖权?

2.《1986 年破产法》第 282 条是否赋予了法院废止破产令的自由裁量权?

(三)争议解析

争议点 1:根据《欧盟理事会破产程序规则(第 1346/2000 号)》第 3 条“跨境管辖”规定,“债务人主要利益中心所在领土内的成员国法院应有权启动破产

① Insolvency Act 1986 Section 265 (Latest Revised on June 7th ,2022); Insolvency Act 1986 Section 282(1)(a) (Latest Revised on June 7th, 2022); Council Regulation (EC) NO 1346/2000 Article 3 (Effectively Dated May 31st,2002 – June 25th ,2017).

程序。就公司或法人而言,在没有相反证据的情况下,注册办事处所在地应被推定为其主要利益中心”,以及“只有债务人在其他成员国设有营业机构,才可在该成员国启动附属破产程序”。又根据《1986 年破产法》第 265 条“债权人提出的破产申请:法院可以颁发破产令的债务人”的规定,“除非债务人满足以下条件……否则不得提出破产申请:(a)居住于英格兰和威尔士;(b)在提出破产申请之日,本人出现在英格兰和威尔士;或(c)截至提出破产申请之日的 3 年期间——(i)在英格兰和威尔士经常居住或拥有居住地,或(ii)在英格兰和威尔士营业”,以及“本条的适用受《欧盟理事会破产程序规则(第 1346/2000 号)》的约束”。① 在法律适用方面,本案审理时《欧盟理事会破产程序规则(第 1346/2000 号)》属于英国在解决破产问题时应参考适用的法律规定且《1986 年破产法》第 265 条在当时并未修订,故该规则的第 3 条会对《1986 年破产法》第 265 条产生直接的实践影响,即“只有在债务人主要利益中心所在的成员国的法院,才享有管辖权启动主破产程序”。在案件事实认定方面,该案属于边缘案例,因为 Meyden“在破产申请前的 6 个月时间大部分都在英格兰和威尔士境内”,这也是 Meyden 的破产申请能够通过的原因。但是,在原审法院对案涉证据进行进一步听证和质证后,原审法院认为,在提出破产申请之时,Meyden 的主要利益中心地并非在英格兰和威尔士,这一事实认定也得到了上诉审法院的支持。由此可见,前述两项条款应予以适用,英格兰法院无管辖权启动破产程序或作为主程序所在地。

争议点 2:根据《1986 年破产法》第 282 条“法院废止破产令的权力”,法院可以废止破产令的情形主要有两种:(1)基于在破产令颁发时存在的任何事由,不应颁发该破产令;(2)基于相关规则要求法院认定,自破产令颁发以来,案件的相关债务和费用已悉数清偿或得到担保。其中第一种情形即规定了法院废止破产令的自由裁量权。原审法院基于原破产申请案与本破产令废止申请案“时间跨度过长”的事由,对是否废止破产令进行了自由裁量。原审判决这样写道:“时间跨度问题是法院必须保留自由裁量权的事实依据。只有在无论如何法院都不会有权进行自由裁量的案件,以及在债务人没有主要利益中心地而法

① Insolvency Act 1986 Section 265 (Latest Revised on June 7th, 2022); Council Regulation (EC) NO. 1346/2000 Article 3 (Effectively Dated May 31st, 2002 - June 25th, 2017).

院必须废止破产令的案件中,才可能意味着(在最极端的情况下),如果案件的'真相'(如在破产令颁发数年后才查明债务人主要利益中心地并不在破产令申请时当事人提出的地点)在破产程序完成后10—15年、20年,甚至更长的时间都没有显现,那么此时,法院除了裁定废止破产令外,别无选择。"原审法院认为:案件从原破产令申请到现在的破产令废止申请,时间跨度已经过长,不可能让每个案件都无限期地等待"真相"的出现。而且,破产令已切实有效地存在了很长一段时间,无论是出于维护司法裁判的权威性,还是从保证裁判效力的稳定性出发,法院都应当转被动为主动,结合案件当前的实际情况,确定案件是否仍应颁发破产令。原审法院最终基于自由裁量,作出了不予废止破产令的裁定。原审法院的裁判意见具有一定的合理性,但也可能存在法官滥用自由裁量权的情况。这是因为,原审法院出于案件时效性的考量裁定不废止破产令,这相当于遵从欧洲一般程序法中的诉讼时效规定,认为英国破产法应让步于欧洲的一般程序法要求。但是,在本案中,与案情更为相关且有判例法支持的事由并不是"时间跨度"因素,而是管辖权因素,上诉审法院遂以"本案管辖权因素的重要性比时间跨度因素的重要性更高",否定了原审法院的自由裁量。

在判例法中,一旦法院明确发现某项破产令是在无管辖权情况下颁发的,可能受该破产令影响的当事人或任何人都有权申请废止该破产令,参见判例 Munks v. Munks 案①以及 Polarpark Enterprises Inc. v. Allason 案②等。同时,根据英国的管辖权规定,高等法院③是享有无限管辖权的法院层级,而高等法院即使是在无管辖权的情况下颁发的破产令,亦应予以遵守,参见判例 Munks v. Munks 案以及 Isaacs v. Robertson 案④等,即在破产令被废止前,如其效力"外观"完备,则应被视为有效的法院令。前述判例法原则是在执行破产令时发挥

① Munks v. Munks [1985] F. L. R. 576,[1985] 1 WLUK 747.

② Polarpark Enterprises Inc. v. Allason [2007] EWHC 1088 (Ch),[2008] 1 P. &C. R. 4,[2007] 4 WLUK 216.

③ 英国法院"四级三审制"的基本层级为:(1)一级:下级法院(治安法院、皇室法院、审裁处、郡法院)。(2)二级:高等法院(王座分庭、家事分庭、衡平分庭)。(3)三级:上诉法院(民事分庭、刑事分庭)。(4)四级:最高法院。遵循"初审—上诉审—终审""一级、二级、三级、四级"的审级制,一般一级负责初审(高等法院仅在案涉标的价值较高时才负责初审),二级、三级负责上诉审,四级负责终审。其中,一般初审为事实审,上诉审为法律审,终审则二者兼有。

④ Isaacs v. Robertson [1985] A. C. 97,[1984] 6 WLUK 99.

重要作用的、主要且有益的原则;同时它也是英格兰程序法的基本原则,属于一般性的司法适用立场,既适用于其他程序,也当然适用于破产程序。换言之,在《1986 年破产法》第 282 条未另作规定的情况下,只要法院对案件没有管辖权,无法为其颁发的法院令提供完备的效力外观,则该法院所颁发的破产令即属无效、必须废止。但从维护裁判效力的稳定性的角度出发,在依法废止之前,破产令的效力仍应予以维持。此时出现的实质性争议是:《1986 年破产法》第 282 条中明文规定的、有关破产令废止的自由裁量权,能否替代前述欧洲法的一般司法立场。从第 282 条规定中体现的非列举式立法思路可以得知,其所赋予的自由裁量权并不仅限于法院没有管辖权的特定情况,法院可以依据该条款行使自由裁量权的情形,应根据个案实际情况确定。可见,本案中的原审法院和上诉审法院都享有根据案情实际作出自由裁量的权力。但是,就本案而言,虽然管辖权并不是必须严格适用的唯一法律标准,但原审法院将时间跨度作为特殊考虑事项,进而维持破产令的做法没有判例法依据,也不符合案情实际。本案更为重要的考虑事项应是管辖权问题。至此,本案关于管辖权因素和时间跨度因素之争告一段落。

四、案例评析

本案是在英国脱欧之前作出的判例,虽然对于英国而言法律效力有所减弱,但也为跨境破产或者有涉外因素的个人破产案件中的处理提供了参考。就案件本身而言,原审法院提出了“时间跨度过长”的案情作为其适用《1986 年破产法》第 282 条规定的自由裁量是否废止破产令的依据,上诉审法院接受了原审法院对于破产令颁发时不具管辖权的认定,但是又对第 282 条自由裁量的适用予以了质疑,案件“时间跨度过长”的条件并不足以支持法院作出自由裁量。由此可见,在未来的个人破产案件中,法院通过自由心证适用自由裁量权之时,需要严格把控事实的特殊性,而这有赖于长期的司法实践和经验。就案件背后的适用法律而言,欧盟条例与联合国跨境破产示范法有着异曲同工之妙,是可为成员国参照适用或者内化适用的法律,但是,引起本案争议的另一因素则是英国《1986 年破产法》第 282 条的自由裁量权,在国际条约(无论是区域性质还是全球性质)与本国法律存在法律冲突之时,更应准确把握个人破产法所需遵守的一般程序法要求。

CASE 04

案例 4

Secretary of State for Business, Innovation and Skills v. Melaris*

——行政机关依职权请求法院取消债务人的董事资格

刘　静（北京外国语大学法学院副教授）
杜　骁（西南政法大学民商法学院硕士研究生）

一、裁判要旨

未获免责的①债务人担任董事，属于"严格责任"性质的犯罪，但这一事实本身可以提供佐证，使《1986 年公司董事失格法》第 6 条项下的董事失格令得以修正。并且，就该犯罪具有"严格责任"性质的事实而言，并不会必然与债务人的董事任职能力挂钩，进而导致其自动成为不胜任董事。

在本案中，个人破产不构成认定不胜任董事成立的直接要件，除个人破产因素外，债务人亦不满足判例法上的不胜任董事认定要求，故法院据此驳回了国务大臣取消债务人董事资格的申请。

---

* 案件名称：Secretary of State for Business, Innovation and Skills v. Spyros Ioannou Melaris；审理法院：英国高等法院衡平分庭；案号：[2013] B. P. I. R. 1109；判决时间：2013 年 9 月 19 日；法官：Registrar Barber。

① 未获免责的系指债务人已进入破产程序但没有获得债务免责的状态。

二、基本案情

英国商务、创新和技能部国务大臣基于《1986 年公司董事失格法》第 6 条"法院取消破产公司之不适格董事资格的职责"向法院申请,基于债务人 Melaris 在担任某家于 2009 年被移送破产管理程序的公司之董事期间的行为,判令其不具有担任董事的资格。

1994 年 3 月,Melaris 宣告破产,同年 8 月,Melaris 的免责考察期被暂停,并且后续未再恢复考察;因此,在 Melaris 担任公司董事的 2002 年 10 月至 2005 年 11 月、2007 年 8 月至 2009 年 7 月的两段时间中,Melaris 一直处于未获免责的状态。国务大臣据此主张,Melaris 在未获免责的情况下任职董事的行为属于犯罪行为,违反了《1986 年公司董事失格法》第 11 条"未获免责的债务人"的相关规定。担任董事的行为系一项严格责任,随着 Melaris 成为未获免责的债务人,Melaris 便自动不胜任董事一职。退一步讲,即便他不会自动成为不胜任董事,在 Melaris 已经知悉或应当合理知悉其属于未获免责债务人状态的情况下,他既未采取适当措施寻求破产免责,亦未根据《1986 年公司董事失格法》第 17 条"基于法院令申请法院的同意",取得法院对其继续担任董事的同意。据此,国务大臣申请法院作出 Melaris 不具担任董事资格的裁定。

三、裁判理由

(一)重要法条

《1986 年公司董事失格法》第 6 条;《1986 年公司董事失格法》第 11 条。①

(二)关键争议

本案难点在于把握债务人破产的事实是否会自动导致其不胜任董事一职,如果不会,基于何种案情可以修正该事项。

1. Melaris 是否因个人破产而自动成为不胜任董事?

2. 在排除个人破产因素后,Melaris 是否为不胜任董事?

---

① Company Directors Disqualification Act 1986 Section 6 (Latest Revised on June 9th, 2022); Company Directors Disqualification Act 1986 Section 11 (Latest Revised on June 9th, 2022).

（三）争议解析

争议点1：在公司董事为未获免责的债务人时，并不能直接认定其为不胜任董事，即不得仅凭借董事进入了破产程序而未获得免责就将其认定为不胜任董事；而是应当遵照《1986年公司董事失格法》第6条“法院取消不胜任董事资格的义务”，交由法院通过颁发董事失格令，作出相关的认定，参见判例 Re Migration Services International Ltd. 案①。根据第6条第1款规定“如果某人根据本条被申请颁发董事失格令，法院应在如下条件满足时对其颁发董事失格令：(a)法院认定——(i)该人担任或已经担任某家资不抵债公司之董事，公司资不抵债的时间以及是否在该人曾经任职或新上任不久后资不抵债在所不问；(ii)该人已经担任某家非因资不抵债原因而解散的公司之董事，公司解散的时间以及是否在该人曾经任职或新上任不久后解散在所不问，以及(b)法院根据该人担任该公司董事时的行为（无论是在该公司担任或者是同时在任何其他公司或海外公司担任时单独或整体的行为），认定该人不胜任公司管理的事宜，则法院可以颁发失格令”②，该条规定了法院的不胜任董事认定标准以及董事失格令的颁发职权。其中，不胜任董事的认定标准可以概述为两个主要考虑事项，其一，主要涉及对公司实际经营状况方面的考察：案涉当事人是否在资不抵债或非因资不抵债而解散的公司担任董事；其二，主要涉及对被申请人职务行为的考察：基于被申请人在担任该公司董事时的行为可认定其没有能力管理公司。这两个考察事项缺一不可，均需满足。公司的实际经营状况属于相对客观和静态的内容，在案件中法院对于这一要件的认定难度相对较轻。而被申请人的职务行为则相对复杂且动态变化，这或是法条没有以列举式的方式述明哪一个或哪几个职务行为需要考察或需要作为重要事项考察。本案中，国务大臣直接以债务人担任董事时未获免责的行为要求法院对其颁发董事失格令，并没有直接法律依据，而是需要专门就本案具体情况进行实际考察，至少需要证成“债务人未获免责的行为导致其不再胜任管理公司事宜”这一结论。特别地，在被申请人值得考察的职务行为复杂、繁多时（如同时担任多家符合前述第6条第1款第a项公司的董事时），法院根据案情进行综合、全面考察的要求则会更高。

① Re Migration Services International Ltd. [2000] B. C. C. 1095, [1999] 11 WLUK 320.

② Company Directors Disqualification Act 1986 Section 6 (Latest Revised on June 9th, 2022).

由此亦可以得知,《1986 年公司董事失格法》本身对于不胜任董事的认定更倾向于由法官根据个案情况作出判断,而不是如本案中国务大臣所提出的“因为债务人未获免责而应直接认定为不胜任董事”的主张。

此外,《1986 年公司董事失格法》第 11 条“未获免责的债务人”规定,“未获免责的债务人担任公司董事,或者直接或间接参与或涉及公司发展、组建或管理的,属于犯罪,但获得法院同意的除外”①,该条规定的是债务人担任董事的破产犯罪条款。由此可见,第 6 条和第 11 条两项条款内容的认定和适用标准存在明显区别,并不是直接交叉适用、相互影响的。是故,不得仅因 Melaris 进入了个人破产程序、未获得免责,就直接认定其自动成为不胜任董事。

争议点 2:在根据争议点 1 说明“个人破产会直接导致董事不胜任”并无直接法律依据后,本案需要从事实层面单独考察本案债务人是否为不胜任董事,特别是对债务人的个人破产及相关情况要进行仔细分析。根据判例法要求,这需要考虑其行为是否未达到对董事所预期的诚实与称职标准,参见判例 Re Grayan Building Services Ltd.(In Liquidation)案。对于诚实标准,在 Melaris 担任董事的两段时间内,其对 1994 年被宣告破产的情况真实地不知情,即满足了诚实要件,具体表现为:(1)Melaris 对破产程序明显不熟悉,而不是恶意不遵守破产程序;(2)官方接管人未向 Melaris 提供的联系地址送达任何文书;(3)Melaris对于破产免责被无限期暂停或作为未获免责状态债务人的情况,亦不知。因此,债务人适用《1986 年公司董事失格法》第 11 条也是不恰当的,因为他确实不了解自己已经被宣告破产的情况。

对于称职标准,Melaris 虽然存在一定的不称职行为,但这些行为对于认定 Melaris 不胜任的重要性和影响程度较低,不足以认定其不胜任公司管理事宜。首先,Melaris 因为不熟悉破产程序的流程而对 1994 年被裁定破产的事情并不知情,但在被告知参与公众评议听证和收到破产问卷之时,其应当已经知情,这一行为一定程度上可以认为是构成了不称职行为。但是,对于 2007 年 8 月至 2009 年 7 月的董事任职期间,Melaris 于 2007 年 5 月收到了个人破产登记簿上载有其姓名条目的警告,Melaris 随即采取了公开、诚实、负责的措施去确认该条

① Company Directors Disqualification Act 1986 Section 11(Latest Revised on June 9th,2022).

目是否真实以及是否与自己有关,并进行了诸多向破产管理署澄清事实和请求移除条目的尝试。然而,破产管理署没有应 Melaris 的要求找到相关文件,也未将《1986 年公司董事失格法》的相关要求向 Melaris 进行告知:在免责程序尚未完结或破产程序被废止的期间内,其应卸任任何董事职位或如欲继续任职,需要申请获得法院的专门同意。由此可见,Melaris 不称职行为的严重性,没有达到不诚实和不称职的标准,不能认定其为不胜任董事。

四、案例评析

本案系个人破产案件的衍生案件,对于个人破产的惩罚机制之一"禁业规定"的理解和适用提供了先例参照。首先,本案明确了个人破产因素属于认定个人是否有资格担任董事的标准,即破产的个人债务人禁止担任董事职务,但破产并不是认定个人是否能够胜任董事一职的法定标准。在特殊情况下,如果个人在担任董事期间,因能力问题导致公司利益受损并需要个人承担相关经济责任而导致破产,此时或能认为"破产因素也是认定个人能否胜任董事的标准",但如前所述,这一情况非常特殊,并且不胜任的实质原因仍是个人的能力问题而非破产本身。此外,与"不适格"问题所不同的是,"不胜任"问题需要参考的标准考察的范围更广,既包括了经济因素,还包括主观因素(如本案中的诚实)和能力因素(如本案中的称职)等。这也是本案体现出的对破产污名化的摒弃和裁判立场,不得将破产视为对个人的全盘否定或绝对否认,这种裁判思路是我国个人破产法官处理未来的"失权"案件时所应采取的思路。本案中,法院首先进行了法条解读,明确了董事不胜任和董事不适格或失格董事的区别,并据此排除了个人破产因素;随后再依据判例法的董事不胜任测试,使债务人接受与一般人士相同的董事能力测试,最终驳回了取消董事资格的申请。其次,本案在各个环节上都体现了个人破产领域需要关注的特殊点。例如,在立法和机构设立层面,个人破产惩罚机制的执行与实施职能应规定由谁承担、由何部法律承担,其中,是建立全国统一、垂直管理的专门破产管理署还是由政府机关内部已设立机构兼担职能(包括向违规担任董事的债务人起诉或申请的职能,如本案所示),以及是由专门的破产法(包括单独设立的个人破产法以及与企业破产法合并设立的破产法)进行规定还是由其他单行法(如英国的《1986 年公司董事失格法》)加以规定。

CASE 05

案例 5

Re Ballard (Deceased) *

——行政机关申请法院免除送达破产文书的程序

刘　静（北京外国语大学法学院副教授）
杜　骁（西南政法大学民商法学院硕士研究生）

一、裁判要旨

对于已故的债务人，如其未留遗嘱、破产财产数额较小且明确，并且无近亲属或者其他有意愿或有资格获得代理授权的人，则法院可以据此行使其自由裁量权，在颁发破产管理令的同时，免去向个人代理人或其他利益相关方送达破产文书的程序。

在本案中，已故债务人的财产内容和代理关系方面均符合相关要求，故法院同意免除送达破产文书的程序。

二、基本案情

申请人系地方政府（本案为豪恩斯洛伦敦自治市市长及市民），其向英国高等法院衡平分庭申请 Ballard（已故的债

* 案件名称：The Mayor and Burgesses of The London Borough of Hounslow v. The Estate of Anthony Ballard (Deceased)；审理法院：英国高等法院衡平分庭；案号：[2010] B. P. I. R. 149；判决时间：2005 年 12 月 19 日；法官：Registrar Simmonds。

务人)的破产管理令,并向法院申请能够免除送达程序的法院令。Ballard 去世前居住在由地方政府经营的养老院之中。在其临终之际,Ballard 欠付养老院住院养老费共计 19,000 英镑。Ballard 并无收入来源,但基于其去世前主张获得的社会保险福利,欠付养老院的养老费总额减至 7537 英镑,此系地方政府申报的破产债权。后 Ballard 死于医院。其丧葬费由医院垫付并从 Ballard 的住房协会个人账户中扣除,该账户的最终余额为 7784 英镑。Ballard 无其他可知财产,死亡时亦未留有遗嘱,以及没有可知的近亲属,因此没有相关人士能够就其破产事宜获得代理授权。财政部公职律师表示,由于 Ballard 的破产财产资不抵债,其将不会承担本案的管理事宜,并允许地方政府债权人自行采取其认为适当的相关措施。

三、裁判理由

(一)重要法条

《1986 年死者破产财产管理令》附表 1 第 2 部分第 2 条第 1 款第 b 项。①

(二)关键争议

本案难点在于确定本案案情是否达到了免除文书送达程序的标准。

(三)争议解析

争议点:由于 Ballard 的破产财产资不抵债,法院可以根据《1986 年已故个人破产财产管理令》颁发破产管理令,而该法院令附表 1 第 2 部分第 2 条第 1 款第 b 项规定,"除法院另行指示外,破产管理令的申请必须送达个人代理人,并且送达法院可能指示的其他人士"②,法院据此有权自由裁量是否颁发破产管理令以及是否免除向个人代理人或其他利益相关方的文书送达程序。本案中,(1)债务人无任何近亲属,亦无有意愿或有能力获得代理授权的其他人士;(2)无须就破产财产进行调查或庭审;(3)财政部公职律师基于破产财产已资不抵债而拒绝管理;(4)涉案债权人仅有一位以及破产财产数额较小且明确,如

① Administration of Insolvent Estates of Deceased Persons Order 1986 Schedule 1 Pt Ⅱ para. 2(1)(b)(Implemented on December 29th,1986).

② Administration of Insolvent Estates of Deceased Persons Order 1986 Schedule 1 Pt Ⅱ para. 2(1)(b)(Implemented on December 29th,1986).

要求债权人负责授权代理或召集利益相关方,因此而产生相关程序费用则非情理之中。据此,法院判令无须送达破产文书。

四、案例评析

本案系少见的债务人已故的破产程序处理案件,案件的案情本身疑难点较少,但是相关程序性操作和法院判令所依据的事实性理由均具有较高的参考价值。首先,对于已故债务人的财产纠纷处理,英国立法和司法将债务人本身和破产财产维持在一个相对独立的维度(如本案的被申请主体为债务人的破产财产而非债务人本身),即使在债务人已故且无其他合适代理人的情况之下,仍将破产财产依法处理,一方面为债务人死后(特别是无社会联系的债务人)尊严的维系提供了法律保障,另一方面严格遵照法律处理了债务人财产,促进资产流动和保证市场交易稳定。特别地,本案涉及非营利性、公益性机构——养老院,一般而言,此类不以营利为目的的公益性机构服务于社会公众,作为运行资金主要来源的服务性收费是维系机构正常运转的重要支持,因此,对于此类债权债务纠纷的处理必须有法律保障和维系,即使是破产,即使是债务人死亡也应当妥善处理。其次,在法律程序上,本案的申请人,即债权人养老院的代理人为市政府及市民。虽然由市政府及市民担任非营利性公共机构的代理人非仅适用于破产程序之中(本案中的养老院系由政府组建,属于地方政府下属机构),但是这同样为已故债务人涉及破产程序时提供了参考,在债务人无近亲属或其他有意愿或有能力为其进行代理的情况之下,可以由代表公共利益的行政机关为其代理。只是本案涉案财产较小且明确,债权人仅一个,没有必要实施更为复杂和成本较高的程序。最后,本案还免除了文书送达程序,也是基于节约诉讼成本和合理配置司法资源的原则。

CASE 06

案例 6

Sleight v. Callin *

——破产管理人诉债务人的遗嘱受托近亲属返还无效处分资产

刘　静（北京外国语大学法学院副教授）
杜　骁（西南政法大学民商法学院硕士研究生）

一、裁判要旨

根据遗嘱管理债务人财产的债务人的近亲属，无权占有以及处分所有属于破产管理令范围内的债务人资产。根据《1986 年破产法》第 284 条的规定，近亲属转移已故债务人的、属于破产管理人的受托资产的行为，系无效处分行为。该近亲属需将已转移资产移交破产管理人或做出公平赔偿。

在本案中，已故债务人之女转移资产的行为属于财产的无效处置行为，其应向破产管理人返还资产或支付相关资产的公平赔偿款。

---

* 案件名称：James Sleight（as the trustee of the bankruptcy estate of Charles Edward Holroyd deceased）v. Amy Callin；审理法院：英国高等法院商事与财产法庭利兹分庭；案号：[2021] EWHC 1050（Ch）；判决时间：2021 年 5 月 5 日；法官：HH Judge Klein。

二、基本案情

原告 Sleight 系已故债务人的破产管理人，其在英国高等法院商事与财产法庭利兹分庭向已故债务人之女 Callin 提出了返还或赔偿部分债务人破产财产的主张。已故债务人身故于 2009 年，其生前为事业有成的商人，但 2007—2008 年的金融危机导致其严重负债并面临破产危机。Callin 于 2010 年取得了管理债务人财产的遗嘱认证书，并在职业顾问（主要是已故债务人的财务顾问、指定律师等）的协助下负责已故债务人生后的财产管理事宜，其中，Callin 知悉债务人财产可能会资不抵债。本案涉案财产包括债务人之人寿保险的一次性支付款、因死亡获得的养老金福利、公司股票、合伙权益以及公司未来收益。经职业顾问建议，Callin 个人无权取得前述资产，但其仍冒着违反破产法和受到债权人起诉的风险，在 2010 年至 2015 年转移了前述全部资产。2016 年，Callin 提起破产申请，Sleight 被任命为该破产案件的破产管理人。基于 Callin 的资产交易系《1986 年破产法》第 284 条"对财产处置的限制"规定的"财产的无效处置"，以及 Callin 违反了基于遗嘱受托的信托义务，Sleight 遂提起了本诉讼。为此，Callin 抗辩称，案涉财产并不包含在破产财产的范围之内。换言之，她不应该因为违反信托义务而承担责任，或应该免除她的个人责任。

三、裁判理由

（一）重要法条

《1986 年破产法》第 284 条。[①]

（二）关键争议

本案难点在于债务人的遗嘱受托近亲属处分资产的行为是否无效的证明问题。

1. 本案所涉资产是否构成债务人破产财产的组成部分？

2. 遗嘱受托近亲属处分资产的行为是否适用信托标准的例外规定从而使其行为有效？

---

① Insolvency Act 1986 Section 284（Latest Revised on June 7th,2022）.

（三）争议解析

争议点1：经调查取证及法院庭审确认，Callin 的确在 2010 年取得了管理已故债务人财产的遗嘱认证书，但这仅代表其据此取得了服务于债务人债务关系解决的财产管理权限，不代表其享有对债务人财产的自由处分（如为实现个人利益之目的）权限。Callin 主张称债务人的人寿保险单及养老金均是以信托的方式归 Callin 所有，但是，其并未提出任何实质性证据用以支持该主张。参考债务人生前的经济活动与财务经历，其深谙财务管理，如存在前述信托安排，其本人或其财务顾问将会留存此类安排的记录。此外，在养老金方面，涉案的养老保险公司反复主张并不存在 Callin 所述的此类安排。Callin 为此提出的证据系由债务人出具的、确定 Callin 为其养老金事项代理人的信函，Callin 主张该信函具有授予其相关权利的效力。但是，指定代理人的做法并不构成债务人向 Callin 作出了信托声明。其中，在养老金安排的惯例和实践中，养老金事项代理人通常不是信托受益人；相反，他们仅是在满足特定条件时，由养老金管理人自行裁量是否向其支付如困难补助金等在内的死亡福利的潜在权利主体。案涉所有事实和证据均表明养老金管理人选择了向债务人财团支付亡故福利金（用以偿还负债）而非 Callin 等近亲属。除前述人寿保险单及养老金以外的案涉财产，亦不存在合法事由阻却其构成债务人破产财产的组成部分。

争议点2：根据《1986 年破产法》第 284 条“对财产处分的限制”的规定，在债务人死亡至申请破产管理令期间，债务人的个人代理人进行的所有关于债务人破产财产的处分和用破产财产进行的支付行为均属无效，但存在两项例外，包括该条第 5 款“破产程序启动后交易无效的例外”以及第 6 款“基于信托关系排除适用交易无效规定”。第 5 款规定：凡债务人在其破产程序开始后，因进行本条项下的无效支付而对银行或其他人士负有债务，则就本板块各部分而言，该债务被视为在破产程序开始前产生，但下列情况除外，（1）该银行或个人在债务产生前已知悉破产程序的存在；（2）向接受支付的人士追回已付款项不具有合理的切实可行性。第 6 款规定：尽管财产不被包含或（视情况而定）不会被包含在债务人的破产财产范围内，根据本条规定，财产的处置是无效的，但是，本条的任何规定均不影响任何人对其以信托方式为他人所持有财产做出的任何财产处置行为。① 可见，第 5 款例外规定与本案关联性不大，而第 6 款虽与本案相关，但并不适用。具体而言，尽管 Callin 主张，其通过一系列资产处分或支付所获得的资产均是基于信托关系获得的，但是，一旦委托人的信托财产进入破产程序（如本案的破产管理令等）且任命了破产管理人，前述信托则会转变为代持信托②，这相当于破产管理人与债务人在时间上后建立的信托关系具有绝对优先性，这是基于破产制度保护交易安全和维系受偿公平的特殊考量所决定的。鉴于此，Callin 需要向破产管理人返还其掌控的财产，对于无法返还的，则需要赔偿破产财产因此损失的价值，参见判例 Re Ahmed（A Debtor）案③。据此，Callin 需要返还人寿保险的一次性支付收款和亡故养老金福利，或与前述两项资产相当的公平赔偿款项。此外，Callin 还需协助破产管理人注册为涉案公司股票的持股人以及成为合伙公司权益的受让人，或提供与此相当的公平赔偿款项。综上，案涉资产构成债务人破产财产的组成部分，并且债务人近亲属处分资产的行为不满足例外条件，属于无效行为。

四、案例评析

本案提出了遗嘱信托和破产管理的前沿问题，如果进行严格的区分，前者属于民法上的遗嘱制度的内容，后者属于破产法上的破产财产制度的内容，二者所适用的条件以及代表的制度价值和立法意图有所差异，但是根据具体案情和法官的自由心证，也能取得个案的最优裁判。

首先，就本案而言，存在近亲属遗嘱受托和破产管理人破产受托两种关系，如果没有发生遗嘱委托人委托管理的财产资不抵债的情况，作为遗嘱受托人的近亲属自然享有遗嘱委托人委托财产的管理、处分甚至受益权；但是，本案中的受托财产已处于资不抵债的状态，即使是根据一般继承法和遗嘱制度规定，受托人或继承人希望取得委托人或被继承人的相关债权时，也必须清偿相关债务。并且，因为此时的受托资产已处于资不抵债的状态，受托人或继承人所进行的一般民事性或商事性财产管理行为可能是“收效甚微”的，因为他们往往需

---

① Insolvency Act 1986 Section 284（Latest Revised on June 7th，2022）.

② 代持信托系指信托代持人仅需要负责依照幕后真正的信托受益人所作决策、安排等行事的信托关系。

③ Re Ahmed（A Debtor）［2018］EWCA Civ 519，［2018］B. P. I. R. 535，［2018］3 WLUK 422 f.

要寻求律师、会计师等专业人士的支持，仅考虑到这笔专业费用支出（一般会根据业务水平收取高低不等的费用），最终受托人或继承人可能会在本就难以获得任何收益的条件下，更接近零收益甚至负收益，这会严重打击受托人或继承人接受委托的积极性。而在破产制度下情况可能就有所不同，即使受托财产已资不抵债，相比可能更为高昂的律师费等专业费用，破产程序中的受托人负责破产事宜所应取得的合理管理费对破产财产的负担压力通常更小。破产程序中的受托人与一般继承或遗嘱中的受托人的身份并不完全相同，系法定的破产管理人，基于破产管理关系，在妥善处理各方主体权利义务关系的同时，需要把握各方利益以及社会利益和公共利益在一定程度上的平衡。如前所述，本案中将破产管理关系置于优先于遗嘱信托关系的地位，也符合两项制度价值在发生冲突时应当进行的必要取舍。其次，本案也揭露了遗嘱信托和破产管理之间可能存在的制度衔接缺失的问题，特别是站在债务人与破产财产分离的判例法立场上，如何妥善设置遗嘱信托制度和破产管理制度之间的衔接，如遗嘱受托人与破产受托人（破产管理人）的职责、事项交接等内容。最后，本案同样呈现了遗嘱信托的受托人可能滥用破产程序以谋取个人利益的情况，为此，就债权人的保护而言，立法上除了要考虑债务人本人滥用破产或破产欺诈的可能，还要考虑基于其他民事或商事事由而负责管理债务人资产的其他关联人士滥用破产或破产欺诈的可能，有必要在未来考察中加强对此类主体滥用权利的类型化研究并从立法上加入对这些主体的规制。

CASE 07

案例 7

Office of the Bankruptcy Adjudicator v. Shaw*

——破产审裁员办事处**上诉请求废止原审法院因拒绝认定养老金而颁发的破产令

刘 静（北京外国语大学法学院副教授）
杜 骁（西南政法大学民商法学院硕士研究生）

一、裁判要旨

在债务人申请破产令之时，如不存在足够的证据证明债务人债务的养老金账户不能在可接受的期限内进行支付，则债务人证明其无法清偿债务的举证责任仍未免除。

在本案中，债务人未能证明其养老金在破产之际难以获得支付，进而未能证明其在申请破产时处于无力清偿债务的状态，故法院裁定废止原审法院向其颁发的破产令。

* 案件名称：The Office of the Bankruptcy Adjudicator，The Secretary of State for Business，Energy & Industrial Strategy v. Michael John Shaw；审理法院：英国高等法院商事与财产法庭利物浦分庭；案号：[2021] EWHC 3140 (Ch)；判决时间：2021 年 10 月 7 日；法官：HH Judge Hodge QC。

** 破产审裁员办事处不在英国政府系统的正式框架内，不属于法定的英国政府机构，与英国破产管理署和审裁员管理署存在本质性差异。在本案中，仅指负责破产事务解决和处理的审裁员的办公室或办事处，本案以此作为原告是为了以一个政府机构的名义担任诉讼主体，而不是某个政府官员（审裁员），避免造成诉讼主体混淆、代表主体混乱的情况。

二、基本案情

本案系破产审裁员办事处与英国商务、创新和技能部国务大臣联合向英国高等法院商事与财产法庭利物浦分庭提起上诉的案件。

在原审中,债务人 Shaw 就破产审裁员拒绝向其颁发破产令而向地区法院法官“提起上诉”(此处是将颁发破产令的环节作为一级程序,但该环节并没有进行举证、听证等相关程序,该“上诉”环节为实质上的一审程序),地区法院法官支持了债务人的诉请。在审裁员拒绝 Shaw 的破产申请之时,Shaw 的负债达到了 170,000 英镑。Shaw 持有四个养老金储蓄账户,其中最主要的账户为职工养老金,价值超过了 400,000 英镑。审裁员据此认为 Shaw 不满足《1986 年破产法》第 263K 条“破产申请的认定”第 1 款第 b 项规定的“债务人在被认定为破产之时无力清偿其债务”的要求。但是,地区法院法官认为,养老金不得作为审理破产申请的考察事项,因为该款项不符合一般法的认定方式——“现金流测试”的要求。特别地,职工养老金并不能即刻转换为现金,并且不能作为 Shaw 近期有效的资金支持方式。因此,地区法院法官裁定认为 Shaw 无法清偿债务,符合破产认定要求并颁发了破产令。据此,破产审裁员办事处提起上诉反对地区法院法官的前述裁决。

三、裁判理由

(一)重要法条

《1986 年破产法》第 263K 条。①

(二)关键争议

本案难点在于债务人在破产申请时是否无力清偿债务的证明问题。

1. 养老金是否应被纳入破产的考察事项?如果是,应如何认定该事项?

2. 债务人是否证明了本案养老金在其破产之际难以变现?

(三)争议解析

争议点 1:根据“现金流测试”方式,在考虑个人是否无力清偿债务时,法院

① Insolvency Act 1986 Section 263K (Latest Revised on June 7th,2022).

必须考虑其能否在债务到期时完成清偿。本案中,养老金与其他个人财产相比具有一定特殊性,其变现性和流动性不足,但不代表不具变现性或流动性,在考察破产申请时也应予以考量。在考察养老金问题时,应基于个案具体情况认定养老金的时间规划(主要是领取养老金的时间点),其既是债权人可以适当考虑、同意 Shaw 破产的"可容忍"事项,也是法院能够根据具体案情作出客观裁定的事项。

争议点 2:根据《1986 年破产法》第 263K 条"破产申请的终止",审裁员在收到破产申请后需审查该申请是否符合以下条件:(1)在申请提出之日,审裁员对该申请有管辖权;(2)债务人无力清偿债务;(3)在认定破产之日,不存在尚未处理的有关债务人的破产申请;(4)在认定债务人破产之时,未曾颁发过与该申请项下任何债务相关的破产令。只有在审裁员认定满足前述所有条件的情况下,才可向债务人颁发破产令。①

本案主要涉及对"无力清偿"的认定问题。Shaw 作为破产申请人,负有证明其无法清偿债务的举证责任,故养老金作为涉案资产,其是否在破产之际能够获得支付亦属于 Shaw 的举证责任范围之内的事项。但是,Shaw 并未提供足够证据证明其在破产之际无法清偿债务,相反,与其申请相对立的事由却有效存在,包括:(1)足以清偿负债的养老金的真实存在;(2)Shaw 未提出足够证据证明其向相关机构咨询了养老金获得支付的可能。综上,债务人未能证明养老金在其破产之际难以获得支付,进而未能证明其在破产认定之时处于无力清偿债务的状态。

四、案例评析

首先,在本案所涉及的养老金问题上,一般人(包括本案的地区法院法官在内)都认为,养老金通常不具有即时可支付性,需要缴满一定年限以及个人达到特定年龄(不同类型的养老金的支付可能还有其他特别要求)之后,才可获得的款项。但是,在考察破产申请是否符合"破产时无力清偿债务"的要求时,养老金属于个人财产,但又不同于一般的个人财产,其具有社会保障的性质,尤其是在英国等不以"子女养老送终"为传统的欧美国家,养老金为个人在未来可能丧

① Insolvency Act 1986 Section 263K (Latest Revised on June 7th,2022).

失劳动能力(以年龄作为参考)后提供自给自足的经济保障。但是,一旦养老金满足了支付条件,则成为个人可以现实支配的资金,同时成为个人申请破产时应予以考虑的经济内容。为此,英国法院认为,就养老金能否在债务人申请破产之际获得支付而言,举证责任应由债务人自行承担,债务人可以通过向相关机构进行咨询,获得相关讯息的方式进行证明。

其次,基于善意考虑,债务人可能是由于不能获取养老金的相关信息而导致举证不能,此时,如"文书提出命令"等程序性救济应为债务人打开大门,方便和帮助其完成破产申请的相关证明事项,从而获得破产救济。但是,本案中债务人"几乎没有"咨询过养老金何时可以提取,可能存在破产欺诈的情形,是为了在保留养老金作为个人资产的同时,又获得破产救济,这给债权人带来了一定的损害,是在未来的个人破产司法实践中需要注意的内容。因此,就未来涉及养老金的个人破产案件看来,个人破产制度与其他社会救济性、保障性法律均服务于一个宏观目的,即个人的健康生存和可持续发展,英国法院兼顾和平衡养老金的财产属性和社会保障属性的立场是值得参考和借鉴的。

CASE 08

案例 8

Lygoe v. Hunt *

——债务人关联人士申请法院驳回破产管理人的诉请

刘　静（北京外国语大学法学院副教授）
杜　骁（西南政法大学民商法学院硕士研究生）

一、裁判要旨

如破产管理人有理由认为债务人存在欺诈债权人的交易，一般实践是，破产管理人向法院提交申请通知，同时提交证人陈述书，以此启动修改诉请的申请程序。但是，在初步文书提交的环节，不应必然地期望破产管理人提出的诉请是全面且完整的。如果要质疑破产管理人新提出的诉请是否具有足够的支撑依据，对于大多数案件而言，较为合理且公正的做法应是，允许破产管理人对该诉请进行具体阐述，而不是当即予以驳回；在涉及需要认定债务人不诚实或案件事实等方面存在重大争议的案件中，应指示破产管理人出具完整且正式的诉状，通过正式的破产衍生诉讼解决争议。

在本案中，原审裁决认为，现在驳回破产管理人针对债

* 案件名称：Sandra Rene Lygoe，Nicholas Lygoe，Lexoco Limited v. Stephen John Hunt；审理法院：英国高等法院商事与财产法庭；案号：［2019］EWHC 327（Ch）；判决时间：2019 年 2 月 21 日；法官：Mr. Justice Mann。

务人提出的不诚实指控还为时过早,故允许破产管理人修改诉请,并指示破产管理人出具完整且正式的诉状。而在债务人提起上诉后,上诉审法院不仅维持了原审的裁判结果,并且允许破产管理人在增加诉请时,无须考虑诉讼时效的问题。

二、基本案情

2018 年 9 月,原审法院拒绝了债务人①之子 Nicholas②[以及债务人之女 Sandra③、Lexoco 公司(系债务人之妻和债务人之子成立的公司)]的驳回申请,该申请旨在驳回破产管理人 Hunt 针对 Nicholas 的不诚实指控,此外,原审法院还允许 Hunt 对诉请进行修改。Nicholas 不服原审裁决,遂提起了上诉;而在上诉审环节,Hunt 没有继续沿用已得到原审法院支持的修改诉请的主张,而是额外增加了诉请,由上诉审法院一并重新作出裁决。

债务人曾是一名事务律师,在律师协会于 2003 年开始对其行为开展调查时,债务人将其房产 Victoria House 变更为与其妻共同所有的房产。2006 年,债务人被当地的律师协会从律师名录中除名,其间,债务人因涉及律师惩戒法庭审理的多个案件而被判付赔偿款。2010 年,就律师惩戒法庭的赔偿款,律师协会从法院处取得了要求债务人用前述房产清偿债务的最终扣押偿债令。该房产于 2011 年被售出,同年,债务人之妻和债务人之子成立了 Lexoco 公司。出售房产的净收入被打到了其妻的银行账户上后,其妻将这笔 230,000 英镑的款项转到了 Lexoco 公司的账户。债务人在 2012 年提起了破产申请,同年,Lexoco 公司又将 148,000 英镑出借给另一家公司。在 Hunt 向法院提交的申请通知中指控道,前述各项交易均系债务人及关联人士为了实现挥霍资产和欺诈债权人的目的;此外,Hunt 还指控:作为 Lexoco 公司唯一的董事,Nicholas 还为前述价值 230,000 英镑的交易不诚实地提供了协助。除前述指控和主张外,Hunt 于法院听证之际还希望增加一项指控,即针对 Nicholas 以不法手段与一家注册地址

① Jeffrey Peter Lygoe.

② Nicholas Lygoe.

③ Sandra Lygoe.

为英属维尔京群岛[1]的公司进行的共谋,所指控的内容包括前述价值 230,000 英镑的交易和 Lexoco 公司对外贷款 148,000 英镑的交易。Nicholas 共提出了两项主要的上诉事由,其一,针对 Nicholas 提出的不诚实指控,原审法院所依据的裁判理由并不充分;其二,Hunt 所提出的新指控(要求法院支持的新诉请)受到诉讼时效的限制,依法不应支持。

三、裁判理由

(一)重要法条

《1998 年民事程序规则》第 17 部分第 4 条。[2]

(二)关键争议

本案难点在于破产管理人的诉请应否被驳回的问题。

1. 是否需要考虑破产管理人提出的诉请是否充分的问题?

2. 诉讼时效因素应否作为驳回破产管理人追加诉请的理由?

(三)争议解析

争议点 1:在破产管理人有理由相信存在欺诈债权人进行交易的案件中,破产管理人一般应通过向法院提交申请通知并提交作为佐证的证人陈述书的方式,启动驳回诉请的申请程序,并且,如果前述诉请存在争议,则应要求破产管理人就该诉请说明具体细节。但在本案中,破产管理人增加诉请的行为属于初步文书提交阶段的行为,要求其在该阶段即提供与案件相关的所有详尽情况并不合理,即不应在该阶段考虑破产管理人所提出诉请是否有充分支撑依据的问题。

争议点 2:本案中,破产管理人 Hunt 提出的"债务人之子 Nicholas 以不法手段与一家注册地址为英属维尔京群岛的公司共谋了向 Lexoco 转账、对外贷款等交易",以及追加的"Nicholas 不诚实地为贷款交易提供了协助",均属于超过诉讼时效的新主张。《1998 年民事程序规则》第 17 部分第 4 条"在相关时效期间结束后对案件陈述进行的修改"第 2 款规定,"法院可以允许法律效果为添加

---

① 英属维尔京群岛是世界上发展较快的海外离岸投资中心之一,具有业务设立方便、监管框架完备、税收中立灵活等优势,在此注册的公司被称作 BVI 公司。

② Civil Procedure Rules 1998 Part 17.4 (Implemented on April 26,1999).

或替换一个新主张的修改,但前提是,该新主张提出所基于的事实,是与申请获得法院同意该等修改的当事人已经在诉讼程序中提出救济请求的主张所相同或实质相同的事实”①,据此,本案中的新主张如果是依据原审中已提出的相同或实质相同的事实提出,则应被允许修改。就向 Lexoco 公司转账的共谋主张而言,与已提出的主张所依据的事实实质相同,符合前述规定。对于 Lexoco 公司贷款给其他公司的主张,也同样符合前述规定。Lexoco 公司的设立、对 Lexoco 公司转账以及 Lexoco 公司的对外贷款等,构成了一条完整的证据链,而且均是有利于破产管理人的证据;其中,对外贷款并不是一项独立的证据,而是不诚实行为的表现,即通过贷款转移本应用于还债的资金,严重损害了债权人的利益。相应地,Hunt 所提出的新主张所依据的事实均符合法院可进行调查的主张所依据的事实,参见判例 Libyan Investment Authority v. Warwick Street (KS) LLP 案②。综上,因为本案无须考虑破产管理人的指控是否证据充分的问题,而且破产管理人追加指控是符合法律规定的,不适用诉讼时效,故不可驳回破产管理人的指控和主张,而是应当指示其出具完整且正式的诉讼文书进行补充。

四、案例评析

本案在实体性问题上争议不大,属于程序性争议案件,同样具有较高的借鉴意义,因为程序问题既可能被当事人作为巧钻法律漏洞的事由,又可能因为程序不正义而导致实体以及整体的不正义。

首先,就本案而言,案件主要争议聚焦在初步文书提交环节,而不是举证或当庭质证环节。在初步文书提交环节,作为文书提交主体的破产管理人基于自己的判断能力和初步资料,对欺诈交易产生了合理的疑问,自然可以基于初步资料以及法定程序向法院提出指控,但是,仅在初步文书提交环节,即要求破产管理人收集并提交所有相关材料和证据,既不符合一般的程序要求(一种过高、过为严苛的程序要求,可能会较大程度地影响诉请的提出),亦不符合通常的理

① Civil Procedure Rules 1998 Part 17.4 (Implemented on April 26th, 1999).

② Libyan Investment Authority v. Warwick Street (KS) LLP [2018] EWHC 2877 (Ch), [2018] 10 WLUK 366.

解和认知,因为如果法律如此直接、武断,则会导致在破产衍生诉讼的初始环节,对破产管理人课以过高的举证义务,过于苛责,有害于公平、公正的诉讼关系和纠纷的解决。程序法规则是我国未来个人破产法的重要组成部分,法律应明确规定各阶段各方主体的权利义务,包括诉请事由以及依据、应当提交的文书和相关证明材料,各种程序行为的时间节点以及条件等。

其次,本案适用的程序法规定并不在破产法之中,而是在民事程序法当中,这是破产衍生案件的特殊性所决定的,此时的破产案件必须遵守民事程序法的规定。"在相关时效期间结束后对案件陈述进行的修改"等较为细致而具有普遍性的程序法内容,亦不宜由破产法再重复进行规范。因此,未来立法时还需要考虑个人破产法与民诉法以及相关诉讼程序法规的衔接问题,既要保证一般程序性内容的普遍和补充适用,又要确保个人破产衍生案件的程序特殊性得到充分认识和具体的规定。唯有此,才能够确保在程序上为破产管理人、债务人及相关主体提供公平、公正的保障和救济,推动破产衍生案件的公正审理。

最后,尽管本案主要是程序性争议,但无论是说理还是裁判的过程,都紧扣事实和法律(成文法和判例法),综合考虑了案件的程序要素和实体要素,是解决程序性争议的个人破产衍生诉讼典型案件。案件的审理既摒弃了"重实体、轻程序"的传统观念,又防止了程序空转,兼顾了实体正义和程序正义。

CASE 09

案例 9

Weir v. Hilsdon*

——债务人诉破产管理人所申请的暂停免责令系法院不当颁发

刘　静（北京外国语大学法学院副教授）
杜　骁（西南政法大学民商法学院硕士研究生）

一、裁判要旨

上诉审法院在其颁发的暂停免责令中写道："破产管理人以提交报告的方式向法院确认，债务人已遵守职责和义务或法院另行颁发相关命令之时，免责程序方才继续"，该暂停免责令未述明暂停结束时间或暂停结束条件的书状格式并没有原则性错误。但是，在暂停免责令以前述格式颁发后，可能会被误解为：暂停免责令是债务人不履行义务后的一般性救济手段。由于暂停免责令侧重于惩罚性质，为避免这种误解的产生，仍应坚持以"债务人在申请破产后一年获得免责"作为免责程序的一般适用规则，以法院依据《1986 年破产法》第 279 条颁发暂停免责令作为例外，而未述明特定时

---

* 案件名称：Claire Elizabeth Hilsdon v. Michelle Anne Weir（as Trustee in Bankruptcy of Claire Elizabeth Hilsdon）；审理法院：英国高等法院衡平分庭；案号：[2017] EWHC 983（Ch）；判决时间：2017 年 5 月 4 日；法官：Mr. Justice Nugee。

间或条件格式下的暂停免责令仅在债务人出现严重不履行义务的情况下才可以颁发。

在本案中,债务人为推翻原判、废止暂停免责令,共提出了 8 项上诉事由,但上诉审法院仅采信了“暂停免责令的书状格式违反《1986 年破产法》第 279 条规定”一项,基于上诉审法院的书状格式瑕疵而支持债务人,废止了暂停免责令。

二、基本案情

本案系债务人 Hilsdon 就其免责程序被暂停而向英国高等法院衡平分庭提起的上诉。破产管理人 Weir 不满意 Hilsdon 对部分破产相关问题的答复,向法院申请暂停免责令,而原审法院颁发该命令主要是基于以下事由:(1)Hilsdon 在庭上承认,存在部分 Weir 作为破产管理人仍未知晓以及法院需要知晓的事情;(2)在为期 12 个月的破产程序持续期终止后同意 Hilsdon 免责是错误的做法;(3)作为法院,目前可以选择的程序是推迟破产听证或颁发暂停免责令;(4)颁发暂停免责令的行为更为适宜。根据该命令的表述,免责暂停期于“破产管理人以提交报告的方式向法院确认、债务人已遵守其职责和义务之时,或者法院另行颁发相关命令之时”停止。该表述与判例法中的表述实质相同,参见判例 Mawer v. Bland 案①。Hilsdon 具状辩称:(1)未履行提交特定文书的义务,不意味着其未向破产管理人提供合作;(2)对于其已提交的文件,法院未予以充分考虑;(3)破产管理人此举的真实目的是申请收入支付令;(4)颁发暂停免责令的做法违反了《1986 年破产法》第 279 条第 3 款要求述明“暂停结束时间”/“暂停结束条件”的规定,因该命令实际是一项无期限暂停免责的法院令;(5)法院行使自由裁量权的做法存在瑕疵。

在本案的上诉阶段,Hilsdon 提交了共计 8 项上诉事由,主要包括:(1)原审法院应采纳但未采纳案涉书信等书证;(2)原审法院未认真考察原审时提交的其他文书证据;(3)原审法院应采纳但未采纳 Weir 未及时履行管理人义务的主张;(4)Weir 的本意不是申请暂停免责令而是收入支付令;(5)原审法院应采纳但未采纳 Weir 的信息和文书提出要求过于无理和强势的主张;(6)原审法院应采信但未采信 Hilsdon 已完全响应 Weir 的信息和文书提出要求的事实;(7)原审

① Mawer v. Bland [2013] EWHC 3122 (Ch), [2015] B. P. I. R. 66, [2013] 6 WLUK 281.

法院适用判例法有误;(8)暂停免责令的书状格式违反《1986 年破产法》第 279 条规定。

三、裁判理由

(一)重要法条

《1986 年破产法》第 279 条第 3 款。①

(二)关键争议

本案难点在于原审法院颁发暂停免责令的做法是否恰当。

1. 破产管理人申请法院颁发暂停免责令之理由是否恰当?

2. 法院未严格按照破产法规定用语颁发暂停免责令的做法是否恰当?

3. 原审法院颁发暂停免责令是否具有程序方面的瑕疵?

(三)争议解析

争议点 1:《1986 年破产法》第 279 条"破产程序持续期间"第 3 款规定了暂停免责令的颁发方式:"经官方接管人或破产管理人之申请,法院可以下令本条第(1)款规定的(免责程序)期间直至以下条件满足时停止计算——(a)特定期间终止后;(b)特定条件满足后。"②为此,如果在案件中,破产管理人申请暂停免责令,如果仅是因为其未在为期 1 年的破产程序持续期内查清债务人的收入,希望能争取到更多的时间,则该申请属于不当申请,滥用本身是具有惩罚性质的暂停免责令,损害债务人利益,法院并不会支持。但是,如果在案件中,是因为破产管理人已尽职对债务人展开询问,但债务人没有完整、充分地提供各类信息(包括但不限于资产情况、收入来源、家庭状况等方面),此时,破产管理人可能会因为得到的信息不全面无法评估是否应当申请暂停免责令。本案即是如此,在 2015 年 12 月至 2016 年 1 月的邮件询问中,Hilsdon 未向 Weir 提供令其满意的、充分的信息,并且,Hilsdon 在庭上也承认了存在未向破产管理人和法院告知的相关事项。因此,在本案中,作为破产管理人的 Weir 可以基于 Hilsdon 未向其提供充分信息而申请暂停免责令,以此要求债务人积极配合、合作,只有在 Hilsdon 积极地配合 Weir,完备地提交案件所需的相关信息、资料后,

① Insolvency Act 1986 Section 279 (3) (Latest Revised on June 7th, 2022).

② Insolvency Act 1986 Section 279 (3) (Latest Revised on June 7th, 2022).

才有可能恢复免责程序,获得重新开始,否则需要继续承受因未完全履行义务、未获免责的法律后果,参见判例 Shierson v. Rastogi (A Bankrupt)案,Bramston v. Haut 案和 Chadwick v. Nash 案①。

争议点 2:本案法院令的表述与《1986 年破产法》第 279 条第 3 款规定的内容在用语上存在差异,但并没有在原则上违反该规定,因为前述命令颁发之内容同样是对该条款正确的文义解读。此外,该条第 5 款规定"本条第(3)款第(b)项规定的'条件'包括需要法院对某事项予以认可的条件",通过对法条的目的解释可以得知"法院认为债务人已完成某事项之时"的表述亦是可取的。由此可见,该条款具有较强的政策指向性,即可以采取法院自由裁量的方式确定该法院令的适用条件,特别是在债务人具有不合作、不配合、误导性或不诚实等表现之时,参见判例 Mawer v. Bland 案、Wilson v. Williams 案②。但是,采取本案的表述可能会导致债务人相对破产管理人本就弱势地位更加凸显,并可能使破产管理人失去勤勉履行提出询问职责的有效激励(原因是该法院令已对债务人作出较为负面的评价)。在期望债务人自行知悉免责必备条件与避免出现不合作、不诚实的债务人在合法询问时行为不当之间,存在不可避免的矛盾,应当尽量平衡,但在具体案件中,这种平衡时常会被打破。鉴于暂停免责令具有惩罚性质,其颁发是否严谨,需要充分考虑个案情况,即是否出现债务人严重不履行义务,但这并不意味要将法院的暂停免责令或本案法院令之表述作为处理破产免责问题的一般司法取向。

争议点 3:尽管基于前述两项主要争议,原审法院颁发该法院令的做法并无不妥。但是,首先,从适宜颁发的法院令范围看,在本案中,原审法院对于本案最终应颁发何种法院令未进行全面考虑和充分论证,没有考察可以基于《1986 年破产法》颁发的其他类型法院令(如收入支付令),亦未考虑债务人未履行义务的情形是否达到了足以支持法院颁发暂停免责令的重要程度。其次,从本案已颁发的法院令看,虽然暂停免责令并不存在原则性上的错误,所适用的法律依据和事实依据都是正确的,但是,在暂停免责令的具体颁发格式上与法律并

① Shierson v. Rastogi (A Bankrupt) [2007] EWHC 1266 (Ch), [2007] B. P. I. R. 891, [2007] 5 WLUK 672; Bramston v. Haut [2012] EWCA Civ 1637, [2013] 1 W. L. R. 1720, [2012] 12 WLUK 497; Chadwick v. Nash [2012] B. P. I. R. 70, [2011] 11 WLUK 777 c.

② Wilson v. Williams [2015] EWHC 1841 (Ch), [2015] B. P. I. R. 1319, [2015] 6 WLUK 863.

不相符,《1986 年破产法》第 279 条第 3 款要求述明暂停的停止时间或暂停的停止条件,而原审法院将暂停的停止时间规定为"债务人已遵守职责和义务或法院另行颁发相关命令之时",这相当于将债务人的免责程序无限期暂停的意思,对债务人不能及时通过免责获得重新开始具有重大影响。此外,法院并不是不能作出免责程序无限期暂停的决定,但必须严格适用于案涉债务人不履行义务的情形过于严重,需要以无限期的形式震慑债务人,促使其积极履行义务的情况,参见判例 Mawer v. Bland 案。由此可见,原审法院的裁定存在一定瑕疵。而这些瑕疵并不能归责诉讼双方:在破产管理人方面,其未做出迫使法院颁发命令的行为,或误导法院的行为;在债务人方面,其已在合理范围内提供了完整的信息,并且不履行义务的严重程度远远不足支持颁发无限期的暂停免责令。因此,同意上诉,并将该命令予以废止。

四、案例评析

本案从结果主义看来仍属于一个程序性争议为主的案件,但是整个案件的发生和经过,以及作为平等诉讼主体的债务人和破产管理人之间动态形成和发展的破产争议关系均值得了解和思考,这在一定程度上既反映出了破产争议当事人双方之间需要为达成自己的诉讼目的而勤勉地提供证据和参与诉讼,又反映出了法院特别是个人破产法官在该争议关系中需要时刻保持尽职甚至警惕的态度,坚守司法的公平与公正。

第一,就本案的程序性争议与裁判结果而言,在经历过当事人双方纷繁复杂的举证、质证、辩论环节之后,法官仍能够准确把握案件事实与应适用法律之间的关系,"透过现象看本质"地将原审环节中没能够完成且应当完成的程序性疏漏查明,这是法院依职权进行调查以及适时行使自由裁量的重要体现,为案件的公正处理提供了重要保障。第二,就本案的案情本身而言,较为完整地反映了英国个人债务人过度负债后可能会历经的破产救济手段以及债务人可能适用的最终破产程序的确认过程。首先,本案债务人系为夫妻共同经营公司提供个人担保导致的过度负债,通常认为,商自然人在经济生活参与过程中的经济人人格要显著高于消费者,本案债务人随后所自力采取的相关救济手段也可以证实该认识。其次,在过度负债后,债务人即找到债务专家(本案的专家兼有破产执业人员和律师双重身份,既深谙破产事务又掌握一般诉讼程序)提供协助,先是在被法院宣告破产前以“临时命令”作为过渡性程序,宣告破产后继以“个人自愿安排”方案的草拟与申请,虽然该方案被法院拒绝,但该专家继续担任了债务人的破产管理人,从而步入正式破产程序。在此过程中,债务人自行寻找的认证破产执业人员(兼律师)先是担任了债务人的法律代理人的身份,基于其专业知识和能力以及审时度势的经验为债务人采取当前阶段的最佳程序,并且,熟悉和掌握了债务人整个过程的材料、证据以及其他情况;随后,在进入正式破产阶段,经法院任命为破产管理人后,该债务专家的身份有所改变,不太恰当的一个解读可能是“由债务人的私益代理人变为了债务人破产案件的公益管理人”,而英国司法实践允许这样的做法的前提主要是:(1)此类破产执业人员是考取相关职业资格证书、经过官方认证的,因此对其职业道德感在无相反证据证明的情况下(如本案的破产管理人对于债务人回答不满意甚至提出了严重折损其利益的暂停免责令的做法)可以予以信任;(2)该破产执业人员参与了债务人破产事务的全过程,部分调查取证等破产程序的必经环节可以减少和节约各方诉讼成本。由此可见,如能重视和保证未来个人破产从业人员的职业道德意识和职业廉洁性(如在法律职业从业资格的基础上采取专门的个人破产事务从业资格标准),就能够兼顾个人破产从业人员在兼顾个人职业经济利益的同时确保个人破产案件能够公平公正地解决,以及带来减少诉讼成本、减少讼累以及激励债务人参与破产事务等方面的积极影响。

此外,本案涉及的核心概念“暂停免责令”制度,是规定在《1986 年破产法》第 279 条第 3 款之中的。该法院令的惩罚性质主要是针对具有破产欺诈、滥用破产等情形的债务人的,实操中,在债务人获得免责后未能履行破产清算程序的相关义务(特别是免责后需要遵守的借贷限额、从业范围等要求)时,由官方接管人或破产管理人向法院提出颁发暂停免责令的申请,暂停持续期间一般为有限的固定期间或满足特定条件(如债务人遵守规定)后结束。该法院令的作用在于在确定债务人未严格遵守法定要求的基础上,确保破产管理人有合理补充时间进行以下行为:(1)收集相关信息,以评估债务人的收入是否可纳入破产财产;(2)向债务人主张财产请求权,以最大化破产财产;(3)申请增加或追加对债务人的破产限制、破产义务;(4)向债务人追责破产不诚信等行为或破产犯罪。除前述更好地支持破产管理人法定职责履行的作用外,该暂停免责令也符合公共利益的要求。因为个人破产的价值所在即是帮助“诚实而不幸的债务人”获得经济世界的重新开始,而最终的免责和解除破产效果即该价值的重要体现,但破产欺诈或滥用破产的债务人已不符合“诚实”的要求,而“暂停免责令”既是一种惩罚也是一种警醒,是破产免责后确保案件公平正义的保护网。因此,我国在未来立法时可以参照引入“暂停免责令”制度。

CASE 10

案例 10

Randhawa v. Official Receiver*

——债务人诉官方接管人所申请的破产限制令系法院不当颁发

刘　静（北京外国语大学法学院副教授）
杜　骁（西南政法大学民商法学院硕士研究生）

一、裁判要旨

根据《1986 年破产法》附表 4A 规定的颁发破产限制令的司法权限，法院不能通过自由裁量的方式颁发，而是在债务人的行为已经足够严重到需要颁发该命令之时，法院依法有义务颁发破产限制令。

在本案中，债务人的不当行为已足够严重，故破产限制令的颁发是有效的，法院裁定驳回债务人的上诉。

二、基本案情

本案债务人 Randhawa 就官方接管人针对其申请的为期 3 年的破产限制令向英国高等法院衡平分庭提起了上诉。

Randhawa 及其妻子的破产申请被提起后，在第一次债

---

* 案件名称：Randhawa v. Official Receiver；审理法院：英国高等法院衡平分庭；案号：[2007] 1 W. L. R. 1700；判决时间：2006 年 6 月 2 日；法官：Launcelot Henderson QC。

权人会议上，Randhawa 夫妻二人提出的个人自愿安排方案被否决，二人不可避免地进入了破产程序。然而，Randhawa 通过使用其妻子的信用卡进行了数笔交易(合计产生了 9500 英镑的债务)。官方接管人根据《1986 年破产法》附表 4A“破产限制令及承担”申请了破产限制令，官方接管人认为，Randhawa 知晓自己与妻子资不抵债的情况，仍以其妻的信用卡进行交易并产生了无合理预期可进行清偿的负债，给债权人带来了损失。此外，还应考虑到防止潜在的债权人遭受类似损失这一公共利益的保护。在本案的听证环节，虽然 Randhawa 已获免责近 7 个月，但原审法院拒绝了 Randhawa 就前述信用卡交易的目的和事由所提出的主张。原审法院认为：颁发破产限制令是法院可行使自由裁量权的做法。并且，鉴于 Randhawa 不正当的所作所为及其对公共利益造成的持续威胁，法院裁定颁发破产限制令。Randhawa 抗辩称，本案并不存在不当行为以及需要以颁发破产限制令方式保护的公共利益；此外，自己自破产以来一直保持良好的行为方式，所谓的持续性威胁也并不存在。Randhawa 不服原审法院作出的裁判，并据此提起上诉。

三、裁判理由

(一)重要法条

《1986 年破产法》附表 4A。[①]

(二)关键争议

本案难点在于原审法院颁发破产限制令的做法是否恰当。

(三)争议解析

争议点：本案的破产限制令是否有效颁发？根据《1986 年破产法》附表 4A 颁发破产限制令的司法权限，法院并不能进行自由裁量。如法院认为基于债务人的行为颁发该命令是恰当的，则应颁发该法院令。法院需要对债务人的行为进行评估，并且就其行为是否需要颁发限制令形成意见。如其认为需要颁发，则法院责无旁贷，至少应当颁发设定了最低期限的破产限制令。法院需要考量的因素包括：破产令颁发前后债务人的不当行为、过失或不负责的财务行为等

① Insolvency Act 1986 Schedule 4A (Latest Revised on June 7th, 2022).

事项。如果在债务人的财务活动中,存在未能达到适当的称职标准或诚实标准的行为,则法院颁发该限制令的做法是恰当的。可以减少债务人破产限制令持续时间的减轻情节同样应纳入法院的考量。因为,颁发破产限制令的主要目的是保护公共利益,由法院实施该司法权限同样是为了威慑和教育,以警戒其他债务人不要试图实施前述行为,以免招致惩罚和自身利益的折损。在本案中,债务人 Randhawa 完全了解自己资不抵债的情况,还通过信贷的方式增加无力偿还的负债,其行为已违反了一般债务人处理财务事宜时的尽职和诚实准则,因此,原审法院对其颁发破产限制令的做法并无不妥,其行为应当受到法院的矫正和惩戒。

四、案例评析

本案主要体现了"破产限制令"制度的制度性考量和价值。破产限制令系法院颁发的法定限制令,能够延长债务人受到破产程序限制的时间。适用该限制令的事由很多,根据个案债务人违反法律行为的严重程度不同,该限制令的持续时间为 2 年至 15 年(本案为 3 年)。[①] 在大多数案件中,限制令通常适用于存在疏忽大意、不诚实行为以及欺诈行为的债务人。"破产限制令"制度的存在,一方面是为了震慑债务人不要进行不当行为或不负责的财务行为,另一方面是为了防止受限制的债务人再次进行不当行为或不负责行为,因此产生并损害潜在的债权人。在防止滥用破产或破产欺诈的基础功能上,破产限制令制度还具有一定的公共利益保护功能。延长破产限制的惩戒无疑是一种"经济性制裁",对债务人完全从破产中脱离而正常参与经济生活存在实质性影响。同时,该命令不可由破产法官自由裁量,是破产法官"一旦认定情况属实……即应颁发"的法定义务,个案的某些因素仅可作为减轻限制令持续时间的裁量情节,此时法院行使的权力具有类行政权力性质。由此可见,个人破产制度的制度和实施,既要兼顾个人破产程序内部的各方利益,又要注意程序相关主体尤其是债务人的相关行为对个人破产程序外部(如本案中提及的不特定潜在债权人的公益保护)带来的正面或者负面效应。

---

① Insolvency Act 1986 Schedule 4A (Latest Revised on June 7th,2022).

CASE 11

案例 11

破产中偏颇性清偿撤销案偏颇性清偿中主观要件的认定

——Mustapha Hassanali Abdulali (Trustee in Bankruptcy) v. ain Finnegan, Reethi Limited

徐阳光（中国人民大学法学院教授、北京市破产法学会会长）
梁春瑾（中国人民大学法学院博士研究生）

一、裁判要旨

债务人是否成立偏颇性清偿需遵循严格的认定条件，具体有三：一是此行为中受益的人一定是债务人的债权人，或者是债务人某笔债务、某些责任的保证人或担保人；二是债务人必须是做了某事或者承受了某种事情，进而让受益的债权人、保证人或担保人在债务人之后的破产清算程序中处于一种更优的待遇和地位［事实上的优先权（preference in fact）］；三是清偿人需以使该被清偿人获得更优地位作为清偿的主观目的［主观测试（subjective test）］。如果该被清偿人是清偿人的合伙人、会员、同事、亲属等（单纯的雇员不属于该情形），则除非有相反证据证明，推定清偿人具有使该被清偿人获得更优地位作为清偿的主观目的。认定偏颇性清偿的难点在于对债务人的主观测试，需结合清偿人与被清偿人的整体行为作出判断。

二、基本案情

(一)案件事实

债务人 O'Shaughnessy(以下简称 S)是一家公司的董事和股东,后负债累累,2009 年 7 月,债权人 Finnegan(以下简称 F)借给 S 20 万英镑,S 没有如期偿还。2011 年年初,S 向 F 提出再借 20 万英镑。债权人 F 以其公司 Reethi(本案第二个被告)的名义,于 2011 年 5 月向 S 支付了 35 万英镑,次日,S 向 F 支付了 20 万英镑(本案的争议债权)。后不到两年,2013 年 3 月,S 申请破产,2014 年 3 月 S 被依法免责,2016 年 4 月 S 去世,后破产管理人起诉 F,要求撤销该笔偏颇性清偿。

(二)诉讼关系

破产管理人诉债权人与债权人的公司,请求法院撤销已故债务人对其的偏颇性清偿。

(三)诉讼争议

债务人 S 于 2011 年 5 月支付给 F 的 35 万英镑是否构成可撤销的偏颇性清偿?

(四)判决结果

债务人 S 于 2011 年 5 月支付给 F 的 35 万英镑不构成可撤销的偏颇性清偿。

(五)法律依据

1. 重要法条

《1986 年破产法》第 340 条;《1986 年破产法》第 341 条;《1986 年破产法》第 435 条。

2. 法条解读

①《1986 年破产法》第 340 条规定:本法条规定的是偏颇性清偿的情形。根据该条文规定,个人破产中存在偏颇性清偿情形的,破产人的管理人可以向法院申请将债务人的财产恢复至偏颇性清偿没有发生的状态。偏颇性清偿需遵循严格的认定条件,具体有三:一是此行为中受益的人一定是债务人的债权

人，或者是债务人某笔债务、某些责任的保证人或担保人；二是债务人必须是做了某事或者承受了某种事情，进而让受益的债权人、保证人或担保人在债务人之后的破产清算程序中处于一种更优的待遇和地位（事实上的优先权）；三是清偿人需以使该被清偿人获得更优地位作为清偿的主观目的（主观测试）。如果该被清偿人是清偿人的合伙人、会员、同事、亲属等“关联人员”（单纯的雇员不属于该情形），则除非有相反证据证明，须推定清偿人具有使该被清偿人获得更优地位作为清偿的主观目的。

②《1986 年破产法》第 341 条规定：本法条规定的是偏颇性清偿的情形中的“临界期”（relevant time）（译者注：为适应中国语境，此处将 relevant time 翻译为“临界期”）要件。根据规定，偏颇性清偿的撤销只限于破产前两年内做出的偏颇性清偿行为，如果是两年外的行为，则需择一满足如下要件，一是债务人当时已经失去清偿能力，二是债务人的破产原因是该偏颇性清偿所导致的，如果是该被清偿人是清偿人的合伙人、会员、同事、亲属等“关联人员”（非单纯的雇员），除非有相反证据证明，则推定该清偿是导致债务人破产的原因。

③《1986 年破产法》第 435 条规定：本法条规定的偏颇性清偿的情形中的“关联人员”，对该类人员的范围作出列举与解释。该规定列举了 10 类关联人员，包括自然人的伴侣、夫或妻、特定亲属（自己的或法律上的兄弟姐妹、叔叔婶婶、侄子侄女、直系祖先或直系后代）、合伙人、控制人（商业）、雇员、关联公司、信托人等。由本法条可知，“关联人员”是与债务人血缘或姻亲关系较为亲近的亲属与对债务人财务有一定程度的实质控制关系的商业伙伴。

综合如上三个法条可知，构成偏颇性清偿需满足四大要件：主观要件（使该被清偿人获得更优地位作为清偿的目的）、客观要件（被清偿人因此获得了更优地位）、主体要件（被清偿人应是债务人的债权人或保证人、担保人）、时间要件（临界期 2 年内或特殊情形的 2 年外）。

三、裁判理由

（一）争议焦点

本案中，债务人 S 对 F 的清偿已满足四大要件中的三大要件，只有主观要件尚存争议。因此，本案的争议焦点围绕债务人 S 是否有使债权人 F 获得更优地位而向其清偿的主观目的展开。本案中，F 与 S 是法律上的兄弟关系，属于

《1986 年破产法》中的“关联人员”，债务人 S 对 F 的清偿依法被推定为 S 具有使 F 获得更优地位的主观目的。

根据本案案情，可分为两个更具体的争议点。

争议点 1：债务人 S 清偿的主观目的是给债权人 F 优先地位，还是保持稳定的商业关系与进行商业投资？若存在后一目的，是否仍旧可以认定前一目的的存在，从而认定偏颇性清偿的成立？

争议点 2：若债务人 S 对债权人 F 的清偿客观上是一种投机与不当的商业行为，是否可以认定债务人不具有保持稳定的商业关系与进行商业投资的主观目的，进而认定该主观目的是一种不恰当的目的，从而使得清偿可撤销？

（二）争议解读

争议点 1：首先需要对偏颇性清偿的主观的目的即“desire”作出解释，债务人必须有让债权人在破产清算中获得更优地位的主观目的而做出清偿行为，该动机不必是唯一的意愿，也可能有其他因素影响决策，但其他因素一定不是占据必要性的动机。动机必须对债务人作出偏颇性清偿的决定有促进作用。

本案中，法官已经认可债务人 S 对债权人 F 的清偿行为构成偏颇性清偿的客观行为，因此偏颇性清偿是否最终成立，便落于对债务人 S 对 F 的清偿是基于商业目的，还是基于使之获得更优地位的目的的争论。

原告认为，债务人 S 在已获得债权人 F 的 Reethi 公司提供的 35 万英镑贷款后，他维持商业运营的目的已经达成，已经没有必要再做出偿还贷款的行为。所以，债务人 S 在获得贷款后再做出的清偿行为，不属于商业目的的范围。法官认为，债务人 S 获得债权人 F 的 Reethi 公司贷款的目的是偿还其他债权人与维持商业运营，从而减轻商业风险。债务人 S 在获得贷款后做出的清偿行为，不影响其整体的基于商业目的而做出清偿行为的主观目的，与获得贷款后发生的还款行为是为了获得之前的贷款的意愿并不必然矛盾。对于主观目的的评价，不应当割裂来看，不应当认为债务人 S 之后的还款行为已无法律约束力，就直接认定其不再具有纯粹的商业目的。在本案中，基于对债务人 S 与债权人 F 的商业来往的判断，与债务人 S 与债权人 F 之间的亲属关系，有理由相信 F 是基于二者的家庭纽带与对债务人 S 诚信品德的信任，先做出的贷款行为，债务人 S 的清偿行为发生在贷款之后与其是基于商业目的做出的清偿并不冲突。因为，一个思维正常的人都会在收到债权人这笔慷慨的帮助后，感到感动与羞愧,从而尽可能兑现之前的许诺。

原告反驳,即使债务人 S 具有为了保持稳定的商业关系与进行商业投资的主观目的,也并不排斥债务人同时具有为了给债权人 F 优先地位的主观目的,既然债务人具有为了给债权人 F 优先地位的主观目的,就应当认定其行为成立偏颇性清偿。法官认为,既然已存在一个足以影响债务人 S 做出清偿行为的主要目的,就不会再存在另一个相关的主要目的。也就是说,虽不排斥清偿行为后有多个主观目的并存,但如果已存在一个具有必要性的主要目的,便可以排除另一个不兼容的主要目的的存在。

争议点 2:原告认为,债务人 S 的行为相当于一种投机行为与不当的商业尝试,不构成正当的商业行为。在债务人 S 获得 F 贷款时已失去清偿能力,他的正确做法是拒绝 F 的贷款,并在当时主动提出自己的破产申请。因此,债务人 S 的动机实际上是不恰当的商业动机,应当撤销基于此做出的清偿行为。法官秉持,在困境中,债务人难以准确预料到收入和财产状况未来是否会好转,只要当时是基于正当的商业考虑做出的行为,就不应基于事后判断否认当时行为的正当性与合理性,与否认其曾经存在的价值。

四、案例评析

(一)我国规定

偏颇性清偿又可称偏袒性清偿,对此我国《深圳经济特区个人破产条例》采取的立法模式与英国不同,深圳经济特区未对“偏颇性情形”作出专门规定,而是将特定的财产交易行为纳入可撤销的范围内。《深圳经济特区个人破产条例》第 40 条第 5 项规定,破产申请提出前 2 年内,债务人提前清偿未到期的债务,管理人有权申请人民法院予以撤销;第 41 条规定,破产申请提出前 6 个月内,债务人对个别债权人进行清偿的,或者破产申请提出前 2 年内,债务人向其亲属和利害关系人进行个别清偿的,管理人有权请求人民法院予以撤销,但个别清偿使债务人财产受益或者属于债务人正常生活所必需的除外。

(二)比较借鉴

相较之下,可以发现我国对偏颇性清偿的规定在分类、要件等方面与英国的规定有较大区别,差异的原因与经济背景、法律传统有很大相关,英国破产制度的细致程度与逻辑周全程度远胜于《深圳经济特区个人破产条例》的规定，具体有如下四个方面可资借鉴。

(1)分类方式

可以看见，《深圳经济特区个人破产条例》以管理人的权力行使内容为分类视角，条文的内容分别指向管理人的撤销权、禁止抵销权、追回权与解除权等权力内容，如《深圳经济特区个人破产条例》第40条与第41条即对应的是管理人的撤销权，第43条对应的是管理人的追回权，第44条与第45条规定的是管理人的取回权。在我国个人破产的制度底蕴尚缺的情况下，采用这种分类方式更利于管理人顺利履行职责，在制度效果上更加直接。但这种不以权利本身性质为考量核心的分类方式，不利于法律体系的长期发展，法律的设置应以权利为本位构建，才能在此基础上发散构建法律关系体系，进而搭建起逻辑渐进有序的权责结构。

以《深圳经济特区个人破产条例》第40条为例，该条款规定的7种情形并未遵循周延的分类标准，只能说该7种行为皆是有损害或有潜在损害债务人的责任财产的行为，但这是从行为效果上而言的，与行为本身性质无涉。例如，第40条第5款规定的提前清偿未到期的债务，在权利性质上应当属于偏颇性清偿，因无论债务是否到期，进入破产程序后都视为到期，债务人提前清偿的行为让债权人获得了更优先的地位，与个人清偿的效果无异，皆是对破产程序中其他债权人的受清偿利益的潜在损害，只是立法者基于"未到期"的因素，认为该清偿行为的严重程度应重于个别清偿，个别清偿的临界期为6个月，因而将该条款置于了临界期为2年的第40条中。相较之下，第40条中"无偿处分财产""明显不合理的条件进行交易"等行为则属于低价交易，是对债务人责任财产的直接减损，与"提前清偿未到期的债务"不属于同一分类类别。

英国则以"低价交易"(transactions at an undervalue)与"偏颇性清偿"为分类标准，将债务人的行为以行为性质为标准分别规定于不同的条文当中，分类方式更具逻辑且周延。英国《1986年破产法》第339条规定了低价交易的三种表现，第340条中规定了偏颇性清偿的适用情形，二者分别适用不同的认定标准，偏颇性清偿的标准要比低价交易更加严格，低价交易中无须考虑债务人是否有相应的主观目的，而只对行为进行认定，并且，低价交易一般适用2年的临界期，偏颇性清偿则一般适用6个月的临界期(本案涉及对"关联人员"的偏颇性清偿,适用2年临界期)。这种做法更加合理,原因在于:低价交易是一种非常规的商业交易行为,债务人的恶意概率更高,即使没有破产程序,低价交易的动机也经常是需要被考察的,而偏颇性清偿则不同,若债务人没有进入破产程序,偏颇性清偿就会失去不正当的基础,而多是正常的商业行为,无须被特别调整。因此,低价交易中,债务人的恶意可能及对债权人利益的损害程度皆更重于偏颇性清偿,差别对待更为科学合理。在未来的个人破产制度构建中,可考虑英国此种分类方式。

(2)价值安排

英国个人破产法设置了更为严谨的偏颇性清偿的认定标准,市场思维贯穿制度设置,试图在落实破产制度的同时最大限度尊重交易稳定与契约精神,以实现破产制度与市场发展的最佳平衡。英国个人破产法对于偏颇性清偿有三处精妙的设计,一是以"被清偿人处于了比当没有此清偿时更好的地位"作为结果要件,以此将偏颇性清偿的成立限定在现实必要的范围内,顺理成章地将"本就有优先地位的担保权人""有超级优先权的债权人"等类型的债权人都排除在外,而无须再以烦琐的列举与解释来进行说明,更为简洁利落。二是以"清偿人需以使该被清偿人获得更优地位作为清偿的主观目的"作为主观要件的同时,又设置了若债权人是债务人的"关联人员",则推定清偿人偏颇性清偿的主观目的成立的规定。可以看见,基于对偏颇性清偿在没有破产的情境下应是正常的商业行为的认知,若债务人无偏颇性清偿的主观目的,则应认定其行为归属于正常的商业行为不应加以苛责,而由于主观目的难以证明,立法者通过推定债权人是债务人的"关联人员",推定偏颇性清偿的主观目的成立,从而将市场实践中最具偏颇性清偿动机的情形纳入了被推定的范围,以此来达到尊重市场交易与实现破产制度的平衡。该做法所遵循的是"最大限度尊重市场交易的价值追求——通过举证责任倒置来最大限度筛选出偏颇性清偿的情形——偏颇性清偿成立"的思维进路。三是通过拉长临界期的跨度来弥补对偏颇性清偿行为较为宽容的空缺。从前两处法律设置来看,英国对于破产中偏颇性清偿的容忍度似乎比我国更高,但实际上,英国通过拉长临界期的跨度来弥补了这一宽松。英国《1986年破产法》规定,若能证明债务人在做出偏颇性行为时已经具备了破产原因,即出现了"支付不能"的情形,或债务人的破产原因是该偏颇性清偿所致,则偏颇性清偿的认定不受临界期的限制。

总体而言,英国通过精妙的制度设计,将举证责任与制度成本均衡分配给各方当事人,让当事人在裁判桌上自行博弈,而我国则偏向将"棒槌"掌于立法者与裁判者之手,通过行为列举将事务权责分发给不同的主体,法律运作比较扁平化。

细观我国的规定,我国未设置"主观目的"作为偏颇性清偿的要件,发生在临界期内的偏颇性清偿行为皆归属于可撤销的范围,对交易稳定的考量欠缺。我国同样规定亲属与利害关系人的临界期为 2 年,但这类主体在实践中通常是最愿意信任与帮助债务人之人,个体经济中,亲属与利害关系人与债务人的商业交往,往往是最核心的部分,不区分主观善恶一概苛以这类主体更长临界期的做法,会使得这类人在与债务人进行商业往来更有顾虑,进而减少与债务人的交易,或促使债务人投向贷款机构或其他金融组织,对市场经济的长期发展反倒不利,也不符合市场交易的逻辑。而其实,我国如此规定的动机与英国立法者的动机是相似的,即都是为了筛选出最有可能是偏颇性清偿的情形,从而赋予了这类关联主体不同的法律上待遇,但我国简单的设计在制度效果上可能适得其反。申言之,我国的规定只考虑了亲属与利害关系人是最可能使债务人偏颇性清偿的人,但未考虑这部分主体恰也是与债务人发生商业来往而创造社会财富之人。相较之下,英国通过设置清偿"关联主体"时举证责任的倒置,债务人通过举证双方来往的商业行为推翻推定的难度并不大,以此来保护"关联主体"与债务人之间正常的商业行为,最大限度减少对市场交易的振动。因此,《深圳经济特区个人破产条例》中临界期设置容易使债务人成为制度成本的最终负担者,偏颇性清偿的范围有过大之嫌,对市场规律的正常运作有不利影响。我国规定存在的不合理之处,可充分借鉴英国的做法予以改进。

(3)要件体系

英国个人破产法注重根据债务人行为性质的不同,差异设置不同的要件体系,低价交易中,债务人只需做出过特定行为便可满足要件要求,偏颇性清偿中则需同时满足"主体要求 + 主观目的要求 + 行为效果要求 + 时间要件"才可被撤销。英国破产法是内生型制度,在数百年的演进中,与民法、刑法等部门法的长期磨合达到了精细化契合,民法思维贯穿于破产制度。

我国目前难以做到这一点,很大程度上是因为我国的相关规定(包括《深圳经济特区个人破产条例》与江浙地区的个人债务集中清理制度)皆是以自上而下的管理型思维建立起来的制度体系。原因在于:制度新兴使各方主体对于能做什么、能达到什么效果是不清晰的,因而在制度设计中便会将目光落至"什么主体"可做"什么行为"之上,而会轻视对行为的概念与逻辑的构建,因为后者对现实的作用并非直接且立竿见影的。此外,在比较借鉴的过程中,因难以全盘照搬他国的制度,为提高借鉴效率,借鉴者也会将眼光落于对"什么主体"可做"什么行为"之上,进而对行为与效果作出浅层的归纳整理后便搬至国内,这种先习得皮毛,再自行充实骨架的做法在比较借鉴中十分常见。并且,我国的经济环境与历史环境与英国大有不同,我国整体法律制度的土壤皆未丰厚,经济发展却突飞猛进,内外压力催生了个人破产制度,制度输出中有较高的政策导向性质,制度设计也偏向于行政规章的立法模式,这种做法在制度试点初期有利于制度的快速铺开,但于长远的发展而言,我国还需充分认识自身短板及对短板产生原因作出溯源,在此基础上借鉴国外优秀经验。

(4)裁判思维

本案的相关法律规定比较细致,法官的主要任务是对法律以准确的适用,法官在案件处理中展现出了较高的商业素养。本案债务人 S 确与债权人 F 有法律上亲属关系,且债务人 S 与债权人 F 此前的商业来往并不紧密,加上债务人 S 的清偿行为确实发生在债权人 F 借款之后,从表面事实来看,若法官就此判定债权人 F 构成偏颇性清偿,其实也难以反驳。而法官在对债务人的情形进行整体与全面的考察后,判定债务人 S 不构成偏颇性清偿,这对法官的整体把握能力与商业知识素养有较高要求。破产案件往往错综复杂,对法官综合素质比其他案件更高,我国也需注重对破产法庭的专业素质的培养。

CASE 12

案例 12

债权人申请债务人破产案法院对债权人申请债务人破产的审查

——Anni Nakamur A v. Glenn Anthony Armstrong

徐阳光（中国人民大学法学院教授、北京市破产法学会会长）
梁春瑾（中国人民大学法学院博士研究生）

一、裁判要旨

法院在决定是否根据债权人的申请给债务人颁发破产令时有充分的自由裁量权，但需基于充分的理由。在考虑是否颁发破产令时，法院应重点考虑整体债权人的利益实现因素。为阻止破产令的颁发，债务人应当承担举证责任，作充分的财产信息披露，提供具体可预期的清偿方案，以证明具备支付手段与能力。法院在进行综合判断后，为使债权人得到更好的结果，可以颁发破产令。

二、基本案情

（一）案件事实

债务人 Glenn Anthony Armstrong（以下简称 G）是一名企业家，经营着各项投资，并成立了“房地产百万富翁学院”公司。2016 年，债务人 G 与妻子离婚。几年来，债务人 G 一直在说服参加他财产投资课程的人投资他的项目，但他没有偿还大多数债务。2021 年 2 月，债权人 Anni Nakamur（以下简称 A）起诉，请求法院颁发债务人 G 的破产令，债务人 G 向法院请求延期还债。

（二）诉讼关系

债权人请求法院颁发针对债务人的破产令。

（三）诉讼争议

法官是否应当根据债权人 A 的诉求发布债务人 G 的破产令？

（四）判决结果

法官裁定发布债务人 G 的破产令。

（五）法律依据

（1）重要法条

《1986 年破产法》第 266 条第 3 款、第 267 条第 2 款、第 284 条。

（2）法条解读

①《1986 年破产法》第 266 条第 3 款规定：本法条规定的是法官决定颁布债务人的破产令的自由裁量权，法官具有驳回破产申请或搁置该申请的权力，但必须建立在合适的理由之上。实践中，当法院确信发布破产令没有任何用处的情况下，如破产财产中没有可供债权人获得清偿，债务人面临非常沉重债务负担的情况下，法院可以裁定不颁发破产令。

②《1986 年破产法》第 267 条第 2 款规定：本法条规定的是债权人申请债务人破产的要件，共有四个要件，一是债权总额或者合计的总额达到或者超过了破产的标准；二是申请人的债权是债务人应当立即偿还或者在将来某个确定的时间应当偿还的债权人实际应得数额，而且是无担保的债权；三是债务人已经无法清偿到期债务或者有合理理由相信债务人无法清偿债务；四是债权人已经按照《1986 年破产法》第 268 条的要求向债务人就每一项债务都发出了“法定要求偿债书”（the statutory demand）。另外，《1986 年破产法》第 267 条第 4 款规定债务人的破产标准为 5000 英镑。

③《1986 年破产法》第 284 条规定：本法条规定的是债权人提交申请后对债务人处置财产行为的限制，一旦债权人提交有效申请，在将债务人的财产交由管理人处置之前，债务人未经法院同意进行的任何财产处置皆属无效。

三、裁判理由

（一）争议焦点

本案中，对于债权人A申请债务人G破产的要件，债务人G已满足三大要件，只剩下“该款项是债务人已无能力偿付或已经无法合理期望债务人偿付的款项”要件尚存争议。对法官而言，法官在考虑要件问题之外，还需考虑颁布债务人G的破产令是否符合整体债权人的利益，对债务人而言是否必要等因素。

根据本案案情，可分为两个更具体的争议点。

争议点1：债务人G是否充分证明了其仍具备支付手段与能力？

争议点2：颁发债务人G的破产令是否符合整体债权人的利益？

（二）争议解读

相较英国个人破产典型案例11而言，本案中的法律规定不如偏颇性清偿的规定详细，对案件问题的处理多依靠法官结合已存在案例的裁决，与本案情形作出的裁量与判断。法律虽赋予了法官决定是否颁发破产令的裁量权，但该裁量权与普通的自由裁量权不同，若要裁定债务人不破产，法官还需以合适的理由为支撑。

争议点1：债务人G为获得破产延期，依次提出了三点陈述：一是其有权获得足够的离婚财产以偿还债务，二是其列举了离婚财产的数目与获得离婚财产后的处理方案，三是提出其父亲有充足的财产帮助其偿还债务。法官逐一否认了债务人的观点，首先，债务人没有充分说明具体的财产处理情况，包括财产是否已经或即将投放市场、以什么价格出售、是否已找到买主、何时交易、预期出售价格与预期净收入等信息，也未针对何时及如何支付债务提供详尽可行的方案。其次，即使债务人离婚财产判决得以落实，与财产的最终处理还相去甚远。最后，关于其父亲帮助其偿还债务的证明，未得到对方亲自认证，还收到债务人G的兄弟的来信反驳，无法为信，不应采纳。换言之，尽管债务人G提供了多方面的陈述，也确实有离婚财产正处于诉讼争议中，但其披露的信息不全，透明度与确定性较低，所有证据结合起来也未达到令人信服的程度，不足以让债权人相信其有能力在合理的时间内支付债务。

争议点2：在已经满足《英国个人破产条例》第267（2）条中规定的四大要件

之后,法官还对案件情形作出综合考虑,分别对债权人的利益与债务人的利益作出考量,来决定是否颁发破产令。关于债权人的整体利益,法官认为,本案中无一债权人反对颁发破产令,也无证据表明如果不发布破产令,债权人会得到更好的结果,从所收集证据来看,债权人预期可以在破产令中获益。因此,颁发破产令符合整体债权人利益;关于债务人的利益,法官仔细考虑了债务人已经延期多次但无任何改进的历史情况,与债务人在诉讼中无法提供充分证明的当前情况,谨慎得出了债务人已失去清偿可能的结论。法官指出,如果债务人的债务负担过于沉重,已至确无财产可供债权人使用,可以拒绝发布破产令,但债务人 G 不属于此情形。

可以看到,本案法官作出最终裁决的理由共有“债务人 G 无法充分证明其能在合理的时间内支付债务 + 债务人 G 在过去的多次延期支付中毫无改进 + 债务人 G 不属于债务负担十分沉重导致已无财产可供债权人执行的情况 + 无债权人反对颁发破产令 + 不颁发破产令债权人不会获得更好的结果”五个层次,是基于多方面的综合考虑方才裁定颁发债务人 G 的破产令。

四、案例评析

(一)我国规定

我国《深圳经济特区个人破产条例》仅对债权人申请债务人破产的数额作出了 50 万元的限制,实践中尚无债权人申请债务人破产的案例。

(二)比较借鉴

英国对债权人申请债务人破产问题的处理十分谨慎。原因在于,若申请标准过松,债权人能够轻易使债务人破产,债务人的正常商业活动中止,未必符合其他债权人的利益,对交易稳定也是潜在的威胁,但若申请标准过严,如果债务人恶意拖欠,便会错过保护债权人利益的最佳时机,消耗更多社会资源。《英国个人破产条例》规定,债权人需满足《个人破产条例》第 267 条规定的要件才能提交申请,且需负担诉讼费用。英国破产制度设置了债权人申请债务人破产的初级门槛,法官则拥有最终的裁量权。本案的裁判文书看似复杂细碎,但将法官的思维提炼出来,无外乎是从债权人与债务人利益角度作出的考虑,而对债务人利益的考虑更重于对债权人利益的考虑。对债务人利益的考虑,可按时间线拆解为对“债务人曾为偿还债务的付出情况”、“债务人当下能否充分证明其能在合理时间内偿还债务”与“颁布破产令能否达到清算债务人财产的制度效果”,从债权人角度,则落于对整体债权人利益的考量,表现为“当下无债权人表示反对债务人破产”与“不颁发破产令不会使债权人整体利益变好”。在这一过程中,债务人可通过与债权人协商、申请召开听证会等方式进行充分反驳。

另外,由于英国法律提供给无法偿债债务人的救济途径较多,当债务人已被证明无法清偿债务时,破产清算反倒不是唯一的方式,反而可能成为法院拒绝颁发破产令的理由。这时候的处理思维是,既然债务人已完全丧失清偿能力,已无通过清算对债权人进行清偿的现实必要,则应以救助此类陷入极度困境的债务人为重,引导此类债务人适用更适合脱困与重获新生的程序,才符合破产制度的初衷与社会发展的利益。

反观我国,我国社会过度负债问题积攒已久,一旦在全国范围内铺开个人破产制度,债权人申请债务人破产案件必将大量出现,我国也应当谨慎处理。对这一问题,各国的处理相似度很高,未见哪个国家会轻易让债权人使得债务人破产。立法者在制定《深圳经济特区个人破产条例》时,也是因考虑到这一点,而将债权人所持债款的数额规定在了 50 万元。这一数额相较我国人均收入而言,是畸高的,如此仅从数额上设置门槛的方法只会将主要是生活消费借款的普通债权人挡在法律门外,能进入程序的多是商事债权人,这在深圳经济特区这一高度发达的经济环境中,存在一定的合理性,但若适用范围局限于商事情形,对于社会公平的实现与社会经济的长期发展有深远的负面影响。我们应当通过综合的制度设计,以将最有利益需求的债权人纳入适用范围,与对恶意逃债的债务人施以清算处理,而不能通过畸高的金额来纯粹控制申请的数量而非质量。

CASE 13

案例 13

破产管理人放弃财产案债务人对已放弃财产的利益认定

——James Sleight (as trustee of the estate of Jillian Paula Mascall deceased) v. the Crown Estate Commissioner

徐阳光（中国人民大学法学院教授、北京市破产法学会会长）
梁春瑾（中国人民大学法学院博士研究生）

一、判决要旨

破产管理人不具备申请行权令(vesting order)的主体资格。有资格决定放弃破产财产的应当是对财产享有所有权权益(proprietary interest)的主体,而不是仅对财产有利益/兴趣(interested in)的主体。只有在有资格主体申请行权时,法院才可以裁量将部分利益或全部利益分配给破产管理人。

二、基本案情

(一)案件事实

破产管理人是已故债务人 Jillian Mascall 的破产遗产财产的管理人,Jillian Mascall 拥有 27 处永久业权房产,其中 24 处似为负资产,其变现\维护价值远高于其预期价值。基于此，破产管理人以“繁重的财产”（onerous property）为由，放弃了该部分财产。被放弃的财产依法自动归英国皇家财产局（Crown Estate Commissioners）所有。两年后，财产上的抵押权人出售了其中两处被放弃的财产，在扣除相关费用与成本后，盈余 19,000 英镑。后破产管理人起诉，请求法院下发行权令状（vesting order），让其获得财产的出售盈余。

（二）诉讼关系

破产管理人诉皇家财产局请求获得已放弃财产的出售利益。

（三）诉讼争议

破产管理人能否申请法院颁布财产行权令状？

（四）判决结果

破产管理人不具有申请法院颁布财产行权令状的主体资格，驳回起诉。

（五）法律依据

（1）重要法条

《1986 年破产法》第 315 条、第 320 条、第 307 条、第 308 条；Insolvency Rules（England and Wales）Rules 2016. R19.3；Insolvency Rules（England and Wales）Rules 2016. R19.11。

（2）法条解读

①《1986 年破产法》第 315 条规定：法条规定的是破产管理人放弃财产的权利。管理人有权通过发布声明的方式放弃任何“繁重的财产”，无论破产管理人是否已经占有该财产，并在努力出售财产或以其他方式行使了与该财产的所有权有关的权力。“繁重的财产”指的是任何无利可图的财产，包括破产财产中无法出售或不易出售的财产，或是会导致繁重的责任或金钱负担的财产。自免责声明发布之日起，财产之上破产人的权利、利益、责任都将被解除，并溯及免除破产管理人自受托管理该财产时对该财产的所有个人责任。但这种放弃财产的行为，除非基于免除破产人与管理人责任的必要，不应影响任何第三人的权利或责任。任何人因免责声明而遭受损害的，在损害范围内视为破产人的债权人，可向破产债务人主张清偿责任。

②《1986 年破产法》第 320 条规定：本法条规定的是法院对破产管理人根据《1986 年破产法》第 315 条放弃的财产颁布行权令状的权力。三类主体可以

根据本条规定向法院申请颁布行权令,一是任何主张对被放弃的财产拥有权益的人;二是对被放弃的财产负有任何责任的人;三是占用或有权占用被放弃的住宅财产的人。法院可以根据申请,决定是否将行权令颁布给申请人。法院不得将行权令颁发给“对被放弃的财产负有任何责任的人”,除非法院认为这是对其因负有责任的补偿。行权令的生效无须通过任何转让或转移行为来完成。

③《1986 年破产法》第 307 条规定:本条规定的是破产管理人不得放弃的两类财产之一的“事后获得的财产”(after acquired property)。

④《1986 年破产法》第 308 条规定:本条规定的是破产管理人不得放弃的两类财产之一的“财产处置价值超过财产价值的财产”(personal property of bankrupt exceeding reasonable replacement value)。

⑤Insolvency Rules(England and Wales)Rules 2016. R19.3 规定:该条是对官方人员(office-holder)必须在免责声明发出后的一周内负责向利害关系人发送免责声明的规定。

⑥Insolvency Rules(England and Wales)Rules 2016. R19.11 规定:该条是对申请行权人提出申请时间限制的规定,申请人必须在收到官方人员发送的免责声明的副本后的 3 个月内提出行权申请。

三、裁判理由

(一)争议焦点

本案的争议分为两个层面,第一个层面是围绕破产管理人是否具有申请行权令的资格展开的,第二个层面则是在得出破产管理人没有申请行权令的资格后,对破产管理人是否可以根据其他情形获得已放弃财产的收益展开论证。具体如下所述。

争议点 1:破产管理人是否具有向法院申请行权令状的资格?

争议点 2:破产管理人是否可以得到已放弃财产的收益?

(二)争议解读

争议点 1:关于破产管理人是否有申请行权令状的资格,法律依据是《1986 年破产法》第 320 条第 2 款第 a 项,具体是对“任何主张对被放弃的财产拥有权益的人”(any person who claims an interest in the disclaimed property)中“权益”

(interest)的适用范围的判断。破产管理人作为破产人的管理人,职责在于维护债权人整体利益,若被放弃财产出售后获得的利益仍可以用于偿还债权人,破产管理人的利益自然也能得到实现,问题在于,此利益可否归于法条中的"利益"范围?对此,法院持否定态度。法院认为,一旦破产管理人宣称放弃财产,法律关系自此脱离,自放弃起破产管理人丧失利益主体资格,若非如此,破产管理人的利益问题会陷入循环论证,其利益将永远与被放弃的财产相关。应对《1986年破产法》第320条第2款第a项中规定的"权益"作限定解释,只有与放弃财产有"所有权权益"(proprietary interest)的人,才能申请行权令。"所有权权益"主体包括所有权人、抵押权人或租赁权人、有权出售或赠与该财产的人或其他有权在法律上从该财产获得利润或其他权利的人。所有权权益应当可以被第三方定义或识别,权益人可以拥有该财产部分或全部的权益。因此,破产管理人仅是被放弃财产有利益关系之人,但不是有"所有权权益"之人,不应认定为申请资格主体。

争议点2:根据英国法律规定,破产管理人出售财产所获的盈余,若无相应主体申请行权令,应自动归属于英国皇家财产局。本案中,虽已确定破产管理人申请法院颁发行权令状的资格,但破产管理人并非便就此彻底失去获得被放弃财产收益的可能,法官仍有一定的裁量空间,但需基于合适的理由。本案中,对于破产管理人是否可以基于其他理由获得被放弃财产的收益,法律上没有明确规定,法官是通过对过往案例的考察得出的。法官在裁判文书中提到了Lee v. Lee案,该案破产管理人放弃的财产,抵押债权人WBS申请成为该财产的行权人,法院在上附加了条件,债权人WBS需将售卖该财产盈余的50%交由破产管理人,剩余50%需先存入银行账户,等待债务人妻子对该财产主张权利的判决结果。但本案中,银行作为担保权人并没有向法院申请行权令,英国皇家财产局也放弃了对财产的行权资格,因为英国皇家财产局认为,只有在其有管理行为时,这些财产才属于英国皇家财产局的财产,而这些财产可能会让他们承担重大责任,因此,财产局不准备针对破产管理人的申请作出任何陈述,也不准备派代表出席,以防构成"管理行为",导致需要承担责任。也就是说,如果本案的银行或英国皇家财产局申请了行权令,法院便可以命令其将盈余或部分盈余支付给破产管理人,以实现整体债权人的利益,但二者皆没有主张权益,该笔收益现归法院资金办公室所持有,法院没有正当理由将该笔收益给予破产管理人。

四、案例评析

(一)我国规定

我国尚未有规定赋予破产管理人在特定情形下有放弃财产的权利。

(二)比较借鉴

允许破产管理人放弃财产是一项重要权利,对破产管理人顺利履职与债权人利益的保障有重大利益。该制度的目的在于允许破产管理人在根据原有合同条款继续承担义务会对债务人破产程序的进行构成障碍的情况下,放弃正在履行的义务,与在对特定的财产的维护可能会导致更多债务的产生,减少可供分配的资金的情况下,允许管理人放弃这部分财产。在很多法域,法院的许可是破产管理人放弃财产的先决条件,在一些法域则无须法院许可。综合英国的情况来看,允许破产管理人放弃财产至少需要三方面的配套支撑,一是完善的破产管理人监管制度,只有完善的监管制度才能防止出现破产管理人以权谋私或只是为了减少工作量而放弃财产的情况;二是破产管理人的专业素质,对财产价值的准确判断需要充分的商业素养,在复杂多变的经济社会,误判价值并不少见,财产一旦放弃便不可逆,若放弃的是有价值的财产,会引发更多的争议,这对破产管理人的专业素质有很大要求;三是完备的对被放弃财产的善后处理制度,财产被放弃后,如何处理因放弃行为受到影响的第三人,如何对被放弃财产进行管理,需要完备的配套制度来完成。因此,结合这三点来看,在我国目前的环境下,无法直接参照英国的现行做法赋予破产管理人放弃财产的权利,但可以从如下方面获得启示。

(1)制度演进

“繁重的财产”制度在英国有很长的历史,早在1869年,破产法已允许破产管理人放弃“繁重的财产”,被放弃的财产通常有两种类型,一是租赁财产,因为有些商业租赁对财产的处理有诸多限制,对破产管理人而言可能是繁重的契约负担;二是待执行合同,有些待履行合同约定了中期或长期的义务,如制造产品或提供服务等。需先指出的是,此处的待执行合同与我国破产管理人的挑拣履行权指向的待履行合同有一定的相似之处,二者皆赋予了破产管理人在破产程序中因出于对债务人财产利益的考虑对待履行合同做出的一些处理，但二者所处的制度领域是不同的。具言之，在合同的挑拣履行中，破产管理人决定的是未来履行合同义务与否，没有放弃合同本身的权利，但本案的待执行合同是在“繁重的财产”中讨论的，合同的义务与权利一并被破产管理人放弃，进而才会有法院颁布行权令的问题。由于放弃租赁财产会带来一系列后续问题，英国在1883年的立法中增加规定，除非是根据法律或惯例的一般规则，否则放弃租赁财产需要法院的许可。1986年，破产法再次取消了法院批准免责声明的需要，破产管理人只需发出通知即可宣布放弃财产。

单从演变过程来看，立法者似乎逐渐将放弃财产的权利全权交给了破产管理人，对破产管理人的信任值在上升，但实则不然，法律没有纯粹的信任，多是权力的均衡。破产管理人虽有放弃财产的权利，但法院牢牢把握了颁发行权令的权力。被放弃的财产并不当然属于无主物，利益相关人在收到破产管理人放弃财产通知的3个月内，可以向法院申请对该财产的行权令，法院有裁量权决定如何处理财产盈余。法院可以基于对债权人利益的考量，将出售被放弃的财产的盈余退还给破产管理人，破产管理人可以在有利益相关人申请行权令时，提请法院注意这一点，这通常发生于财产价值超过破产管理人预期时。若3个月后，没有利益相关申请行权，财产自动归英国皇家财产局所有，也就是本案的情形。此外，随着现代经济发展的日新月异，允许破产管理人单方面放弃财产也引起了其他法律领域的一些问题，当下表现为对环境保护的影响。破产法上允许破产管理人基于全体债权人利益保护的需要放弃财产，但如果被放弃的财产是需要特殊处理的具有环境污染风险的财产，则会涉及社会公共利益，与环境保护法有法律上的冲突。目前对该问题的处理英国尚无明确规定。

(2)价值安排

英国破产法关于破产管理人放弃财产的规定有上百条法规，从数量来看较为繁杂，但若从法条背后的价值取舍进行剖析，便可清晰窥见英国立法对于破产管理人放弃财产的价值递进安排，包括债权人利益、相关人利益、债务人利益与公共利益，四类价值大致呈递减关系。债权人利益是第一序列的价值，主要由破产管理人与法院行使，破产管理人基于对整体债权人利益的考量而选择放弃相关财产，破产管理人放弃财产后，即从放弃之时起失去再对该财产主张法律上权益的机会，即使被放弃财产之后价值高涨，破产管理人也无法再获得财产所有权,但法院还可以基于对债权人利益的考虑,在有利益相关人员提出申请时,自由裁量将财产盈余分配给破产管理人,并且,破产管理人虽不能再获得所有权,但可以在有利益相关者提出申请时,提醒法院将盈余分配给破产管理人。相关人利益是第二序列的价值,在破产管理人发布放弃财产声明后,利益相关人认为自身权益受损的,可以向债务人主张债权,也可以以对财产有所有权相关利益或责任为由(债务人除外),向法院主张财产的行权令,法院则根据实际情形决定是否颁发行权令。值得注意的是,有权申请行权令的还有一类特殊主体,即当被放弃的财产是住宅时,有权占用或被放弃时占用该财产的人也可以向法院申请行权,并且,债务人也包括在这一类主体中。允许住宅占用人且不排除债务人提出申请的做法体现了该制度中的人文关怀,是对自然人居住权益的保障,也应归于公共利益保护的范畴。一旦被放弃财产超过法定 3 个月期限,则所有权自动归于英国皇家财产局,此时除非英国皇家财产局向法院申请行权令,法院不得再对财产盈余做出分配,也不得对裁定改变财产的所有权,所得盈余依法归公,此时交易稳定的公共利益优先于破产程序中的债权人利益。可见,英国对于被放弃财产制度的安排表现为“破产程序内利益(债权人利益)——破产程序外利益(利益相关人利益)——人文关怀的公共利益(包括债务人在内的住宅占有人利益)——交易稳定的公共利益(已归公的财产利益)”的价值序列。

此外,值得一提的是英国皇家财产局。该机构是由英国持有的主体及物业所集中的一个实体,以公司型态运作,专于经营,是“君主的公共财产”。财产收入会交由英国君主分配给英国政府,行使纾缓民选政府筹资的义务。

综观我国的情形,我国当前尚无完善的管理人监管制度,破产管理人整体素质也待提高,且无完备的被放弃财产善后处理制度,在建立破产管理人放弃财产制度上须非常谨慎。结合英国经验,我国当下可考虑采取管理人申请法院批准的模式,并赋予法院充分的裁量权力,在特定期间内允许利益相关人申请行使权益,因我国没有类似英国皇家财产局的机构,若特定期间内没有主体对被放弃财产申请权益,则应由相关政府部门收回,对财产做出处理后重新投放市场。

CASE 14

案例 14

夫妻一方破产案夫妻离婚财产协议中对价的认定

——Melissa Jackson (as Trustee in Bankruptcy of the Etate of Michael John Sheridan) v. Jian Song

徐阳光(中国人民大学法学院教授、北京市破产法学会会长)
梁春瑾(中国人民大学法学院博士研究生)

一、裁判要旨

离婚财产分割协议中的对价不限于金钱形式。本案中,妻子承担了料理家事与抚养儿女的绝大部分责任,这应当视为妻子付出的对价,并且,妻子在财产分割协议中放弃了对过错方丈夫的金钱索赔与对其拥有的大额养老金的权利主张,这些主张的价值甚至有可能高于根据财产分割协议获得的财产价值,这也应当被视为对价。在复杂的婚姻关系中,在认定夫妻协议效力时,必须综合考虑两个人的所有情况,包括双方所处的环境、签订协议之前及之后双方的行为,没有必要用过于正式的法律术语来思考问题,除非有充分与实质性的理由,让各方遵守协议会造成绝对不公正的后果,否则应尊重夫妻双方基于合意达成的合法协议。

二、基本案情

(一)案件事实

2003 年,债务人 Michael Sheridan(夫,以下简称 M) 与 Jian Song(妻,以下简称 J)在英国结婚,二人共育一子一女。J 患有巴雷综合征与脑瘤,婚后一直在家照看孩子与监督夫妻所购房屋的装修,M 的收入是家庭唯一收入来源。2012 年,夫妻关系破裂,两人分居,债务人 M 与 Sonia 有婚外情,且酗酒,并患上精神疾病。2012 年 3 月 27 日,夫妻二人签订分居协议,对离婚财产分割问题作出约定,并约定不会提出财产索赔。而后二人卖掉了婚姻期间购入的房产。J 计划购买一套公寓,但卖房收益不足以支付全部价款,M 知道 J 购房需要更多钱,所购房子将作为她与孩子们的家,同意再提供 4 万英镑。J 此后从中国的父母与姐姐处获得了资金,于 2012 年 5 月 11 日以个人名义完成了新公寓的购买。M 住进了租来的公寓,用卖房所得支付债务并还清了部分债务。2012 年,M 陷入精神问题,不再工作。2013 年 3 月,M 向一家公益债务咨询机构(debt counselling charity)申请援助,在其帮助下编制了一份债权人名单,债权人 HMRC 不在名单上。2013 年 8 月 29 日,HMRC 以债权人身份向法院提出对 M 的破产申请,M 虽主张不知道也不相信这些债务的存在,但没有申请辩护,2013 年 12 月 10 日,破产令发出。本案原告于 2014 年 3 月 19 日被任命为 M 的破产管理人。另外,J 于 2012 年 5 月 21 日提出司法分居申请,于 2015 年 1 月 14 日离婚。

破产管理人诉称,M 与 J 有意策划了离婚财产分割与破产事件的发生,两人签订的财产分割协议使 J 获得了大额的离婚财产,但她没有付出相应对价,相应财产应予返还。

(二)诉讼关系

破产管理人诉债务人妻子要求返还离婚分割财产。

(三)诉讼争议

通过离婚协议获得 M 出售房屋获得的 429,128.82 英镑与 M 支付的 40,000 英镑是否构成低价交易?

(四)判决结果

J 获得的 M 出售房屋获得的 429,128.82 英镑与 M 支付的 40,000 英镑不构成低价交易。

（五）法律依据

（1）重要法条

《1986年破产法》第339条；Matrimonial Causes Act 1973 sec. 34。

（2）法条解读

①《1986年破产法》第339条规定：本条规定的是低价交易的情形，个人破产中债务人在临界期内曾与任何人以低于价值的价格进行交易的，破产人的管理人可以向法院申请将债务人的低价交易恢复至交易前的状态。低价交易主要包括三种情形，一是礼物馈赠或无偿转让，即将自己的财产作为礼物赠与他人，或者通过订立交易合同转让给他人却不收取任何对价；二是出于结婚或者成为民事伴侣的目的，与其他人订立交易合同；三是以明显不合理的价格进行的交易，即与其他人订立交易合同，但自己收到的金钱或者相应的价值上远远低于交易标的金钱或者相应的价值。此外，根据《1986年破产法》第340条的规定，交易发生的时间超过了破产清算程序启动前的2年，但在5年之内的，管理人也可以申请法院撤销该交易，但需要证明债务人在交易时已经具备了破产原因，即出现了"支付不能"的情形，或者债务人因为这笔交易而陷入了破产原因。

②Matrimonial Causes Act 1973, sec. 34规定：本条规定的是"离婚协议"（译者注："maintenance agreement"在不同语境下有不同含义，可以指赡养协议、抚养协议等，本案中该协议是夫妻双方在离婚时签订时的财产分割协议，故译为离婚协议）。根据该条规定，协议中限制当事人一方向法院申请财务安排的权利的条款无效，除非因任何原因导致条款无效或无法执行，协议中包含的任何财务安排应当执行。根据本规定，婚姻协议指的是在婚姻双方之间，于婚姻存续期或婚姻解体或取消期间，以书面形式达成的包含财务安排的协议，或在双方没有书面协议对财务作出安排的情况下，双方达成的分居协议。"财务安排"则指的是对双方在分居时双方对于财产分割的责任与权利的安排。

三、裁判理由

（一）争议焦点

本案的核心争议是"对价"问题，法官围绕该问题进行了逻辑渐进的分析。

首先是对夫妻双方主观状态的探究,因为若存在主观恶意的情形,协议可以直接被撤销或归于无效。其次是对 J 与 M 对所销售的房子是否共同享有所有权人利益的讨论,若 J 对所销售的房子无所有权人利益,则在签订财产分割协议时,其获得财产销售额的正当性会受到影响。再次是对财产分割协议有效性的讨论,只有合同有效,才有讨论合同“对价”的余地,然后是对争议核心问题即“对价”的讨论。最后,基于此前的论证结果,对“40,000 英镑”是否构成对协议内容的变更作出定义。

争议点 1:M 与 J 在签订财产分割协议时是否都是善意的?

争议点 2:M 与 J 对所销售的房子是否有共有利益?

争议点 3:M 与 J 的离婚财产分割协议是否真实有效?

争议点 4:J 在离婚财产分割中是否付出了相应对价?

争议点 5:M 在协议之外支付给 J 的 40,000 英镑是否构成借贷关系?

(二) 争议解读

争议点 1:关于 M 签订财产分割协议时的主观状态,可拆解为“M 在签订财产分割协议时是否有计划破产的打算?”与“M 在签订财产分割协议时是否知晓对 HMRC 的欠款?”法官根据 M 与 S 的谈话记录、M 在出卖婚内房产后积极还款的行为、M 的精神患病情况、签订协议后寻求债务咨询的行为,与债权人 HMRC 在 M 和 S 离婚协议签订时从未主张过债权等客观事实,得出 M 在签订协议时并无计划破产,且不知晓债权人 HMRC 的存在,主观状态应为善意的判断;关于 J 签订财产分割协议时的主观状态,法官根据 J 婚后一直从事家务劳动、J 的身体状况与 J 提供的证词认为,J 前后证词混乱与矛盾是由于语言障碍与知识障碍,并非基于主观恶意。J 在婚后并无权限进入 M 的银行账户,其所需费用皆是从夫妻共同账户中支取的,J 婚后无工作,知识素养欠缺,在签订协议时并不知晓 M 的财务状况,且不知“破产”的法律含义,这与 J 的各项特征相符。因此,J 在签订协议时的主观状态应为善意。

争议点 2:在英国,如果夫妻在婚后以两人名义购买房屋,则视为房屋由两人平均享有,若房屋是只以夫妻一方名义购买,则房屋所有权可能只属于一方,另一方仅有在离婚后居住的权利。因此本案中,J 对只有 M 的名字登记的房子是否享有 50% 的所有者权益,直接影响离婚时 J 可供分配的财产范围。本案中,法官分别对夫妻双方的主观状态与客观行为进行了考证。该房子购买的原因是两个孩子长大后原住公寓的空间不够用了,出于家庭居住需要所买的。对于购买时为何只填了丈夫 M 一方的名字,J 的解释是,当时仍是中国公民,若添加上其名会使购买过程更加复杂。J 和 M 当时对房屋所有权问题并无讨论,M 亦认为该房子是夫妻二人平等享有所有权,只登记一方名字只是为了程序方便。房子购买后,J 对房子进行的超出装修以外的对房子进行改造等的行为,实质地提高了房子的价值,远远超出了其若不是房屋所有权人的工作范围,不应视为是 M 对 J 的雇佣。通过双方对于房子的行为来看,如果双方并非默认平等地享有该房屋的所有权,否则无法作出合理解释。法官通过各方面的证据,与对 M 和 J 的交叉询问,判定两人共同平等地对房屋享有所有权。在断定了房屋的所有权问题后,对案件的讨论便落入了对协议的有效性的讨论上来。

争议点 3:对于该争议,法官认为,尽管不清楚 J 是否阅读过协议条款,但 J 对协议会使其与孩子获得财产的法律效果是清晰的,且 J 表示对代理人签署协议表示信任,因此,J 是否阅读过协议内容并不影响协议的效力。尽管协议没有对财务处理细节问题作出规定,但双方也没有基于该事由去家事法庭寻求救济,协议条款清晰,没有其他无效事由,夫妻双方基于自愿签订的协议应当合法有效。M 的管理人依据 MCA section 34(1)的规定主张,由于财产分割协议限制了 J 向法院寻求救济的权利,应当归于无效。法院则认为,MCA section 34(1)的无效仅指向该限制权利的条款,其他财产分割的条款,只要没有使之无法执行的事由,应当认为有效。法院进一步指出,应尽量促使夫妻间通过合意的方式达成的家事协议,而非在法庭之上以对立的方式来达成,法院应最大限度尊重夫妻合意达成的协议。

争议点 4:这一环节的争议围绕对 J 是否在财产分割协议中付出了相应的对价展开。法官先是从以往的判例中得出,夫妻财产分割协议的“对价”不限于金钱形式,进而从两个方面论证了 J 在财产分割中付出的对价。一是 J 没有向 M 主张两个孩子的抚养费。在签订离婚协议时,M 每年的工资达 80,000 英镑之多,即使考虑 M 仍欠着 HMRC 的借款,但若 J 就孩子的抚养费向法院提起诉讼,法院也定然会判定 M 支付抚养费的责任。但在二人的离婚协议中,J 没有主张该权利,这应当被视为以“放弃权利”为形式的对价。并且,离婚后由 J 一人抚养两个孩子,家务负担之重,也应当纳入对价的考虑范围。二是 J 放弃对 M 高额养老金的索要权。M 有高额的养老金,但 J 并未在财产分割协议中主张分割养老金,而是都留给了M,这也应当视为J付出的对价。法官进一步指出,在离婚案件中,应当充分考虑女方在家务方面的付出,应考虑全职家庭主妇放弃工作机会在家抚养孩子对其之后返回职场的不利影响,并应着重考虑离婚对于未成年孩童的影响,尽力减少离婚对未成年孩童的伤害。本案J获得的离婚财产主要用于购买与孩子以后一同居住的房屋,这点也应当被充分考虑。

争议点5:关于M在协议之外支付给J的40,000英镑的法律关系,M与J有不同主张。M主张该笔款项是其借给J的,但J主张这是M无偿给予其用于购买房屋的。法院认为,通过M的行为,M应当知道J急切希望获得该笔金额购买房屋的目的,并且,M十分清楚J没有偿还能力,借贷是没有意义的。并且,从J的角度,其有理由相信M支付的该笔款项是用于购买孩子居住的房屋所用。综合各项因素来看,M支付的该笔款项应当构成对原有财产分割协议的实质性变更,属于原财产协议的一部分,且并没有超出J合理可得的财产对价范围,认定该支付行为有效。

四、案例评析

(一)我国规定

我国《深圳经济特区个人破产条例》未对夫妻破产问题作出专门规定,仅在债务人破产时,其配偶可以选择同时适用破产重整、和解或清算。

(二)比较借鉴

《英国个人破产条例》也没有对夫妻破产问题进行专门规定,在破产案件中涉及夫妻债务问题的,仍需法官融贯夫妻财产制度与破产制度来适用,这对法官的专业素质有较高要求。通过对本案的分析,有如下三个方面可供我国比较借鉴。

(1)破产撤销权的行使

本案是破产管理人起诉债务人前妻以恢复交易原状的诉讼,英国个人破产条例虽未采取撤销权的称呼,但与我国破产制度的破产管理人撤销权的法律效果是相同的,可将二者做比较。

关于破产撤销权的行使问题。英国个人破产条例规定,对于低价交易的情形,破产管理人可以申请法院将交易恢复至未交易时的状态。结合本案情形来看,英国法院对于破产管理人的此类申请,采取的是诉讼的处理方式,由破产管理人与债务人前妻在法庭上充分论证,法院居中裁判。

我国《企业破产法》与《深圳经济特区个人破产条例》皆采用了"管理人有权请求人民法院予以撤销"的表述,在表述上与英国个人破产条例的规定基本相同。从语义上看,似乎可以将该规定的背后逻辑解读为"管理人申请撤销——法院决定撤销与否",即法院拥有对撤销申请事项自由裁量的权力。其实,根据《民事案件案由规定》(2020 年修正,法〔2020〕347 号)的规定,进入破产程序前后,债务人作为当事人的民事案件,根据其适用的是否破产程序,可以分为"与破产有关的案件"和"适用破产程序的案件"两类。前者在一级案由第八部分"与公司、证券、保险、票据等有关的民事纠纷"之下,适用民事诉讼程序,包括请求撤销个别清偿行为纠纷、破产撤销权纠纷、请求确认债务人行为无效纠纷等 13 种案件。但司法实践与学界皆未对此达成共识。有观点认为,破产撤销权的行使应当避免采取诉讼方式,浪费司法资源与当事人的时间与费用,应当由管理人向人民法院报告之后,通过自身名义向相关各方发出书面通知,行使撤销权。若没有利害关系人提出异议,或发出书面通知而不能撤销相关行为时,管理人可以申请人民法院执行撤销行为。但是,这种做法有两处不妥。第一,该做法有悖于民事诉讼保证诉讼当事人平等地行使诉讼权利的基本原则,根据民事诉讼法规定,民诉当事人有平等的诉讼权利,法院应当保障和便利当事人行使诉讼权利;法院审理民事案件时,当事人有权进行辩论。这一原则应当受到破产制度的尊重,涉及民事争议事宜,破产制度未基于特殊考量作出特殊规定的,应按照民事诉讼法的规定。第二,该观点的得出是基于对破产规范文本语义的片面理解。《民法典》第 538 条规定了债权人的撤销权,"债务人以放弃其债权……影响债权人的债权实现的,债权人可以请求人民法院撤销债务人的行为"。该规定采取的同样是"债权人可以请求人民法院撤销债务人的行为"的表述。可以推见,破产制度上的"管理人有权请求人民法院予以撤销"与《民法典》上"债权人可以请求法院撤销债务人行为"的原理一致,皆是从撤销方的角度,对债权人或破产管理人向法院提请撤销的诉权作出的规定,并不涉及对法院权力的规定,未对法院的职责内容做任何改变或调整。对法院权力的理解,应从民事诉讼的角度作当然解释,即对于民事争议,应依法采取诉讼的方式进行。在破产程序中,对于有争议的撤销申请,原则上应当采取诉讼的方式进行。实际上,结合英国的立法与司法实践来看,我国对于破产撤销权的处理之所以会引发争议,是大家对于破产程序中法院对破产事项拥有较大的行政性权力的固有认知的表现,这种思维惯性被衍生解释到对破产撤销权的处理上来,认为法院也可对此享有依职权处理的权力,这种理解是不当的,只需结合法理深究一步便可将之推翻。

(2)商事规范与家事规范的区分

一般来说,因破产事项所涉事项的繁杂,企业破产与个人破产案件都较普通民事案件破产复杂许多,但企业破产与个人破产的复杂之处又有区分。企业破产的复杂在于对以债务人企业为核心的各种纵横交错的商事交易关系的处理,对法官的商业素养有较高要求,而个人破产的复杂在于民事争议与商事交易交融时,对二者的识别、提炼与处理,对法官综合素养的要求更高。也就是说,一个商业素养较高的年轻法官,可以处理好企业破产案件,却可能会因缺乏生活经验而无法处理好个人破产尤其是夫妻破产问题。本案的典型即对"对价"的理解,在商事领域,"对价"可以被金钱量化,但在家事领域,"对价"的范围非常广泛,很难准确量化,需要裁判者对当事人很长期间内的生活行为作出总结与提炼。即便当事人的所有行为皆被无保留地还原,决定哪些行为可为法庭证据之用,需要丰富的生活经验为支撑。在家事相关的案件中,证据常常表现出模糊、碎片化与似是而非的特征,且时间跨度可能长达几十年,对法官的能力要求较高。因此,这对如何设置与培养我国个人破产制度的法官有重要参考意义,我们应当充分注意到这一点。

(3)价值取舍与配套制度

本案充分体现了英国个人破产处理中的人文关怀。在论证过程中,法官充分考虑了为未成年孩童制造良好的成长环境、为因长期付出家务活动而无工作的女性提供未来发展的可能等因素,可以看到法官在处理此类案件时充分的人文关怀,这也是个人破产区别与企业破产的重要特征。同时,我们还应看到,本案法官之所以全面采纳债务人前妻的观点,人文因素虽必不可少,但也是建立在充分的论证基础之上的,英国完善的配套制度为法官的论证提供了支撑。因为,英国有完善的财产登记制度、家事制度与破产制度,法官在对债务人前妻的行为进行追溯时,有充分的官方文书与法律记录作为辅证,法官对债务人前妻的判断,并非架空于纯粹生活经验的判断之上的。这一方面,我国的法律建设落后许多,深圳经济特区个人破产申请中,已出现因申请人无法解释夫妻财产问题而被驳回起诉的案例。诚然,这是基于防止夫妻串通逃废债的考量,但在家事领域,个人通常无意识对家事财务问题做证据留存,因我国家事制度与财产登记制度的缺失,夫妻无法解释财产问题无可厚非,这一负担实则应当交由法律来完成。因此,我国对个人破产案件的处理,虽要考虑到人文问题,但配套制度的建设才是重点,人文价值的实现应当以配套制度为支撑。

CASE 15

案例 15

罢免破产管理人的审查因素

——Andrew Miles, Pierre Noah, Antony Antoniades, Gurdip Birdi v. Alan Price, Gary Pettit, Official Receiver, PBC Business Recovery & Insolvency

徐阳光（中国人民大学法学院教授、北京市破产法学会会长）
梁春瑾（中国人民大学法学院博士研究生）

一、裁判要旨

破产管理人只能由法院或由债权人依据法定程序作出的决定予以免职。破产管理人的免职应当遵循慎重原则。免职需基于充足的、实质的且诚实的理由，并充分考虑任命破产管理人时所欲达到的目的。只要破产管理人的履职行为大体上是有效的、诚实的，则不应因为其个别方面的履职不甚理想就作出免职的决定。在判断破产管理人的行为是否有效与诚实时，应综合考量债务人与债权人的行为，考察债务人与债权人是否存在不配合、恶意拖延等行为，仔细认定债务人与债权人提供证据的证明力，以防止双方恶意串通拖延破产工作。

二、基本案情

(一)案件事实

2012年3月21日,根据英国税务海关总署(HMRC)的申请,债务人Birdi被宣告破产,2013年7月4日,债务人Birdi的破产令被解除,之后于2015年1月21日,债务人Birdi被发出了一项自2014年9月4日起为期9年的破产限制令。Birdi破产案的第一任破产管理人为Price,Price退休后,由Pettit担任第二任破产管理人。三位债权人Mr. Andrew Miles,Mr. Pierre Noah和Mrs. Gurdip Birdi诉称,破产管理人的工作进度缓慢,历时漫长,存在不诚实与管理不善行为,致使债权人至今没有获得债权分配,应更换破产管理人。

(二)诉讼关系

三个债权人诉破产管理人要求将其辞退。

(三)诉讼争议

破产管理人是否存在管理不善行为,应当依债权人申请被罢免?

(四)判决结果

破产管理人不存在管理不善的行为,不应更换,驳回债权人诉求。

(五)法律依据

(1) 重要法条

Insolvency Act 1986, sec. 108; Insolvency Act 1986, sec. 298; Insolvency Act 1986, sec. 172; Insolvency (England and Wales) Rules 2016. R 15. 18.

(2) 法条解读

①《1986年破产法》第108条规定:本法条规定的是法院拥有委任或罢免清算人的职权。

②《1986年破产法》第298条规定:本法条规定的是债权人罢免破产管理人的要求与程序。债权人罢免破产管理人有两种方式,一是直接向法院申请,二是通过债权人决定程序(requisitioned decision)。债权人联合决定罢免破产管理人的,同意罢免破产管理人的债权总额应当至少达到总债权额的25%。债权人决定罢免破产管理人的,应当依照规则指定另一人为破产管理人。如果据此做出罢免破产管理人决定的,在破产债权人指定的另一人代替成为破产管理

人之前,该罢免决定才生效。债权人联合决定罢免破产管理人的,同意罢免破产管理人的债权总额应当至少达到总债权额的 25% 。

③《1986 年破产法》第 172 条规定:本法条规定的是罢免清算人的要求与程序。本法条与债权人罢免破产管理人的条款有许多类似之处,当清算人同时作为破产管理人时,可一并适用两个法条。与罢免破产管理人一样,债权人意图罢免清算人可以通过两种方式,一是向法院申请,二是通过债权人决定程序。债权人联合决定罢免破产管理人的,同意罢免破产管理人的债权总额应当至少达到总债权额的 25% 。

④Insolvency (England and Wales) Rules 2016. R 15. 18 规定:该条规定的是债权人启动债权人决定程序的条件与流程。债权人要启动债权人决定程序的,需要至少满足两个条件,一是获得拥有占债权金额 25% 以上的债权人的支持,二是如果破产管理人在收到召开债权人决定程序的通知后的 14 日内提出押金请求,申请召开程序的债权人需先缴纳召开会议的费用。如果破产管理人在 14 日内没有提出押金要求,则应当召开债权人会议。

三、裁判理由

(一)争议焦点

本案争议围绕对破产管理人是否存在管理不善的行为展开,三位原告债权人从不少于 10 个方面对破产管理人存在各种不同的欺诈行为进行了控诉,法官也从不同方面对破产管理人并不存在管理不善的行为进行了论证。主要争议可归纳如下。

争议点 1:破产管理人是否有故意增加管理成本与时间的行为?

争议点 2:破产管理人是否故意拖延,不给债权人分配债权?

争议点 3:破产管理人是否必须召开债权人会议?

(二)争议解读

双方争议的核心在于三位原告债权人提供的关于破产管理人存在履职欺诈与履职不力的证据是否具备了充分的证明力。案件中,原告债权人从多个方面提出了控诉,但都没能提供充分的证据来证明,证据真实性存疑,且没有形成连贯的证据链条。法官分别从债务人、债权人与破产管理人的角度逐一反驳了原告债权人的观点。关于破产管理人是否故意增加了管理成本与时间，法官指出，债务人此前存在多次不配合破产管理人的行为，如故意提供虚假信息误导破产管理人，使其付出多余的管理成本与时间，这是导致破产管理人履职进度缓慢的重要原因。经查明，破产管理人付出的成本已远超其获得的利益。关于破产管理人是否故意拖延债权人的分配工作，法院认为，破产管理人并非恶意拖延债权人分配债权，破产管理人目前仅能统计出申报债权的数额，而一直没有足够的资金制作正式的债权人名单。另外，三位原告债权人此前存在多次缺席听证会与审判的行为，在过去 6 年半的时间并未表现出对自身债权情况的关心，其诉称破产管理人的报酬畸高，却没有在法定的 8 个月期间内提出，还表示并没有看到管理人定期发布的财务报告，尽管管理人发布的这些报告十分容易知晓，基于此，有理由怀疑三位原告债权人提出罢免破产管理人背后的真实动机。对于原告债权人提出破产管理人应当召开债权人决定程序的诉求，法院认为，债权人并没有满足申请启动债权人决定程序的要求，而法院也没有要求管理人召开债权人决定会议的职责，债权人提出该诉求没有任何合法立场。综合各方面证据，法官认为，无法排除债权人存在配合债务人，利用罢免管理人程序，以恶意拖延破产程序的可能，裁定驳回债权人申请罢免破产管理人的诉求。

四、案例评析

（一）我国规定

关于债权人向法院申请罢免破产管理人的权利，我国《企业破产法》与《深圳经济特区个人破产条例》皆赋予了债权人会议向法院申请更换破产管理人的权利，规定债权人会议认为管理人不能依法、公正执行职务或者有其他不能胜任职务情形的，可以申请人民法院予以更换；关于法院更换管理人的权利，条例没有直接作出规定，而是在“法律责任”一章规定了管理人怠于履行或者不当履行职责的，由法院责令改正，并可以采取降低管理人报酬、依职权更换管理人等措施。除此之外，我国有部分地方对更换管理人的情形作出了细化，如北京破产法庭颁布的《接受债权人推荐指定管理人的工作办法（试行）》中第 12 条、第 13 条规定了债权人会议申请法院更换管理人的，应当作出债权人会议决议，并向法院提出书面申请，也可以以会议决议的形式向法院推荐其他中介机构担任管理人，法院在接到申请更换管理人的申请后应当通知管理人，管理人应当在两日内就申请内容作出书面说明,再由法院决定是否更换。

(二)比较借鉴

国内有学者呼吁应赋予债权人更多的决定破产管理人任命与去留的权利,对于该做法的合理性与可行性,可以借鉴英国的做法。关于债权人罢免管理人的规定,英国的做法有三个特征。一是非必要不罢免管理人。英国个人破产制度十分重视对破产管理人履职的保护,背后是基于对破产程序整体利益的考量。如果管理人的工作总体上是有效和诚实的,法院在决定是否罢免管理人时就必须谨慎考虑,不能仅仅因为管理人在某个方面没有达到理想的程度,就认为可以罢免他。因为在进行了一段时间的破产管理工作后,人们总是可以以后见之明,对管理人的工作进行指摘,从而认为管理人本可以做得更好,并认为可以因此罢免他。这种做法是不可取的,更换管理人的成本不小,这样不仅会导致破产程序的拖延与成本的提高,还会使得法院被这样的申请所埋没。二是由债权人负担程序成本。英国破产条例允许债权人直接向法院提出罢免管理人的申请,但债权人需负担程序费用,且法院对此有充分的裁量权,债权人可以预见法院不会轻易罢免管理人,进而谨慎提出申请。债权人也可以通过启动债权人决定程序来罢免管理人,但也需提前缴纳程序费用。也就是说,英国通过让申请罢免管理人的债权人预先承担程序成本,以此让债权人谨慎行为,来达到控制申请数量的效果。三是法院有充分的裁量权。让债权人负担成本是谨慎罢免管理人的第一道关卡,让法院有充分的裁量权则是第二道关卡。英国作为判例法国家,破产条例对法官在决定是否罢免管理人时的考虑因素未作仔细规定,实践中法官不会局限于对管理人履职行为的考量,而会从债务人与债权人的角度作多方面求证,对其可能存在的恶意行为作仔细推敲,基于对多个主体的整体考虑,法官才会得出是否罢免管理人的结论。

结合英国的经验来看,我国与英国相似之处仅有法官拥有是否罢免管理人的自由裁量权这一点,其他方面的建设基本空白。现下我国不乏有观点主张应赋予债权人方面更多的可以更换管理人的权利,需承认的是,在法理层面,债权人应当有充分的权利对直接影响自身利益事项的管理人任职问题提出有效异议,但因效益问题,债权人行权可能会导致程序过度负重,最终损害整体债权人的利益,这也是个体理性而导致集体无理性的问题。对此,英国的做法是,同时赋予债权人以权利与行权成本,并通过树立以“债权人整体利益为绝对考虑”的理念来控制结果的输出,来尽量遏制个体理性走向集体无理性的倾向。基于英国经验,结合我国情况,我国可以考虑从如下两个方面进行制度构建。

(1)拓宽债权人罢免管理人的途径。目前我国债权人只能通过债权人会议向法院申请更换管理人,但由于债权人之间的联系常常是松散的,债权人之间的利益又难以协调,想要通过债权人会议达到更换管理人的目的难度过大,实践中基本无案例。如此就只能通过法院与管理人监管组织自上而下的监督来达到监管目的,我国破产法院负重过高,管理人监管组织又不甚完善,实践中基本难以达到对管理人的监督效果。管理人是否履职得当,多是基于管理人对执业发展需求的内驱力,外部牵制是缺失的。因此,无论是基于监管需求,还是债权人应然的权利需求,都应当拓宽债权人罢免管理人的途径。综合我国当下的情形,直接赋予债权人会议通过决议程序更换管理人的做法还未成熟,可考虑赋予债权比例达到一定数值的单个债权人或联合债权人直接向法院申请更换管理人的权利,来拓宽债权人对管理人行为提出异议的渠道。

(2)增加债权人罢免管理人的难度。难度的增加通过两个方式来把握,一是确立以整体债权人利益为考量的原则,具体把握工作交由破产法官来完成;二是由债权人负担申请罢免管理人的程序成本。若是债权人直接向法院申请更换管理人,可以设置与案件破产数额相适应的申请费用,让债权人预先缴纳,无论法院决定罢免与否,皆无法退还,以此促使债权人谨慎做出行为。

总体来说,英国个人破产制度的设置,擅于在各利害主体之间分配权利与成本,让当事人之间先行充分博弈,再由法院作最后的分析与把握,来达到利益均衡与效果控制的目的,以较大限度尊重当事人合意与市场规律。我国应当充分借鉴这种思维,在破产法的制度构建中,权利的设置并非只有给与不给两个选项,而可以在两者之间,通过权益与成本的均衡分配,巧妙设置权利行使程序,让各方利益相互牵制,达到使权利发挥应有效用的目的,尽量减少破产法官直接决断市场交易行为性质的行政性权力,来实现个人破产制度的法治化与市场化。

第八章

俄罗斯个人破产典型案例*

* 本文系2022年度国家社科基金一般项目“破产重整中的公司治理问题研究”(项目编号:22BFX091)的阶段性成果。

—作者简介—

刘冰，法学博士，北京工商大学法学院副院长，教授，硕士生导师，莫斯科国立大学访问学者。中国法学会法学期刊研究会理事，海峡两岸法学交流促进会理事，北京市破产法学会理事，北京金融服务法学研究会理事，北京产权交易所司法业务专家。北京破产法庭交流干部，长春破产法庭副庭长。

—作者荐语—

俄罗斯与我国同为转型国家，两者在法律渊源、社会结构和经济体制等方面存在诸多相似之处，因此，俄罗斯个人破产制度的立法设计和实践发展对我国的相关立法及实践具有重要参考价值。希望通过三个个人破产案例，让国内学者对俄罗斯个人破产制度有一个初步印象，观察另一种制度环境下个人破产制度的运行。

— 第八章目录 —

CASE 01

案例 1

债务人恶意逃债的判断条件

——申请撤销塔蒂亚娜·阿巴库莫娃破产免责裁决上诉案*

刘　冰（北京工商大学法学院教授）

一、裁判要旨

债务人是否具有恶意逃债的判断条件：一是债务人是否如实申报财产及收入。主要判断方式为，债务人主动申报后，财务管理人进行调查、核实，债权人可以提异议。二是债务人偿债态度及努力程度。限制有收入的债务人直接适用财产处置程序，要求其首先考虑债务重组。三是债务人是否履行破产程序性义务。是否因债务人不配合或破坏，导致破产程序拖延。四是债务人是否存在不予免责的情形。

二、基本案情

2016年2月12日，巴什科尔托斯坦共和国仲裁法院宣布债务人塔蒂亚娜·阿巴库莫娃破产，实施为期6个月的财产处置程序，同时指定“援助”破产管理人自律组织成员格丽扎朵娃·古丽娜拉为财务管理人。2016年5月12日，巴什

---

* 参见俄罗斯联邦破产信息统一登记网，http://bankrot.fedresurs.ru/；审理法院：乌拉尔地区仲裁法院；案号：A07－28644/2015；主审法官：Артемьевой Н.А.。

科尔托斯坦共和国仲裁法院裁决确定,俄罗斯联邦储蓄银行(以下简称储蓄银行)债权额为652,193.67卢布,并列入债权登记册。2016年12月8日,巴什科尔托斯坦共和国仲裁法院根据债权人储蓄银行的申请,裁决延长债务人财产处置程序5个月,至2017年1月11日。债权人申请理由为,未穷尽破产法规定的财产处置措施,债务人财产处置程序目标没有实现。但由于需要更多证据审查财务管理人提交的报告、涉案人员缺席等原因,债务人财产处置程序庭审一再推迟。债务人塔蒂亚娜·阿巴库莫娃向法院提出完成财产处置程序的申请,理由为自己除工资外,没有任何其他财产。2017年7月3日,巴什科尔托斯坦共和国仲裁法院裁决债务人财产处置程序完成,同时裁决债务人免于清偿剩余债务。

随后,储蓄银行向第十八仲裁上诉法院申请撤销一审法院关于免除债务人清偿剩余债务的裁决,债务人继续履行清偿义务。储蓄银行认为债务人有逃避清偿债务的恶意,理由为:一是债务人陈述中曾表示,可以将每笔后续贷款用于偿还前一笔贷款,表明仍有偿债方式可考虑;二是债务人已偿还了部分债务,偿债能力有所恢复,邮储银行未获清偿债务额度为260,556.43卢布,剩余额度不高,债务人有能力继续偿还;三是债务人未向法院申请债务重组程序,未穷尽一切办法偿还债务。2017年8月31日第十八仲裁上诉法院裁决,维持一审法院裁决。储蓄银行不服第十八仲裁上诉法院裁决,向乌拉尔地区仲裁法院上诉,2017年11月24日,乌拉尔地区仲裁法院裁决,维持巴什科尔托斯坦共和国仲裁法院裁决和第十八仲裁上诉法院的裁决。

三、裁判理由

乌拉尔地区仲裁法院审查了一审法院和上诉法院适用实体法和程序法的正确性;审查了一审法院和上诉法院适用法律的结论是否与案件事实和证据相符;审查了上诉中提出的理由和案件材料,并核实上诉司法行为的合法性。全面审查后,乌拉尔地区仲裁法院认为没有理由撤销一审法院和上诉法院的裁决。

具体裁判理由如下所述。

第一,债务人如实申报财产及收入,积极偿还债务。根据案件材料显示,债务人出生于1974年，未登记为个人企业家①，2004年7月29日与阿列克谢·阿巴库莫夫结婚。婚后育有两子，大儿子2005年出生，小儿子2013年出生。提交的证明显示，债务人申请破产前3年，总收入为2,556,978.39卢布，月收入平均为40,000卢布。自2016年2月12日启动债务人财产处置程序后，在1年5个月内完成。在处置债务人财产过程中，未发现破产财产，偿债资金全部源于债务人的工资。财务管理人报告显示，截至2017年6月19日，债权清偿率为73.15%，未清偿金额为325,839.27卢布。

第二，债务人财产处置程序延长5个月符合法律规定，充分保障了债权人的权益。《俄罗斯联邦破产法》第213.24条规定，仲裁法院宣布债务人破产后，财产处置期限不超过6个月，但仲裁法院可以根据破产程序参与人的申请，分别对公民和个人企业家延长处置期限。因此，一审法院根据债权人储蓄银行的申请，延长财产处置期限，符合法律规定，充分满足了债权人提出的进一步调查和处置债务人财产的诉求。

第三，财务管理人已充分调查及处置债务人财产，完成财产处置程序。法院裁决财产处置程序完成后，财务管理人有义务提交一份终结报告，内容主要包括：其一，债务人财产调查。债务人收入、财产和第三方持有的财产情况说明。申请破产前是否存在可疑交易或偏颇清偿等，财务管理人提起撤销诉讼等情况。其二，其他债务承担人调查。债权是否存在连带债务人、保证人、担保人等，可以代债务人清偿。其三，财产处置结果和债权清偿。财产变价方式、变价款，清偿债权的计划及执行情况，并附上证明出售债务人财产和清偿债权的文件副本。一审法院审查财产管理人提交的报告和所附文件，发现财务管理人已向所有登记机构提出查询，并得到答复。未发现债务人有可变现财产，债务人偿债资金来源只有工资。确定债务人已将所有破产财产用于清偿债务，暂无证据证明债务人隐匿财产，存在可疑交易或优先清偿等可撤销行为。

① 《俄罗斯联邦民法典》第11章第12条规定了个人企业家的法律地位。其与我国民法中的个体工商户概念类似，是介于法人与自然人之间的拥有独立的法律地位的主体，可以雇佣员工、刻章、开设结算账户等。个人企业家从事工商经营活动，无须核准登记，在税务部门注册即可。个人企业家与法人主要区别在于，个人企业家可以自由支配自己的资金，不需要会计，只需保持税务记录。自然人以个人企业家身份申请破产，法院只处理与商业活动有关的债务，不处理其他债务。如果以个人身份破产，在申请前须改变税务登记类型，否则只能以个人企业家身份破产。

第四，债务人不存在法定不免责事由，一审法院裁决其免除清偿剩余债务符合法律规定。没有证据表明债务人在破产程序中因故意破产、虚假破产等不当行为而被追究刑事责任或行政责任；没有证据表明债务人在破产程序中向财务管理人或仲裁法院提供虚假或不准确的信息；财产处置完成后，没有证据表明债务人曾存在逃避清偿义务行为，包括欺诈、恶意逃债、逃税、逃避对自然人的扶养或抚养义务等；没有证据表明债务人在获取贷款时，向债权人提供虚假信息；没有证据表明债务人隐瞒或故意破产财产。一审法院裁决债务人免除清偿剩余债务，符合法律规定。

第五，储蓄银行没有向法院提出债务重组程序的申请，亦未对法院启动财产处置程序的决定提出上诉。2016 年 9 月 27 日，财务管理人提交的报告中提到，原定于 2016 年 7 月 29 日召开的债权人会议，因不足法定人数没有举行，没有作出关于债务重组方面的决议。

四、案例评析

（一）案例评述及对我国的借鉴意义

1. 案例评述

本案例评析的作者曾在准备博士论文和《俄罗斯企业破产法律制度研究》书稿时，认真研究过俄罗斯企业破产的法条和案例，发现俄罗斯破产欺诈现象十分普遍。其中涉及破产欺诈刑事犯罪的线索及调查，常常由银行发起，本案中的储蓄银行参与的案件最多。本案储蓄银行是俄罗斯最大的国有银行，这家银行在俄罗斯经济社会中的地位举足轻重，在破产案件中常常以“强权债权人”面貌出现，对包括自然人在内的各类债务人破产，进行大力监督，以保护银行在破产中免受欺诈。那么我国银行应该以什么样的方式，解决个人破产制度实施带来的欺诈问题，保护信贷体系良性运行，值得研究。

我国银行业体量与俄罗斯银行业相比大得多，体系的复杂程度没有可比性，尤其是近些年在互联网、大数据等技术加持下，我国银行业智能化发展的速度空前。但无论两国银行体系差异性有多大，都面临相同的问题，即防范和处置个人破产欺诈风险。这个问题从宏观上看，是金融稳定问题，应交由金融稳定法解决。从微观上看，是破产技术问题，预防破产欺诈风险的意义，远大于事后风险或具体案件的处置。对此初步思路如下所述：

第一,预防应以个人信用体系的全面发展为基础。个人破产实施最重要的基础是债务人的诚信和配合,这两点能从个人信用上得到初步判断,利用信用这个工具,将“诚实而不幸”的债务人筛选出来,从根源预防破产欺诈的发生。但我国个人信用体系一直在没有个人破产制度的法律环境下发展,与个人破产制度是割裂的,还未相互充分促进和融合。例如,政府与市场个人征信机构割裂式发展,传统金融机构的信贷数据、公共数据和互联网金融数据没有全面融合,导致无法完整审查债务人的信用。因此,我国在建立个人破产欺诈预防机制前,应先完善个人信用体系,跳出个人信用行业监管的视角,全面审视个人信用在经济社会债务体系中的作用与价值,重新定位其发展及监管方向。

第二,风险处置可以考虑采用适当的破产政策,应对突发或系统性破产风险。除个人破产法律制度的完善外,还应重视个人破产政策的作用与研究。我国并不缺少破产政策的实践,例如,国有企业政策性破产,是经济转型过程中,为了优化国有企业布局和资产而采取的行政化色彩浓厚的破产方式。虽然实施过程中存在许多问题,有悖于市场化的破产发展趋势,但也启发了我们对破产政策的思考。本案例评析的作者认为可以依据处置破产风险的方式,将破产政策简单地划分为行政干预型破产政策与经济促进型破产政策。对于短期、突发的重大风险,可以采取行政干预型破产政策处置。例如,2014 年俄罗斯旅游公司大规模破产,导致保险公司、酒店、航空公司和其他国家的合作公司陷入债务危机,有破产风险演化为经济危机的趋势。俄罗斯联邦政府成立应急工作小组,首先暂停了旅游公司破产司法程序,补充旅游公司的流动资金,让旅游公司涉及的经济网络正常运行,解决滞留在国外的旅客无法回国,旅游订单无法兑付等问题。其次,开展破产风险处置评估,逐步剥离破产旅游公司的业务,与各类债权人谈判,分担维持存量订单义务的成本,行政权力干预债权清偿顺序与额度。

但长期、根本性问题只能采取经济促进型破产政策引导,而这类政策的切入点,可以从政策对利率、信贷规则、个人债务风险特点等方面的影响入手。例如,在经济下行压力之下,个人收入降低,无力偿还包括房贷在内的债务,申请破产。个案中,银行可以处置房屋,用于优先清偿贷款,也可以与债务人谈判,对贷款展期或降低利率等。但破产人数在短期内激增,同时叠加房价下跌、经济危机、疫情等因素,个人破产导致的债务违约的信息向银行等金融机构传导,可能演变为系统性债务风险。这种情况下,个人破产法律制度的应变能力不如破产经济政策灵活,可以采取短期应急措施,及时切断债务风险的“传导链”,避免全面引发债务风险。政策与法律制度各有长短,二者结合是比较理想的模式。我国现在有企业破产制度,但并不妨碍采取一些政策性的应急措施来解决问题。同理,个人破产制度实施后,并不妨碍相应政策措施的应用,二者同向发力,效果更好。长期来看,银行等金融机构和监管部门须重视,个人破产制度实施后的整体环境变化对债务处理方式、贷款利息、信用评价等方面的影响,找到核心因素,制定与破产相关的长期的、促进型的经济或金融政策。

第三,银行介入个人破产案件的规范性,需要进一步探索。本案中财务管理人负责调查与处置债务人的财产,储蓄银行除作为债权人申请延长财产处置程序、上诉外,其内部有一套应对公民破产的标准工作程序,包括查询财产、核查贷款信息等,主要为了与财务管理人提交的报告比对。一旦出现信息不同,其首先判断信息是否涉及可疑交易、偏颇清偿等欺诈行为,如果涉及,银行将根据金额、危害程度,采取异议、上诉、启动刑事程序等措施。这对我国银行介入个人破产案件有一定的参考价值,规范化的介入方式,有利于银行这类特殊债权人行权。

2. 对我国个人破产制度的借鉴意义

《俄罗斯联邦破产法》第 213. 28 条第 4 款规定,“有证据证明,申请破产前债务人有逃避清偿债务的行为,包括欺诈、恶意逃避应付账款、逃税和对其他自然人的法定支付义务,在获取贷款时向债权人提供虚假信息,隐瞒或故意破坏财产”,不得免除公民债务。该项规定对我国破产免责制度创建及实施具有重要借鉴价值,对比我国《深圳经济特区个人破产条例》第 98 条第 5 款的内容,发现《俄罗斯联邦破产法》第 213. 28 条第 4 款规定得更全面,充分考虑并概括总结了债务人破产前可能涉及的逃债方式,包括隐瞒、破坏、转移财产等主动方式和逃避支付税款、逃避履行法定义务、强制执行义务等消极方式。而《深圳特区个人破产条例》第 98 条第 5 款规定的“隐匿、转移、损毁财产,不当处分财产权益或者不当减少财产价值”仅涉及债务人的主动逃债行为,未涵盖消极方式,给债务人留下逃债的空间,不利于从整体上构建破产欺诈防御机制。在我国建立国家层面的个人破产制度时,可以借鉴俄罗斯的规定,将消极逃债的方式一并纳入规范范围。

（二）涉及的《俄罗斯联邦破产法》[①]主要法条

第61.2条：对债务人可疑交易的质疑[②]

1. 债务人在破产申请受理前一年内进行的交易或在破产申请受理后进行的交易，交易相对方支付的对价与其获取相比显失公平的，仲裁法院可宣布交易无效，包括：

（1）交易的价格和其他条件，与类似交易的条件存在实质性差异，对债务人不利的；

（2）债务人以明显不合理低价转让财产，或给予个别债权人明显的超额清偿。

2. 债务人提出破产申请受理前3年内或之后实施的交易损害了债权人的权益，如果交易相对方知道或应该知道债权人的利益受到损害，或知道债务人有破产或财产不足的迹象，仲裁法院可以宣布损害债权人权益的交易无效。

在债务人支付不能或财产不足时，为了损害债权人利益，对债务人的股东及其他利益关系人，实施不获取对价的交易（免费交易）无效，或存在下列情况之一的交易无效：

（1）通过一项或多项交易转移财产或债务的，转移的总价值占债务人账面资产价值20%以上，而对于信贷机构，按该项或多项交易发生前最后一个报告日，占债务人的会计记录确定的账面资产价值的10%及以上；

（2）债务人在交易前或交易后未通知债权人而变更住所或住所地，或隐藏财产，或销毁、篡改所有权文件、会计记录等其他由债务人履行保存义务的记录的；

（3）财产转让交易后，债务人继续使用或占有该财产，或指示财产所有人处分的。

第61.3条：对债务人偏颇清偿的质疑

1. 如果债务人对某一债权人优先于其他债权人清偿，或与另一人进行交易，使得某一债权人获得优于其他债权人的清偿，仲裁法院可以宣布该清偿或

---

① 现行《俄罗斯联邦破产法》于2002年10月26日生效，在实施过程中，俄罗斯以联邦法令的方式，对其中具体条款进行新增、修改和废除，最新修订时间为2022年12月28日。本案例和另外两个案例所涉及法条，2002年10月26日生效后有修改的，以脚注注明。

② 该条于2017年7月29日第266号联邦法令规定。

交易行为无效。特别是存在以下情形之一：

(1)交易旨在确保债务人或第三方履行对单个债权人的义务；

(2)交易已导致或可能导致债权清偿顺序发生变化；

(3)存在其他未清偿债权的情况下,交易已导致或可能导致未到期的债权得到清偿；

(4)交易导致或可能导致个别债权人得到或可能得到比破产法规定的顺位更为优先的顺位。

2. 如果本条第 1 款所述交易发生在破产申请受理后或破产申请受理前一个月内,仲裁法院可以宣布该交易无效。

3. 如果符合本条第 1 款第 2 项和第 3 款规定的情形,债权人或交易相对人知道债务人有破产或财产不足的迹象,或可以推断出破产或财产不足的情况,且发生在破产申请受理前 6 个月内,仲裁法院可以宣布该交易无效。

除非有相反的证据证明当事人不知道破产或财产不足的迹象。

第 213. 28 条:完成与债权人的结算并免除公民债务[①]

1. 与债权人结算完毕后,财务管理人有义务向仲裁法院提交一份关于债务人财产处置结果的报告,并附上财产变卖和债权清偿的证明文件副本,注明债权清偿数额的债权登记册。

2. 仲裁法院根据公民财产处置报告的审查结果,作出公民财产处置程序是否完成的决定。

3. 完成与债权人的结算后,免除公民债务,包括在实施公民债务重组或财产处置时未申报的债权。

免除公民债务不适用于本条第 4 款和第 5 款规定的债权人的债权,也不适用于在确定公民财产的处置完成时,不知道或不应该知道的未申报债权。

4. 有下列情况,公民不得免除义务：

(1)在公民破产程序中,公民因破产中的不当行为、故意或虚假破产而被追究刑事责任或行政责任；

(2)公民向财务管理人或仲裁法院未提供必要的信息或故意提供不准确的信息；

① 该条根据 2015 年 6 月 29 日第 154 号联邦法令规定。

(3)有证据证明,申请破产前债务人有逃避清偿债务的行为,包括欺诈、恶意逃避应付账款、逃税和对其他自然人的法定支付义务,在获取贷款时向债权人提供虚假信息,隐瞒或故意破坏财产。

如果在公民财产处置程序完成后发现,公民存在以上情况,则不适用免除债务规则。

5. 对生命或健康的损害赔偿,工资和解雇的赔偿、精神损害的赔偿、赡养费以及与债权人身份不可分割的其他债权,在公民债务重组或公民财产变现程序中未申报的不知情债权,应继续有效。可在公民破产程序终结后,按照俄罗斯联邦法律规定的程序提出清偿要求。

对于本款规定的债权,在公民财产处置完成后,仲裁法院应按照俄罗斯联邦法律规定的程序签发执行令。

6. 本条第 5 款的规则也适用于下列要求:

(1)追究公民作为控制人的附属责任(《俄罗斯联邦破产法》第 3 章第 2 条。公民因故意或严重疏忽,导致其作为成员或合议机构成员[①]的法人财产损失的损害赔偿)。[②]

(2)破产管理人未能履行或不当履行其在破产案件中的职责而故意或严重疏忽造成损害的赔偿;

(3)公民故意或严重过失造成的财产损害的赔偿;

(4)根据本联邦法第 61.2 条或第 61.3 条被宣布无效交易而发生的债权。

---

① 类似于股东会成员、国有企业中的董事会或治理委员会成员,本质上是公司或组织的决策机构。

② 该项根据 2017 年 7 月 29 日第 266 号联邦法令修订。

CASE 02

案例 2

债务人申请破产的材料要求

——中止阿布基巴以托夫·卡尔别克破产申请案*

刘　冰（北京工商大学法学院教授）

一、裁判要旨

债务人的破产申请材料不全，将中止破产申请，待债务人在规定的期限内补齐后，恢复破产申请程序。债务人申请破产提交的材料，主要包括四方面：一是债务情况。债务发生的原因及未充分履行证明文件。二是财产情况。债务人财产登记册，产权、股权、智力成果、个人保险账户等证明。破产申请前 3 年内收入、预扣税款，发生的 30 万卢布以上的财产交易，银行存款及转移证明，离婚分割共同财产的协议等。三是身份情况。是否具有个体企业家地位、婚姻状态、抚养人或扶养人情况、是否取得失业决定书、个人会计信息等。四是法定义务履行情况。税款缴纳，有抚养、扶养等法定义务的履行证明。

---

* 参见俄罗斯联邦破产信息统一登记网，http://bankrot. fedresurs. ru/，审理法院：马里埃尔共和国仲裁法院；案号：A38 －4706/2016；主审法官：Рожковой О. В. 。

二、基本案情

2016年5月20日，债务人阿布基巴以托夫·卡尔别克向马里埃尔共和国仲裁法院申请破产。经仲裁法院审查后发现，债务人破产申请的提出严重违反仲裁程序法和破产法对申请书内容和所附文件的要求。因此作出如下裁决。

1. 中止债务人的破产申请程序。

2. 请申请人在2016年6月27日前，纠正其程序性违规行为，并提供以下证据文件：

(1)未发生经济领域故意犯罪证明；公民未因轻微的盗窃、故意破坏财产、虚假破产而受到行政处罚。

(2)根据国家个人企业家统一登记信息网(ЕГРИП①)的摘录或其他证明文件，证明是否具有个人企业家地位(该类证明文件必须是提交破产申请之前5个工作日收到的)。

(3)关于承认个人企业家阿布基巴以托夫·卡尔别克破产的裁决，裁决显示其2013年8月15日终止个人企业家活动(信息载于2016年3月16日提供的国家个人企业家统一登记信息网摘要)。

(4)债务人在提出破产申请之日前3年内进行的不动产、证券、法定资本份额、交通工具的交易，金额超过30万卢布的文件副本(如有)。

(5)法人实体股东登记册摘录。

(6)国家就业服务局签发的，宣布公民失业的决定书副本(若有)。

(7)公民的债权人和债务人名单，根据地区法警部门的执行报告，截至2016年3月21日，公民未清偿债务余额为1,511,594.65卢布。

(8)公民护照所有页面的复印件。

(9)关于债务人登记住所的入住卡副本和家庭组成证明(债务人有一个未成年子女)。

(10)截至向法院提交申请之日(2016年5月18日)，司法执行官出具的第4277/16/12035号执行令的证明，按本金金额和支付国税分列。

(11)马里埃尔共和国约什卡尔奥拉市法院于2009年3月12日作出的第

---

① 个人企业家统一登记信息网的缩写。

2－478/2009 号案件的判决。

(12)向联邦支付 6000 卢布国税的证明或其他负担义务的证明,包括丧失劳动能力的文件、未缴纳税款的额度、对公民提出金钱索赔的行政及其他文件副本、家庭组成、未成年或丧失劳动能力扶养人情况的证明。

(13)存入仲裁法院存款账户 10,000 卢布的证明,用于支付财务经理人薪酬或证明阿布基巴以托夫·卡尔别克拥有足够支付破产程序资金的财产证据(如不提供,将驳回债务人的申请)。

对该裁决不得上诉。

三、裁判理由

马里埃尔共和国仲裁法院中止债务人阿布基巴以托夫·卡尔别克破产申请,具体理由如下所述。

第一,申请书未附国税缴纳证明或合法延期缴纳证明。根据《俄罗斯联邦仲裁程序法》[①]第 126 条第 2 款第 2 项,申请书应附国税缴纳证明,包括金额、支付优惠,延期、分期或减免申请等信息。

根据《俄罗斯联邦税法》第 333.41 条第 1 款规定,当事人可以在第 64 条第 1 款规定的期间内,申请暂停支付国家关税。公民阿布基巴以托夫·卡尔别克在申请破产时,申请推迟缴纳国税。但根据《俄罗斯联邦民法典》第 64 条第 2 款、第 333.22 条第 2 款和《俄罗斯联邦仲裁程序法典》第 65 条规定,只有在申请人提供足够的、令人信服的财产状况证据,证明自己在提交申请之日没有资金,才有权推迟(延期)支付国税,否则需要缴纳国税。本案中公民阿布基巴以托夫·卡尔别克的申请中没有相关证明文件,没有信息进一步核实申请人的支付能力,不能对案情进行审议。

根据 1993 年 3 月 20 日俄罗斯联邦最高行政法院全体会议第 6 号决议《关于仲裁法院适用俄罗斯联邦国家税法的几项规定》第 4 项,延迟支付国税应根据有关方的书面申请进行。申请可以在申请书中提出,也可以在附件中提出。申请书应提供适当的理由,并附上证明文件,证明当事人无法在提交申请书时

① АРБИТРАЖНЫЙ ПРОЦЕССУАЛЬНЫЙ КОДЕКС РОССИЙСКОЙ ФЕДЕРАЦИИ 也可翻译为《俄罗斯联邦仲裁程序法典》,类似于我国的《民事诉讼法》。

按时缴纳国税。

公民有权以任何文件证明其没有钱支付国税,包括工资证明、个人所得税申报表、未缴税款额度、行政通知副本及其他具有支付义务的文件、家庭组成证明、未成年人或丧失劳动能力扶养人的情况证明、财产所有权证明、公民或其家庭成员的残疾证明等。而公民阿布基巴以托夫·卡尔别克的报告中,仅提到其“正式丧失工作能力”,没有足够的收入维持最低生活水平,但没有任何文件可以证明。由于没有证据证明公民提交了暂停支付国税的申请,仲裁法院无法确定债务人提出申请之日的真实财产状况。因此,仲裁法院认为不能决定是否批准暂停支付国税的申请,请债务人提供证据,说明其申请破产时的财产状况,或按照法律规定的方式和数额支付国税。

第二,债务人申请延期支付押金(预付款),但未提供相关证明。根据《俄罗斯联邦破产法》第20.6条第3款和第213.4条第4款规定,公民财务处置程序中的财务管理人收取固定报酬,公民需要在仲裁法院账户上存入1万卢布作为押金。经公民申请,仲裁法院有权决定公民延期支付财务管理人报酬,至法院开庭审理破产申请之日。公民有权以任何文件证明没钱存入仲裁法院账户,包括工资证明、个人所得税申报表、未缴税款额度、行政通知和其他文件副本、家庭组成证明、未成年人或无工作能力者的受扶养证明、财产所有权证明、公民或其家庭成员的残疾证明等。

如果债务人未在规定期限内履行上述义务,仲裁法院应根据是否有其他申请债务人破产的情况,决定驳回债务人的申请或终止诉讼程序(《俄罗斯联邦破产法》第213.6条第2款第4项、第5项)。公民阿布基巴以托夫·卡尔别克申请推迟支付财务管理人的薪酬,但没有必要的文件证明,在没有进一步核实申请人的支付能力的情况下,不能对申请进行实质性审查。这种情况下,仲裁法院认为不能解决申请延期向仲裁法院存款的问题,因此要求债务人或者提供可靠的文件,说明其在申请时的恶劣财务状况,或者按照法律规定的方式和数额向仲裁法院存款。

第三,债务人财产不足以支付破产费用。如果债务人申请破产,除向仲裁法院账户存入预付款外,其还必须向财务管理人支付在破产程序中的固定报酬。根据《俄罗斯联邦破产法》第213.4条,在申请书中附上财产足以支付破产费用的证据。如果不提供证据或未在规定的期限内提供,债务人的申请将根据

《俄罗斯联邦破产法》第44条予以驳回。此外,根据《俄罗斯联邦破产法》第57条第1款第7项的规定,仲裁法院可以在任何阶段终止公民的破产案件(缺乏足够的资金偿还破产程序的法律费用,包括支付财务管理人的费用)。从声明的内容和所附文件来看,阿布基巴以托夫·卡尔别克没有任何财产。因此,裁决中止破产程序。在中止申请期间内,债务人应向马里埃尔共和国仲裁法院的存款账户存入足够的资金用于支付破产费用。

第四,申请人违反了《俄罗斯联邦破产法》第213.4条第3款规定,未提交以下文件。

其一,根据国家个人企业家统一登记信息网的摘录或其他证明文件,证明是否具有个人企业家地位的文件,该类证明文件必须是提交破产申请之前5个工作日收到的。阿布基巴以托夫·卡尔别克破产申请于2016年5月18日邮寄,国家个人企业家统一登记信息网摘录于2016年3月16日提交,因此不符合破产法的要求。

其二,公民在提交申请之日前3年内进行的不动产、证券、法定资本份额、车辆和金额超过30万卢布的交易的文件副本(如有);法人实体股东登记册摘要;国家就业服务局签发的宣布公民失业的决定书副本(若有的话)。

没有上述文件是放弃申请的无条件理由,如果不纠正违规行为,则是将申请退回的理由。根据《俄罗斯联邦破产法》第44条第1款规定,如果仲裁法院在审查债务人破产申请时,确定该申请违反了本法第37条、第44条和第231.4条规定的要求,则仲裁法院应中止该申请。如有必要,可确定申请人纠正程序缺陷的时限。

四、案例评析

(一)案例评述及对我国的借鉴意义

1. 案例评述

本案例评析的作者在翻译本案例及相关法条时注意到,俄罗斯个人没有足够的财产支付破产费用很难启动破产程序,债务人承担破产程序的成本。这里引申出一个问题,即什么样的破产成本分担机制是合理的?本案例评析的作者认为想要回答这个问题,首先须界定破产成本的范围。破产成本是破产中当事人经济损失的总和,既包括保障破产程序顺畅进行的费用,即破产程序性费用,又包括债权人无法收回的债权额度。市场经济体制下企业作为营利法人，以追逐金钱利益为目标，债权债务的发生依据的是市场主体的自由决定，利息可以综合反映出债权人的成本。例如，波斯纳在《法律的经济分析》一书中，提到利息率由三部分组成：(1)无风险利息，钱的时间成本；(2)违约风险的额外费用，追偿成本；(3)债权人的信息成本。债务人破产带来的成本，本应在债务人与债权人之间分担，债务人承担破产程序性费用，债权人承担无法收回的债权损失。但因我国2007年的《企业破产法》没有规定债务人的破产申请义务，许多债务人即使具备了破产原因，也不主动申请破产，人去楼空"跑路"的现象屡见不鲜，大量的"三无"企业由此产生。在清理"三无"企业、"僵尸"企业等破产财产不足以支付破产成本的公司过程中，实际上破产成本转嫁给了地方财政或其他案件破产管理人。更有甚者明知公司已实质破产，仍对外负债，造成公司债务规模进一步扩大，债权人承担"超额"成本。如果《企业破产法》规定债务人破产申请义务，一方面可以强制公司董事或股东等义务人主动启动破产程序，承担破产程序性成本；另一方面控制债务人负债总额，避免债权人承担一般商业规则和法律规定之外的"超额"成本。另外，还可以考虑财政资金、破产管理人报酬等资金来源成立的破产费用保障基金在破产成本分担机制中的补充作用，用来平衡或解决债权人、债务人之间破产成本分担机制失灵的问题。

对于自然人来说，破产情况相较于企业破产复杂得多，国家出于公共利益的考虑，可以承担部分自然人破产案件的成本，但不是全部案件。对于年老、丧失劳动能力等情况的自然人，国家可以为其提供免费的破产管理服务，对于年轻且有固定收入的自然人，国家不应提供免费的破产管理服务，因为免费服务资源是有限的，只能提供给最需要的债务人。本案例评析的作者认为破产不应成为一种社会救济或社会服务，破产一直都是昂贵的、条件苛刻的，只有少数债务人可以用来解决债务问题。个人破产的昂贵之处，不仅体现在破产费用上，还可以体现在个人信用方面，其日常保持或维护即使不需要额外的费用，也需要付出许多非金钱的努力，只有具备一定自制力和理性的自然人才可以做到。利用信用提高个人破产制度的"门槛"，可以解决个人破产中最核心的两个问题，即诚信和配合度的问题，可以降低个人破产的欺诈风险，以及由此带来的其他负面影响。

2. 对我国的借鉴意义

《俄罗斯联邦破产法》第 213.4 条第 1 款规定的“在下列情况下，公民有义务向仲裁庭申请破产：公民无法清偿到期债务或履行强制性付款义务，总额不少于 50 万卢布，自其知道或应该知道此事之日起 30 个工作日”中提到一个概念，即公民的破产申请义务①，而《深圳经济特区个人破产条例》中没有关于个人破产申请义务的法条，那么我国个人破产制度是否需要设置个人破产申请义务？本案例评析的作者认为有必要规定个人破产申请义务，但要认真论证不同情况触发申请义务的条件。破产申请义务的价值，可从以下两方面看。

一方面可以控制个人债务规模。个人破产申请义务的实施条件比较复杂，因为个人负债可以是消费负债，也可以是经营性负债，触发申请义务的额度可以有所区别。现实中经常能见到，有的人借信用卡用于个体、小微企业的经营，使消费债务与经营性债务混同。但无论情况如何复杂，当个人债务达到一定额度后，规定其申请破产的义务，有利于阻止理性债务人继续负债。如果其继续负债，那么债务人将失去获得破产免责的资格，或者换句话说国家只给能够控制自己的理性债务人重新开始的机会，并且能够豁免的债务额度是有限制的，不是无限的。因为豁免债务的成本，由债权人承担后，最终会反馈到利息率上，进而影响社会债务融资体系的运行。

另一方面可以预防个人破产欺诈。当个人负债达到一定数额后，触发了破产申请义务，但债务人以非法占有为目的，继续对外借债，并未向对方如实披露自己的财产状况，这种情况下可能构成破产欺诈。现实中恶意逃废债现象屡见不鲜，但追究其刑事责任十分困难。我国《刑法》中没有破产欺诈罪，只有虚假破产罪，又因只有企业破产制度，没有个人破产制度，故不能以破产欺诈罪追究个人刑事责任。即使在深圳经济特区，认定个人恶意逃债的刑事责任也十分困难，因为依据法条不能界定何为“恶意”。因此，如果在个人破产制度中设置了破产申请义务，有利于界定债务人“恶意”负债行为，有利于预防破产欺诈、逃废债等机制的建立。

① 《俄罗斯联邦破产法》将公民破产程序与个人企业家破产程序分开了，以本案债务人为例，其在申请公民破产之前，先申请了个体企业家破产程序，终结后才申请公民身份的破产，个人企业家的破产申请义务与公民破产申请义务的触发条件相同。

（二）涉及的《俄罗斯联邦破产法》主要法条

第20.6条：破产管理人的报酬

第3款规定，支付给仲裁管理人的报酬包括固定金额和利息。固定薪酬数额应为：

（1）临时管理人[①]每个月30,000卢布；

（2）行政管理人[②]每个月15,000卢布；

（3）外部管理人[③]每个月45,000卢布；

（4）清算管理人每个月30,000卢布；

（5）财务管理人[④]执行破产程序的费用一次性支付25,000卢布。[⑤]

第44条：破产申请的中止和撤销

1. 如果仲裁法院在审查债务人破产申请时，认定该申请违反了本法第37—41条规定的要求，仲裁法院应中止该申请。

2. 仲裁法院应在本条第1款所述的裁决中，说明中止债务人破产申请的理由，以及申请人必须在多长时间内纠正导致中止债务人破产申请的情形。在作出裁决之日的第二天，向债务人和申请债权提供裁决书副本。

3. 如果本条第2款所述情况在仲裁庭确定的期限内得到解决，债务人的破产申请提交之日可追溯至上次提交仲裁法院之日。

4. 对于本条第2款所述情形，申请人未在仲裁法院确定的期限内纠正其违规行为，仲裁法院应当裁定是否撤销债务人破产申请，退回申请及所附文件。

5. 应将撤销破产申请的裁决书送达债务人和申请债权人。

第57条：破产程序终止的理由

1. 仲裁法院应在下列情况下终止破产程序：

---

① 法院受理企业破产申请后，首先进入的是观察程序，对应的管理人名称是临时管理人。主要负责登记债权、清点企业财产，评估企业主营业务，综合判断企业未来能否恢复支付能力，程序结束后向仲裁法院提交观察报告。

② 俄罗斯企业有种特殊的重整类型，即财务恢复制度，本质上是债务人重整制度，但因适用条件特殊而与一般的债务人重整制度有所区别。财务恢复程序中的破产管理人对应的名称为行政管理人，主要职责是监督债务人重整。

③ 在俄罗斯，管理人重整制度被称为外部管理制度，对应的管理人被称为外部管理人，负责企业重整事务。

④ 财务管理人是自然人破产程序中的清算管理人，只是叫法不同。

⑤ 该项根据2015年6月29日第154号联邦法令规定，根据2016年7月3日第360号联邦法定修订。

(1)在财务恢复期间债务人恢复偿付能力;

(2)在外部管理程序中债务人恢复偿付能力;

(3)达成和解协议;

(4)在观察程序中发现申请人没有按照本法规定的程序提出破产申请,并承认不符合本法规定的债权;

(5)破产程序中所有债权人放弃已提出的债权或宣布债务人破产的债权;

(6)在任何破产程序中,债务人清偿了债权登记簿上的所有债权;

(7)没有资金支付破产程序费用,包括管理人的薪酬;

(8)本法规定的其他情形。

2. 在本条第 1 款规定的情况下,适用本法第 56 条规定的破产程序终止的后果,除非本法另有规定。

第 213.4 条:公民申请破产①

1. 在下列情况下,公民有义务向仲裁庭申请破产:公民无法清偿到期债务或履行强制性付款义务,总额不少于 50 万卢布,自其知道或应该知道此事之日起 30 个工作日。

2. 公民有权在预见破产的情况下向仲裁法院申请破产,条件是有明显证据表明其无法履行货币义务和(或)在规定期限内支付强制性付款的义务,在这种情况下,公民符合破产和(或)财产不足的迹象。

如果公民发布了计划破产的通知(向仲裁法院提出破产申请 15 日以上),并将该信息列入法人活动事实联邦统一登记册,公民有权向法院申请个人企业家破产。

3. 除程序法规定的文件外,宣布公民破产的申请书应附有:

(1)证明债务人存在、产生债务的原因,公民未能充分满足债权的文件;

(2)根据国家个人企业家统一登记册的摘录或其他确认上述信息的文件,证明公民是否具有个体企业家地位的文件,此类文件必须在公民向仲裁法院提出破产申请之日前 5 个工作日前收到;

(3)公民的债权人和债务人名单,注明其名称、应付账款和应收账款金额、债权人和债务人的所在地或居住地、因公民从事商业活动而产生的单独的货币

① 该条根据 2015 年 6 月 29 日第 154 号联邦法令修订。

义务和(或)强制性付款的义务,这些名单的提交方式应由监管机构批准;

(4)公民财产登记册,注明财产所在地或存放地,包括抵押物的所在地或存放地,并注明抵押人的名称或姓名、父称和姓,该清单的提交方式由监管机构批准;

(5)公民财产所有权的文件副本,以及智力成果专有权的文件副本(如有);

(6)公民在提交申请之日前3年内进行的不动产、证券、法定资本份额、车辆交易和金额超过30万卢布的交易的文件副本(如有);

(7)公民为法人实体股东(股东)登记册摘录;

(8)在申请破产之日前3年,公民获得的收入和预扣税款的信息;

(9)银行出具的,关于银行账户、存款余额证明、账户对账单、公民存款(个体企业家)的证明,公民破产申请之日前3年内的现金余额和电子资金转移证明(如有);

(10)在个人会计系统登记的文件副本;①

(11)个人保险账户情况;

(12)国家就业服务局签发的承认公民失业的决定书副本(如有);

(13)税务机关登记证书复印件(如有);

(14)结婚证复印件(如果已婚且在申请之日未解除婚姻关系);

(15)提出破产申请之日前3年内签发的离婚证复印件(若有);

(16)婚约复印件(如有);

(17)提出破产申请之日前3年内,分割夫妻共同财产的协议或法律文件副本(如有);

(18)如果公民是子女的父母、收养人或监护人,则子女出生证复印件;

(19)证明公民申请所依据的其他相关文件。

4. 宣布公民破产的申请书应注明自律组织的名称和地址,财务管理人必须是该组织成员,才能获得批准。应在仲裁法院账户中存入支付给公民破产程序的财务管理人的固定薪酬金额。根据公民申请,仲裁法院有权决定公民暂停支付财务管理人薪酬资金,至法院开庭审议破产申请之日。

---

① 该项根据2020年6月8日第181号联邦法令修订。

5. 公民有权招募财务管理人，在公民破产申请书中，必须说明公民招募财务管理人可以支付薪酬的最高金额。上述费用由公民存入仲裁庭账户。根据公民申请，仲裁法院有权推迟支付该笔款项的权利。

CASE 03

案例 3

债务人破产免责的条件

——裁决阿比耶娃·克泽免于清偿剩余债务案*

刘　冰（北京工商大学法学院教授）

一、裁判要旨

债务人获得破产免责的条件包括：一是已完成公民财产处置程序；二是已完成债权清算工作；三是未发现不予免责事由。债务豁免范围不包括：对生命或健康的损害赔偿、工资和解雇的赔偿、精神损害的赔偿、赡养费以及与债权人身份不可分割的其他债权、在公民债务重组或公民财产处置程序中未申报的不知情债权。

二、基本案情

2016 年 2 月 24 日，债务人阿比耶娃·克泽向鄂木斯克地区仲裁法院申请破产。2016 年 3 月 2 日，鄂木斯克地区仲裁法院作出受理破产申请的裁决，并于 2016 年 3 月 29 日举行了庭审，核实其有效性。2016 年 5 月 18 日（2016 年 5 月 11 日公布了决议部分），鄂木斯克地区仲裁法院宣布债务人

* 参见俄罗斯联邦破产清算统一登记信息网，http://bankrot.fedresurs.ru/，审理法院：鄂木斯克地区仲裁法院；案号：A46 – 2322/2016；主审法官：Бодунковой С. А.。

阿比耶娃·克泽破产，对其启动为期6个月的公民财产处置程序，法院指定塔兰·安德烈为财务管理人。2016年11月1日，法院举行庭审，审议财务管理人提交的报告。庭审中，财务管理人申请完成公民财产处置程序，理由是程序涉及的所有活动已完成。鄂木斯克地区仲裁法院决定，延迟关于审议财务管理人报告的庭审，至2016年11月22日举行。2016年11月22日庭审中，财务管理人塔兰·安德烈申请完成财产处置程序，指定机构的代表①没有异议。仲裁法院在审议了案件卷宗和申请书，并充分听取财务管理人和指定机构代表的陈述后，裁决如下：

1. 阿比耶娃·克泽的财产处置程序已完成。

2. 免除阿比耶娃·克泽清偿剩余债务，但不包括根据《俄罗斯联邦破产法》第213.28条第5款规定，在确定完成公民财产处置时，不知道或不应该知道的债权。

3. 裁决立即执行，可在作出裁决后10日内向第八仲裁上诉法院提出上诉。

三、裁判理由

鄂木斯克地区仲裁法院作出公民财产处置程序已完成，免除债务人清偿剩余债务的裁决，具体理由如下所述。

第一，公民财产处置程序已完成。仲裁法院宣布债务人破产后，启动财产处置程序，分别于2016年5月26日在俄罗斯联邦破产信息统一登记网，于2016年6月4日在报纸《生意人》上公布了破产信息。债权登记册记录的债权金额为929,657.92卢布，其中包括登记在册的索赔金额377,914.39卢布。为了履行《俄罗斯联邦破产法》第129条规定的义务，财务管理人已采取措施查明债务人的财产，即向主管当局提出请求，查询车辆登记和债务人所在地不动产登记信息。财产管理人发现了价值5万卢布的财产。2016年10月31日，财务管理人的报告显示，债务人账户收到了出售财产的5万卢布资金，其中9051卢布用于清偿债权，剩余部分用于支付破产费用。实施公民财产处置程序的费用为42,166.18卢布，由债务人承担。无其他破产财产。根据《俄罗斯联邦破产法》第213.28条第2款的规定，仲裁法院在审查公民财产处置报告后，决定公

① 指定机构代表是指财务管理人所在的破产管理人自律组织派出的，参加公民破产庭审的代表。

民财产处置程序是否完成。

审议了财务管理人报告、关于公民财产处置程序的完成申请和其他文件后，考虑到管理人实施了财产处置措施，债务人没有财产及其他财产权益，仲裁法院根据《俄罗斯联邦破产法》第 213. 28 条规定，得出公民财产处置程序已完成的结论。

第二，已完成债权清算工作。根据第 213. 28 条第 3 款的规定，完成债权人清算后，可以免除公民清偿剩余债务，包括在公民债务重组或财产处置时未申报的债权，但 213. 28 条第 4 款和第 5 款规定的债权除外。

第三，未发现不予免责事由。根据《俄罗斯联邦破产法》第 213. 28 条第 4 款的规定，仲裁法院没有发现债务人存在下列情况：在公民破产程序中，公民因破产中的不当行为、故意或虚假破产而被追究刑事责任或行政责任；公民未向财务管理人或仲裁法院提供必要的信息或故意提供不准确的信息；有证据证明，申请破产前债务人有逃避清偿债务的行为，包括欺诈、恶意逃避应付账款、逃税和对其他自然人的法定支付义务，在获取贷款时向债权人提供虚假信息，隐瞒或故意破坏财产。如果在公民财产处置程序完成后发现，公民存在以上情况，则不适用免除义务规则。因此，法院得出的结论，认为债务人适用破产免责规则是可行的。

同时，根据第 213. 28 条第 5 款的规定，对生命或健康的损害赔偿、工资和解雇的赔偿、精神损害的赔偿、赡养费以及与债权人身份不可分割的其他债权、在公民债务重组或公民财产处置程序中未申报的不知情债权，应继续有效，可在公民破产程序终结后，按照俄罗斯联邦法律规定的程序提出清偿要求。对于本款规定的债权，在公民财产处置后，仲裁法院应按照俄罗斯联邦法律规定的程序签发执行令。

此外，仲裁法院认为有必要向债务人解释，根据第 213. 30 条规定宣布公民破产后的法律后果，包括：自完成财产处置程序之日起 5 年内，在签订信贷合同或贷款合同时，有义务向对方披露其破产事实；自完成财产处置程序之日起 5 年内，无权为自己启动破产程序；自完成财产处置程序之日起 3 年内，丧失在法人实体管理机构任职的权利，或以其他方式参与法人实体的管理；其他法律规定的后果。

四、案例评析

(一)案例评述及对我国的借鉴意义

1. 案例评述

《俄罗斯联邦破产法》中没有类似于我国《深圳经济特区个人破产条例》中的免责考察期。从本案例看,债务人只要完成财产处置程序、债权清算工作、未发现不予免责事由,即可获得破产免责。那么为什么俄罗斯的个人破产制度中没有专门设置免责考察期?笔者认为,想要回答清楚这个问题,首先应弄明白免除考察期的作用是什么,其次去分析俄罗斯为什么没有免责考察期,他们用什么方法代替。

从《深圳经济特区个人破产条例》免责考察期相关规范内容看,主要有两方面的作用:一方面是限制债务人行为,增强债权人公平感。在免责考察期内对债务人的行为限制是全方面的,包括行为、财产、资格等,是债务人获得破产免责所需付出的非财产成本。虽然不能提高债权清偿率,但可以增强债权人的公平感,避免对利率市场、个人破产价值导向、信用环境等造成负面影响。自然人破产清算不同于企业,清算后自然人仍然存在,如果采取即刻免责的做法,对于债权人来说只要未获得全额清偿,就不会感受到公平,由此可能带来一系列"恶果"。例如,债权人提高利率,要求担保,增加债务人借款难度,影响经济社会的融资环境。另一方面鼓励债务人清偿债务,提高债权清偿率。《深圳经济特区个人破产条例》第100条第2款规定:"债务人符合下列情形之一的,视为考察期届满:(一)债务人清偿剩余债务或者债权人免除债务人全部清偿责任的;(二)债务人清偿剩余债务达到三分之二以上,且考察期经过一年的;(三)债务人清偿剩余债务达到三分之一以上不足三分之二,且考察期经过二年的。"债权清偿率越高,债务人的免责考察期越短,从而鼓励债务人偿还剩余债务。俄罗斯用什么样的制度替代了免责考察期的作用?

首先,规定了公民的破产申请义务。到期债务或强制支付义务达到一定额度后,在一定期间内,债务人有启动破产程序的义务。这有效避免了债务人财务状况持续恶化对债权人权益的进一步损害,避免导致债权人对个人破产程序的公平性质疑。

其次,公民有支付破产费用的义务。这变相提高了债务人利用破产程序免债的成本，减轻国家提供破产服务的经济压力，降低债权人的不公平感。另外，用破产费用引导债务人了解破产知识，规划破产事务，预防破产欺诈发生。

最后，限制债务人适用清算程序。《俄罗斯联邦破产法》规定公民申请破产时，要穷尽一切办法进行债务重组，只有债务人没有收入或收入不足以保障最低生活水平，才允许债务人适用财产处置程序。通过限制适用清算程序，保护债权人的基本权益，提高债权清偿率。

上述分析尝试说明，虽然俄罗斯没有免责考察期，但可以通过其他制度安排平衡债权人的公平感，要求债务人尽可能地偿还剩余债务，提高债权清偿率，起到免责考察期的作用。

2. 对我国的借鉴意义

《俄罗斯联邦破产法》第 213. 30 条第 2 款规定，破产程序终止之日起 5 年内，债务人不能再次主动申请破产，但可以“被破产”，债权人或授权机构可以申请债务人破产。债务人如第二次被宣告破产，不能适用破产免责规则，处置完债务人财产后，债务人继续清偿剩余债权，且仲裁法院会出具执行令。《深圳经济特区个人破产条例》第 14 条第 1 款第 4 项规定，法院审查破产申请时，发现债务人依照该条例免除未清偿债务未超过 8 年的，应当裁定不予受理，已受理但尚未宣告破产的，应当裁定驳回。简单对比两个法条发现，虽然都限制了适用破产免责规则的间隔时间，但俄罗斯的规定更灵活，考虑得更全面。考虑到了债务人在破产免责间隔期内再次破产的可能，将其进一步划分为主动破产和被动破产两种情形，禁止债务人主动破产，允许债权人启动破产程序。相较于《深圳经济特区个人破产条例》规定的破产免责间隔期内禁止任何人启动破产程序，更有利于债权人，一方面可以全面调查债务人的财产，防止债务人转移、隐匿、损坏财产等；另一方面未获清偿的债权获得了“概括性”的执行令，节约了债权人追偿的总成本。

（二）涉及的《俄罗斯联邦破产法》主要法条

第 129 条：清算管理人的权利义务

1. 自仲裁法院指定清算管理人之日起，至破产程序终止之日，或达成和解协议之日，或被解职之日，代表债务人行使本法规定的权利。

2. 清算管理人的义务①：

（1）启动破产程序之日起 3 个月内对债务人财产进行清点，若债务人财产数额较大，可以申请延长该期限；②

（2）自财产清点结束之日起 3 个工作日内，在俄罗斯联邦破产信息统一登记网中录入债务人财产清点结果的信息；③

（3）在本法规定的情况下，聘请评估员评估债务人的财产；④

（4）采取措施寻找、查明和追回债务人的财产；

（5）采取措施保护债务人的财产；

（6）在启动破产程序之日起 1 个月内，通知债务人的雇员即将被解雇；

（7）按照本法规定的程序，收回债务人的债权；

（8）对债权人的债权提出异议；

（9）持有债权登记册，除非本联邦法另有规定；

（10）根据联邦法律必须保存的债务人文件，债务人文件存放的转移程序和条件，由俄罗斯联邦其他规范性法律规定；

（11）只有征得债权人大会或债权人委员会的同意，才可进行有利害关系的交易；

（12）履行本法规定的其他义务。

3. 破产清算人有权：

（1）按照本法规定的方式和条件处置债务人的财产；

（2）按照联邦法律规定的方式和条件解雇债务人的雇员，包括债务人的负责人；

（3）以本法第 102 条规定的方式拒绝履行合同和其他交易，清算管理人不得在无法恢复债务人偿付能力的情况下，拒绝履行债务人的合同；⑤

（4）代表债务人向仲裁法院申请撤销交易和裁决，以及债务人订立或执行无效交易后，由债务人负责人、董事会成员（监事会）的作为（不作为）造成的，

① 该款根据 2008 年 12 月 30 日第 296 号联邦法令规定。
② 该项根据 2016 年 6 月 23 日第 222 号联邦法令修订。
③ 该项根据 2012 年 7 月 28 日第 144 号联邦法令规定。
④ 该项根据 2012 年 7 月 28 日第 144 号联邦法令修订。
⑤ 该项被 2008 年 12 月 30 日第 296 号联邦法令废止。

债务人、债务人出资人的合议执行机构或其他管理机构、根据委托书代表债务人的人、各级债务人的组成文件行事的其他人，对第三方要求债务人财产，撤销债务人订立的合同提出诉讼，采取其他法律规定的方式，旨在归还债务人财产；①

(5)履行本法规定的职责有关的其他权利。

4. 失效。②

5. 失效。③

6. 债权人会议有权决定终止债务人的经济活动，条件是这种终止不会导致技术和生态灾难，不会停止用于支持学前教育组织、其他教育组织活动的设施，医疗和预防机构、用于产前护理的设施、急诊门诊、住院医疗护理、与生命支持系统有关的公共基础设施，包括水、热、煤气和电力供应、污水处理、处理、利用等设施，清除和掩埋固体公共废物、城市和农村居民区照明设施、领土改善设施(以下简称社会重要设施)的运营，这些设施对公民的生活至关重要。破产管理人有义务根据债权人大会关于在作出决定之日起，3 个月内终止债务人业务的决定，终止债务人的货物生产(工程、服务)。④

第 213.30 条：公民破产的后果⑤

1. 自财产处置程序完成，或者破产程序终止之日起 5 年内，在没有说明破产事实的情况下，公民无权承担信贷合同或贷款合同的义务。

2. 自财产处置程序完成，或者破产程序终止之日起 5 年内，公民无权再次申请启动破产程序。

在上述期间内，如果债权人或授权机构申请公民破产，公民被再次宣告破产，不适用本法第 213.28 条第 3 款规定的债务免除规则。

到期的未清偿债权，可以按照俄罗斯联邦法律规定的程序提出。

在本款规定的情况下，公民财产处置程序完成后，仲裁庭将对到期的未清

---

① 该项根据 2009 年 4 月 28 日第 73 号联邦法令修订。

② 该款被 2009 年 4 月 28 日第 73 号联邦法令废止。

③ 该款被 2009 年 4 月 28 日第 73 号联邦法令废止。

④ 该项根据 2008 年 12 月 30 日第 296 号联邦法令规定，根据 2013 年 7 月 2 日第 185 号联邦法令修订，根据 2014 年 12 月 29 日第 458 号联邦法令修订。

⑤ 该条被 2015 年 6 月 29 日第 154 号联邦法令废止。

偿债权发出执行令。

3. 自财产处置程序完成,或者破产程序终止之日起 3 年内,公民不得担任法人实体管理机构的职务,也不得以其他方式参与法人实体的管理,除非本法另有规定。

自财产处置程序完成,或者破产程序终止之日起 10 年内,公民无权担任信贷机构管理机构的职务,或者以其他方式参与信贷机构的管理。

自财产处置程序完成之日起 5 年内,公民不得在保险机构、非国家养老基金、投资基金管理公司、共同投资基金、小额金融公司担任管理职务,或以其他方式参与此类组织的管理。

第 213.9 条:财务管理人

1. 公民破产程序中必须有财务管理人参与。

2. 在公民破产案件中,经仲裁法院批准的财务管理人,必须符合本法关于仲裁管理人的要求。

仲裁法院应按照本法第 45 条规定的程序确认财务管理人,但须符合本法第 213.4 条和本条的规定。

3. 财务管理人的薪酬应按本法第 20.6 条规定的固定金额和利息金额支付,同时考虑到本条规定的特殊性。

在公民破产程序结束后,无论启动每一程序的时间长短,都应一次性向财务管理人支付一笔固定的薪酬。

4. 除非本法另有规定,否则财务管理人的固定薪酬由公民的资金支付。

财务管理人、公民和债权人之间,如有聘任及费用方面的分歧,按照本法第 20.7 条第 5 款和第 60 条第 1 款规定的程序解决。

5. 只有在仲裁法院作出裁决的情况下,财务管理人才有处理债务人财产的权利。

仲裁法院根据财务管理人的申请,决定是否雇佣其他人并确定其服务的报酬数额,条件是财务管理人证明雇佣这些人是合理的,支付他们服务的数额是合理的,并征得公民的同意。

应由仲裁法院收到财务管理人的申请,应在收到之日起 10 天内予以审议。

仲裁法院根据程序法规定的程序,将庭审的日期和地点通知参与公民破产程序的人。经适当通知的人员,不出席并不妨碍对财务管理人申请的审议。

经破产债权人、破产债权人授权机构同意，由其支付财务管理人雇用人员的服务费用，仲裁法院无须审议上述问题。财务管理人不得以本人名义表示同意。

6. 财务管理人有权：

（1）以本法第 61.2 条和第 61.3 条规定的理由，代表公民向仲裁法院申请宣布交易无效；

（2）对债权提出异议；

（3）代表公民参加涉及财产争议的诉讼（原告、被告、第三人），代表公民参与债务重组程序；

（4）从国家当局、地方政府获取有关公民财产、公民账户和存款的信息，包括银行卡、电子现金余额，和与公民或法人（包括信贷机构）之间的电子资金转账信息；

（5）要求公民提供有关其履行公民债务重组计划活动的信息；

（6）在对应情况下召开债权人会议，解决交易和公民决定的初步协调问题；

（7）向仲裁法院申请采取公民财产保全措施，并撤销这些措施；

（8）按照本法规定的程序拒绝履行公民的交易；

（9）按照联邦法律规定的方式，从信用局和中央信用目录获取信息；

（10）仲裁法院裁决公民破产情况下，与合同相对人根据本章规定的程序，履行合同；

（11）行使与履行本法规定的职责有关的其他权利。

7. 财务管理人的义务：

（1）采取措施查明公民的财产，并确保其财产的安全；

（2）分析公民的财务状况；

（3）发现故意和虚假破产的迹象；

（4）登记债权册；

（5）通知债权人，根据本法第 213.8 条第 5 款举行债权人会议；

（6）召集或召开债权人会议，审议本法赋予债权人会议职权的事项；

（7）通知债权人、公民银行账户的信贷机构、债务人的债务人关于公民债务重组或公民财产处置的开始，自财务管理人知道债权人或债务人之日起 5 个工作日；

(8)审查公民提交的债务重组计划执行进度报告,并向债权人会议提交公民债务重组计划执行进度报告;

(9)监督公民债务重组计划的执行进度;

(10)监督公民及时履行到期(当前)债权,及时全额支付清偿资金;

(11)除非债权人会议另有规定,财务管理人至少每季度向债权人提交一份报告;

(12)履行本法规定的其他义务。

8. 公民有义务在收到请求之日起 15 日内,向财务管理人提供关于其财产组成、财产所在地、债务构成、债权人和其他与公民破产有关的信息。

如果公民未能履行该义务,财务管理人应向仲裁法院申请取证,仲裁法院根据财务管理人的申请,作出答复。

9. 个人、商业、服务、银行和其他受法律保护的秘密信息应根据联邦法律的要求提供给财务管理人。

财务管理人在行使职权时获得的个人、商业、服务、银行和其他受法律保护的秘密信息,除联邦法律另有规定,否则不得对外披露。

违法披露个人、商业、服务、银行和其他受法律保护的秘密信息,财务经理承担相应的民事、行政和刑事责任。

财务管理人有义务赔偿因违法披露个人、商业、服务、银行和其他受法律保护的秘密信息而造成的损失。

10. 财务管理人根据本法第 102 条规定的理由,拒绝履行公民的合同和其他交易,应在公民债务人重组程序生效之日起 3 个月内提出申请。

11. 在本法第 83 条规定的情况和程序中,仲裁法院可以解除或停止,财务管理人在公民破产案件中的职责。

如果财务管理人被解职或停职,仲裁法院应按照本条规定的方式确认新的财务管理人。

因财务管理人不履行或不适当履行职责而造成个人企业家损失,仲裁法院作出有关赔偿的裁决信息,必须在有关法律生效之日起 3 个工作日内向联邦破产登记处登记。

个人企业家的公民破产案件中,关于对财务管理人的追偿生效文书及金额,根据本款列入联邦破产信息统一登记网的通信中。

关于在个人企业家的公民破产案件中，因公民财务管理人解职或停职，以及因作为或不作为非法履职而被追偿的损失，列入联邦破产信息统一登记网中的费用由管理人支付。（2020 年 7 月 31 日第 289 号联邦法令，保留了该段的效力）

12. 第 1 款至第 12 款自 2020 年 9 月 1 日起失效（依据 2020 年 7 月 31 日第 289 号联邦法令）。

自仲裁法院裁定完成公民债务重组或公民财产处置之日起，财务管理人的权力终止。